智慧就在于说出真理。

——古希腊哲人赫拉克利特

法学家讲演录
Voice of Jurists

徐显明

by Xu Xianming

追寻大学之道

徐显明 著

by Xu Xianming

法大任职期间讲演录

徐

Seeking University Spirit

法学家讲演录
Voice of Jurists

法律出版社
LAW PRESS · CHINA
北京

○ 创新是民族的灵魂，守成是民族的脚跟。

○ 现代大学教育有两块基石，一块是学术自由，一块是大学自治。

○ 大学是学府而不是官府。如果政府和大学之间依然是“父子”关系，就永远建不成一流大学。

○ 以教师为本位，以学生为主体。

目　录

大学是什么？（代序）　1

第一编　厚　德

素质教育与人格培养　3
大学与大师　6
公民道德、职业道德与政治道德　16
大学之大在大德，大德之大在大爱　19
价值与能力的统一　22
66 盏灯与 67 盏灯　25
德行乃教育之魂　29

第二编　明　法

辉煌皆由携手铸　39
人文精神与社会责任　46
基础研究有“无用之用”　52
法学教育的基础矛盾与根本性缺陷　61
法学是什么？　65
从法治国家到依法治校　68
传统、品质与法的精神　80
法大的三个独特性　83
大学理念与法治国家　88

反思法学，推陈出新 112
博雅　全人　通识　素质 118
依法治校理念　决定依法治校水平 127
法学教育：从粗放走向集约 134
搭建社会的正义之梯 142
认真对待法学 144
法治·法大·法大人 147
寄望中欧法学院 159
总理的法治情怀 163

第三编　格　物

改革须自观念始 171
教育理念当创新 184
我的大学理念 187
渊与博 195
厚德　明法　格物　致公 205
学科是学校的生命所在 208
先守成后创新 213
学术规范辩证观 227
矿物与生物 235
创新是一个思想体系 239
使才成其器 246
创新型国家与创新型大学 250
创新型国家与人文社会科学的创新 256
规范与创新——法学教育大家谈 282
高等教育发展中的十大主流意识 286

第四编 致 公

大学校长的责任 293
德·智·体·美 298
大学是一个发酵池 302
可不做大官,但要做大事 306
校友是母校的名片 308
致公与领袖 312
袍子的品质 316
大学的本位观 318
立法者不能使自己首先获利 330
大学是社会的灯塔 335
道德楷模 国家栋梁 社会领袖 339
收下这些“大词” 345
永远的遗憾——辞别法大之际感怀 348

附录一 致 辞

在范徐丽泰女士名誉法学博士授予仪式上的致辞 353
在孔宪铎学术报告会上的致辞 355
在雷洁琼绣像揭幕式上的致辞 357
在梁爱诗女士名誉法学博士授予仪式上的致辞 359

附录二 访 谈

使人成为有尊严的人 365
法学教育与研究之路 369
法学教育要从基础矛盾中走出来 380
培育法学精神 385
学术的薪火相传 389

卫士与刀 395
“人权使者”徐显明 401
追求教育公平的大学校长 403
创新是高等教育的灵魂 407
网聚优秀人才的星探 415

后记 419

大学是什么？（代序）

科学史家李约瑟在其鸿篇巨制《中国科学技术史》中提出一个问题：为什么近代科学和科学革命只产生在欧洲？为什么直到中世纪中国还比欧洲先进，后来却让欧洲人领先了呢？这就是著名的"李约瑟难题"。

2005年，温家宝总理在看望著名物理学家钱学森时，钱老发出这样的感慨：回过头来看，这么多年培养的学生，还没有哪一个的学术成就能跟民国时期培养的大师相比。中国为什么出不了大师了？这个发人深省的问题，被人们称为"钱学森之问"。

"李约瑟难题"和"钱学森之问"，无论从文化、政治、心理、环境等方面做出何种回答，都与教育有关，因此也与我们的大学文化和大学制度有关。为了破解难题，我们需要追寻大学之道。

那么，"大学"是什么？

大学之"大"，在于大德、大爱，在于大学问、大师。"大德"，意为一所大学有高尚的德性，没有德性的大学，一定是不受人尊重的大学。"大爱"指的是以真理为信仰对象的而生发的爱，教师对学生的爱，学生对老师的爱，因除去了世俗私利而成为"大爱"，父母之爱尚有自私的因素，教师基于传播真理而对学生的爱则是超越性的。大学还是做"大学问"的地方，她追求的是"大道"，而非以逐利谋生为目的的职业训练所。集"大德"、"大爱"、"大学问"于一身的，堪称"大师"。大学之"大"，也包涵有"大楼"的意思，它比喻大学应有良好的办学条件，甚至包括为教员提供优越的待遇。

大学之"学"，即"学府"、"学人"、"学问"、"学业"。大学是学者的共同体，是"学府"，教师的活动是"学术"，学生的活动称为"学业"，他们共同维护学统，都是追求"学问"的"学人"。合之则成大学之"学"。

关于大学，还可以给出以下若干判断。

大学是自由者的乐园。

1929年,陈寅恪在所作的王国维纪念碑铭中,首先提出以“独立之精神,自由之思想”为追求的学术精神与价值取向。他向中国两千年“学”、“仕”不分传统提出了挑战,堪称一位伟大的知识分子。“自由”不是排斥权威,而是要排斥资本的权威、政治的权威、宗教的权威,确立知识的权威。有思考能力的个人永远是社会文明进步的最终源泉,有独立的精神和自由的思想,方有探索和创新的自由。

大学是新民的摇篮。

《大学》有言:大学之道,在新民,在明明德,在止于至善。“大学”,即大人之学,是做大学问的地方;“亲”,同“新”。大学的使命在于培养一代又一代的新民,当每个人都成为新人时,“民”也就形成了。当年梁启超办《新民丛报》,“新民”也是意在“去愚”,变换民智,以图民族富强。

大学是社会的灯塔。

大学不只是传播知识,她还是传递价值观的地方,她应占据社会的精神高地,成为普罗大众心灵中仰望的净土。大学是社会的灯塔,当社会陷入黑暗时发出光明。点亮灯塔的是思想,没有思想的大学,就是没有光明的大学,也是被笼罩在黑暗和世俗中的大学,不能给人们指出方向,也不能引领社会前进。

大学是创新的活水。

大学是一批值得尊重而又有经验的人和一批充满激情而又渴望知识的人激荡思想的地方。鲁迅先生在《我观北大》中说:北大是常新的。其实这是对所有大学的期望。为什么大学是常新的?她每年都有新的学生,每年都有新的教师,如果她每天再有新的知识、新的见解、新的思想产生,大学就真正成为社会精神财富的源头活水,这样,不但大学是常新的,一个国家、一个民族也将是常新的。

大学是真理的福地。

哈佛的校训是:“与柏拉图为友,与亚里士多德为友,更要与真理为友。”心生景仰之余也不免慨叹其深意:圣贤如柏拉图、亚里士多德者,其地位也不高于真理！倘若没有“吾爱吾师，吾更爱真理”的境界和勇气，苏格拉底之后就不会有柏拉图，柏拉图之后也不会有亚里士多德。耶鲁大学的校训是“光明和真理”，是否有光明在于真理、真理即光明之意呢？哈佛校长索马斯在耶鲁建校三百周年庆典上说，哈佛与耶鲁实乃互相鞭策、共同进取的战友，他们共享信奉真理、宽容和思想的力量这一价值观，为之奋斗不息。

大学是文化的酵母。

一个人可能有三个“母亲”来塑造他的品格：自然人格是母亲给的，民族品格是祖国给的，文化品格则是母校给的。大学既传递知识，也滋养文化。不同的大学可能有不同的文化，那就是一所大学所身处的传统、所秉持的理念以及洋溢于外的校风。一个人进了大学，就像进了一个发酵池，他会受到大学的熏陶，母校的文化味道，可能会与他终身相伴。

大学是知识的源泉。

大学传播知识、运用知识、储藏知识、创新知识。大学不是公司，她是非营利性的，因此可以专心于知识和真理；大学不是政府，无须随一时的政治需要或俯或仰，因此可立足长远，心无旁骛地追求知识。斯坦福大学校长在造访中国的一次演讲中说，在历史上，大学是社会进步和经济发展的强大动力。今天的大学，在这方面又被赋予了更多的期望，特别是在知识创新方面。由于产业界对长远的基础研究缺乏兴趣，大学的作用再次凸显。只有扎根于基础研究的肥沃土壤，才会有应用研究的百花齐放。

大学是道德的高地。

大学有两堵墙。一是有形的墙，墙外是世俗的，墙内是高雅的。大学内的人，成为一个道德的共同体，遵从高尚，创新文明，拒绝世俗，拒绝功利。另一堵墙是无形的，心灵上的，大学教员应有一种道德的担当，自觉做公民的表率、社会的楷模，否则不能为人师表。一所有德性的大学才是受人尊重的大学。

大学是良心的堡垒。

有大学对社会的良知，才有五四运动。大学关心政治进步、法治昌明、文化繁荣、社会公正,这四个方面,是大学的良心所在。大学的是收藏社会良心的地方,当社会无德时,大学还有德。当社会因为物欲横流、政治专制而使人们心灵堕落的时候,大学还应以其独立、自由、公正的品格对抗着。企业会因唯利是图、不顾公益而无德,政府会因派系斗争、丧权辱国而无德。如果一个社会连大学都堕落了,社会的良心也就沦丧殆尽了。

大学是知识的共同体、学术的共同体、思想的共同体、文化的共同体、德性的共同体。如此则可把大学与社会区别开来,大学之独立性与独特性,并非要把大学塑造成一个隔离于社会的特殊群体,而是要让大学承担起引领社会文明进步的使命。惟有如此,大学才能"明明德"、才能"亲民"、才能"止于至善"。要回答"李约瑟难题"和"钱学森之问",必须先从恢复我们的大学精神开始!

是为序。

徐显明

2010 年 3 月 16 日

Part 1 第一编 厚　德

大学之大，首在大德；大学之学，重在学统。

每一个大学都有自己的特色，每一个大学都是一个独特的发酵池，每一个大学都有自己独特的酵母。学生进入这个氛围以后，如果接受了这个酵母，被这个酵母所熏染了，他一辈子都带有这个学校的味儿。

我心目中理想的大学，她应当使校园里充满了文化，应当使每一个教师可以得到足够的尊严，应当使每一个学生都感到自豪，应当使每一个从事管理和服务的工作人员获得足够的成就感。

素质教育与人格培养*

依据社会分工,大学教育是以培养高级专门人才为目标的社会活动。

大学培养的人才,既有学术型或研究型的,也有应用型或技术型的,而无论是哪类人才的培养,都极为重视素质教育和人格培养。素质教育重视知识获取、能力培养和素质提高的统一,且强调思想道德素质、文化素质、业务素质、身心素质的全面提高。素质教育的目标,是培养出既有扎实的专业知识和创新能力,又有健康人格,既会做事又会做人的人才。其中,健康人格的培养是素质教育的关键内容,它与创新人才的培养之间具有内在的关系。人格培养具有极其丰富的内容。

人格培养的第一项内容是肯定个性的存在价值,视个性凸显和张扬为人的创造力得以发挥的前提条件。人格体现出一个人完整而稳定的个性,人的全部行为,包括他的创造行为,都能够从中得到解释。心理学家指出,有创造性的人是富有个性的人,个性与人的创造力之间具有一种对应关系。因此,人格培养应与素质教育的全面展开相结合,应特别重视对人的个性的肯定,并找到与创造力直接相关的个性特征,比如强烈的好奇心、敏锐的感受力、专注的精力、流畅的思想和灵活的态度等。

人格培养的第二项内容是肯定人的自由意志的力量。有自由意志的人,其行为是有意识的、自主的,他能在某种程度上超脱环境对他的各种影响;不盲从、不轻信,有独立思考的愿望,有坚持真理的勇气。可以说,这一切都为创新意识和创造能力的胚芽提供了肥沃的土壤。思想自由的匮乏和学术自由的窒息,必然导致创新活力的衰竭。德国教育家洪堡曾强调,

---

* 选自 2001 年 11 月 29 日在"法学名家谈法学教育及法大发展"论坛上的总结发言。

自由是教育不可缺少的第一要件。今天看来,在文化素质教育中给思想自由以应有的位置,从人格培养的高度上看待自由意志问题,是培养创新人才的关键。

人格培养的第三项内容是强调合作精神。与他人的协作关系和交往能力,是人格内涵的一个重要构成因素。知识经济时代呼唤人的相容与合作。在现代社会中,善于与他人相容、与他人合作的人更有可能成功。同样,在与他人思想的交流和碰撞中,创造性思维成果出现的几率会大得多。与合作精神相关的一种人格精神是宽容。宽容指的是对于那些习惯、信仰、趣味与自己相异的人的品质、观点和行动所形成的态度上的包容和认识上的理解,包括作出恰如其分的评价等。宽容是一种对别人的理解和认同,它是形成健康活跃的思想交流氛围的精神基础。以宽容的、虚怀若谷的心境看待历史上一切有价值的文化遗产和思维成果,对于激发当代人的创新意识和创新能力具有重大意义。

人格培养的第四项内容是强调创新思维和批判思维能力。如果说,尊重人的个性是培养人的创造能力的基础,人的自由意志力量是创新能力的沃土,那么,合作精神指导下的人与人之间的思想交流,将成为创新能力发展的开端。然而,大学素质教育的人格培养离不开对人的创新思维或批判思维能力的发展。正如教育专家所指出的:所谓批判思维的能力,指的是能在比较的基础上进行分析与评论,分析要能够击中要害,评论要能够恰如其分。当然,在批判的过程中,离不开分析、判断、推理、演绎以及发现问题、分析问题和解决问题的思维能力。另外,批判还有一个深度的问题,深入浅出、精辟入理的批判,往往更有说服力。因此,具有创新思维和批判思维能力是大学教育所培养的高素质专门人才应具备的基本人格,也是人才培养的终极目标之一。

人格培养的第五项内容是强调学术技术和方法。在强调创新思维和批判思维能力的同时,并不排斥对学术技术规范及方法的掌握和运用。作为专门人才培养目标的大学教育,其内容是十分宽泛的,它所涉及的知识与能力是复杂多样的,其中,学术技术和方法是值得强调的内容要件,它对于确立学术规范,遏制学术腐败现象,是很有必要的。同时,强调学术技术和方法的掌握与运用,对转变传统的只重视知识传授的教育方式也将发挥积极的作用。

总之,在大学教育中,素质教育占据极为突出的地位,而人格培养则应成为素质教育的核心内容,其中肯定个性的存在价值、肯定人的意志自由、强调合作精神、强调创新思维和批判思维能力、强调学术技术和方法等,是人格培养的关键因素。当然,这些因素并不是割裂的和孤立的,而是相互交融、互相依存的,它们共同构成了大学里的动态教育环境,为教学教育发展提供了必要条件。

大学与大师[*]

尊敬的各位老师、同学们：

今天是个非同寻常的日子，是我们教师自己的节日。在这样一个欢庆的时刻，全校教师、各年级的学生代表，还有退休多年的学界前辈汇聚一堂，真可谓“少长咸集，群贤毕至”。在此，请允许我代表学校向各位老师表示由衷的敬意，向多年来为我们学校的发展作出贡献和为我们的学生付出劳动的全体教职员工表示诚挚的感谢。同时，我也想借今天这个机会和大家共同探讨这样一个主题：我们的学校如何才能够建立起一支高素质的师资团队。大家都已非常熟悉，高等院校应该具有这样一些主流意识，这就是：任何一所大学都要以培养人作为根本任务；任何一所大学都要以教学、科研、为社会服务作为中心工作；任何一所大学都要把提高教育教学质量作为永恒的主题；任何一所大学都要把改革作为学校各项事业发展的动力；任何一所大学都要把学科建设作为学校的龙头工作来抓；任何一所大学都要以师资建设为最主体的工程；任何一所大学都要把保障和服务作为学校管理的价值追求。这些就是我们高等院校的主流意识，也是我们高等院校发展的指导思想。

关于学校的主体工程——师资团队建设，早在六十多年前，毛泽东主席就在中央党校成立大会上讲过这样一句话，他说，办好一所学校，一定要有一批好的师资。当然，他也讲了办好学校的另外一个条件：一定要有一个好的校长，这句话对我来说，意味着更大的责任和更强的动力。老人家讲的第一句话，对任何一所大学都适用，因为每所大学的水平都是由教师

---

* 2002 年 9 月 10 日在中国政法大学教师节庆祝大会上的讲话。

代表的。世界上的大学无论分多少流，一流也好，二流也好，最重要的衡量和分类标准之一，就是教师的素质和水平。一流大学一定有一流的师资，二流大学之所以说它是二流的，因为它的师资是二流的。所以，我们要建设一支高素质的师资团队，就是要把教师当作学校的本位来对待。因此，我今天要和大家交流的第一个想法，就是在我们的学校如何确立"以教师为本位"的观念。刚才我引用毛主席的话，可以作为确立这个观念的第一个根据；世界高等教育发展的历史、水平和规律，可以作为第二个根据；第三个根据就是理论和事实的根据，所有大学所有的中心工作，都是由教师来实施完成的：在学校的三个中心工作中，教学的主体是教师，科研的主体和学科建设的主体也是教师，大学以知识和智力为社会服务，服务的主体是教师。高等教育要创新，最主要的依赖力量和生力军还是我们的教师。一所大学所有的中心工作都是围绕教师展开的。所以，全校应该形成这样一种办学意识：我们必须确立"以教师为本位"的观念，我们的管理、我们的一切工作都应该从"为教师服务"中寻找出发点和归属。在前不久大学校长论坛上，香港科技大学名誉校长吴家玮先生讲过这样一句话：我们管理的目标就是利用现有的不足的资源为教师提供最优质的服务。如果在服务上还有空间，教师认为还应该做得更好，那就说明服务不到位，所以，高等院校管理工作的重心应该放在为教师服务上，要根据教师个体有差异的需求，提供质量相同，但内容有别的服务，在这个意义上，校长也不过是为教师服务的工具。全校工作人员如果没有这样一种意识，那么我们"以教师为本位"的办学理念就难以确立起来，这是我和大家交流的第一个想法。

和大家交流的第二个想法：什么是高水平的师资团队。我想这个标准可能是世界性的。在大学校长论坛期间，世界上一些著名大学的校长都谈到了衡量标准问题，总体上可以用这样几个指标来概括：

第一个指标是，好的师资一定要有一个好的学历结构。前任哈佛大学校长陆登庭教授在给中国大学的校长们介绍哈佛师资结构时，谈到了学历问题。他说，哈佛的师资都以博士后出站的次数为根据。当然，我们对博士后可能有不同的理解，其中有一种观点在中国很流行，就是在美国，找不到工作的博士才继续留在博士后流动站里，我想这可能是一种误解。博士后的工作预示着一个新的知识结构，预示着一种工作的经历。中国有中国的国情。中方大学校长在探讨这个标准的时候，认为把博士的比例作为一个重要依据，至少在中国、在目前应该以此为起点。北京大学、清华大学目前已经实现了这个标准，他们中青年教师中博士的比例几乎占到了100%。对于我们学校，前几天我刚获得一个数字，不算我们今年新引进的教师，以现有教师进行计算的话，拥有博士学位的比例不足20%，全校仅有80人获得了博士学位。所以，大幅度改善师资学历结构是我们当前的迫切任务。这几年来，我们一直在坚持不懈地推进"人才引进"计划。不光有学术贡献而且有广泛社会影响力的专家、各学科的学术带头人、海外名校深造归来的中青年学者纷纷加盟我校，群贤毕集的结果是，我们学校开始拥有了一个以知名学者、教授为主体的"明星团队"，这是我们"人才引进"计划初见成效的硕果。同时，我们的"人才引进"计划还有一个长远的规划，那就是不仅重视现在已经出成果、有造诣的学者教授，还在关注那些有潜力、能成器的青年学者。我们的目标是要打造一支有梯度的、可持续发展的科研团队，所以，我们对那些以学术为志业也确有研究实力的青年学者，一是要引进，二是要培养。人才强方学校强，这是我们坚定不移的治校理念。

第二个指标——接着刚才的内容，就是好的师资团队一定要有一个适宜的年龄结构，要使老、中、青三代教师很好地结合。老一代是学校学科的开拓者，是学科的领军人；中青年应该学会担纲，使薪火相传；青年教师应该学会发展自己，养成不断进取的态势，积极挖掘自身的潜力。

第三个指标是，好的师资团队一定要有一个好的学缘结构。大家知道哈佛大学的博士毕业之后，一般是不会留在本校的，所以哈佛的学子们离开学校以后，一个非常大的愿望就是经过几年努力，成名成家以后再回哈佛。我注意到了这样一个数字，哈佛出身的学子在哈佛任教的不足30%，更多的来自于外校，这种知识结构有利于学科的更新，有利于学科之间的碰撞，可以防止学科壁垒。大学教育的根本目的是要创新，要发现真理，所以必须形成一个合理的学缘结构，这是高水平师资很重要的一个衡量标准。

第四个指标是好的师资团队一定要有一个合理的职称结构。在这一点上，高水平大学和低水平大学的标准是不一致的，世界上知名大学的职称结构都呈倒三角状，而不像中国呈正三角状，所谓倒三角就是教授应该占有绝对的比量，副教授次之，讲师再次之，只有少数人是从事教学辅助工作的。我们现在的结构是正三角，是金字塔。大量的教师是低职称的教师，这跟时代对教师素质、教师教学能力科研能力的高要求是不相符的。职称设定体系应该是“激励型”的体系，也就是说，鼓励低职称的、中级职称的教师努力出成果，出高质量的成果，鼓励他们向上走，给他们留出更多的职称晋升的空间，给他们进取的希望和动力。他们越多“往上走”，他们为学校、为社会作的贡献就越多，同时，他们自身也能在学术界得到认可和回报，而我们学校的水准也因此有所提升。所以，鼓励职称晋升应该说是教师、学校、学术界乃至学生多方“共赢”的善举。今后，我们师资团队的职称结构应该在国家教育部的指导下，加大改善力度。

第五个指标是水平结构，高水平大学一定要有一批产生跨学科影响的杰出代表，像我们今天要表彰的几位终身教授，以及在座的几位学科开拓者，他们都在相关领域作出了杰出贡献。“大学者，非有大楼之谓也，有大师之谓也”，早在1931年，清华大学校长梅贻琦先生就提出这种高瞻远瞩的观点。硬件设施固然重要，但是真正决定一所大学“学术生产力”高低的，还是它的师资。通常我们有一个共识，如果一所大学的研究者获得诺贝尔奖，就说这所大学的学术水平高。当然，西方不少名校都会以自己的学校出了多少诺贝尔奖得主而自豪。能拿诺贝尔奖的，肯定是这个研究领域的最高水平，当然也能称得上“大师”了。很多名校强调这个奖项或者类似的奖项，这其中是有一定道理的，而不是单纯地“以奖取人”。

为什么呢？因为你能摘下科学研究领域的最高奖项、你能培养出大师，这绝非是一个偶然事件，大师的培养与出现需要多方面因素的配合。比如你这所学校的这一学科的研究基地实力强、有优势，学校行政管理系统效率高,研究风气浓、氛围好等,不仅能够培养人才,还能留得住人才。高水平人才的出现,绝非偶然,它是学校“天时、地利、人和”三方面合作的体现。回到我此前说的,跨学科代表的出现,反映了一流大学的水平。我们的学校,也应该有并且已经有了这样一批人;当然,我们还需要有更多的精英出现。在一级学科内人所共知的应该有更多的人;在二级学科中,成为这个学科的代表者也应该有一大批人,这就是水平结构,学校应该积极发展或者改善这个结构。以上五个指标统一协调构成了一个高水平师资、高水平大学的指标体系。今后,我们的师资团队努力改善和建设的方向就是实现这五个指标。一句话:构造我们一流的师资!

想和大家交流的第三个想法是,理想中的优秀教师,应该同时具备的理想素质或学养是什么?第一个方面,我想作为一名优秀的教师,一定要有一个复合型的知识结构。以法学为例,如果是进行基础研究,那么应该懂一些哲学、史学、社会学、人类学、语言学;如果是进行应用型研究,则应该懂一些经济学或者社会学。单一的法学是难以创新的,复合型的知识结构才是一个大学教师提高文化品位的根据。第二个方面,作为一名好的教师,我想应该是教学和科研并重的人。在一个大学里,可能有一部分教师只适于教学,我们把这一部分人叫做教学型教师;更多的教师是教学、科研并重,我们把他们称为教学科研型教师;还有少数教师更适合进行科研,我们把他们称为研究型教师,一个大学两头的比例应该是越来越小的。其中,只会教学不会科研的教师难以创新。我们现在对高等教育的一个要求就是要培养学生的创新能力,要求学生创新教师必须先创新,所以教师应该同时具备教学科研两种能力。第三个方面,作为一个好的教师应该是国内、国际双栖的学者,也就是他既能够适应国内的学术生活,也能够适应国际的学术生活。因此一个好的教师应该有一定的国际学术背景。我们现在鼓励大家用双语教学,同时,学校也要创造条件使我们更多的教师走出去,以使我校的势力和声名播扬于外。不能单独进行国际学术交流的教师,还不是理想中的优秀教师,在学术交流日益国际化的今天,他总是有所缺憾的。第四个方面,借用艺术界的一句话表述,应是“德艺双馨”,就是我们的教师既应该有教学的技能,也应该为人师表。关于教书技能,我记得在去年的一次演讲中提到过:三流的教授教知识,二流的教授教方法,一流的教授教境界。大家听了某教授的一堂课,一下子就爱上了这门学科,就对这个学科产生了浓厚的兴趣,感到自己站在了学术的最前沿,这就使大家上升到一个境界当中来。能教出这种效果,就是教出了境界。但是,无论是教知识、教方法还是教境界,这都是作为教授应该具有的技能。我记得日本著名的宪法学者小林直树先生曾经这样总结他作为教授的职业经验:“当一个法学学者,除了必须有相当的研究学术的能耐以外,还必须善于演讲授课,同时,还需善于撰写发表文章。在发展中国家或者落后国家的法学学者,犹应如此”。这句话的意思,我想在座诸位老师不难理解。我们的国家现在在法治建设以及法学教育方面,依然处于“发展中”阶段,所以我们的教授还不能像发达国家的学者那样,专注于研究就大功告成了,我们的教授还肩负着传道授业,传播法治、人权理念的崇高使命。所以,大家还要注重站在三尺讲台上的授课技巧的提高,既教给学生严谨系统的专业知识,又弘扬正确而进步的法治理念,同时,也要让你的讲课引人入胜、充满乐趣,让你的讲堂成为吸引学生乐于驻足的“胜地”。

当然,除了“教学的艺术”以外,我想更重要的是教师的“为人师表”。大家敬重的教师应当具有崇高的职业道德,也就是“师德”,这就需要我们对学生有“爱心”,要解决好教师主业和副业的关系。国内外任何大学对于教师兼职(如果被允许)都有一个“度”,在日本的行政法里被称为“职务专念义务”。你只要选择了教师的职业,所有的念头就必须和职责相适应。我们的教师要对自己的教职始终充满自豪感、敬业心,这是基本的“师德”。在这次校长论坛中,各个大学都交流了教师兼职的数量。英国几乎所有大学允许教师课外兼职的时间大概是每周 1 天;美国很多大学像哈佛、耶鲁等,他们允许教师兼职的时间为每周不超过 8 小时。我们研究过案例的老师都知道,香港有一个非常著名的判例:就是一位教师,在校外兼职,牟利超过了四万港币未申报而被判处徒刑。我们的法学是需要接触社会实际的,学校也鼓励教师走向社会,但是不应该把谋利置于主业之上,我想这实质是个师德问题。师德建设的另一个方面，就是要让学生感受到教师是爱护他们、关怀他们的。对老师来讲，就是应当“以学生为主体”。过去我讲过两句话，一句话是“教授在校长面前，永远是对的”；还有另外一句话是“教师在学生面前，学生永远是对的”。因为如果学生出现了不足，教师负有责任，这个意思就是要让同学们感受到教师是爱护他们的，这也是师德的最起码要求。很多学生离开校园、走上工作岗位或者继续研究工作后，常回忆起他们职业道路的选择，是因为受了当年老师的激励或者感染。在学生的心灵中，老师的影响是不可忽视的；有时甚至是老师一个会心的微笑、一个关切的眼神、一句鼓励的话语，会激发学生长久的学习热情和兴趣。这一点，相信当过学生也当过老师的同事们都有体会。师生之间的感情是最单纯也是最美好的，我们的老师要常把学生放在心上。

师德建设的最后一个方面也是最重要的一个方面是：严格遵守学术规范，积极防止学术腐败。过去我曾说，司法腐败是大家痛恨的，因为司法腐败使社会丧失了公正的空间；而学术腐败大家更痛恨，因为这一块净土如果被污染了的话，我们就丧失了追求真理的空间。所以，我们所有的教师都有责任、有义务拒绝学术腐败。关于学术腐败的问题，这里我想多说两句。最近五年以来，关于学术腐败，媒体或者我们高校界的很多实与不实的传闻都纷纷曝光了很多例子，比如博导抄袭、青年法学家的违规操作等。而且，在这个问题后面，还有一个远比学术腐败更为普遍的学术浮躁现象。这种学术浮躁蔓延的范围和程度，在座的各位老师也都多多少少是有所体会、有所感受的。根据这几年全国高等院校教师必须填写的表格和量化指标数增长的情况看，高校知识生产的增长速度甚至远远超过了现在国民经济的增长速度，这并不能使我们欢欣鼓舞，相反让有识之士忧心忡忡。学术研究、知识生产的“发展过热”，已经违背了学术研究正常的积累、推进的规律，它提供给学术界、提供给学生乃至社会的，相当部分是没多大价值甚至是简单重复的“剩余产品”。学术浮躁现象可能是一个社会转型、高校教改时期的短时性“特殊现象”，但是如果不及时抑制、扭转这一学术腐败、学术浮躁之风，那我们这个时代贡献给后人的，将是让人汗颜的低质量的“智识遗产”。当然,溯其根源,学术腐败、学术浮躁现象的产生,除了跟研究者自身的职业精神、敬业程度、生活压力等有关系以外,大学管理机构的官僚化倾向也要对此负责。有些老师在其他场合也曾感慨有志于学、有志于研的学者,尤其是中青年学者,在官僚体制的“压迫”下,不得不为“稻粱”、为职称、为“不大可能完成的研究成果”而降低研究水平,炮制低质论文。现在的高校教师有苦衷,这个我知道;我们高校管理机构有问题,这个我也知道,但是这些并不能成为大家放松标准的理由和藉口!在过去五年内,各高校住房分配制度从“福利分房”向“商品房”和“住房补贴”的制度转变,随着这一制度演变过程的基本结束,教师的开支结构相应地发生了显著改变。住房、汽车、子女养育,正在成为这些青年教师的家庭开支的主要项目,并且由于分期付款的特征,这些开支与医疗、旅游、赡养老人等开支相比,更具“刚性”,从而更具有“压迫感”。教师们的工作薪酬和生活待遇方面的困难,我们作为学校管理者也在尽力争取早日改善。但是,作为高校主体和肩负教书育人重任的老师们,在这个岗位上,就要保证完成好你们的任务,承担起你们的责任。当然,我们作为教育管理者,也更是任重道远。我们需要做的,还很多。

和大家交流的第四个想法是,学校应通过什么样的途径够建立起一支高素质的师资团队。我们现在教师只有600余人。在去年教育部的一次演示会上,政法大学的师生比在全国是最低的,1∶28,世界名校的平均比是1∶14,中国重点大学的平均比是1∶17.6。从这个数字上看,我们的教师在超负荷运转,大家的工作量非常大,没有时间更新自己的知识,没有时间学外语,没有时间出国进修。看到这个数字以后我非常感动,是我们的教师支撑着我们学校的这一片天。我找职能部门了解情况,找老师座谈,我知道我们的教师是超乎寻常的艰辛,这是其他任何一所大学都比不了的,所以我们首先就是应当加大教师的引进力度。按照我们现有的规模,师资应以1000人为宜,这才符合全国高等教育的平均比例。现在我们有400人的缺口,所以在今后很长一段时间内,我们要把抓主体工程,把师资引进作为学校行政工作的一项重点。最近,从海外回国的一些学子纷纷到我们学校来求职,有些已经进来了,另外还有在美、加、欧等地获得博士学位、在境外又有一定工作经历的优秀人才也正在联系我校,像这样层次的人,就是我们师资引进的主要对象。在引进师资的同时,我想学校有责任、有义务给现任老师提供进修和提高学历的机会。目前,我们正在制订两个计划,一个就是中国政法大学的博士计划:要用3~5年的时间,使我们45岁以下的青年教师都获得博士学位;另外一个就是我们的外事培养计划:每年要送50~100名教师到国外去进修,这是我们建设师资团队准备采取的第一方面措施。第二方面的措施,在学校建立起有我们自身特色的科学合理的教师激励机制。终身教授这个制度的尝试,在全国开了先河,现在已经有不少单位在效仿我们,这次校长论坛期间,教育部鼓励各个大学进行制度创新,摸索建立各个大学有自己特色的终身教授制度。所以我们的职能部门正在调研,看有没有可能建立一般性的终身教授制度,为全国提供一个范例。我们的津贴制度也一定要体现教师本位,一定要体现多劳多得、优劳优酬的原则,这是准备采取的第二方面的措施。第三个方面的措施就是要建立起一系列相关的制度,即教师职务的保障制度以及对教师的评价制度和淘汰制度,对教师在观念上有保障,在提供的各种条件上有保障,使我们的老师在政法大学有充足的尊严。这个制度建立起来了,我们大学的价值观就是健康的、向上的。

毋庸置疑,教育对于一个大国的崛起、对于一个国家的长远发展来说,有着最深远的影响。当下我们的国家,正处于经济、政治、社会全面高速发展的重要时期,正走在民族复兴、大国崛起的道路上。党和政府提出了建设富强、文明、民主国家的宏伟目标,要实现这一目标,仅靠领导人和政府人员的努力肯定是不够的;要实现这一目标,需要全体国民的不懈努力和艰苦奋斗。只有国民的全体努力才能实现民族的伟大复兴。并且,只有高素质的国民才有可能建成一个现代化的大国。而国民素质的提高,必须依靠教育。美国第三任总统杰弗逊是历史上杰出的政治家,然而,在其逝世后,他的墓志铭上镌刻的是:“这里埋葬着托马斯·杰弗逊,《独立宣言》的作者、《弗吉尼亚宗教自由法令》的作者和弗吉尼亚大学的奠基者。”一个杰出的政治家对当代人和后世所作的最大贡献,就是切实地推进了人类的自由和启蒙事业;所以,使政治家名垂千古的,不是他当总统,而是他起草《独立宣言》和创建大学。杰弗逊在任美国总统期间,曾这样表达过他对教育的看法:"只有人民才是社会权力的安全保障。""倘若我们以为人民知识不够,不足以审慎地、完美地行使他们的权利,那么弥补的办法不是废止他们的这种权利,而是依靠教育,来使他们能进行审慎的控制。"人的最高目标是实现人的自我解放和全面发展,这里的"解放",不光是指我们要努力摆脱现实生活中制约和束缚我们的种种外在的、物质的限制,更多的是指"人的头脑深处被桎梏的精神"。爱默生说,"我们每个人的一生,都是一个自我改革、自我解放的过程"。在这个过程中,教育和榜样是改革的可靠手段。从这个意义上讲,作为教师,你们肩负了"教育"和"榜样"的双重责任。

公民道德、职业道德与政治道德

一个社会的道德机制是如何形成的？我的专业是法理学，法学家们一般认为所有的法律都是在道德的基础上来延续的。中国古代讲礼和刑的关系，《汉书·陈宠传》中说：礼之所去，刑之所取，失礼则入刑，相为表里。也就是说，礼不调整的一定归到法来调整，二者相互补充。社会最基本的两类规范：一个是道德，一个是法律。社会的道德体系有三个层面：处于最低层面的是公民道德，比公民道德高一层面的是职业道德，而最高的道德应是政治道德。那我们应培养学生的哪种道德呢？我们现在讲素质教育、通识教育，就是要把做人和成人结合起来，把做人和成才结合起来。做人的问题就是公民道德。我曾经打过一个比方：假设有一万元钱，根据大家对这一万元的态度可以判断出人的道德。有人视若不见，想的都是钱以外的事情，有这种思维的人是社会的极少数，他们就是圣人，他们想的全是义，而不是利，即圣人之德。比圣人低一层次的是君子，"君子爱财，取之有道，用之有度"。孔子在《论语》中说："富与贵，是人之所欲也，不以其道得之，不处也"。还有的人就会想，在这一万元中有多少是我的，是我的就一定要得到，即使被别人拿走了，也要想办法拿回来，哪怕是用诉讼的方式；如果不属于我，即使在我腰包里，也要把它拿出来。有这种心理的人是社会的大多数，这种道德是公民道德，这是一个社会的常态道德。比公民道德再低一层次的，是那种对一万元朝思暮想的"君子喻于义，小人喻于利"中的小人之德。比小人之德更低一个层次的，是趁人不注意把一万元装入自己腰包的盗者之德，但盗者之德也是讲规则的，即一定是用秘密的方法取得。而比盗贼更低一层次的是强盗之德，这是社会最低层次的道德。所以，社会中圣人之德是少数，但这些少数人应是引领社会的。强盗之德和窃贼之德也是少数，而剩下的均属中间三种：君子、公民和小人。所以我主张社会的大多数人应具有公民之德，公民之德建立起来后，才可能有君子之德。超越了这一层次的道德之后就是职业道德。我们每人从事一类职业时，为了维护职业共同体的尊严，一定有些自律的规则，一旦违反这些规则，就危害了整个职业共同体的存在，这里的规则就是职业道德。我个人认为，有三类职业道德要求最高：一是为师之德，师德是所有职业道德之首。原因在于教育的本质是引领人的灵魂，人的灵魂不应有任何污染。二是司法道德，司法的伦理道德是社会公正的载体，司法伦理一旦破坏，整个社会公正的空间即不存在。正如培根所言，一项犯罪并不可怕，它污染的只是水流，而司法的腐败，污染的却是水源。因此对法官、检察官和律师的要求是很高的。三是医生的职业伦理。医生的每一个判断都涉及人的生命，所以如果医生的职业伦理出了问题，我们每个人都处在危险中。第三个层面是政治伦理，即政治道德，政治道德是社会的最高道德。政治道德有一条基准，即权力的拥有者要全心全意为人民服务，不允许用公共权力来交换私利，政治家应是整个社会伦理的最高楷模。

以上三个层面构成了整个社会的道德体系。而观察一个社会的道德水平，应该首先观察政治家的道德，如果这个国家的政治是清廉的，政治家是道德的，这个国家的道德水平就是高的；其次再看职业道德，在职业共同体中，大家都来维护它的尊严，都能恪守职业道德，那么这个社会的道德水平就是高的；最后再看公民道德，如果社会中多数人都能用法律来维护自身利益，有公民道德的人的比例越高，这个社会的道德基础就越扎实。这是我对道德体系的看法。而道德是如何养成的呢？我认为处在道德基础地位的是道德情感，再高一点的是道德认同，而在道德养成过程中，处在最艰难地位的是道德意志。道德情感可能是人教出来的，在人的童年时期，来自父母的教诲非常重要，其中大多是道德情感。道德情感和道德认同很容易产生，随着判断力的提升，每个人都会有道德感。而最难的是道德意志。先举个例子，政治中的 59 岁现象：做领导二三十年了，可以拒绝一切诱惑，道德意志不断被强化，但到了 59 岁，觉得升官没希望了，就产生了动摇,道德意志崩溃了。每一个利用公共权力犯错误的人,多数是毁在道德意志上,而现在这一现象在向低龄化发展。这是一个从情感到认同再到意志的过程,这个过程不是教出来的,而是训练出来的。就司法伦理而言,律师在从业时,面临着很多义务冲突,要养家糊口、维持体面生活,同时律师又是当事人的代表,当事人往往要跟他透露一些别人不知道的事,法官要求讲出事实真相时,如果讲出来就违背了当事人的利益,不讲就违背了客观事实;同时,能否利用法律技巧来损害对方利益,如果对方利益不损害,能否损害第三方利益?因此,律师是在冲突中作最终选择的。我们是否应思考,哪种选择最能表现一个人的伦理水平呢?我认为,在无数个义务冲突中,能选择对自己最不利的义务来首先履行,那么这样的人的伦理水平是高的,反之亦然。法律家的司法伦理修行,也应朝着这个目标努力。我们教师是否也是如此,是否每天也面临着无数冲突,我们选择什么呢?如果我们首先选择对自己有利的来履行,那我们的职业伦理就没有建立起来或是不太高的,如果我们的一切都是从学生出发,一切都是为学生考虑,哪怕自己有所牺牲,有所付出,我们的师德就建立起来了。

大学之大在大德，大德之大在大爱*

今天的会议，既是一个见面会，也是一个现场办公会。

各位老师多数是从外校来的，初来乍到，可能会不太适应；本校留下来的老师也存在一个由学生到教师角色的转变，身份发生了变化，所以，提出了许多意见。产生这些问题的原因，首先与政法大学一些传统的但已不适应当前要求的观念有关。大学应被当作思想者的乐园，是思想自由的地方，学者、教师们可以在这里自由地交流。在大学里面行政管理的观念应当淡化，管理的作用应当是保障，管理首先是一种责任。另外，“官”的观念在高校也应当是非崇尚的。同时，“利”的观念应当是受鄙视的。我们追求的应该是知识和思想，而不是私利。我们需要变革一些观念，把管理视为保障，把“官”的作用理解为服务。如果学校管理的价值观正确了，学校的问题肯定会少些。问题产生的原因之二，是政法大学的资源匮乏。如空间不足，人均建筑面积较少，财政分配资源单一，这是实际困难，需要大家一起去克服。另外，课程量也较大，教师工作量大主要是因为教师资源不足、师生比例严重失调，还有管理人员与教师的比例也存在失调的状况。第三个原因是我们的管理不规范、不到位，甚至不科学。一个大学光有大学理念是不够的，还要有一套科学的管理模式，观念是先导，制度是保障，而落实的关键在干部。管理者的理念、素质与能力决定着管理水平。第四个原因与我们大学的氛围和环境有关。一所高水平的大学，应该有一种比较浓

---

* 摘自 2003 年 9 月在与 2003 年入校工作的教师座谈会上的讲话。

烈的学术氛围,言必称学术,甚至同事们共进午餐时也应该交流学问。这样的氛围才能激发出研究者的想象力和创造力。学术氛围不足,会使学者感到孤独,感到"拔剑四顾心茫然",这就会挫伤我们老师的积极性、进取心。在这个方面,我校改进空间较大。

我今天想来和大家交流一个想法,即在中国政法大学作为一个新教师应当怎么做?我们应该以一种什么样的姿态站立在这所大学?

大学既需要大楼,也需要大师,同时还需要大爱。关爱学生是我们每一个老师的职责。正如毛主席所说,"校长和教师是为学生服务的"。在大学里,校长与教师都是为学生服务的。正确的理念应当分为三个层次:第一层是校领导与校部机关要为院部服务;第二层是校领导、校部机关、院部要为教师服务;第三层是校领导、校部机关、院部、教师共同为学生服务。

大家一定要有一种大爱的观念,要爱我们的学生。我们现在提倡的教育观是"大爱教育观"。教师要有大爱,要热爱每一个学生,相信每一个学生,尊重每一个学生。"敬业"、"爱生"是密不可分的,要把它们统一在人才培养上。

教师爱学生,首先要用自身的专业知识、学术力量来爱学生。爱学生的首要表现就是给学生以知识、以真理。我们要相信学生的判断力,他们绝大部分是有能力区分教师学术水平的高低的。我们学校每年都要在全校范围内,由学生自己投票推选出"十大最受欢迎的教师"。通过这几年评选的"十佳教师",我们可以看到,学生们敬仰、热爱的,正是那些学识渊博、循循善诱、师德高尚、关心学生的老师。学生的眼睛是雪亮的,我们的老师要赢得学生的尊重和爱戴,首先就要能教他们真知、给他们启迪,让他们在学业上、在个人成长方面有所收获。这就是老师对于学生的大爱。

此外,老师对学生的爱,除了体现在课堂上,还应体现在对他们个人思想的引导、对他们生活的关心上。我们的本科生、硕士生和博士生,绝大部分都是住校的。所以,他们在生活上遇到什么困难、在思想上有什么困惑,离他们最近同时也是最有条件给他们帮助的,恐怕就是我们的老师了。我们现在在本科同学中推行"辅导员"制度。同时,除了专职的辅导员,我们的授课老师们也是帮助学生们排忧解难的“心灵导师”。举例来说，在2003年的“非典”时期，我们学校的很多老师，包括教授、副教授，以及普通讲师，都轮流深入到学生中去，通过各种各样的形式，比如“草地学习班”等，稳定在校学生的情绪，鼓励他们继续学习钻研。

大爱无言，只要每个老师对学生付出了关爱，学生就能感受到来自师长的关心和温暖，这也会给他日后的成长注入很多动力。大家来自五湖四海，每一个大学都有优良的校风，也都有不好的东西。我希望新老师有一种使命感，都能建立起“大爱观”，并且身体力行地付诸实施。希望各位将原来学校优良的作风带到政法大学，并将法大优良的传统吸收进来，同时有能力拒绝不良的东西。高尚的人是脱俗而不从俗，当然更不能媚俗。“入乡随俗”的古训在大学里要打折扣，我们要随的是进入到法大、进入到新学校的“良俗”。因为只有高尚者才能建设“大学”。新风徐进，良气存留，二者相融才会形成中国政法大学新的精神、气质和风格。

各位新老师是我们学校这段转型期历史的亲历者，也是创造者，我很看重新生力量的生力军作用，希望各位以大爱之心对待教学，以创新之力对待科研，以高远之志拒绝庸俗，以学术业绩将自己塑造为优秀的学科带头人。

价值与能力的统一*

我们中国政法大学的发展空间,可以分成这样几个不同的方面来理解:第一个方面是政法大学的生源。我们的生源已得到公认,是最好的,处在全国的前几位。生源发展的空间还有,但余地并不充分。第二个方面是我们的师资,在法学界是一流的。这次教育部对法学一级学科的评价,我们唯一的第一就是师资队伍第一。在法学上,中国政法大学的师资队伍是全国第一,这一点我们是很自豪的。第三个方面是我们的办学资源。在座的老师和领导心里都很清楚我们的办学条件,这一次教育部内部通报的亮红牌的大学,又有我们政法大学。大家可以从网上了解到一些非官方的评价,政法大学的办学条件是教育部所属大学里最差的。我们现在是两项以上不符合教育部的要求,这恰恰说明我们政法大学在这个方面的发展空间和余地是最大的,也是能够很快见效的。第四个方面的资源就是一个大学的管理。中国政法大学有一流的学生、一流的老师,大概三到四流的办学条件,那么管理水平处在什么层面上?管理还有多大的提升空间和余地?这是大家应该思考的问题。一流的大学应该有一流的管理,一流的管理就应该有一流的管理队伍。所以,我今天演讲的主题,就是我们应该怎样建立一支高水平的管理队伍。在这个空间上,我们今后还能找到多少发展余地?我觉得我们管理队伍的发展空间余地还很大,也就是说,我们的管理要上水平,我们的管理队伍要提高素质。怎样提高我们这支队伍的水平?我想结合我们学校的一些具体工作,谈一下我的一些具体认识。

过去三年中,我们管理队伍中形成的好的作风,有一些已经可以总结

---

* 2004 年 12 月 31 日在中国政法大学中层干部换届动员大会上的讲话。

为经验。当然,不少地方还存在着一定差距。本次干部竞聘,上任的干部,应该注意这样四组关系:

第一组关系就是价值和能力相统一的问题。这句话看上去很学术化的,但含义很清楚。大学不同于公共机关,不同于其他事业单位,不同于企业,最突出的特点,大学是凝练价值观的地方,大学是社会的良心所在。对于司法的腐败,法学教育难道不应该承担责任吗?大学是给我们提供价值观的地方。这样就存在一个领导的价值观和能力能否统一起来的问题。世界观、人生观、价值观都有不同的意义,世界观解决的是方法的问题,人生观解决的是目的的问题,而价值观解决的是意义的问题。所以,大学是价值观形成和凝练的地方,大学应该形成自己独特的价值观。当我们学校的价值观形成以后,作为领导干部,你个人的能力能不能和价值观融合在一起?这时候,人就分成四类:第一类,赞同学校的价值观并有能力的,这是学校重点培养的,要把这样的人选拔到领导岗位上,来支持我们的事业。第二类,赞同学校的价值观,但能力有待提高的,像这样的领导干部,学校就要加紧对他进行培养,提高他这方面的能力。第三类,既不赞同学校的价值观,又没有能力的,学校应该如何对待这类人?大家都很清楚——既要提高其价值观,又要提高他的能力。还有一类,不赞同学校的价值观,但有相当能力的。在中国政法大学,这四种情况都是存在的。我希望我们的干部把能力和价值观统一起来。所以,本次中层干部换届,我希望有更多这样的人走上我们的领导岗位。

第二组关系就是管理和服务的关系。校部机关,既然叫做"机关",首先是因为它有管理职能。管理预示着制度的形成和被遵守。所以,在管理岗位上,在处级领导岗位上,要进行管理、进行规范、进行引导、进行服务。处级领导应当具备管理、规范、引导、服务这四种素质。分解一下这四种素质,其实就是管理和服务。以管理为主,还是以服务为主呢?三年来,这两个观念一直在摩擦,党代会上,石亚军书记已经把这个问题破解了——管理就是服务,这已是全社会的共识了。我们先不讲公共管理的价值取向,只说大学管理的特点,大学所有的工作都是为中心工作服务的。所以,一个领导应该具有一切为中心工作服务的思想观念,这是起码的道德要求,也是一种职业要求。我们的服务对象是两类人,一是学生,一是教师。为中心工作服务,就是为教师服好务,为学生服好务。如果在我们的工作岗位上,出现呵斥学生、不尊重老师的行为,就违反了大学管理的职业道德。所以,管理是为了把制度贯彻下去,为中心工作服务,使中心工作得以实现,这才是管理的价值所在。管理不是目的,通过服务实现中心工作才是我们的目的。服务的职业道德,服务的意识,是我们选拔领导干部的重要标准。

第三组关系是创新能力和执行力之间的关系。大学是产生新思维、新方法、新思想的地方,创新的主要使命在教师。制度的创新也很重要,但制度创新的使命主要集中在校级领导层上面,对中层干部而言,最重要的素质是执行力的素质。这三年,我们不是没有先进的办学理念和办学意识,问题是一个新观念出来以后,要转化我们政法大学的现实,会遇到很多的阻力。甚至可以说,有时候中层执行能力的高低,直接决定着学校制度能否实现。一个新的理念产生了,如果符合中层的想法时,他会开快车,如果不符合他的意图,就有可能给你开慢车。所以,执行力的问题就是学校的理念、制度能不能得到执行的关键性问题。

第四组关系是守成能力和服从力的关系。大学要靠制度来管理,我们的四项战略选择之中,学术是立校之基,特色是兴校之路,人才是强校之本,还有一个依法治校,就是要靠制度管理,而制度的创设过程很艰难。所有的改革如果最终不能转化为制度,改革可能就会失败,所以改革成果要转化为制度,制度形成了,这个大学的价值观就形成了,因为制度是凝练和凝固价值观的。制度一旦形成,这个大学的传统也就随之形成了,形成了制度、形成了传统以后,靠谁来守护呢?就是靠我们的管理干部来守护,一个大学如果没有这种守护力,它的传统是飘忽不定的,所以守成的能力应该是我们中层干部非常重要的能力。守成和服从之间可能会发生冲突,比如,某个校领导的某项决定和大学的优良传统不相符,你的第一选择是服从校领导的决定呢?还是守护大学的优良传统?如何处理好这两者的关系,是一个领导干部的艺术,是领导水平的体现。

66 盏灯与 67 盏灯*

一年当中总有那么几个令人激动的日子,开学典礼是一次,毕业典礼是一次,奖学金的颁奖也算一次。奖学金是一种荣誉,而从我们同学的发展上看,它又不仅仅是荣誉,还是对获奖者的一种永久性的鼓励。当你带着这个荣誉离开大学的时候,你会不断想起它,在不少场合提及它。你获得的是继续发展的一种动力,这是奖学金最重要的意义。

我今天想跟大家交流一下学风问题。获得奖学金的这些同学,不仅是学习成绩优异的代表者,也是我们学校学风的典范。大学之道多种多样,而每一种表述都离不开良好的学风。

大学之道的第一个表述是:大学的根本使命是培养人。好大学和一般大学区别在哪里?在于成才率不同。一个好的大学应该提供更高的成才率,如果能够保证学生百分之百成才的话,那它必然是让人最向往的大学。大学的根本使命是培养人,培养将来成为社会栋梁、成为国民表率的人,而良好的学风是实现这个目标的一种保障。

大学之道的第二个表述,即提高教育教学质量是一个大学永恒的主题。这个主题在任何时候都不会变化,并且质量的提升是没有止境的。可是,教学质量靠什么来保障呢?靠学风。没有良好的学风,一定没有好的教育。

大学之道的第三个表述:大学的中心工作始终是教学和科研,我们的教师要同时承担教学和科研这两大使命。当然在 21 世纪,大学的使命已经拓展了,为社会服务、进行国际交流和融合,也是大学的使命。大学的使

---

* 2006 年 12 月 1 日在"2006 榜样法大"评优表彰颁奖典礼上的讲话。

命不论怎么变化，处在中心点的教学和科研是不变的。教学和科研还有一个关系，一个好的甚至可以说最好的老师，他（她）的科研能力不仅仅表现在学术成果上，更应该表现在课堂教学上。甚至可以这样讲，教学是科研的最高表现形式。

大学之道的第四个表述，那就是把学科建设当成自己的龙头工作。学科是由三个要素构成的：教师、学术成果和人才。学风是把这三者连接起来的纽带。

大学之道的第五种表述，即一个大学可以有无数个工程，可以做无数个工作，但是处在核心地位、主体地位的，始终是师资团队建设。一个大学的水平靠谁来代表？不是靠校长，而是靠教师，教师代表这个大学的品质和声誉。刚才有同学发言说，“我们这里没有美丽的校园，但我们有最值得自豪的老师”。

大学之道，最重要的是要有大师，有了大师以后，我们再追求大楼。大楼就不单单指建筑物，更多的是指这个大学的办学条件，也包括教师的生活待遇条件。对于大学来讲，一定还要具有“大爱”，这个“大爱”首先表现在老师对学生的爱。老师爱学生是教师的第一份师德；还表现在教师爱学术上，对学术有无限的崇敬。对于一个大学来说，最好还要有“大树”。当然这个“大树”不是长着叶子和树干的植物。这个“大树”代表的是大学的传统。因为大学里边是否有大树，可以看出大学历史的长短。一个大学优良的传统靠什么来组成呢？还是靠优良的传统和学风来组成。所以大学之道包含着学风，这也是大学之道。大学之道无论怎样表述，每一项里边都包容着学风的意义。

所以今天我想对获奖的同学说的一句话是，你们不仅仅代表着我们全体同学学习的品质，更代表着学风上的品质。进入21世纪以后，我们发现大学里普遍地存在着一种现象，就是学风在滑坡。几乎每一所大学都出现了这样的问题。我们的学风建设是否也存在着问题呢？我请人文学院的一位老师做过一次调查，他上完课以后，给同学布置了一份作业，并根据我的要求做一个观察，看看我们的同学有几个人能独立地把这个作业完成。

他是很负责的一位老师，最后他告诉我，有28%的同学抄网上的文章，而且几乎是完全抄袭，28%的比例！还有一部分同学是部分抄袭。校训是一个大学学风的展示，是一种规程，是铭刻到你身上的一生不变的信念。一个大学的品质是由学风和校风来承载的，每一个学生的品质实际上也是和校风、学风联系在一起的。没有良好的学风，你离校以后就不会有好的发展前景。

在学风建设上，现在出现的第一个问题是功利化问题。学习到底是为了什么？我建议每一个同学都认真思考一下这个问题。教育这个最有品德意味的领域如果被功利化了，就预示着一种腐败，德性的腐败，是人性的根本腐败。所以在教育领域里一旦发生腐败，同学走向社会的时候就会向社会索取自己因为腐败而付出的成本，这对社会的危害是极其严重的，对我们个人的成长是极其不利的。学风问题的第二个表现，就是大面积的考试作弊。竺可桢在浙大做校长的时候，立下一条规矩："凡是学生作弊，发现一个，开除一个，绝不姑息"。所以浙江大学保持了良好的校风和学风。去年全国大学创新力的评比当中，浙江大学排在第一位，超过了北大和清华。创新肯定是和学风连在一起的。第三类学风问题，是论文抄袭现象。高校里的这三大学风问题，既有普遍性，也是很严重的现象。今天是一个喜庆的日子，但是我把这个问题讲出来，目的就是要警示大家，要有良好的学风保证我们良好的品质。在这里我想提"三个不"的要求。这"三个不"是我们学风建设最简单的要求。第一"不"——考试不作弊。每一个进入西点军校的学生，入校的时候都有一句宣誓，"在校期间绝不说假话"。我们还做不到像西点军校那样要求我们的同学，但是考试不作弊是最起码的要求。第二个"不"——写文章不抄袭。这是很简单的一个要求。第三个"不"——不妄语。妄语是什么？言之无据的话就是妄语，言之无物的话也是妄语。

去年，耶鲁大学校长莱温在中外大学校长论坛上向我们讲述了他自己的一个故事。他年轻的时候，父亲特别希望他去学宗教，他进了教堂以后，怎么也听不进那些颂经的声音，两眼就盯着教堂上边的那些盏灯。时间久了,他竟然把每盏灯的样子都记了下来。几十年过去了他还记得教堂里有67盏灯。这次,他到我们这里来做演讲,打算在回顾自己学术生涯的时候说说这件事。他特地给哥哥打电话核实那个教堂里是不是67盏灯,可哥哥告诉他是66盏灯。就为这一盏灯,他一晚上没睡好,因为他第二天要告诉我们这段经历。演讲结束时他说:“为了这一盏灯,我一定要再回到我原来的教堂去看一次,到底是66盏还是67盏。”

德行乃教育之魂*

大学教育当中与德育教育有关的命题中有哪些？我思考了四个：

第一，教育的本质是什么？教育本质始终是引领我们的灵魂，这是我们所有从事教育的人都应该思考的。当然在这个命题上可能会有不同的答案，有的人说教育是以传统知识为主，但是我个人认为，传统知识是排在德育之后的第二位的使命。所以，教育的本质始终是引领人的灵魂。我们每一个人的这一生，它的德性和动物性之间有一个比例关系，人生下来的时候更多的是动物性，随着成长、获得社会认知的增多，大概在四五十岁的时候，到了不惑之年或者是知天命之年的时候，动物性和他的德性大概各占50%左右。在人生的后半段主要是德性的成长过程，德性占据了人性当中的90%。人的一生是动物性和德性相互较量的过程，因此教育最本质的含义是引领人的灵魂，使人的德性不断增加。

第二，教育的功能是什么？孔子讲“有教无类”，是非常可贵的一个价值。教育最重要的功能应该是消除人和人之间的差别，所以把教育的功能，尤其是在基础教育，在国家的义务教育过程当中，就是要消除人与人之间的差别，为社会上的差别的消除提供一种最基本的手段。

第三，教育的价值是什么？教育的价值在于构筑社会公平和正义的一种生态。没有教育，社会的公平正义这种价值就难以树立起来。所以，构筑这种生态才是教育的基本价值。

第四，教育的意义是什么？教育的意义在于体现人的主体性、人的德

---

* 原载《北京教育》2008年第3期。根据2007年12月20日在“学习贯彻党的十七大精神与加强首都大学生思想政治教育”高层论坛上的主题发言整理。

性和人的智性的“三性”的统一。

在四个命题之下我有一个判断，就是没有德育的教育便是一种罪恶。进入 21 世纪之后，人类面临许多新的罪恶的侵扰，排在第一位的就是没有德育的教育，排在第二位的是没有劳动的财富，排在第三位的是没有诚信的交易，排在第四位的，今天有媒体的朋友，请允许我多说一句话，没有责任的媒体也是一种罪恶。还有没有正义的强制、没有公正的审判等，这些都是人们面临的新的罪恶，但是所有罪恶当中排在第一位的便是教育，有的教育失去了德性，教授的只是方法，人们获得了方法，就会用这种方法来危害社会，所以没有德育的教育是一种罪恶。

第二个判断是没有公正的教育，受教育权变只是一种特权。大家注意到了义务教育法正在修改，我们所要追求的目标是达到均衡发展。在义务教育阶段如果还出现人和人之间的差别的话，受教育权就不是普遍的权利。所以在这个意义上它就很难成为人权，所以我就把它判断成为一种特权。

第三个判断，没有正义的教育，教育便会以功利为目的。大家可以去看看新浪网和搜狐网，每天在里面做的广告，滚动里有我们一些很著名的大学。我数了一下，一个月左右的时间，在一个栏目里有 20 个广告，我们一所大学居然一天在里面占据了 7 个，就是 7/20。教育失去阵地的话，它便以追究功利为目的，所以我们现在的教育要警惕陷入到市场经济的陷阱当中去，一旦进入到这个泥潭当中，你便失掉了教育的本质目的。

第四个判断是没有主体性的教育，受教育者只能处在教育关系的客体，它永远成为不了主体，所以一个问题，我们只要思考，素质教育是我们现在要开展的一种形态，但素质教育并没有回答人的主体性问题，所以现在我有一个想法，素质教育下一步的发展是什么？我个人思考应该是人格教育。人格教育才能恢复人的主体性，如果人的主体性都得不到恢复，人总是处在客体教育上。就像我过去打的比方，大学教育是什么？不要把学生当作矿石，也不要把大学当作冶炼者。如果大学的教育是一个冶炼过程的话，那么它的主体地位在哪里呢？所以我们要转变一些观念。不要把学生当作矿物质,要把学生当作生物。不要把大学的过程当作矿物的冶炼过程,而是应该把它当作生物的生长过程。所以要恢复学生的主体性。这是我与大家要交流的第一个想法,教育有关的基本命题。

大学之“大”,到底大在哪里？教学之“学”,究竟学在哪里？大学之学到底蕴涵了哪些含义？

大学之大,首位在大德。“大学之道,在明明德,在亲民,在止于至善”,明德、亲民、至善这三者结合在一起就是大学。所以没有德性的大学是不受人尊重的大学。大学和社会上的机构区别在哪里呢？大学的权威性和政府的权威性比较的时候差别在哪里呢？政府是管理的权威,它是公共资源配制的权威,它也是公共信息发布的权威,所以对政府来讲有这三个权威地位。而对大学来讲权威地位是什么？大学首先是道德的权威,大学其次才是知识的权威,大学还应该是思想的权威。所以大学要做到这三个权威地位,这个大学才是一所受人尊重的大学。所以排在第一位的应该是大德。

第二大在于大学问或者是大知识,大学就是把比较聪明的人变得更加聪明的人的过程,或者是把聪明的人变得智慧的过程。因此大学里面是有大学问和大知识。大学的大知识有几个态度,第一是要把前人的知识传播给后人;第二是要有创新知识;第三是要有创新知识,所以大学里是需要图书馆,政府里是不需要;第四是我们还应该有运营的知识;第五是要有交换的知识,我们没有的,要进行国际交流,国际交流的意义就是把别人的知识拿来为我所用。大学里有五个基本态度,在这上面才能够称为知识的权威,所以它是具有大知识和大学问的。把大知识和大学问合一起的人才可以称作大师,我们每个大学中最受尊重的老师,如果他可以称作大师的话,他一定是同时具备着两种德性:一是在品德上为人所敬仰,二是在学术上具有权威的地位。两者是缺一不可的,如果他只有两者其一,他就不能被称作为大师。

第三大在于大爱,大爱也是大师德性的表现,当然其他人的爱,比如展示,教师要爱他的学术,把学术作为他的信仰。最好的教师是什么样的教师？做学术的人，只要是教师，都在从事这个职业，但是它的动机和目的，可以作出划分。最底层的，应该是为了功利而做学术，这样的学术是做不大的，所以这样的人是永远成不了大事。第二种是出于某种兴趣做学术，所以做学术需要保持某种兴趣、某种冲动。在这种情况下，学术有可能做大。有时候兴趣会被转移，当被转移的时候，进入到另一个学科。最高状态大概就是爱因斯坦对居里夫人所做的评价，与其说居里夫人做的发明对我们有震撼，莫不用说居里夫人对科学的信仰和态度使我们更感到震撼。当做学术达到一种信仰状态的时候，那么这种爱是无边的。所以教师一定要学术，我们的工作人员一定要爱学校，我们的学生一定要爱学业，所以大学里应该有大爱。

当然大学里还应该有大楼，这个“大楼”不是指建筑物，首先指的是学术条件，其次还包含这个大学的学术环境，包含着这个大学里的教师和学生的物质生活这就是大学之大，首在大德，没有道德的大学是不受人尊敬的。

大学之学的所有含义中，最主要的是一个大学的学术产品。首先我们大学里是学府，我们区别于官府，也区别于食府。学府里面学人，有一部分是学者，一部分是学生。学者要从事学术，学生要完成学业。而所有的“学”结合起来组成学科，然后这个大学就形成传统的，这个学校就叫做学统，就是以一个大学最重要的是是否形成传统，我们有的一些大学越来越不像大学，它的历史比较悠久，但它的样子在发生变化，变化的主要原因在哪里？就是改变了原来的学术传统，一旦学术传统改变了，这个大学就不像个大学。所以大学之学，重在学统，这是包含着德信，这样大学之大、大学之学就决定了在大学里生活的人和在社会上生活的人在道德上有所差别。大学里的人，我想应该拥有这样四种品德：一是独立之人格，人格的独立性只有在大学里才能够保持。二是自由之精神。他把自由当作一切价值的最高准则。三是创新之能力，他是将新的知识、新的思想。四是守承之责任，“守承”是指守护国家、守护民族、守护这个大学的传统，目前中国大学要保持它的德性的话，应该去“官僚化”、去“功利化”、去“世俗化”，所以大学应该成为道德的楷模、创新的基地、良知的仓库,还应该成为社会的灯塔。

作为大学校长要管理大学,除了琐碎的事务之外,更应该宏观地思考一些价值冲突。在一个大学中,有这样几类价值是矛盾的。

第一类是正义和利益之间。正义是社会的主价值观,但大学里所有的人都需要利益,正义和利益有时候就处在冲突当中。我们看一个大学的德性,就是看你获取利益的时候,是不是能够像孔子所讲的“勿者勿之所欲也,不以其道得不为也”,大学爱财,也要取之有道。判断一所大学天天都在进钱,这个钱的来源和目的是不是肮脏的?在高等教育史上有一个案例,就是剑桥大学曾经拒绝了一大批捐款,这笔捐款是来自烟草公司,公司只提一个要求,在你楼里把我公司的名字标注出来就可以了。但剑桥大学的教授最后投票,把上亿英镑的钱拒绝了。烟草公司赚的钱是肮脏的,因为它是与健康不相融,它的钱再多,也不应该投在大学里。当一个大学有能力拒绝一些肮脏的钱的时候,这个大学的德性基本上就建立起来了,这个大学的传统基本上就树立起来了。所以,正义和利益之间存在着冲突,我们需要来解决它。

第二类是自由和秩序。尤其是学术自由和学术管理。大学里,现在大学制度有两块基石,一块是学术自由,另一块是自学自治。这两块也会发生冲突,所以自由和秩序始终是在冲突当中,我们选择哪一个?一个大学的活力往往表现在自由上,而一个大学的公允化和平面化往往表现在它秩序上。大学如果要成为一个创新型的大学,要把大学变成一个高水平的、世界一流大学的话,它的主价值更应该选择学术自由。

第三类是公平与效率。每一个大学的资源都是有限的,在有限的资源配制到不同学科上的时候,原则就会发生冲突。有一些学科是为生存而奋斗,是长线的学科。而有的学科恰恰处在边缘状态、新生状态、朝阳状态,这时候配制大学资源对大学校长来说就有所选择。学科建设上始终比坚持理想原则坚持“扶强不扶弱”,要把强势学科做得更强,弱势学科怎么办?这就出现公平和效率的冲突,这对矛盾怎么消除?这里面也有德性的问题。

第四类是生存与发展。一个大学里每一个人的状态是不一样的，每个学科的状态也是千差万别的，所以生存和发展之间始终有冲突。这个冲突也是需要管理者去消除。

第五类是管理与自律。要相信大学里的“三自”原则，在学术上是自主的，在学术研究道德上应该是自律的，在学术的研究上应该是自由的，这“三自”就是以自律为核心，但是大学需要加强对教师的管理，尤其是师德方面的建设。这一系列的冲突需要我们教育，大学管理的本质是进行价值判断和价值选择，最好的管理是想办法消除这些冲突，如果不能消除这些冲突，就想办法把冲突降低到最低点，能够把冲突降低到最低点的管理就是最德性的管理。

关于要办什么样的大学？现在的表述越来越多，我不反对，甚至我还非常鼓励，还很羡慕一些大学要把自己办成世界一流大学。中国政法大学也试图把自己办成世界一流大学。但在我们把自己办成世界一流大学之前，我们的思考是先使这所大学受人尊重，我们的基础目标是办一所受人尊重的大学。

我觉得受人尊重的一所大学有四个特征：第一，一定是有德性。它是社会道德的楷模，是社会的灯塔。你有道德，人们才向往你，才尊重你。第二，一所大学受人尊重，一定是有思想性，所以有思想的大学能成为社会良知的仓库，能成为社会思想的储存地的时候，当打开这所大学的大门，能够有各种思想为社会服务。第三，这个大学应该有它的贡献力，贡献力在大学的学科可以分为四类，第一类自然科学，最高贡献是贡献一种新的支持。第二类学科是工程技术类学科，最高水平的贡献是贡献一种方法，包括新的工艺。第三类是社会学科，社会科学的最高贡献是贡献一种思想。第四类学科是文史学科，这些学科的最高贡献是贡献一种新的文化，或者是给人们贡献一种新的生活方式。这些贡献，都看你这个大学的贡献力。所以受人尊重的大学应该是有贡献力的大学，而你这个大学应该具有不可替代性，就是有特色性，有特色的大学才是受人尊重的。这是第四个特征。

大学的德性、大学的思想性、大学的贡献性和大学的独特性，这“四性”合起来，我们才认为这所大学受人尊重。但我们现在评价大学的时候，因为德性是不能量化的，思想性也是不能量化的，特色性还是不能量化的，所以现在对大学的评价已经陷入一个单一化的状态，仅仅以知识为标准，SCI、EI 等，这完全表现为一种数量，以数量为大学的一种排名，正在忽略一个大学的德性，正在忽略一个大学的思想性，正在忽略一个大学的特殊性。

道德是一个体系，应由三部分构成：处在基础地位的是公民道德，就是使人成其为人的道德；比公民道德高一个层次的是职业道德，职业伦理一定比公民伦理更高；处在道德顶层的，我把它叫做政治道德，当一个人能够全心全意为人民服务，毫无自私自利之心的时候，他就是最优秀的政治家，他一定是最优秀的道德的楷模，就是先天下之忧而忧、后天下之乐而乐的人。

教育也大体可分成三个层次：基础教育是使人成其为人的教育；大学本科教育是使人成其为才的教育；研究生教育是使才成其为器的教育。现在我们的道德教育是倒置的。比如说中小学教育正在对学生进行政治道德的教育。很小的孩子就要树立远大的共产主义理想、社会主义理念。可是到了大学阶段，我们反过来对他进行公民教育，大学生里面要开设公民读本、要开设法律常识，这个现象就叫做道德教育的倒置。这导致了什么状态呢？大学正在承担着基础教育应该承担的责任。实际上基础教育的责任现在推后到大学教育里。使人成其为人的教育，目前竟成为中国高等教育的基础使命。这是我们现在要面临的一个问题。

在整个道德中，你会按照另外一种标准来划分，可以把道德分为小德、中德和大德。大学应该是养大德的地方，但现在大德不得不从小德做起，小德的表现是什么？是“三心”，恻忧之心，就像孟子讲的，当你看到一个人掉到井里的时候，你是否心动？坐而视之，兽也；起而救之，人也。第二要有报恩之心。我们现在有一些大学中，我记得上海交通大学有一个搞德育的老师上台的第一句话，大家有没有带手机啊？大家不知道怎么回事，有一部分同学回答说带了。如果你带手机的话，现在已经到了十月份了。现在你就在课堂上,我给你一分钟的时间,你给你父母发一个信息,告诉父母,天凉了,应该增添一些衣服。学生在课堂上发了这个信息,很快家长都给回了信息。家长回信息之后,在家里对孩子的评价是什么呢?说这个孩子长大了,这个孩子懂事了。孩子第一次知道关心父母。这是什么心?最起码的感恩之心。所以在古代传统里这是小德,但小德也不得不在大学课堂上教育。小德当中还有一个敬畏之心,要对人、对事业保持敬畏之心,这是小德,但是我们的道德应该从小德养起。中德是什么?仁、义、礼、智、信,仁者,爱人也;义者,有所反报也;礼者,有所恭谦也;智者,能胜人也;信者,践之所诺也。这些中德我们现在也缺乏。最后是大德,其中有四个表现,第一要有政治信念,我们要树立共产主义的理想,要相信我们党的领导的正确性。第二要有价值观,就是公平正义。第三要有制度的安排,就是民主法制。第四将来要有所作为,要关注人权、关注民生。这些德才是政治道德,才是大德。我们教育中的道德体系应该从小到大,从基础到最高,安排好这样的过程,使之有更好的教育效果。

Part 2 第二编 明　法

法学是一门正义之学,是管理正义的一门技术。

大学是一个各种思想、创意自由表达、发生碰撞产生火花从而推动人类文明进步的地方,因此我们应该在维持基本秩序的前提下为各种思想、理论的自由展示搭建一个自由、平等、开放的舞台。

辉煌皆由携手铸*

尊敬的各位领导、各位嘉宾、各位学长、亲爱的校友们、老师们、同学们：

大家好！

今天，我们欢聚人民大会堂，共庆中国政法大学建校50周年。在此，请允许我代表中国政法大学的全体师生，向各位领导、各位嘉宾，向来自各地的校友表示最热烈的欢迎和最诚挚的谢意，向海内外所有法大人致以节日的祝贺和亲切的问候。

中国政法大学是一所以法科为主体和特色的多科性重点大学。她的学科渊源可以追溯到1904年建立了政法科的京师大学堂。1952年，为适应新中国法制建设初创的需要，中央决定将已有48年历史的北大法律系及清华、燕京、辅仁大学的政治学、社会学等学科合并，共组我校的前身——北京政法学院。1960年，学校被教育部确定为全国重点大学。“文革”期间，学校被迫解散。粉碎“四人帮”后的1978年，在邓小平同志的关心下，学校复办。1983年，中央决定在北京政法学院的基础上成立中国政法大学。1999年原中央政法管理干部学院与中国政法大学合并。前身为中央政法干校的这所学校，成立于1951年，彭真同志任首任校长，谢觉哉、史良、吴玉章、沈钧儒、罗瑞卿、李六如、艾思奇等许多著名领导人都曾在学校任领导职务。

50年来，中国政法大学与共和国的民主法制建设同呼吸、共命运，法治兴则学校兴，法治衰则学校亡。伴随着共和国民主法制的建设与发展，学校经历了三个发展的黄金时期。

---

* 在中国政法大学建校50周年庆典暨法治与法学教育国际研讨会开幕式上的讲话。

50 年代是学校建设与发展的第一个黄金时期。当时,年轻的共和国法制初创,为巩固新生政权,废除旧法和推进司法改革,需要大批有较高理论水平和实践能力的政法干部。应运而生的北京政法学院以培养司法行政干部,提高在职政法干部的业务水平为办学目标。据资料统计,当时政法战线所有的重要领导干部几乎都接受过北京政法学院和中央政法干校的培训,学校被誉为“共和国政法干部的摇篮”,起到了为社会主义法制的孕育和创立培养人才、储备人才的重大作用。

70 年代末,党的十一届三中全会为政法教育带来了新的生机,社会主义民主法制建设的恢复与重建使学校获得了新生。学校复办后,迎来了第二个黄金发展时期。在司法部的正确领导下,我校经过十几年的艰苦努力,办学规模不断扩大、学科结构渐趋合理、师资力量日趋雄厚,在教学科研、人才培养、社会服务等各方面发展迅速,基本完成了由单科性政法学院向多科性大学的过渡,为学校今后的进一步发展打下了坚实的基础。

历史进入 21 世纪,在“建设社会主义法治国家”、中国加入 WTO 及从今年开始的司法统一考试三大背景下,国家和社会对高层次政法人才的需求从未像今天这样迫切,法学教育获得了空前的发展机遇。2000 年 1 月,学校归属教育部,进入了高等教育的“国家队”。学校的战略定位、办学目标、人才培养模式得以重新调整。前不久,教育部正式批准我校成为首批自主设立本科专业的 7 所重点高校之一,赋予了我校设置本科专业的自主权,并希望我们加速实现建设具有鲜明特色的高水平大学的目标,这标志着学校进入了第三个发展的黄金时期。50 年的建设与发展,我校在人才培养、教学科研、社会服务和对外交流等方面取得了辉煌成就。

50 年来,我校已为社会各界输送了十万余名高素质的各类政法人才。他们在各级公、检、法、司、安及党政机关、企事业单位中发挥着重要的作用。全国高层次法官、检察官和律师的 1/3,具有高等教育学历的司法工作者的 1/10 均出自于中国政法大学。在校友中,有数百人已成为党和国家的高级领导干部。学校还培养出了一大批在法学各学科中具有领军地位的法学家,现正辛勤耕耘在全国各著名大学法学院的讲坛上。我校之所以能够获得今天的声誉，正是这十几万名法大学子自强不息、努力进取的结果。在这里，我要向所有为祖国政法事业的发展、为法学理论的创新做出贡献、为母校争得荣誉的法大学人致以崇高的敬意！你们是法大的骄傲！

50年来，学校在教学科研等方面取得了长足进步，形成了自己的办学特色，特别在法学教学与科研领域具备了突出的整体优势，成为我国法学教育的最高学府。建校以来，学校共完成科研项目上万项，填补了我国法学研究领域的许多空白，大量科研成果转化为国家立法内容，为更新法学观念、指导立法和司法实践、推动国家"依法治国，建设社会主义法治国家"方略的实施做出了重大贡献。学科建设上，法学、政治学、行政管理学等学科，在国内均为首创，在法学几乎所有的二级学科中，我校都发挥了奠基者和开创者的作用。中国政法大学还在许多专业领域开创了新中国法学教育的先河，第一个法律史专业、第一个民商法专业、第一个经济法专业、第一个诉讼法专业、第一个比较法专业，以及众多的外国国别法研究，如罗马法研究、美国法研究、德国法研究、澳洲法研究、日本法研究等都首出中国政法大学；新中国第一批法学硕士、第一批法学博士也在这里诞生。

50年来，中国政法大学为国家的立法工作做出了突出的贡献。首任院长钱端升教授率领学校的宪法学、行政法学的多位教授参与了1954年新中国第一部宪法的起草工作。前任校长江平教授、陈光中教授及著名婚姻家庭法专家巫昌祯教授曾作为立法专家小组的组长分别主持参与了国家民法典的起草、刑事诉讼法的修改和婚姻法的制定修改工作。新中国成立以来，中国政法大学共有千余人次参与了共和国几乎所有重要法律的起草与修改工作，尤其为建立和完善社会主义市场经济下的法律体系做出了不可代替的贡献。此外，我校的著名专家学者先后为中央政治局、书记处、全国人大常委会及中央国家机关和地方党政军及司法机关进行了上千次的法制讲座。学校还特别注重教学科研与司法实践相结合，面向现实、面向实践，多次出色地完成了中央领导交办的疑难课题。

改革开放以来，中国政法大学坚持开放的办学理念，加强对外交流与合作，先后与国外近百所大学建立了合作关系，在国际法学界享有"中国法学最有代表性的大学”的声誉。我国对港、澳、台地区授予的第一个法学硕士、法学博士学位及对外国留学生授予的第一个法学硕士、法学博士学位都出自于中国政法大学。江平教授先后两次被美国、意大利大学授予名誉法学博士学位。郭翔教授被美国授予“杰出国际学者奖”。我校已成为中国法学教育与研究对外交流的重要窗口,整体上对外代表着中国法学教育与研究的形象。

50 年的辉煌业绩离不开几代法大人的艰苦努力。我们将永远铭记法大的开创者与建设者们。我们不会忘记钱端升先生、戴铮先生、雷洁琼先生,正是以他们为代表的一代人铸就了法大永远的信念,给我们留下了宝贵的传统。我们也不会忘记以余叔通先生、韩幽桐先生、宁汉林先生、程筱鹤先生、汪暄先生、朱奇武先生、张国华先生、龚祥瑞先生、芮沐先生、阴法鲁先生、云光先生、高潮先生、江平先生、陈光中先生、张晋藩先生、罗典荣先生、杜汝楫先生、王名扬先生、潘汉典先生、曹子丹先生、巫昌祯先生、罗大华先生、宁致远先生、何秉松先生、徐杰先生等为代表的为法大学科建设与发展做出了开创性贡献的名师,他们对真理的热爱,对学术严肃、严谨的精神,对学子的殷情,对法大发展所倾注的满腔热情都将鞭策我们后来者薪火相传。我们还应当看到已经成为今天法大教学与科研骨干的中青年教师所构成的群体,他们良好的修养、具有时代特征的知识结构、开阔的视野、勇于创新的勇气必将使他们成为法大的希望。我们更不能忘记那些为法大默默奉献了全部心血的普通教师、历届党政管理干部和其他劳动者,他们是法大建设与发展的最基本力量。我们会记住每一位在法大这块热土上奋斗过、生活过的人,他们在这里演绎成的每个故事,都构成了法大的底蕴和值得守望的精神家园。

50 年的发展,中国政法大学得到了党和国家三代领导集体的特别关爱。毛泽东主席和邓小平同志曾亲笔为学校题写校名,周恩来总理和彭真委员长、乔石委员长、陈丕显书记等领导分别亲自主持了北京政法学院和中国政法大学的创建工作。乔石委员长、雷洁琼副委员长还为新校奠基。江泽民主席、李鹏委员长和尉健行同志也多次亲切接见过学校的专家学者,对学校的发展给予了亲切的关怀。李岚清副总理曾两次视察中国政法大学,并对学校建设与发展做出过重要指示。我们将永远以此为骄傲和自豪!在这举校欢庆的日子里,我们深深缅怀关心中国政法大学建设与发展的毛泽东、邓小平等老一辈革命家,并对在各个时期给予学校关怀与支持的各级领导、社会各界人士、国内外朋友以及众多校友表示衷心的感谢!

路漫漫兮志高远,而今迈步从头越。50年校庆,是学校发展史上新的开端。学校今后发展的总体目标是:用20年左右的时间,把中国政法大学建设成为多科性、研究型、开放性、特色鲜明的世界知名高水平大学,使法学学科跻身于世界前列;实现党中央、国务院所要求的把中国政法大学办成中国法学教育的中心、法学研究的中心、法学信息资料的中心及国家立法与决策咨询服务中心的历史使命。

实现上述办学目标,首先,要高举邓小平理论的伟大旗帜,坚持社会主义的办学方向,贯彻党的教育方针,将江泽民同志"三个代表"的重要思想落实到学科建设、教学、科研、管理、服务等学校工作的各个环节中去。以促进和维护先进生产力发展,创造和弘扬先进文化,实现和维护最广大人民的根本利益作为人才培养、学术研究和学校改革的准则。

其次,要以先进的教育理念和高等教育的主流意识指导学校的工作。这就是:以培养人作为学校的根本任务,以教学、科研和为社会服务作为学校的中心工作,以提高教育教学质量作为学校永恒的主题,以改革作为学校各项事业发展的动力,以学科建设作为学校的龙头工作,以团队建设作为学校的主体工程,以保障和服务作为学校管理的价值追求。法大在凸显自己的办学特色时,要从根本上克服目前法学教育存在的司法伦理教育不足与法律技巧训练不足的缺陷。要按照校训,把学生培养成既有公民道德,又有以司法伦理为表现的职业道德的"厚德"之人。在"明法"上,要使非法学专业的学生也获得法学的背景和与法学交叉的复合素质,要使法科学生成为昌明法治的主力军。在"格物"上,要培养学生无罪推定的思维和求实创新的能力;在"致公"上,要使培养对象既达成公平、公正与正义的价值追求,又养成其亲民仕众、天下为公的公仆意识。法大人才培养的总目标是:培养适应国家与社会公共管理与法律职业等所需求的,富有中国政法大学特色的,具有国际国内优势竞争力的高素质复合型人才。

再次,要以学科建设作为实现研究型大学和特色性大学目标的保证。中国政法大学的主体学科和核心学科是法学。我们在建设多科性大学的过程中,要始终保持法学的主体地位不变,要使每年招生数的60%和师资团队构成的60%稳定在法学上。除继续保持法科的优势学科地位外,还要培育法学的相关学科,如政治学科、管理学科、社会学科。在相关学科的外围,还要积极扶持对其支持的学科如哲学学科、文学学科和外语学科等。要尽快实现从专业建设到学科建设的转移。我校今后将稳定本科生的招生规模,努力扩大研究生的招生规模。发挥我校在研究生培养方面二级学科所具有的全面优势,大力发展专业学位教育,使我校成为法官、检察官和高层次律师的摇篮与培养基地。成为国家实施法律硕士、公共管理硕士两大专业硕士教育的中心。学科建设三要素中的另外两个要素是科研成果的产生与高水平师资团队建设。对前者,学校将通过科研体制改革,以推动原创性成果的产生为追求,同时把参与国家立法及为国家和社会提供对策性咨询服务作为成果的重要形式给予同等对待,扶持基础性研究,鼓励跨学科研究,通过设立具有中国政法大学特色的科研评价体系,求得创新性、传世性、经典性成果的产生。对于师资团队建设,学校将像建立甲A球队那样,以能在一级学科内产生广泛影响和具有代表性为标准,实行海外引进、校外交流、自我培养并举的方针,使法学的每个二级学科都有数位在全国保持领先水平的学科带头人,以保证法学学科在整体上处于全国的绝对优势。要把团队建设作为学校建设和发展的带动性工程来抓。

第四,要实现开放性大学的办学目标,需要进一步拓展与海外大学合作与交流的空间。一方面,要增加留学生在我校学生总数中的比例,近几年内要使其达到3%~5%。另一方面,要建立若干个研究外国法与培养涉外法律高级专门人才的法学院,如中德法学院、中美法学院、中法法学院、中日法学院等,来院任教的教师中,外籍教师将占较高比例。另外,要提高我校教师赴海外留学与交流的比例,使其成为国际化教师。中国政法大学的国际性应表现为:她既是外国留学生与外国学者学习、了解和研究中国法的主窗口,也是我国对外传播中华法制文明、宣传我国现行法律制度的主阵地。

第五,在内部管理体制上,要积极探索现代大学制度的构成要素。坚持“以教师为本位,以学生为主体”的办学理念,解决好大学内部教师与学校、学生与学校、教师与学生三大关系。实行依法管理和从严治校。要规范各种管理程序,使中国政法大学成为高教系统内依法治校的典范。

最后,学校还将加大教学科研基础设施的投入,不断改善办学条件,彻底解决学校复办后长期制约学校发展的空间不足的矛盾,使我校硬件建设达到一流水平。

回首历史,展望未来,50 年的辉煌,使我们愈加感到 21 世纪任重而道远。在我校迎来建校 50 周年之际,敬爱的江泽民总书记欣然为法大题词:弘扬法治精神,培育法学新人。李鹏委员长也为我校题词:培养优秀政法人才,建设社会主义法治国家。我们将时刻铭记总书记和委员长的厚望与嘱托,加倍努力地工作,为实现“依法治国,建设社会主义法治国家”的宏伟目标做出更大贡献。让海内外所有法大人携起手来,共同高扬我们的法治理想,秉承政治进步,法制昌明的传统,遵循“厚德、明法、格物、致公”的校训,为法大至新世纪千里而扬鞭奋进。

谢谢大家!

(本篇原题为《继往开来,携手共进,再创辉煌》,系我于庆典日凌晨三时撰写而成,工作人员连夜付梓,于八时印毕置于人民大会堂主席台各嘉宾席上,我将数易其稿的致辞读了下来。在这本文集中,本篇是为数不多的根据文稿所做的演讲之一。)

人文精神与社会责任*

尊敬的江(平)老师、陈(光中)老师,在座的各位老师及同学们,我作为学生参加过无数次开学典礼,作为教师也出席过很多的开学典礼,但是作为法大人,我还是第一次到开学典礼上来。今天,我有两句话必须要说:第一句是我想与在座的各位老师一样,对来自祖国四面八方、经过一路拼杀来到政法大学的各位同学表示热烈的祝贺。第二句话,过了明天,后天就是教师节了,所以要代表学校,对辛勤耕耘在我们法大这座神圣殿堂的各位老师,致以最亲切的节日慰问。今天上午,北师大百年校庆在人民大会堂举行,我原准备代表学校参加这次活动表示祝贺的。但我认为作为校长,出席开学典礼比去参加兄弟院校的庆典更为重要。除了表达对同学们和老师们的祝贺之意,我还想跟同学们一起回忆一下政法大学的辉煌历史,交流一下关于法学教育的一些看法。

我们法大是1952年在北大、清华、燕京、辅仁这四所大学的法学、政治学、社会学的基础上合并而成的,这所大学有着非常好的基因。世界法学教育已经有900年的历史,中国近代法律改革从1906年开始,但中国近代的法学教育更早一些。高等教育起源于法学,这一历史,世界各国都保存了下来——没有法学的大学肯定不是著名大学。中国的法学教育,独立的法学学科设置,最早产生在北洋大学,那是1895年,当时是5年制,里面有最优秀的代表,我们称为法律家以及法学家的王宠惠先生,是北洋大学的第一届学生。北京大学法学教育的历史开创于1898年,大家知道,翻译《万国公法》的人丁韪良先生,当时担任京师大学堂的总教习,职务相当于

---

* 根据2002年9月8日在2002级研究生开学典礼仪式上的讲话录音整理。

今天的教务长,他就开设了法学课程。但北京大学设置法学学科是从1904年开始,再有两年就有100年的历史了。我们政法大学就是在早期北京大学法学的基础上发展而来的,所以我们的学科历史,我想至少应该追溯到1904年。我们1952年建校,现在回顾起来,50年代可以称作第一个辉煌的时期。大家知道,1952年我们进行司法改革,之后我们所需要的法学教育主体,法律家的主体,都要由新中国建立的这些政法学校来培养,政法大学也就承担了这样一个历史使命。这一时期的政法大学,被称作共和国政法干部的摇篮。我们为共和国新生的法制奠定了主体基础,这是我们学校的第一个黄金时期。后来遭遇了不幸的岁月,不堪回首的是我们曾经有10年被解散了,校园也被人占去了。"文革"结束以后,我们努力收复失地,但这个任务到现在还没有完成。

80年代中期,政法大学迎来了第二个黄金时期。我们在座的各位老师,就是这段历史的创造者和见证人。政法大学是在邓小平同志的关心下督办起来的。国务院指示要抓紧创办中国政法大学,把它建成中国政法教育的中心。1984年,政法大学在原来北京政法学院的基础上挂牌组建。从80年代中期直到90年代初这段时间,从事法学教育的研究人员都很清楚:我国许多学科都创设于政法大学,许多著名的教材也都编辑于政法大学。我们的出版社、杂志当时在全国独领风骚,这个时期可以称作第二个黄金时期。2000年我们学校改制,为适应高等教育改革的需要,政法大学划归教育部主管了。教育部给我们的定位非常清楚:中国法学教育的国家队。今年50周年校庆时,陈至立部长在人民大会堂为我们致贺词,再次强调了中国政法大学是中国法学教育的最高学府。所以我认为,我们已经进入了第三个黄金发展时期。同学们在报考以前都已知道,我们有很多优势学科,像诉讼法,陈光中教授是全国公认的诉讼法的旗帜。我曾经把学科分作五级,有本科专业的为一星级,有研究生教育为二星级,有博士生教育是三星级,四星级是国家级重点学科,而我们的诉讼法是五星级学科,因为它是全国的基地,是国家唯一的一个诉讼法基地。再如法律史学科,张晋藩先生在法律史的研究上是国家级的学科带头人,我们的法律史学科也是国家级重点学科。这个学科,我想中国的其他任何一所大学都难以与政法大学匹敌。第三个优势学科是民商法,全校从事民商法研究的力量达 50 人左右。老一代,整个中国法学教育、法学界的泰斗级学者——江平先生就坐在这里。我刚才听到同学们对江先生及陈先生的掌声超过了我这个校长,我非常高兴。我们三位终身教授,既是我们的校宝,也我们的国宝。除了这三大学科之外,我们的其他学科点,如国际法,整体实力也非常强,我们有一个国际法学院,这是别的大学没有的。我们的经济法学科,是全国最早创立的,第一批经济法学的博士生就是我们培养的。这个学科在市场经济的今天,有非常广阔的发展前景。除了这五个博士点之外,我们还有一大批特色学科,都是国内同行十分关注的。大家知道我们的行政法研究,在全国具有很高的地位。我们有一位老先生叫王明扬,我希望大家都去读一读他写的那三本书:《英国行政法》、《法国行政法》、《美国行政法》,他是我们行政法学科的奠基人,行政法学科我们还有非常强的中青年力量。我们的法理学,现在也拥有一批最优秀的中青年学者,他们大多都有海外学习的背景。还有一些非常有特色的学科,大家知道我们的犯罪学研究,在全国非常有地位,犯罪学学会会长在我们的学校,全国青少年犯罪学学会的会长也在我们学校。心理学有 12 个专业委员会,其中两个专业委员会的主任委员是由政法大学的教授来担任的。像我们的司法文书写作,这在全国也是有开创性的;我们的犯罪心理学研究,在全国也是开创性的。我不可能把我们所有的优秀学科都介绍给大家,我想政法大学的整体优势,就在于我们在所有的三级学科上都有一批力量,这是中国任何一所大学都比不了的。我们现在的发展已经进入了历史上第三个黄金时期,所以大家在这个时期来到政法大学,会满身生辉,这是我要跟大家交流的第一个意思,就是回顾一下我们的历史和我们现在具有的优势。

第二个意思,是想跟大家探讨一下目前法学教育面临的困难,这个困难不只是我们政法大学的,也不只是生活方面的。你见到的政法大学的校园不是最差的,但也是比较差的,像在这样简陋的礼堂里面举行开学典礼,我也是第一次。同学们入校之后,可能有很多的失望,不过,生活方面的失望,是可以在学业上找回来的。现在法学教育面临的困难不是政法大学自身的,而是整个法学教育界的。第一个困难是,我们在这样的一个矛盾中寻求解决的办法:法学教育的低起点和法律职业共同体高素质要求之间的矛盾。大家学法学可能是从高中毕业开始,我们的起点是低的,但法律职业对人的素质的要求是高的。要做一个法律家的话,应该有圣人般的标准,他的思维应该像哲学家一样,他的知识应该像史学家一样,他的道德认知应该像伦理学家一样。这种高素质的要求在一个低起点的教育上能不能完成,现在整个中国的法学教育界都在思考探讨。值得探讨的另一个问题是,法学教育到底是人文的还是科学的?或者兼而有之?一个人既应有科学的素养,更应有人文的精神,科学和人文像一对情人一样,形影不离。法学这一学科有时当作人文的,有时当作科学的,所以有人批评我们说:你们法学界不缺法学家,但是缺少具有人文关怀精神的法学家。刚才朱校长在报告中也谈到了,人文更注重的是一个个性的问题。关于人文学科的研究,我提倡趋于个性化的研究,没有个性就不可能有创新,这是人文。一个法科学生走出校门,做了检察官,对当事人刑讯逼供,做了法官,他训斥当事人,这就是我们法学教育的一种失败,因为在学生身上看不到起码的人文关怀。那么科学呢?如果你没有科学素养,将来从事法律职业工作,就不知道怎样对待证据。证据是需要科学的态度的,所以我常常把法学和医学放在一起来做比较:在西方,现在医学被称为"循证科学"——一门遵循证据的科学,那么多的现代仪器,最终目的是什么,还不是让医生做出一个准确的判断。仪器诊断结果是医生判断的依据。那么法庭上的整个活动,当检察官和律师把他们的证据都穷尽了的时候,这时法官所做的判断应该是最准确的。司法的本质就是在进行判断,在这点上,法学特别像科学,像医学。所以没有科学的素养,就不能正确地对待证据。法学教育就是要使我们的学生,无论是多么高层次的学生,既具有人文关怀的精神,又具有科学的素养。不过,这还是整个法学界所面临的共同矛盾,政法大学在这方面显现的问题,更能突出一些。在一所综合性大学里,人文精神可以在文史哲中去培养,科学素养可以在数理化中寻找,得天独厚,近水楼台。我们政法大学怎样解决这一矛盾,这是我今天给大家交流的第二个意思。我们是在矛盾冲突中来寻求法学的发展。

第三个意思,是想跟大家探讨一下,我们需要一个什么样的法学教育?或者中国的法学教育能够做什么,不能做什么。我们需要有理念的法学教育,法学教育给整个社会提供的第一个功能,应该是提升整个社会的法律意识,所以法学教育不同于政府推行普法活动,最大差别在于法学教育是有理念的。因此,我们的法学教育在理论方面就要有创新。在座的各位都是研究生,学习的时候应该进行理论上的创新。打个比方来说,从事理论研究就像做时装一样,它一定要引领潮流,要走在时代的前面,至少也要五年到十年吧,这就是理论的价值。理论拿出来以后,马上拿到社会上去实施的话可能还文不对题的。大家可以看到,哪怕是最漂亮的女郎,她也不可能穿着时装上街,但是时装一定代表着潮流。理论研究也要代表潮流,要把握时代前进的脉搏。再比如,政府机关都有研究室,它们从事的工作大概像是做服装而不是时装,它要求量体裁衣。所以法学研究、法学教育的第一个功能应该是引领时代思想。法学教育的第二个功能,就是为法律职业共同体提供主体条件,不经过法学专业训练的人,不能从事法律职业工作。大家既然选择了法学,将来会有相当一部分人成为法律职业共同体中的一员,我希望大家能够成为具有最高素质的一员。为我们国家的法治提供主体条件,这是法学教育的第二个功能。第三个功能,我想法学教育还负有一种为社会生活各个方面培养领导者和管理者的责任。哈佛大学做过一个统计,世界五百强的CEO中,大约有1/10出自于哈佛。美国的历届总统,有不少是法学家出身的。美国国会参众两院的议员当中,3/4是学法律的。所以我们法学教育不仅要培养法律家,还要培养政治家,我希望多少年以后在座的各位当中能出现几位政治家。法学教育的第四个功能,是我们法学研究者应该做的事情,就是为国家的立法。法学家的思维和法律家的思维可能是有些差别的,在我们的训练过程当中,有时会碰到这一矛盾。法律家的职业思维,要求他能够忠诚于法律,对法律形成一种信仰,所以他的职业伦理之一是忠实于法律。法学家的思维有时恰恰相反,一个法学家就是一把解剖社会的刀,他的一个使命是发现法律的漏洞,这一定是批判性的。但法学家的这种思维对一个大学来讲,在管理上可能是很困难的。在美国高等教育的圈子里面有这样一句话:如果一个大学没有医学,没有法学,再没有橄榄球,这个大学校长是非常幸运的。我们的一些大学校长不理解这句话。大学校长很重要的职责就是筹款,所筹款项的1/3要用在医学上,而医学是一个没有底的口袋,投多少都不为多,这可能是很让大学校长痛苦的事情。那么法学呢?我说法学家的思维整个都是批判性的,哲学的批判是在批判一种思想,而法学家是要批判一种行为,批判一种言论,或批判一种制度。在大学里面,大学校长的言论还经常要受到法学家的批判,校长是会打怵的。还有,橄榄球是怎么回事呢?橄榄球是一项很让人来情绪的激烈运动,赢了,学生要发泄,输了,更要发泄!所以大学校长最害怕橄榄球活动。法学教育的第五个功能是帮助构筑一个社会的道德体系。同学们都清楚道德体系有三个层次:处在最低层次的是公民道德,居于第二层次的是职业道德,而处在最高层次的是政治道德。别的职业伦理都无法和法律这种职业伦理相比较,就在于司法伦理要求把政治伦理和职业伦理结合在一起,所以一个社会的道德伦理的最高楷模,往往是由法官来表现的。我们的法学教育就是要训练大家要具有崇高的司法伦理,带动整个社会的伦理水平提高。我们的法学教育应该实现这样几个功能,大家在今后三年的学习当中,在不同的功能方面都应该有所收获,这就是我们所需要的法学教育,这也应该成为我们政法大学法学教育的一个特色。

基础研究有“无用之用”*

一、法律古籍整理研究的四个特性

今天到法律古籍整理研究所来和大家座谈，我有一个非常强烈的印象，就是我们古籍所从人到产品都是阳春白雪。这也许和法律古籍整理研究这个学科有关，我想我们这个学科有这么几个特性：

第一是基础性。一个大学里面，基础学科与应用学科应是并重的。如果要办高水平的大学，一定要特别注重基础性学科。法律古籍整理研究属于基础性学科，这一点和民法、刑法、诉讼法是相同的。

第二是交叉性。法律古籍整理研究至少涉及四个一级学科：史学、考古学、语言文字学和法学，它是这四个学科的交叉。我们现在的学术研究，既注重考证又注重方法，尤其提出以问题为中心的多学科共同研究。法律古籍整理研究正是这样一块既重考证又多学科交叉的领域。

第三是边缘性。如果最后一定要（将法律古籍整理研究）归属于一个主学科，我觉得还是要突出法律。（法律古籍整理研究）在“法”这个主学科里面带有边缘性，是边缘性学科。是不是大家寄希望于这个学科以后要走到法学的中心来？我建议大家不要这么想。边缘就是边缘——但并不是说边缘就不重要。从边缘走向中心是我们的一种主观心理，但在客观上，我个人认为它永远走不到中心也不必走到中心。这就像 20 世纪 50 年代的中国史学，由于当时的领导人特别关心它，所以就非常发达，一度出现了史学的空前繁荣。这种繁荣其实也给史学带来了一些灾难，而这种现象

---

* 摘自 2003 年 1 月 9 日在中国政法大学法律古籍整理研究所座谈会上的讲话。

今后也不会再出现了。冷静下来的时候大家会想,史学不应该进入这种不正常的中心地带,回到它应有的位置上去才是学术研究的常态。法律古籍整理研究是一个边缘性学科,但不是说我们从事边缘学科研究的人是边缘人。这其实是两码事。在学术研究上,研究人员的身份并没有主流与边缘之分。

第四就是法律古籍整理研究的冷僻性。这个冷僻性表明一般人从事不了,只有在这一方面下了足够的工夫、有了大量积累的研究者,才可能进行这种冷僻的研究。

在我看来,法律古籍研究可能具有上述这四个特性。这四个特性说明从事这方面研究的人的层次是高的。中国政法大学如果要出传世之作的话,这儿的希望和可能性是最大的。

二、对汉简、碑刻及史料的评价

我对碑刻不太熟悉,但知道中国汉有汉简,秦有秦简,现在都出土了,像睡虎地秦简,孔雀台、马王堆汉简,这些都是非常丰富的法律史料。这之后的简可能就比较少了,到后来就没有了。但碑的跨时段更长一些。我原来知道的有李斯刻字,像泰山刻石、琅琊刻石、会稽刻石,这三个地方我都去看过。这些东西一旦被研究出成果来,我想都应该是带有传世性的。不仅会引起中国人的注意,更会引起世界的关注。

我最近看《光明日报》的一则消息,受到很大的启发。英国皇家海军一位退役的潜艇军官、业余历史学家加文·孟席斯查阅了6000多本书籍,包括哥伦布以前的世界地图,欧洲国家档案馆的档案和第一批到达美洲的航海家的笔记,以及其他有关资料,耗时10年之久,得出结论,中国人在1421年发现了北美新大陆。他的观点一发表,在整个西方引起了一片反对,几乎所有的西方史学家都反对他。他的反应也很强烈,他就问:“你们能不能否定我的所有证据?你要证明北美大陆是哥伦布发现的话,就拿出你们的证据”。他的思维方式是证伪式的,他提出你们的设想都是假的,经不起推敲。他说,只要你不能证明我依据的海图等资料是假的,那么你们的观点就必定是假的。他带着这个观点到中国来，却感到非常失望，因为中国的史学界对他也不认可。这是非常有趣的现象。这么一则史料，却引起了世界性的轰动。所以，从史料里面得出来的结论，一定是世界性的。

三、法律史研究对法学的影响

我们这两年为多科性研究而新建立起来的一些学科，要成为国内一流的学科，在短期内是不可能的。中国政法大学的法学学科应当是面向世界的，在国内我们已是一流学科了，这个不应受到争议。我们的政治学、社会学，和我们的政法学院一起面世的这些学科，也应当争取成为国内一流的学科。特别是政治学，其力量已经具备了这个基础。然后是我们的其他学科，需要用一二十年的时间，在这些学科的二级方向上，在国内产生较大的影响，但不可能都成为国内一流学科。

前面说过我们的法学学科现在已是国内一流了，20 年之后，我们的法学要争取成为世界知名的学科，跻身于世界的前列。如果做这样一种发展目标定位的话，中国法学最有可能被世界认可的，我认为首先就是我们的法律史学，这是我们的看家学科。中国的民法学科、刑法学科要成为引领世界潮流的学科，我想在一二十年的时间里，这种可能性还不是太大。但是，中华的法律文化研究、中国的法律史学研究这个中心，应当在中国。

我们知道，过去中国法律史研究，日本曾经领先。特别是在 20 世纪 70 年代后期法学刚恢复的时候，全国的第一次法学学术会议是法律史的。1979 年在长春召开的法律史学研讨会，现在刑法、诉讼法的名家，像高铭暄、陈光中都去参加了。为什么这些研究部门法的人也来参加法律史的会呢？那个时候法律史的研究可以说代表了整个中国法学的水平。人们反思“文革”带给我们的沉痛教训，是从法律史开始的。研究的题目非常集中，就是“人治和法治”的问题。1979 年法律史学的研讨，带动了后来我们法学界思想的解放。我们法学的很多深思，也是在那次研讨会上确定下来的。过去讲国家与法权的历史，是苏联带给我们的一个模式。就在这个会上，有人提出国家的历史应当归到政治学里面去，法律史就应该纯粹地以法律为研究对象,研究法律发生、发展、演变的历史。这个观点后来被逐步接受下来了。

我们第一本法律史教科书,是张晋藩先生主编的,当时张先生在人民大学。那本书是把国家的历史与法权的历史一起作为研究的对象,我当时注意到这部书是准备写四卷的。出了第一卷,因为这个观点已被大家接受,后来这部书就没法再出下去了。所以四卷本的预想,最后就留下一卷。这个变化后来引起了法理学研究的变化。研究国家与法权学说的法理学,后来把国家学说、政治学说剥离出去,专门研究法律的学说,这就演变为现在的法理学。这种学科的变化是从法律史开始的。对于"文革"以后我们法学的繁荣,法律史学界所作的贡献,法学的其他任何一门学科都不要忘记。

所以我们法律史的研究,一方面能够产生阳春白雪,产生传世之作;另一方面也最有可能最早代表中国法学界走向世界。我们这门学科的使命感应该很强。

我赞成刚才各位做的分析。要成为一个著名的法学家,如果没有法律史的积淀,可能性是很小的。现在北京法学界有个现象,不知大家注意到没有。中国人民大学法学院的院长曾宪义先生是研究法律史的;北大法学院院长朱苏力教授是张国华先生的学生,也是研究法律思想史的;中国社会科学院法学所的夏勇教授,最早是研究外国法制史的,他是在西南政法学院读的硕士;我读硕士主攻的第一个学科也是法律史,业师是乔伟先生。我写的第一篇论文是《唐律中官吏犯罪研究》,1984 年发表在《东岳论丛》上。这篇文章我看法律史的书目里还有。研究官吏犯罪我是从秦代开始的。我读完法律史以后才转过来读法理学。北京法学界这几个法学教育单位的主要行政负责人都是法律史专业出身,这一现象我觉得非常有趣。从这一现象也可能获得某些启发吧?那就是要在学理上作出点贡献的话,法律史的功底是必不可少的。在我的意识当中,基础学科的研究,法律史的研究,我是特别关注的。正好我们政法大学的法律史研究又是全国的中心,全国唯一一个基地在我们这儿。原来进行学科归并的时候我有一个设想，就是把我们的法律史学科做大做强，形成一个非常有特色的学科，成为具有国际影响的学科。

四、法律史学科建设的三重心

我们要把法律史学科继续做大做强，那么学科建设应当涉及三方面的工作：第一是要凝练学科的方向。法律史如果是个二级学科的话，二级学科下面应该有几个特色鲜明的方向。目前我们这个法律史中心，大概中国法律制度史这一块儿比较强，但我们法律思想史的研究相对薄弱。而更薄弱的是外国法律史的研究，无论是外国制度史还是外国思想史，我们都很薄弱。所以谈到凝练学科的方向，我认为法律古籍整理研究是最有特色的。第二是汇聚学科队伍，把研究一个二级学科的所有相关力量集中到一起去。特别是我们古籍整理研究，适合大兵团作战。单独一个人的个性化研究虽然是需要的，但中国的古籍浩如烟海，那么多的古籍，一个人想要把它整理完，几乎是不可能的。即使是一个朝代，一个人要做这样的工作，也是不可能的。比如我们搞了很长时间的"清史工程"，就是集全国高校、科研单位和图书馆的力量进行的。所以汇聚学科的资源、建设学科的队伍很重要。在学校进行学科归并整合时，我想把古籍所并入法律史研究中心，就是出于这样的考虑。我认为，你是一个处级单位还是科级单位，这在科学研究上一点意义都没有，学术研究不是按照行政级别来定的，关键是你要能够研究出成果来。只要我们有一批力量，无论给它什么样的名称，都能出成果，都能对外产生影响，这才是有意义的，其他的东西都是附属性的。第三就是建立科学研究的基地，搭建一个最宽广的平台。谈到学科建设，上述这三个方面的工作是必须要做的。

五、将科研优势转化为教学资源

今天大家谈的问题，第一是人的问题，八个人现在已减至五个人了。第二是教学与科研怎么结合的问题。第三是我们的科研成果出版难的问题。第四是科研经费、科研课题的问题。

我不知道你们以前是否做过探索，就是开设与中国传统文化相关的课程。传统政治文化、传统法律文化，这两大文化研究我们政法大学完全有条件走在全国的前面。要开设这两类课程，政法大学的教学成果和其他大学相比，应该是最强的。因为我们具有这样的主体效应。怎样发挥我们古籍所在全校教学科研中的作用，营造一种气氛，给大家一种营养，教务部门应该做出一个探索。

下个学期的教学改革内容，我已经设想过，教务部门也反复探索过，请我们各个研究所多开设一些选修课。比如可以形成这样一种循环：老师把想开的课的名称都报上来，门数都不限；报上来后教务部门进行归纳整理，面向全校公布；公布出来后看有多少学生选这门课。也可能我们开设的课程是全校其他任何人都开不了的，特别是对我们具有研究专长的教师来说，可以尝试把自己的研究心得列成 18 课时或 36 课时的一门小课。美国哈佛大学的标准是只要有 5 个人来选就可以开课。政法大学还没有这样充足的力量，我们可以设定 20 个人或 30 人，只要达到一定数量的学生来选，就确定这门课可以开。我们的老师可能还愿意开中国法律史的课，那好，我们法史所的人、研究中心的人也可以开，大家可以竞争同一门课，谁的教学效果好是由学生来评的，谁讲得好，学生选谁的，就由谁上。这样上课的问题就可以解决了。

关于我们下一步的教学改革，上一次教改会议上我做过一个总结。我们学校有些现象是很奇怪的：一方面我们教师的人手明显不足，就按照现在我们开的课时量，我们的教师需要再增加 500 人；而另一方面却是两部分人的闲置，一部分是我们专职的科研人员，没有课上，要点课好像有点乞讨的性质；另一部分就是我们已经离退休的人员。其实我们离退休的一大批教师是在从事纯科研的工作，他们没有功利的要求，我感觉他们进行的科研已成为他们完善人格的一部分。有了科研成果后，并不期待获得什么样的评定，但他们的研究成果不能转化到课堂上来。现在这两部分力量的闲置，这个问题肯定是学校管理中的问题，有两个部门是负有责任的，一个部门是我们负有教学管理职能的教务处，另一个是人事部门。这两个部门应该协调起来,看看怎样解决这两部分人闲置的问题。这是一个巨大的浪费呀!

另外,在教学上我们要教出一些特色来。政法大学的课程应该有个什么特色？我在山东大学时有个设想没来得及实施,即山东大学所有的学生要上国史课。大家知道山东大学的史学是很强的。当时遇到的问题是史学招生很困难,第一志愿报史学的几乎没有了,调剂过去的都是第二志愿、第三志愿,过去以后专业志趣都不坚定。而史学院的100多名教师每年就面对那么四五十个学生,当时我就有一个设想,给全校开国史课,把国史作为理工医农所有学生都要上的必修课,让学生了解我们中华文化,产生民族自豪感和自尊心。

特别是面向21世纪的时候,西方都开始向东方学习价值观。资本主义社会已发现他们的短处了,过分地张扬自我、处处强调竞争会导致社会的不和谐。上一个世纪末他们发现这一问题。联合国机构中有一个国际行动理事会。理事会的成员由各个国家退下来的元首、首脑担任。他们每年都要开会,探讨世界性的价值观问题,在《世界人权宣言》发表50周年的时候,他们发表了一个新的宣言,叫《人类责任宣言》。宣言确定应该向东方价值观学习,特别是学习儒家的思想,这是政治家的一个发现。20世纪末,500位诺贝尔奖的获得者在欧洲集会,也做了一个决定,学习东方孔子的思想。科学家们有个共同的感觉,在面向21世纪的时候,处理价值观的选择问题,需要到儒家思想中去汲取智慧。社会学家费孝通先生,晚年特别致力于东西方各种文明间的交流和融合。他说过一句话,世界上不同文化间的差异远远超出了政治间的差异,但是各种文化之间应该"各美其美,美人之美,美美与共,天下大同"。这话是什么意思呢？就是说,我们东方的文化是倡导包容、倡导和而不同的。就算各种文化间有差异、有个性,但是我们仍然要相互尊重对方的文化、要能成人之美。我们常说"己所不欲,勿施于人",这不像西方的文化——"己之所欲,必施于人"。西方的文化太过侵略性,觉得他的东西是先进的,所以就理应是共同的,全世界都得接受他的文化、他的价值观。美国著名的政治学家亨廷顿就曾写过一本书叫

《文明的冲突与世界秩序的重建》，他的看法是东西方各种文明之间，归根到底是不能互通、不能并存的，所以是冲突、是敌对。这样冲突的恶果在“9·11”事件上得到了总爆发。过分强调各自文明的独尊和差异，只能导致不同文化下的人的误解和敌视，甚至会以恐怖主义的形式表现出来。“9·11”事件以后，美国五角大楼的专家智囊们也开始意识到这一点。所以现在世界秩序需要重建，他们开始向东方文化寻求智慧，来弥补西方文化中存在的问题。他们觉得新儒家提倡的“美美与共，天下大同”所包含的理解和宽容正是医治西方现代病的一剂良药。所以，我们看到现在越来越兴起的“东方文化热”、“中国文化热”、“汉学热”。东方文化特别是中华文化，已经开始显现出在未来世界的思想潮流中占有相当地位。我们虽不敢说是主导地位的文化，但中华文化正在成为西方学习的一种楷模。

如果我们自己连这样的信心也没有，本民族对自己的文化传统，特别是在上千万的大学生如果都对中国历史、中华文化缺乏了解，那么我们的文化怎么可能成为世界性的文化？所以当初我就想在山东大学里开国史课，但这个设想在山东没实现。来到法大以后，我的感触就更深了。因为我们学校是一个单科性学校，学校一个很大的缺陷是文化底蕴的薄弱。这不是我们一个学校的问题，这是所有的单科性学校存在的一个共性问题。人文素养如果提不上去，应该寻找我们教育上的缺陷。

我开始反思我们政法大学培养的学生在社会中的竞争力。过去我们政法大学培养的学生，国家全部包下来，不管我们培养什么样的人，只要是国家用了，都是合格的。当就业市场化以后，政法大学的学生在毕业的时候面临的是像北大、清华等重点综合大学法学院这样既有科学素养又有人文精神的学生的竞争。你去面试的时候，人家听你讲的第一句话，就能感受到你是不是有修养的人。在这个竞争过程当中，我们法大学生有足够的信心取胜吗？我首先要为我们学生的就业思考，这是市场对我们提出的要求。而后发生的事情是什么？全国评定 42 名大法官，我们政法大学非常自豪，有 7 个人担任高级法院的院长。但是之后不久，这 7 个人中有两个被查处，一个是辽宁省高院的我们的校友，还有一个是广东省高院的，也是我们的校友。再加上沈阳的案件,中级人民法院院长也是政法大学毕业的。这些问题开始让我反思,我们培养的学生已具有了法律学科的竞争力,但缺乏人文素养的竞争力。这也是我们进行学科调整的时候为什么一定要建人文学院的原因,政法大学一定要走向多科性。只有多科性,才能培养出人才的这两种素质。

大学是个发酵池,或者说是一个生态系统。我们负有非常重要的任务,就是营造良好的生态环境。这个生态系统不允许有任何污染,不允许有任何营养不良。学生进来以后如果阳光不足,学生就会缺钙,就会缺乏人文素养。将来给你一个重要岗位,因为你缺钙,最后也会软下来。这些问题使我们想到基础学科的重要性,想到法律史学在政法大学培养人的过程中应该发挥点什么作用。

六、建立学术研究特区

基础性研究、特色性研究应当设立学术研究特区。我过去思考学校行政部门要进行"个性化服务",根据我们每一位学者的个性提供服务,根据每位学者的特点提供不同的考核标准,鼓励他们进行个性化的研究。只要你的研究是有特色的、能出原创性成果的、能够出传世之作的,学校一定要把这个特色体现出来。中国政法大学就是要做其他大学做不了的事情。其他学校都做不了的事情,在我们这里就是特色。在学校是特色的,在全国肯定也是有特色的。特别是我们的法律史,在世界上也是特色的。建立学术特区,提供个性化服务,"服务"是第一意识。如果说你的研究确实非常有特色,学校就把你养起来,只要有特色,只要能做出成果来,学校都应该拿出专项资金来进行扶持,建立这样的学术特区。

基础研究是一个大学的立校之本,高水平大学一定是建立在基础研究的基础之上的,离开基础研究的大学就是无源之水。

法学教育的基础矛盾与根本性缺陷*

提高教育教学质量是学校永恒的主题,把素质教育作为研讨的一个重点,对于素质教育的理念,对于把素质教育不是当作一种模式而是当作一种教育的观念这一认识,肯定有新的理解和提高。素质教育中的法学教育,讲的是教育的个性,法学教育中的素质教育研究,讲的应是素质教育的共性。在此有几个基本问题需要深入思考。

我们首先应当共同反思法学或者说反思我国法学教育的客体及其表达:法学到底是什么之学?这个问题直接涉及我们课程的设置,也涉及我们今年素质教育的主题——要给予学生一个什么样的素质?或者到底在一种什么样的环境当中,使学生养成他想要的那种素质?我们古老的法学观念告诉我们,法学首先是一种正义之学。既然是正义之学,那么价值观的培育就非常重要。我们法律实践中出现的很多问题都和司法者价值观没有最终确立有关。法学还是什么之学呢?还是治国之学。建设法治国家肯定要培养大批懂得法治原理的主体。既然是治国之学,它一定是有工具的价值、有技术的价值,所以,学法的人如何处理好法治的原则与法律的工具间的关系就是至关重要的。仅把法律当作工具,其结果是法治的目标则求不能达。法学还是什么之学?是权利之学。立法是表达权利,执法是落实权利,守法是实现权利,司法是救济权利。法律的本位在于人的权利,法治的真谛是人权,我们所有学法的人都应建立至高无上的人权观。既然

---

* 原载《法学家》2003年第6期。

是权利之学，那就应该教会学生如何去获得权利，维护权利。如果是一个职业的法律工作者，就应以维护他人的权利为天职。这种责任感是否建立起来，是法学教育成败的标尺。法学还是什么？还是思维之学。我记得霍尔姆斯的名言："法律不是逻辑的结果，而是经验的积累"。这句话正好反映了大陆法系和英美法系的差别。其实在大陆法系的国家里面，大家判断得更多的还是逻辑和思维。所以培养法学的一种独特思维就是我们法学院义不容辞的责任。法学还是什么？我认为英美法系的判断也是对的——它是经验之学。在某种意义上，就像我们所说的医学；就像有的教授所讲的没有几十年经验的积累，你是做不了法官的。对法官来说，价值观的培养、操守的培养、公正意识的培养、职业意识的培养以及职业技巧的培养，离开理论的指导是无法完成的。如果从这个角度来研究法学的话，目前我们的法学教育中存在的几种矛盾——我把它叫做"四个基本矛盾和两个根本性缺陷"——必须予以解决和克服。

第一个矛盾就是我们中国法学教育的低起点和法律职业高素质之间的矛盾。法官、检察官、律师可以称作法律的守护者，特别是法官有法律守护神之称。如果要培养出"神"来，目前低起点的教育和教育的低水平，使人所形成的那种素质与职业的要求相差很大。实际上，法学教育在世界范围内，从20世纪八十年代开始就已经在进行改革了，美国法学教育虽然一直很稳定，但是它一直在探讨方法上的改进，而日本、德国他们则在寻找体制上的改进。法学教育改革是世界范围内的改革，而改革的方向是提高法学教育的起点。

第二个矛盾就是法学教育到底是精英教育还是大众教育？任何人都可以学习法学，那么，是不是任何一所大学都可以办法学院？有人说我们现在的法学院是四百多所，还有一个数字说是三百五十多所。实际上中国到底有多少法学院和法学专业，我看没有人能说清楚。法学教育从某种状态上判断是处于一种失控状态，而这种状态跟我们强调一种大众教育是有关系的。所以说法学教育到底是大众化的还是精英化的，我认为这已经形成了一种矛盾。

第三个基本矛盾，就是法学教育到底是素质教育还是职业教育？这两种教育追求的内容和方式是不同的。如果是素质教育的话，首先教给学生的应当是使他们学会学习，就是教给他们法学专业的学习方法，学习方法比学习知识更重要；其次应当教会他们怎样做人。学会做人和学会学习是素质教育里最基本的两个问题，但是这两个基本的问题又和职业教育不一样。职业教育首先教给人的是职业的操守、职业的技巧，应该教会人们在职业上的共同感觉，也就是在职业上的共同尊严，还要教会职业态度及如何履行职业责任义务，这和素质教育完全不一样。所以说，法学教育到底是素质教育还是职业教育？我认为这已经构成了一组矛盾。

第四个矛盾是最基础的，就是法学教育到底是科学教育还是人文教育？或者是两者的融合？每个大学设置的法学院都是把它归在文科中，过去它的招生都是单一的，都是招文科学生，从招生和专业设置，都是把它当作文科来对待，但是法科的学生要不要具有科学的素养？要不要有科学的精神？人文教育最终是指向人的，所以法学院校的学生如果具有人文素养的话，那么它首先要学会如何对待他的当事人，没有学会恰当对待当事人的法官就不配司法。而科学的素养指向的是什么？它应当指法官、检察官和律师怎样对待证据，因为证据的获取过程是一个科学的过程，获得证据、判断证据、使用证据都需要求真、求实。现在许多的假案，达到极端状态的有我们重庆市大治县的人民法院，该院法官编造了二十多个假案，三个法官一起编的，原告是编的，被告是编的，证据也是编的，这个案件说明了什么问题？我要说明的是法官的一点儿科学的态度都没有。当然，人文和科学要是能够结合起来，法官身上具有这两种素质那是最好的。所以法学教育怎样克服人文教育和科学教育的脱节问题？这个尤其对于我们单一院校来说，问题显得更为重要。在综合院校当中，学生一入校就在一个综合的氛围当中成长。人文的精神需要文、史、哲，科学的精神需要数、理、化，所以综合院校中培养的法科学生更具有优势；单一学校的学生缺少的是一种理学的熏陶，所以科学的素养对于学生来说就存在环境不足的问题。

以上四方面就是我认为的四个基本矛盾的问题。除此之外，我们的法学教育还存在两个根本性的缺陷。

第一个缺陷就是基本的司法伦理的缺陷。司法伦理不是教出来的，包括最高法院把职业操守规定出来、写出来，每个法官把这些背下来了，他们的职业伦理就提高了吗？不是的，司法伦理一定是训练出来的，这种训练是在无数次的义务冲突中完成的。那么义务是怎样冲突的呢？法官、检察官和律师在处理案件的过程中一定会遇到许多的义务冲突，有一些义务对他自身来说是不利的，如果这个法官、检察官和律师首先选择对他不利的义务履行，并且这个心理的最后形成是比较稳定的，那么在这种状态下，他的司法伦理就基本形成了。总之，伦理是训练出来的，不是只需读出来的，也不是光靠背过就行的，但是我们目前的法学教育，这种训练几乎是缺乏的。

第二个根本性的缺陷，就是我们的法学教育中对学生的职业技巧的训练也是缺乏的。尽管有一些学校正在尝试进行诊所式的教育，但像我们的本科生，一般在十八九岁，心智还没有完全成熟，扎实的职业技能和人文素养在他们身上都还没有形成，让他们去像医生一样诊断案件，可以想想他开出来的药方会是怎样。所以我怀疑，即使我们进行诊所式的教学，对学生的训练也是不充分的。以上这四个基础性的矛盾和两个根本性的缺陷就是我们的法学教育中共同面临的问题。所以大家要携起手来，共同作战，争取把这些问题、矛盾解决掉，把这些缺陷都克服掉。

法学是什么？*

受曾宪义老师的委托，我代表法学学科教学指导委员会在闭幕式上致辞。首先，这次会议是一个高效率的会议。会议虽然只用了一天半的时间，但是大家探讨了法学学科中一些最重要的问题、最重大的课题，收获颇多，相信每个人都会有这种感觉。其次，这次会议规模之大是历史上空前的。在名册上出现的人数是 174 人，如果再加上参加西南政法校庆的校友，这个数量就更加可观，超过历史上任何一届。再次，非常可喜的是我们在这次会上听到了国际上的声音。有来自法兰克福的校长，有来自日本的教授。这些声音对我们相互交流和促进是有借鉴意义的。这也是我们这次会议的一个重要特点。最后，我们这次会议把学术研究和考察一所大学的办学风格完美地结合到了一起。去年我们教学指导委员会讨论今年会议题目的时候，大家一致提议把研讨会放在西南来办。这样安排，一方面，能够提高我们所有与会者的效益；另一方面，西南政法大学是我们法学教育的一个重镇，有这样一个机会来参加校庆，来参加这样一个研讨活动，实际是一个取经的过程。这次西南政法大学展示了自己的历史和风貌，法学教育界、法学学术研讨界、法学实务界一大批杰出的人物都是西政培养出来的。昨天我代表兄弟院校在庆典上提到了法学教育界提出的"西政现象"，这个现象对所有的法学院都有启发价值，我们把研讨会安排在这里，就使诸位校院长获得了一个实地考察和学习的机会。把研讨会与考察一所大学相结合，也是我们本次研讨会的一个特点。

我想大家的收获一定是非常多的。第一个收获可能是，我们认识到提

* 2003 年 9 月 21 日在法学学科教学指导委员会研讨会上的闭幕词。

高教育质量是永恒的主题,对于素质教育,不再是把它当作一种模式,而是当作一种教育观念,这一认识肯定有新的理解了。刚才有位发言人说,素质教育中的法学教育和法学教育中的素质教育这两者是不同的,这个见解很好,二者的差别在于观察问题的角度不同。素质教育中的法学教育,讲的是教育的个性,法学教育中的素质教育,研究的应是素质教育的共性。大家可以从不同的观察点来得出相同的结论,都是要处理好法学教育和素质教育之间的共性与个性的问题。这个收获我想是非常大的。第二个收获,与会者都是带着自己的思想来的,哪怕只带来一个思想,但是到了会上以后,通过碰撞,无数个思想就交融在一起。打个这样的比方,你带来一个苹果,他带来一个苹果,两个人交换以后,每个人还是一个苹果。你带来一个思想,他带来一个思想,经过交换以后,每人都有两个思想,大家带来的不同的思想越多,交换后获得的就越多。携一个而来,带无数个而归。这就是我们举行学术研讨会的宗旨和目的。第三,今天的研讨会和上次比较起来,有另一类的收获。我们与会者说上次的研讨会有一个现实的功效,上次的研讨题目使法学教育与司法考试两者结合起来而出现了一个明显的变化,即考试当中增加了法制史的内容,这是上届研讨会的一个直接成果。这次研讨会有没有直接的成果呢?我想,大家如果把素质教育的理念带回去,会带来我们每一个单位法学课程体系、法学知识结构的重塑,以及引起法学教学方式和教学模式的变化。这些变化一定不会亚于上一次的研讨所贡献给大家的。所以,关于这次会议的特点和我们的收获,我就做这样一个简单的概括。

借这样一个机会,我还想谈谈我个人在法学教育方面的一些认识,同时也想求教于各位。第一个问题,我们应当思考,法学教育的客体到底怎样表达,法学到底是什么之学?这个问题直接涉及课程的设置,也涉及今年的素质教育主题。古老的法学观念告诉我们,法学首先是一种正义之学。既然是正义之学,价值观的培育就非常重要。法律实践中出现的很多问题,都和司法者价值观没有最终确立有关。法学还是什么之学呢?还是治国之学。建设法治国家,肯定要让人懂得法治的原理,既然是治国之学,它一定有工具的和技术的价值，所以，学法的人如何处理好法治的原则与法律的工具间的关系，是至关重要的。仅把法律当作工具，其结果是法治的目标求不能达。法学还是什么之学？还是权利之学。立法是表达权利，执法是落实权利，守法是实现权利，司法是救济权利。法律的本位在于人的权利，我们所有学法的人，都应建立至高无上的人权观，法治的真谛是人权。既然是权利之学，那就应该教会学生如何去获得权利，维护权利。如果是一个职业的法律工作者，就应以维护权利为天职，这种责任是否建立起来，是法学教育成败的标尺。法学还是什么？还是思维之学。刚才一个小组的代表谈到在大陆法的熏陶当中，逻辑的概念正好与霍姆斯的判断是相反的。我记得霍姆斯的名言为："法律的生命不在于逻辑，而在于经验。"这句话正反映了大陆法系和英美法系的差别。但无论哪种传统，缜密严格的思维都是不可缺少的，法典传统和判例法传统都遵循逻辑。法学还是什么？还是经验之学。就这一点来说，英美法系的传统可能表现得更加明显一些。法学和医学，两种最古老的职业，都是把经验当作生命的。正如有的教授所讲的，没有几十年经验的积累，你是做不了法官的。对法官来说，价值观的培养，操守的培养，公正意识的培养，职业意识的培养，职业技巧的培养，仅仅依赖理论的指导是不够的。

从法治国家到依法治校*

我国高等教育体制性改革在目前已经基本结束,目前处于深化内部管理体制改革和巩固以前取得的成果的阶段。从整体上说,体制性的障碍仍然存在。目前,我国高校的改革与发展正面临着以下四方面的体制性障碍:第一个体制性障碍,是高等学校与政府之间的关系问题。高校对政府有一个什么样的反作用?是高校引导社会和政府呢?还是政府把高校作为实现政府目的的工具?这是很值得大家思考的问题。如果高校自始至终从属于政府,那么任何一个高校都不能形成自己的办学特色。因为在这种状态下,高校是不需要理念的。而没有特色的高校是不能实现国家科教兴国的战略目标。第二个体制性障碍,高校是实现教育的基本功能还是在背离教育的基本功能?青岛学生状告教育部的事件就是一个很好的体制性问题的例子。每个大学的招生计划最后都要变成政府的计划,这是造成教育上差距的一个主要原因。教育的功能是消除差距,但是我们高等教育中没有减少这种差距,而是在不断增大这种差距。第三个体制性障碍,是我们高校中普遍存在的学生的统一模式化培养的问题。学生从入学开始就是一个塑造的过程。按照同一个模式培养人才,在这一过程中学生的主体地位不存在了,完全成为我们塑造的对象。因此能否以学生为主体,为他们创造较为宽松的成长环境,是各个院校办出特色的一个基本前提。目前中国高等教育的改革,要关注并恢复学生的主体地位,这是一个很重的任务。第四个体制性障碍,是当前我国高校正在重复着基础教育所犯过的

---

* 摘自 2003 年 9 月 5 日为国家教育行政学院主办的"第二十二期高校领导干部进修班"和"第十九期高校中青年干部培训班"所做的专场报告。

应试教育的错误,即在大学四年里学生忙于各种考试,相反却遗失掉了大学在引领和塑造人的灵魂方面的核心作用。上述问题当中,前两个问题是政府的问题,是国家的宏观高等教育管理体制的问题;而后两个问题则是我们高校自身的管理体制问题。

我先谈一下法治国家的有关理念和制度,再谈一下高校的法人地位与办学自主权问题。

一、法治国家的构成要件

到底什么是法治国家?按照法学界的理解,它必须具备三个构成要件。第一是其精神要件(或者称观念要件),第二是其实体要件,第三是其形式要件。

首先,来看法治的精神要件。这一概念内含着这样三个意思:第一,它是安排国家制度、确立法律与权力比值关系的观念力量;第二,它是一种相对稳定的、为保持法的崇高地位而要求人们持有的尚法理念;第三,它反映法律运行的内在规律,对变法具有支配、评价等作用,在遇有权力涉法行为时能传导公众广生排异意识并最终指导人们认同法律的权威。如果说运动着的事物都需要一个方向或灵魂的话,那么法治的精神就是展现法治品格和风貌的方向与灵魂。现代法治社会中,构成法治精神的要素至少有四种:善法、恶法价值标准的确立,法律至上地位的认同,法的统治观念的养成以及权利文化人文基础的建立。

其次,分析法治的实体要件。它指的是依据法治的精神而被奉行的法制原则以及由这些原则所决定的形成为制度的法律内容。具体言之,就是法律对待公共权力、国家责任、个人权利、社会自由、公民义务的原则和制度。

最后,法治的形式要件,指的是法治实体要件的表现方式及实现实体要件的技术条件。法治的实体内容由社会的商品经济关系以及由这种关系所决定的精神要求和制度要求来定,而法治的形式要件则依法治实体要件的要求来定。仅有理想的法治实体内容,而缺乏适合于它的形式,法治仍是不完整的。实体要件与形式要件的统一,才有良好的法治。法治的形式要件应当包括:法制的统一性,法律的一般性,规范的有效性,司法的中立性和法律工作的职业性。

总之,法治国家是由法治的精神要件、实体要件和形式要件有机统一体。我们要依法治校,也必须遵循这三大基本原理。

二、高校的法人制度

下面,根据上述原理重点探讨高校的法人地位和依法治校问题。

1. 法人的概念与特征。法人基本上有五类:第一类是企业法人,第二类是事业单位法人,第三类是机关法人,第四类是社团法人,第五类是基金法人。法人是与自然人相对应的法律概念,是法律上所拟定的人,是指具有独立的名义或名称能够独立行使民事权利、承担民事义务的社会组织或目的性基金。按照这个定义,我们可以看出,法人具有这样一些特征:第一个特征,法人必须具有法人的名称,这一独立的名称必须经过法律登记或者法律注册,获得法律上的认可是成为法人的前提条件。第二个特征,法人具有权利能力和行为能力,并且这二者统一在一起。第三个特征,法人具有财产独立性,没有独立的财产就构不成法人。财产独立性在法律上有一个内涵表现,即财产必须能够自主支配,如果财产被他人支配,则还称不上法人。例如,大学里的院系虽然有自己的财产,但是院系的财产在运用的时候必须按照学校的统一意志进行,自己不能独立自主地主宰自己的财产。如此判断,大学的各个院系都不是法人,而只不过是学校的一个构成单位。第四个特征,法人从事的所有活动都是民事活动,民事活动的最终后果以法人所拥有的财产作为底线,在财产之外,不再承担责任,法人实行的是有限责任。法人的财产与构成法人的自然人的财产两分,如学校的财产与构成学校的教职员工的财产没有关系,当法人因为民事义务出现资不抵债需要破产的时候,需要清偿的不是构成法人的这些人的私有财产。法人的财产也独立于出资人。法人由出资人投入财产才能组成,但财产一旦投入到法人当中,法人的财产就与出资人切断了联系,财产走向独立,不再是出资人的财产。法人承担的所有法律责任都是依据自己所拥有的财产为限,法人承担的法律责任都是有限责任。这一点决定了我们的大学在运行过程中,在承担法律责任时以现有的财产为限。以上几个特征结合起来就是法人,大学的法人制度就是按照这样的原理来建立的。

2. 法人的组织机构。高校的法人要遵循法人的一般原理,法人的组织机构一般来说由三个机构共同组成:第一个机构叫做法人意志的形成机构。在企业里主要表现为董事会,以及董事会之上的股东代表大会。在这个意志形成的过程中一定是少数人服从多数人,即一定要实行民主制。第二类机构叫做法人意志的执行机构,它完整地、准确地执行法人的意志。在企业里表现为总经理。在执行意志的机构里实行的原则一定是行政首长负责制的原则。第三个机构是法人对外的代表机构。我们大学同样具备这三个机构。这三个机构在高校里的体现如下:大学作为法人,其意志机构有两个渠道,一是教职工代表大会,这是法人意志形成的渠道;二是实行党委领导下的校长负责制的党委。党委的决定是意志的最终结果。党委领导下的校长负责制实行的原则是民主集中制的原则,因此我国高教法对这一制度的建构是符合法人原理的。法人的执行机构是大学的校长,校长是执行法人意志的机构,是高校的法人代表。在高校,决策权在党委,指挥权和管理权在校长。党委实行的是集体领导,而校长实行的是校长负责制。

三、依法治校

高校在法人建设中如果能处理好四项基本关系,就基本上能够遵循法人制度的原理。

1. 高校与政府之间的关系。高校与政府之间是一种什么关系?是服从与被服从的关系吗?从目前的设置来看,政府与高校之间有五个层次的关系:

第一个层次,是持资关系。即二者处于政府掌握着资源的配置权、大学争取资源的支持权这样的关系。我们的政府掌握着教育的资源,而且由政府来把这些资源分配到不同的大学中去。资源配置又分为基本配置、单项配置等。在单项配置中对各大学造成的机会是很不均等的。所以我们一些发展意识比较强的校长为了争取各种资源,率先做出各种努力。这层关系的意义非常重大,正如马克思所讲的,当你的意志被他的物质所决定的时候,你的行为会与他构成一种什么关系?

第二个层次,政府与高校构成人事任免关系。目前,高校的主要领导均由政府选拔和任免,这种关系意味着,高校领导首先应该要向任免机构负责。

第三个层次,是规范和制约关系。这种关系往往表现为上级领导机关直接向所属高校下达指令、提出要求,这种关系是用权力的方式进行规制。

第四个层次,是行政许可关系。这种关系涉及许多和行政管理相关的事项,包括大学校长出国等单项许可。《行政许可法》就要生效了,高校与政府之间大量的行政许可关系将来要依靠该法调整。

第五个层次,是评价与被评价关系。政府有权力自己或者通过中介组织对高校的办学效果、办学状况进行评估。

那么,反过来,大学到底拥有哪些权利?在和政府比较当中、和社会比较当中、和出资人比较当中以及和师生员工比较当中,大学行使的权利包括以下几个方面:

(1)发展的自主权。发展的自主权在各个高校表现为,自主决定要把自己的大学办成什么性质的大学,自主定位办学目标、办学理念以及实现这些目标和理念所采取的战略步骤,等等。当然,在中国,有些大学还要接受政府的指导,比如国家交给北京大学、清华大学建设世界一流大学的任务,交给中央与地方共建的若干所大学建成高水平大学的任务。

(2)设置内部机构的权利。每所大学可以根据学科、专业和管理的需求,设置不同的管理机构。

(3)内部的人事权。今后中国高等教育人事权的发展方向是,对教师实行聘任制,对管理人员实行职员制,对其他人员实行合同制。

(4)有独立的招生权利。前面三项权利都是对内的,而此项权利则是对外的,其更多的是面向社会。招生权利是对外体现大学获得自主权的最明显标志,能不能获得独立招生的自主权利,是决定一所大学能否在人才培养和教育方面创办特色模式和取得领先地位的决定性因素。对于一所大学而言,生源质量的好坏将直接决定其办学质量的高低,因而大学之间的竞争也往往从争夺生源上开始。试想,如果哈佛大学每年不能够从全世界网罗最优秀的青年才俊构成其本科生生源,其又怎能培养出那么多政治界、经济界和科学界的领袖呢?

(5)专业、学科等的设置权。当代科学技术发展的一个重要趋势,就是科学技术发展速度加快,新技术、新知识不断涌现,知识总量急剧增加,出现了所谓知识爆炸的局面。特别是随着新兴科学技术学科的发展,各国大学增设了不少新兴科学技术方面的学院或学科,设立相应的学科组织,如信息科学、材料科学、环境科学、设计科学、系统科学、认知科学、海洋科学、地球资源、食品科技、核技术、生命科学、电子工程、计算机科学等方面的学院、学系或者课程计划。为顺应世界科学发展的潮流,应对国外大学的挑战,我们的大学应利用在专业、学科等方面的设置权,积极主动地对相关学科进行调整和完善。

(6)财产权。只有有了财产权的大学才是完整的法人。对于任何法人组织而言财产都是至关重要和不可或缺的因素,物质因素是决定精神因素的基础,俗话说得好,“家中有粮、出门不慌”,大学如果能够自由行使财产权,就能够更好的进行各项学校建设和发展。按照民法的理论,财产权应该包括财产使用权和财产处分权,高校对于自身财产的权利同样应该包括这个部分。但是,在行使财产处分权时应该注意,不能随意处分,如无偿赠与等,大学领导人员和机构更不能以公谋私,挪用或侵吞大学资产,这些行为将会受到刑法的制裁。因为,目前大学财产仍然是国家共有财产的一部分,只要是大学的财产,校长的重要任务就是使其保值和增值。

(7)处罚权。如果要实行依法治校,应该设置一个奖惩委员会,在校长的领导下行使处罚权。处罚权是有限度的,特别是对学生的处罚。所以一定不要滥用。学生行为分为两类,一类属于有权的行为但权利滥用;另一类属于无权行为,该行为一旦实施,便给他人带来危害。例如,第一类行为当中,学生有私生活权,如果滥用私生活权导致一定后果的话,这种后果一般发生在私人领域,不带来对公共秩序的严重破坏;第二类行为一般是恶意的行为,直接危害公共利益,如盗窃行为等。对于第一类行为,原则上不实行处罚,原因在于它虽然造成不利后果,却不构成对学校公共秩序的危害;第二类行为一般来说危害公共利益,应该对之实行处罚,而对过失行为应该减轻处罚。对于在什么情况下实行开除学籍的做法要进行深入思考。总而言之,处罚权行使时,一定要慎重。

(8)对外交流自主权。目前,外事、内事的划分正在淡化,计划经济时代的那种国家对于外事活动的垄断管理方式早已过时,现在非但各级政府部门具有外事活动组织权,包括社会组织、公司也同样举办各种外事交流活动。因此,大学作为一种社会组织,也应该享有对外交流自主权,这对于大学自身的学术交流和办学发展都非常有益。过去我们大学的发展在很大程度上就是受到了这种交流屏障所设置的障碍,我们不能接触到国外最新、最顶尖的学术成果,国内很多有创新性的科学成果不能在第一时间被外界了解,从而使我们失去了很多珍贵的机会。现在越来越多的大学认识到走出去的重要性,纷纷制订和推动对外交流的战略计划和方案,许多大学专门设置了国际交流与合作处这种专门负责对外交流工作的部门。

讲依法自主办学,首先要正确处理大学与政府之间的权利界限。现代意义上的大学制度有两个基石,一个是大学自治,另一个是学术自由,都涉及大学与政府的关系。这是大学制度依法治校的第一层面的问题。

2. 高校与社会之间的关系。在办学形式越来越灵活的情况下,高校与社会之间是一种什么样的关系?特别是在社会向大学捐资或投入的情况下,更是要求高校学会用法律的方式处理好与社会之间的关系。

当大学面临社会捐赠的时候,有一个最重要的因素,就是一定要保护好学校的利益和声誉。从文化层面上考虑,假设我们的大学是先进文化的传播源、是先进文化的制造地、是先进文化的策源地,大学就应该有一种责任,即自觉地引领当地的文化向前发展。

3. 大学与出资人的关系。这种关系对于民办高校特别重要。对于民办高校来说,出资人不是国家,学校的执行者——校长与出资人的关系如何处理?它应该适用一般法人制度,即民办大学的董事会或理事会应该实行自律,完成出资人的角色,把握大学的发展方向,代表大学的意志。至于具体的执行应该交由校长,实行完全的校长负责制,不能干涉校长的办事权利。

4. 大学内部的关系。这种关系最为复杂,分为以下几种类型:

第一类是处理好高校内部公共权力关系。每一个大学有三大权力系统,第一是党委,第二是教职工代表大会,第三是校长。关于这三大权力机构相互之间的关系,前面已经作过论述。

第二类是处理好公共权力与学术权力之间的关系,即党委领导、校长负责、民主管理与教授治学之间的关系。教授治学是学术权力的问题。高校有两个法定的学术权力机构:一个是学术委员会,另一个是学位委员会。要处理好党委、校长与学术权力机构之间的关系。

教授治校或教授治学是一种学术内行对大学实行民主管理的制度,这一制度的关键是要恰当地划分学术权力和行政权力。目前,应先以加强学术权力为基础,让学术权力与行政权力渗透,行政权力主导向学术权力主导转变,再向二元权力分离过渡,最终实现二元权力分离、学术权力主导的权力格局。在调整学术权力与行政权力过程中,现阶段高校普遍采用中层干部“双肩挑”模式对促进行政权力和学术权力融合起到桥梁作用,为学术权力的发展作铺垫。但是,“双肩挑”现象产生的行政权力学术化倾向并不能完全代表学术权力的强化,在发展过程中出现一定苗头的“变异”,必须加以改进,逐渐弱化,最终通过制度创新,使教授治校的理念在大学内部管理工作中真正落实。

第三类是处理好学校与教职员工之间的关系。在大学三类人员中,应该以教师为本位。为此,校长应带领校部机关为各院系服务,这是第一个信号;校长、校部机关和院系领导共同为教师服务,这是第二个信号;校长、校部和院系领导和教师最终共同为学生服务,这是第三个信号。而教师是把所有环节连接起来的中介者。所以办学的所有使命都需要通过教师来实现。

一所好的大学应同时具备两种能力,一种能力是她的创新能力;另一种能力是守护她的传统的能力,特别当一所大学成为民族的精神所在时,这所大学对传统的守护能力就变得格外重要。那么,大学是如何来守护传统的呢?一所大学的传统更多地依靠职员来守护,冯友兰先生曾有过一个比方,清华的学生是老虎,清华的教授是神仙,而清华的工作人员是狗。狗惧怕老虎,更重要的是,狗具有守护精神,以此比喻大学的校长要有责任守护大学的传统。处理好内部教职工之间的关系,既要以教师为本位,又要充分尊重职员对大学传统进行守护的贡献精神。当一所大学里,学生有充分的自豪感,教师有充分的尊严感,校长和职员有充分的成就感时,那么,这所大学就充满了生机与活力。

第四类是处理好大学与学生之间的关系。现代大学制度应该是以学生为中心而重构,要恢复学生的主体地位。以学生为主体表现在两方面:一方面把学生作为生物来对待;另一方面要从法律上获得更多的认证。

在大学里,学生有三种法律地位:第一种法律地位是宪法权利关系的主体,也就是说,学生是受教育权的主体,而大学代表着国家和政府履行满足学生受教育权利要求的主体。因此,大学的责任就是满足受教育者的权利,大学不能提供质量有瑕疵的教学,否则就是侵害了学生的受教育权。大学可以被比喻为一个生态系统,这个生态系统不允许被污染。

第二种法律地位是民事权利关系的主体,学生具备所有的民事权利,学生和学校之间所形成的关系有很多是民事关系。在这个意义上,每一个学生和校长是完全平等的,民事主体最大的特征是主体与主体之间永远平等。

第三种法律地位是在行政管理关系过程中出现的相对人地位。在这一层面上,学生与学校又存在着四个小的关系。一是学生必须自觉遵守学校的各项制度规定,履行自己的义务,大学要行使管理权。二是学生的自由。学生对大学的管理在个人的私领域里有拒绝、排斥的自由,学校的管理不能渗透到学生私人领域的权利和自由——特别是受法律保障的各种自由，如通信自由、言论自由、人身自由等。这些自由如果受到束缚的话，他有权排斥和拒绝。这个关系要求学校自我约束，依法办事。三是学生还有参与学校管理的权利，尤其是学生对学校的教学质量、服务质量、管理水平的评价。所以学生有学生的自治组织，是学生参与学校管理的一个渠道。四是学生对学校请求的权利，如在奖学金问题上的请求，在学历学位等问题上都有请求权。这就是以学生为主体。

只有处理好了大学与政府、社会、教职员工和学生之间的关系，这样的大学才能是依法办学的大学。

四、大学管理的本质

大学管理的本质不是做工程，而是进行价值选择和消除价值冲突。自由是大学追求的最大价值，而与自由价值相关联的则是秩序。大学是多元化价值观的集散地，任何一个集团的价值观都不会像大学那样多元化。大学的价值是多元化的，没有一种价值是绝对的。当奉行一种价值是绝对的时候，大学的其他价值就会受到扭曲。所以，大学的管理者很大程度上在作价值判断，在消除价值冲突。

大学里主要存在以下几种价值冲突：自由与秩序、传统与创新、公平与效益、正义与利益。

第一，自由与秩序的冲突。如果是以维持秩序为主要价值，那么这所大学就没有活力，但是如果放任完全的自由就有可能使我国高校失去意识形态的功能。在处理这个冲突上，20 世纪初蔡元培先生在北大提出的“学术自由、兼容并包”理念带给我们很重要的启示。无论是理工科还是人文社会学科的发展都需要自由批判的精神，只有在学术自由的田地才能开出原创性的花朵。大学是一个各种思想、创意自由表达、发生碰撞产生火花从而推动人类文明进步的地方，因此我们应该在维持基本秩序的前提下为各种思想、理论的自由展示搭建一个自由、平等、开放的舞台。

第二，传统与创新的冲突。每所大学都有自己的传统，而大学的生命力在于创新，二者之间存在着冲突。但是这种冲突并非不可调和，相反，它们二者是可以得以统一的。在很多时候保持传统与不断创新并不矛盾，有些大学的传统本身就是不断创新和变革。处理不好这种冲突，往往是因为我们对大学的传统认识不够。大学是遗传与环境的产物，这里所谓的遗传实质上就是指大学的传统。面对同样的环境，不同的大学会有不同的选择，正是这些不同的选择导致了不同的制度安排。作为一种文化组织，大学往往历时数百年。在这漫长的岁月里，学科与学者的相互交融，学术文化的长期积淀，导致了不同的传统。这些传统中可能有的保守，有的激进；有的崇尚科学，有的喜欢人文；有的开放，有的封闭；有的比较传统，有的比较现代；有的比较民主，有的比较专制；有的喜欢集权，有的喜欢分权。就像一个国家的文化传统一样，大学的传统也很难说有什么好坏之分，因为它是一个大学生命力的根本所在，也是大学办学的特色与人性所在。正是这种历久弥新的传统使得大学的发展永远充满朝气。

第三，公平与效益的冲突。我国高校十几年来的改革发展所形成的一个习惯是，在学科发展上扶强不扶弱，越是强的学科获得的支持就越多，而需要扶持的学科则是越来越弱。那么，对大学的管理者来讲，在资源有限的条件下，怎样使自己的大学“强的学科更强，弱的学科不弱”，这是大学校长在资源配置上面临的一个难题。美国斯坦福大学的做法可以为大家提供借鉴，该校取消了全美排名第七的建筑学学科，将资源配置给新兴学科——信息科学，唯一的理由是该校附近有建筑学全美排名第一的加州大学。结果，在斯坦福大学飞速发展的信息科学的带动下，以信息科学高度发达为标志和依托的美国著名高科技中心——硅谷形成了，斯坦福大学的信息科学成为世界第一。

第四，正义与利益的冲突。人在一生中时时刻刻都会面对很多利益的诱惑，而这其中的很多利益是需要以牺牲正义为代价的，这时作为一个正直的人其内心的良知就会使其抵制这种诱惑，因为他知道舍弃眼前不当的利益是为了实现永恒的正义，正所谓“君子爱财，取之有道”。同每一个人在社会上生活一样，一所大学在其成长和发展过程中也要面对这些诱惑，比如为了急于扩大规模招生不断追加,贷款新建校区却使教学质量大打折扣,这是对莘莘学子的犯罪和高尚教育事业的亵渎;又比如很多学校在招生工作中为了平衡某种利益而偏向特定地区,从而造成了高考招生在地域上的极不平等,侵害了其他地区学生的受教育权。这些都是没有妥善处理好正义和利益冲突的后果,是对正义的破坏。

大学管理者的管理水平就要看其价值选择的能力。目前我国高校的主流意识可以概括为以下八方面:一是高等教育的根本目的是培养人;二是高等学校的中心工作是教学、科研、社会服务;三是提高教育教学质量是高等教育永恒的主题;四是抓学科建设可以带动高校全部的工作;五是师资队伍建设永远是大学的主体工程;六是教育教学改革是大学发展的动力;七是学术追求永远是大学的灵魂;八是保障和服务永远是大学管理的价值所在。这八个主流意识的实现有赖于我们的价值选择,而价值选择往往是要靠制度来巩固,而我们唯一选择的制度则是依法治校。

传统、品质与法的精神*

尽管中国政法大学办学历史仅有 52 年,但我们的法学可以追溯到 1904 年北大的法学教育,到今年,已经满一百年了。半世纪的艰苦创学,百年的沧桑积淀,铸造了我们学校独特的历史传统。这个独特的传统,我把它归纳为四点:第一点,就是中国的法治建设和政法大学之间的联系是最为紧密的,我们学校的命运和国家的法治命运完全结合在一起,息息相关、生死与共,这是政法大学的独特传统。第二点,政法大学的师生最关心国家的进步,最关心国家的民主建设和法治建设,这成了我们独特的文化。第三点,是在我们立校之初就定下来的。当时,全国的法学教育有一个大致的划分,在综合性大学里有四个法学院,就是北京大学的法学院、人民大学的法学院、吉林大学的法学院和武汉大学的法学院。在过去,他们被称为法学教育的“四大家族”,而后还有五个专门的政法学院,被称为“五大金刚”,我们学校位列“五大金刚”之首。当时,这“四大家族”和“五大金刚”在各自的办学风格上是有区别的。中央初定四大法学院以理论研究和培养法学教育人才为主,而五个政法学院,以培养法律的实际工作者和政法人才为主。但政法大学在立校之时,就没有满足于这个要求,因为我们有一大批产生跨学科影响的大师级人物,他们不仅有着扎实深厚的理论修养,还有实践与理论紧密地结合开展制度创新的能力,所以在立校之初,我们就把理论和实践紧密地结合在一起,这个传统到现在还保留着,理论联系实际就是政法大学优良的传统。还有一点,这 52 年里,我们学校是在艰苦中发展、在曲折中进步的。在知名大学当中,我们目前的办学空间是比

---

* 根据 2004 年 9 月 27 日在 2004 级本科生开学典礼上的讲话整理。

较狭小的,条件比较简陋,设施也比较陈旧。今天你们所在的昌平校区,1987 年筹建的时候,原定的办学规模是 4000~5000 人,当时谁也没有预料到 10 年后国家对法律人才的需求竟有这么大的增长。同学们今天坐在这儿,17 年前当昌平校区迎来第一批新生时,这里的周围还是一片荒凉。这就是政法大学目前的办学条件,大家要面对这种艰苦。这四个方面,我想,就是我们学校积淀的优良传统。

同学们,你们的到来给政法大学注入了新的血液。在这四年里,你们不仅要成为我们学校优秀传统的传承者,你们还要成为发扬传统并将其推举到更高境界的开拓者。然而,作为一名合格的大学生,这还远远不够,你们还要在四年里培养起大学生的品质。大学的责任不仅是使聪明的人更加聪明,还要使聪明的人更加优秀。优秀表现为高素质,其有四个方面的因子。一是道德的。道德品质并非与生俱来,要靠接受教育,要靠理性自省,更要靠身体力行。古人云:勿以恶小而为之,勿以善小而不为。作为一名大学生,要下决心用几年时间把自己锻炼成道德高尚的人。二是健康的。健康不限于身体上的,还包括心理健康,更包括对社会环境的适应,能够与别人和平共处、相互协作。健康的心理品质,就是能使自己不管是在校学习还是投身社会,不管是处于忧患还是身居安乐,不管是经受贫困还是位列贤达,都能做到我们中国说的仁者不忧、勇者不惧,泰然处之。这既是品质,也是境界。三是文化品质。它是一个人接受、继承人类文明成果的广度和深度,这种品质来源于知识,但外化为言行举止,它不仅体现在生活情趣、文化品味和人文关怀上,也体现在你的一丝表情、一个手势和一个眼神上。四是专业品质。它是指对所学专业知识和技能掌握的程度,不仅体现在你们四年里的学习成绩,更体现在走向社会、走上工作岗位后的工作表现。对于工厂的产品,它的商标、材料、生产设备、管理水平、工人技术等因素,决定了产品的品质;对于一所大学来说,她的名称就是商标,她的办学条件就是生产设备,她的教师就是流水线上的技师,她的学生就是最好的"产品",当然,你们是丰富多样、不拘一格的"产品"。作为一名中国政法大学的学生,拥有这四种品质就足够了吗?我们在招生宣传中用了这样两句话:“走进中国法学教育的最高学府,享受全国最好的法学教育。”这意味着,我们要使所有进入中国政法大学的同学,都有机会来学习法律,都需要具备一定的法学知识背景,所以这句话并不是仅仅指向法科同学的,也是指向法科以外的其他学科同学的,当前我们开展的人才培养模式的改革,就是要给大家提供这样一个机会,这是我校的特色,是其他大学不可比拟的地方。四年里,你们将会培养起我们政法大学学子才有的品质、一种精神气质——一种法的精神。它是一种更高境界的品质,它包含着高尚忠贞的职业操守,崇尚民主、昌明法治的政治理想,匡扶正义、经世济民的价值观念,亲民侍众、天下为公的公仆意识,还有勇于批判、善于创新的思维能力。这是我们孜孜以求的培养目标。

法大的三个独特性*

今天在法大的历史上可能比较独特,今天的研究生入学开学典礼是我们52年以来人数最多的一次,所以我们这个小小的礼堂是座无虚席。大家选择了法大,今天你进了法大的门,今后你就是法大的人,所以欢迎大家来到法学的最高学府!刚才朱校长已经给大家介绍了学校的基本情况,陈光中老师也代表全体导师对同学们提出了三点要求,他们都讲得非常好。

在今天这个典礼上,我想和大家进行几点交流,重点来讲一下我们中国政法大学的三个独特性,这三个独特性是其他大学所不具备的。

第一个独特性,中国只有一个北京大学,中国也只有一个中国政法大学,各有各的地位,各有各的特殊性。那我们学校的传统和校风独特在哪里呢?我们这几年一直在总结,特别是我们五十年校庆的时候,我们全体师生就做了一次尝试。我们的第一个传统就是中国的法治建设和政法大学之间的联系是最为紧密的,我们学校的命运和国家的法治命运完全结合在一起。国家的法治兴,我们的学校就兴;国家的法治衰,我们的学校就衰;国家的法治亡,我们的学校就不存在了。比如历史上政法大学有十年停办,那就是在公检法被砸烂、无法无天、人治或者叫法律虚无主义达到顶峰的时候,所以我们的历史命运和国家的法治的历史命运是一致的。这就是政法大学的传统,这是我们传统的一个独特点。我们的第二个传统,这儿聚集着世界上最大的法学家集团。我们现在全校有700名教师,700名当中有600人左右是从事法学教学和研究的,所以说这里是最大的法学家集团所在地。那么法学家最关心的是什么?是国家的政治命运。因此政

---

* 2004年9月9日在2004级研究生开学典礼上的讲话。

法大学所有的人都在思考着政治为民的建设，政法大学全体师生最关心国家的进步，最关心国家的民主建设和法治建设。这点就形成了我们独特的思维，这也是法大很独特的一点，所以对国家政治上的任何变动最敏感地予以观察的应该是政法大学。我们还有一个传统，在我们的学校里面有学问高深的大师，有许多产生了跨学科影响的杰出的学术带头人，他们有高深的理论。我们学校历来特别是从 1952 年建校以来特别注重法律实践活动，可以说把高深的法学理论和法律实践结合得最好的大学就是中国政法大学。这点一直是我们学校的校风，我们一边学习思想、学习理论，一边不忘法律的实践。还有一点，我们学校这 52 年一直是在艰苦当中发展，在曲折当中进步。今天，大家坐着的这个礼堂很狭小，没有耀眼的光亮，进到这个校园里面，大家看到的可能还是 50 年代的建筑，一些地方显得很残败，这就是我们学校现在办学的条件。政法大学在许多知名大学当中，目前办学条件是比较差的，这就是我们的校况。20 多年前，就是 1979 年恢复招生的时候，你们的学兄学姐们进到这个校区里边，是在马扎上上课，在棚布下听讲。那个时间伴随着大家的是周围各种各样听起来很优美的声音。因为我们这个校园“文革”当中被北京市文化局所占，所以北京的曲艺团、说唱团、文工团和我们是在同一块土地上生存。到现在为止我们的校园里面还坐落着北京市文化局的一个宿舍。这就是我们目前政法大学的办学条件。所以大家要面对这种艰苦，而政法大学就是在艰苦当中发展起来的。这四个方面，我想，就是我们学校的传统。艰苦办学，今后在很长一段时间内仍然是我们要面对的一个现实。这是政法大学独特的校况，独特的传统和独特的校风。

第二个独特性，就是政法大学有独特的历史使命。我 2001 年刚到法大时，在中国政法大学新一任领导班子宣布大会上的讲话中曾经提出过这个问题，那就是如何定位法大的使命？任何一个大学都必须有它的使命，它将决定一个大学前进和发展的方向，一个大学只有在其使命确定的基础上，才能进一步确定其办学发展的方向和具体的目标和任务。世界上很多知名大学都因为其具有独特的使命宣言才能具有办学的独特性。哈佛大学之所以为世界大学的学术领袖，因为它始终坚持探求真理和学问是大学的核心价值。剑桥大学经久不衰的原因是它从未放弃自己“通过追求国际最高水准的教育、学习与研究，从而对社会作出贡献”的使命和“思想和表达的自由，避免歧视”的核心价值。那么作为中国法学教育最高学府的法大的使命又是什么呢？我经常讲“三国”战略：第一“国”叫“科教兴国”，这是我们国家的战略选择；第二“国”就是“依法治国”；第三“国”是刚刚确立不久的“人才强国”。在“三国”战略里面，“科教兴国”、“人才强国”在这两点上许多大学的使命和我们是一样的，甚至有的大学的使命比我们还要重，比如北大和清华，但是在“依法治国”这个战略上，政法大学承担的使命超过了任何一个大学。因为我们是要为法治提供主体条件的，我们培养出来的人要成为将来法治建设的生力军，成为它的主力军，所以政法大学最独特的使命就在于两句话：推动政治进步，推动法治昌明。这是法大的历史使命，也是每一个法大人的使命。所以同学们要牢记这个使命，用一生为这两个使命而奋斗。

第三个独特性，我把它叫做政法大学对同学们的独特的要求。独特的要求体现在三个方面。第一个方面就是我们校训所讲的八个字（即厚德、明法、格物、致公），四个含义。《易经》云：“地势坤，君子以厚德载物。”“厚德”里面的“德”，不仅仅要学会做人，学会做人仅仅是公民品德。还要学会做什么？还要学会你将来做的法律人和政治人。你要做法律人和政治人就必须有伦理上的这种修养，你要做政治人的话还要求你必须有政治品德，政治品德、领袖的品德是要高于一般人的。所以，公民品德、职业品德、政治品德，这三种品德都要训练。对于我们法律人和从事公共管理的人来说，职业伦理的训练和政治伦理的训练尤其重要。这就是“厚德”。“明法”，我们学法当然要知法。我们始终要牢记我们的使命，将来是要推动法制的进步的，所以你们将来是法制建设的栋梁。在“明法”之中要有一种做主力军、做领军人物的这种自觉。“格物”，是一种科学的训练，它预示着要求真。法律上的求真和其他学科的求真内涵是有差别的。哲学，它要进行批判，它求的是一种思想，所以它是以思想为批判对象的；经济学，它求的是一种最低的成本,它是以高成本、低效率作为批判对象的;文学,它是要揭露一种丑陋,要展示一种美,它批判的是丑恶;史学,揭示的是一种真实,它要向虚伪开战。那么法律在做什么?法律要求制度之真、要求制度之善、要求制度之美。所以我们的科学训练对于法学这个学科来讲重在制度建设。当然,我们同时还需要有独特的法律上的思维,“无罪推定”的思维是要通过系统的法律课程训练出来的,“权利推定”的思维要在我们的法学训练当中形成,这就是“格物”。“致公”有两层含义,首先是亲民,要以天下为公;还有一层,就是在我们的价值观当中公正、公平和正义的追求应该成为一生的价值取向,这是法大对我们所有学子的共同要求。

第二个独特要求就是研究生阶段大家要做点什么。刚才同学代表已经告诉大家应该以学习为本,陈老师要求大家做有学问的人、有思想的人、有道德的人。研究生阶段除了学习之外,我想研究是最重要的,研究的最终目的应该是为创新做准备,所以创新式的教育是研究生教育的本质所在。那么怎样完成这个创新的过程呢?它的第一个前提应该是传承。我们有非常优秀的导师,你要把你导师的全部学业都传承下来,这样星火才得以相继。人文学科是一个积累学科,你要传承的话先要积累,所以要厚积。传承之后,第二个前提或者叫做第二个环节可能要进行一些必要的怀疑,老师讲的也未必就是对的。马克思的有些话也已经过时了,所以马克思主义也需要发展,我们需要当代的马克思主义,而当代的马克思主义也不是固定不变的,还需要发展中的马克思主义。要不断的推陈出新,怀疑前人是学术的一种美德。怀疑之后再做什么?应该有批判的精神。批判不是我们讲的政治意义上的批判,而是学术意义上的批判。学术意义上的批判是一个更新的过程。批判之后的第四个阶段才是构建。破字当头,立在其中,当你能够构建的时候创新就完成了。所以,传承和积累,怀疑和批判,再加上构建和创新,我想这三者合起来就是我说的四大基础。我们研究生教育如果以创新教育作为本质来对待的话,同学们最应强化的一种训练就是创新能力的训练。这就是学校对大家在研究生阶段提出来的要求。

第三个独特的要求,希望大家做有学问、有思想的人。我们同学代表也谈到了,我们可能要面对许多的诱惑。我希望政法大学的学生不仅仅要读很多“本”书,并且要读很多“页”书。有的同学可能已经见到了,我在接受《法学家茶座》的一个采访中对法学的一种批评就是有些人读书的本数很多但读书的页数很少,认为这就是一种浮躁。在法学这个象牙塔里面,我想政法大学应该形成我们自己独特的法律文化。在我们创新当中应该创新一种文化,而这种文化就是一种稳定的生活方式。法治的最终选择要变成我们生活当中的价值取向。

大学理念与法治国家*

这里讨论三个问题:一是当前中国高等教育所遵从的主流意识;二是中国大学当前普遍面临的主要问题;三是依法治国与依法治校的原理与关系。

关于第一个问题——当前中国高等教育所遵从的主流意识,要把它放在大学管理理念的三个层面中去理解。这三个层面是:大学的传统、遵从的主流意识和校长的办学理念。

处在基础层面的是大学的传统。传统是一种内在的力量和方向,一所大学的传统一旦形成,其他外来侵扰就很难改变它,优秀的大学传统就是最优秀的大学理念。30 年代梅贻琦先生讲,大学之大不在大楼,而在大师。进入 21 世纪,我们发现大学只有大师还远远不够,因为现在的情况与 30 年代已经有了质的差别。大学之大在"四大","四大"之首仍是大师,没有大师的大学,不能称其为大学,大师就预示着一所大学的水平和声望,也是一所大学的吸引力所在。大师之外要不要大楼?每所大学都需要一定的办学条件,中国进入市场经济以后,高校对大师的争夺异常残酷,要想获得大师,首先要建"大楼"。这里的"大楼"除原有建筑之意外,重要指办学条件,其中包括实验设备等,甚至包括教师的待遇。没有大楼就难招揽到大师,香港科技大学创造的奇迹就是最好的例证。大楼之外还应该有什么?《大学》有言:"大学之道,在明明德,在亲民,在止于至善。""德、亲、善"就是指大学里面应有仁爱、大爱,教师要爱学术,更要爱学生,管理者要爱服务,更要爱大学。没有大爱的大学,学生离校时带走的可能是仇恨。大学

---

* 原载《中国大学教学》2005 年第 8 期,原题为"大学理念与依法治校"。

里的大爱是连接大学和校友的纽带。大学里面还应该有“大树”。这里的“大树”不仅仅指植物与园林化的校园，更重要的是表明有“大树”的大学才有学术氛围和已形成自己的传统，首先是学校历史悠久，传统已经深深扎根，不因其他诱惑而改变。高等教育史上有一个经常提及的案例，当剑桥大学面临一家烟草公司高达数亿英镑捐款时，教授们集体表决予以拒绝，因为在他们看来，这些钱是肮脏的，用这些钱尽管可以很好地改善办学条件，让学校拥有世界一流的办学设施，但是却不符合本校传统的价值取向。这件事说明剑桥大学的传统已经形成，不可动摇。当大家去拜谒曲阜孔庙的时候，可以看到孔子当年亲手植下的桧树，这棵桧树向人们展示着孔府2500多年的悠久传统。大学里的“树”，是其文化之根的表征。常被利益与世俗所诱惑的大学，表明其传统尚未固化，这种大学的理念通常是肤浅的。

处在第二层面的是大学所遵从的主流意识。20世纪80年代以来，中国高等教育经过20年的改革与发展，形成了以下八个主流意识：

第一，大学的根本使命是培养人，这是大学区别于其他社会组织的主要特征。不同的大学在于培养不同特色的人。一所好的大学和一所差的大学根本区别在于其学生成才率的高低。一流的大学有一流的成才率，像哈佛、耶鲁这样的一流大学，成才率在90%以上。二流的大学有二流的成才率，其成才比率可以保证70%以上。三流大学之所以是三流，原因就在其成才率低下。基础教育的目的是“使人成其为人”，高等教育的目的则是“使人成其为才”，而研究生教育的目的则是“使才成其为器”，它们之间是有差别的。所以本科教育和研究生教育正是培养有特色、独具竞争力的且有创造精神的“才”或“器”，这是高等教育根本使命所在。不以人才为使命的大学就是不入流的大学。

第二，大学的中心工作是教学和科研。教学和科研对大学而言，犹如车之两轮、鸟之双翼。追溯高等教育的历史，世界上第一所大学是创建于1097年的意大利博洛尼亚大学，由此可见大学已有908年的历史。在起初的700多年间，大学的主要使命是培养人，是以教学为主。当大学进入第二个发展阶段,也就是洪堡精神在大学确立后,人们把科研作为了大学的第二使命,从此教学与科研就成了大学的两个基础。上世纪30年代,美国高等教育进一步拓展了大学的使命,在教学和科研之外又增加了为社会服务,使大学和社会紧密地结合在一起,大学成为社会的发动机和推动社会进步的主动力,这是美国高等教育对世界高等教育的贡献。进入21世纪,大学的领导和教授们都在思考,在信息、经济、法律相继全球化之后,高等教育的使命是否应该再度扩展?一些教育家已经敏感地从美国“9·11”事件中获得了启示。如同上世纪人们所预测的那样,进入21世纪,整个世界不稳定的主要因素或者发生战争的主要根源可能是文化与文化的冲突,“9·11”事件的发生就验证了这个预测的准确性。由此我们是否应提出,21世纪要消除文化与文化之间的冲突,应该通过大学这个场所来进行,这也就是现在越来越多的人认为大学应增加的第四使命,即促进文化的交流与融合,通过这种交流与融合,消除文化与文化之间的冲突,营造世界的和平与和谐。大学的这一功能是政府、企业和社会组织所不具有的。但是无论如何变化,教学、科研仍是大学的立命所在。

第三,提高教育教学质量是大学永恒的主题。这一意识表明,其一,数量、规模与效益是有止境的,而质量是无止境的,优秀的大学不是以规模论而是以质量论;其二,质量的优劣是以受教育者是否享受到了优质的教育为评价标准的,学生既是教育质量的享用主体,又是教育质量的评价主体;其三,教育质量与教学质量是统一体。教育质量保证因素中包含着理念质量、校长水平、师资素质、校园文化、教学设施、学术传统等。这些要素的质量决定着教学质量。这三方面的含义表明,质量是大学的品质,同时也是大学的生命线。大学管理的基本职能是不断提升大学的教育教学质量。

第四,学术创新是大学的灵魂所在。博洛尼亚大学设立的第一个专业是法学,法学代表着当时社会科学的最高水平,因此可以说高等教育起源于法学,直到现在还有人把法学称作社会科学之王。其设立的第二个专业是医学,医学代表当时自然科学的最高水平。再后来又设立了神学,神学演变为哲学,哲学成为社会科学、自然科学共同运用的方法上的科学,也就是思维科学。至今,西方《大百科全书》仍把人类的知识划分为三种,即自然科学、社会科学和思维科学。大学里面的创新,在自然科学领域的最高表现是对新知识的发现;在工程技术领域里的最高表现为创新一种方法;对社会科学而言,最高水平的创新应当是创新一种思想;对所有的学科来讲,大家共用的方法论和思维上的创新就是哲学上的创新,也就是创新一种思维;而对管理者来讲,它应该有能力创新一种制度。这五种创新应该是大学的灵魂所在,而这五种创新中处于核心地位和基础地位的是学术创新。一个不能创新的大学是一个没有灵魂和凝聚力的大学,大学之所以为大,就在于它有学术创新力,能够形成自己独特的文化。我认为,只有大学的文化才能成为卓越的文化。尽管企业家们也在追求卓越,但是他们所追求的卓越是为消费者提供完美的产品和服务,而大学的卓越表现是常新的,鲁迅先生讲过"北京大学是常新的",这个常新不仅是说大学每年有新的学生进来,更重要的是有新成果产生。所有的创新都应该是卓越的,否则这个创新就是虚假的,如果你所得出的结论是别人已经说过的,发现的知识是别人已经表述过的,这就不是创新,这样的成果也不能成为卓越,因此学术创新是一所大学的灵魂所在。

第五,学科建设是大学的龙头工作。什么叫学科?许多教育专家对学科都做出过相应解释。在我看来,学科由三个要素构成,第一个要素是师资,这是学科的主体要素,一门学科一定有一支高水平的师资团队支撑它;第二个要素是拥有高水平的科研成果,也叫客体要素,学科建设成果最终要展示为对该学科的贡献,这个贡献是以科研成果为表征的;第三个要素是学生,这是学科最具特色的要素,学科之所以称之为学,就在于它要培养学生,而这些学生一定是高层次的学生,这样就把学科和专业区分开来了,专业大致是讲本科教育,而学科应该讲研究生教育。所以学科的构成应该有主体要素、客体要素和学生要素,一个大学如果不抓这三项的话,这个大学的校长一定是失职的;如果抓住了学科建设这个龙头工作,学校的全面工作就可以被带动起来。

第六,师资团队建设是大学的主体工程。一所大学可以面向未来实施许多工程,但是师资团队建设一定是主体工程。中国的大学和西方的大学最大差别表现在两个方面:一是师资的差别,中国之所以没有世界一流大学,最重要的原因是大学里没有世界一流的师资;二是管理水平的差别。如果将一所大学比喻为一只鸟的话,先进的办学理念就是鸟的大脑,学科建设是鸟头,师资是鸟身,教学和科研是鸟的两翼。如果一个大学抓住了学科建设这个"鸟头",以师资团队建设为主体,配置教学和科研两个中心,那么这所大学就可以像鸟儿一样展翅高飞。

第七,改革是大学发展的不竭动力。中国的高等教育资源非常有限,世界其他大学也一样,都存在资源不足问题,像美国斯坦福大学,一年运行经费13亿美元,哈佛大学甚至达到20亿美元,就是这样巨额投资的大学,也感觉到资源不足。在中国,那些被放在优先发展地位而比其他大学多投入十几亿元的大学的校长仍然讲投入不足。投入不足是高等教育世界性的难题,世界上没有一所大学校长认为自己的资源是充足的、是过剩的。在资源不足的情况下,依据中国的国情,大学内部的改革就是其发展动力,因为在中国无论大学与政府的关系还是大学与社会的关系,乃至大学内部的关系都有充分的改革余地,一个保持旺盛生命力、具有较强竞争力的大学,主要看他改革的力度和深度,这是被中国高等教育20年跨越式发展成果所证实了的。

最后,服务是大学管理的价值所在。大学的管理更应该体现在服务上。管理者对大学发挥的作用表现在四个方面:一是对大学的引导作用,主要体现在办学方向和大学校长的办学理念上,大学校长的办学理念通过管理层成为大学的方向,进而形成为该大学的特色;二是为大学提供规范和秩序,即依法治校、民主决策及校园内的安全有序;三是提供保障,为学校的发展提供各种保障,包括制度保障、人才保障和物质保障;四是提供服务,大学的所有管理都是为中心工作服务的。大学的政治工作、行政工作、后勤工作均不具其独立性,如果离开教学、科研而进行管理,大学将不成其为学府而变成官府。大学的管理主要是管事,而政府的管理主要是管人。一个大学校长最主要的任务就是为教授们摆好桌椅板凳,带领校部机关为院系搞好服务；校长、校部机关、院系领导要为教师做好服务；校长、校部机关、院系领导、教师要共同为学生服务，一个大学只要形成这样三个大的服务循环，这个大学的大爱也就形成了。

处在第三层面的，是大学现任校长的办学理念。一所好的大学往往是以一位好的校长为表征。西方高等教育学里有一句话："一位好的校长就是一所好的大学。"20 世纪 40 年代，毛主席在延安就讲过，"要办好一所学校，第一要有一个好的校长，第二要有一批好的师资，只要有这两个条件就一定能办好一所学校"。现在大学都面临着生源、师资和资源的竞争，能否在竞争中取胜，最终都取决于校长，大学和大学之间的竞争最终展示为校长和校长之间的竞争。校长的办学理念异常重要，它是一所大学现阶段的特色所在、方向所指。在我看来，一个优秀的大学校长需同时是三个方面的专家：其一是学问家，无学问的校长不会得到教授们的尊重；其二是教育家，校长的第一责任是提供办学理念，校长不是教育家，他不会受到学生的拥戴；其三是管理方面的专家，他既要有将教师、管理者和谐于一体的能力，又要具有管理与指挥的权威性。没有管理能力的校长，其理念难以得到管理层的理解。

下面谈谈中国大学当前普遍面临的主要问题。

我是从研究的角度去认识这些问题的，具有探讨性，未必能够得到大家的公认。中国高等教育近 20 年跨越式发展取得了巨大成绩，1997 年高等教育毛入学率不足 9%，去年已经上升到 19%，预计今年将超过 20%。2020 年，中国高等教育毛入学率有望达到 30% 左右。届时，中国接受高等教育的人数必将大大超过美国。把巨大的人口压力转化为丰富的人力资源，高等教育的贡献就是历史性的。

当然，肯定成绩的同时，也应清醒地看到，近两三年，舆论对高等教育批评的声音越来越多、越来越杂，这就要求我们必须正视并认真思考、解决高等教育所存在的问题。

第一，中国高等教育的基本矛盾，即优质高等教育资源供给严重不足与人民大众强烈需求之间的矛盾，将长期存在。学生和社会都向往那些有特色的高水平大学,然而这些大学的数量却极其有限。如今,德国正准备倾全国之力发展10所左右有代表性的大学;日本也在进行高等教育发展战略的调整,准备发展10所至20所能够代表日本高等教育水平的大学;美国高校众多且水平普遍较高,但为世界所知的也只是少数,所以优质高等教育资源相对不足也是世界高等教育的基本矛盾,没有哪一个国家能够完全满足人们对优质高等教育资源的需求,这个问题在中国尤其突出,且将长期存在。要缓解这一矛盾必须进一步加大教育投入,国家对教育的投入现在占到GDP的3.3%,尚未达到4%的比例,而要缓解供给与需求的矛盾,政府对教育投入的比例应考虑在未来几年内达到GDP的5%~6%,解决这一问题的方法是制定教育投资法。高等教育的投入问题单靠教育界是解决不了的。

第二,受教育机会的不公正已受到社会的广泛关注。受教育机会的差别已经引起社会的强烈不满,这种差别并非大学本身所造成的,而是由政府垄断教育资源的体制所造成的,社会也正由以前对大学的不满转化为对政府教育机制的不满。教育的功能是什么?教育的功能是消除人与人之间差别的一种手段,孔夫子就讲"有教无类"。如果教育不是消除这种差别,而是制造差别,那么受教育机会的不均等就会拷问我们高等教育的职能!保证受教育机会的公正应该是我们行使高等教育职能过程中认真对待的问题。公正,在任何制度下都只能是相对的,如果不是用计划指标的方式而是用分数的方式,那么优质教育资源的利用机会又会集中于中国东部那些基础教育发达的省份,这又会产生新的不公平。所以,目前中国受教育机会不公的问题是中国二元社会结构各种矛盾的一种表现。这些矛盾正扭曲着高等教育职能的实现。

第三,我国高校与政府的关系尚未纳入法治状态。现代高等教育体制有两块基石,一块是学术自由,一块是大学自治。而大学自治必然涉及大学与政府的关系问题。如果大学只是对政府负责,而不是对法律负责,就永远不会有特色,因为政府的管理总是整齐划一的,当模式化、统一化管理成为管理主要方式的时候,特色就在管理过程当中被抹杀掉了。中国大学的改革被评价为模式改革，而非个性化改革，原因也在于此。我们的改革是在政府主导和推动下的改革，甚至可以说是政府规约下的改革，而针对大学自身特色进行的改革微乎其微。如果政府和大学之间的依然是“父子”关系，就永远建不成一流大学，因为这样大学永远没有自己的特色，而世界知名大学都是以特色著称的。明确大学所负责的对象是当前中国建立现代大学制度所必须解决的问题，大学自治是中国大学在发展过程中能否形成自身特色的重要前提。

第四，中国高等教育过度分层导致大学的尊严受到伤害。通常，大学以其水平和社会影响力被划分为一流大学、二流大学、三流大学；以学校定位又可划分为研究型大学、教学研究型大学、教学型大学；按涵盖学科进行划分，还可以分为综合性大学、多科性大学和单科性大学，这些划分基本上是依据高等教育规律做出的。但是，目前中国大学的划分却并非这样，而是人为地增加了许多因素后把大学分成了多个层次，但是这样划分的根据却是不得而知的。以北京的交通形容北京的大学，北京市已经建成了六环路，北京的高校大致也被分为有六层，有处在市一环路上的大学；有二环上的大学——若干所“985 工程”大学；有三环上的大学——“211 工程”大学；教育部所属的但没有进入“211 工程”的大学是四环上的大学；北京市属重点大学是五环上的大学；剩下的算作是六环上的大学。这些大学就像车子一样在环道上奔跑，跑在二环上的车一定要想办法跻到一环上去，跑在三环上的一定要想办法跻到二环上去，因此就出现了拥挤不堪的现象。因为国家对高等教育投入的总量有限，剩下的就是如何分配的问题了。其结果是导致高校间的不平等竞争，甚至导致教育权力的寻租。大学和大学之间本应该是平等的，他们的差别应该体现在办学水平和学科门类上，如果不是按照这样的规律进行区别，而是用一种公共权力进行划分的话，就会损害大学的尊严。科层的划分是管理上的需要，除了管理上的需要，制造身份和身份之间的不平等，将导致人们对整个高等教育管理体制的怀疑。中国大学的层次是过度划分的，现在有副部级大学、厅局级大学、副厅局级大学，还有民办公助的处级大学。在去年大学校长论坛上，参加论坛的大学校长有的有名签,有的没有名签,没有名签的大学被认为是没有校长的大学。这就涉及高等教育的一个理念:世界上没有相同的大学,大学是不可能复制的,大学的作用是不可替代的,因而,所有的大学在尊严上是平等的。

第五,经济快速发展而管理相对滞后带来高等教育领域的腐败。如今,教育腐败、学术腐败已经成为社会议论的热点。社会学家和法学家分析,有五大社会问题影响我国建立和谐社会,一是中国社会的二元结构,经济是二元的,分公有制经济和非公有制经济,而公有制经济又是二元的,分全民所有制经济和集体所有制经济,经济的二元性导致城乡的二元性,人的权利是二元的,人的身份也是二元的,二元导致不和谐。这种二元结构在大学里同样存在。二是社会的公正性问题,基尼系数在中国的表达见诸官方的统计是 0.43,0.4 是社会的危险状态,超过这个数,人们就会普遍感到社会不公正,现在我国已经超过了这个警戒线,也有人认为高于这个数。社会的公正性问题是导致社会不和谐的又一重要原因。三是腐败问题,现在我国反腐败力度越来越大,成本越来越高,但是腐败现象并未因投入的增加而有所下降,投入的增加和反腐败的效果未呈现正比关系。四是经济的快速发展导致生态、资源、环境全面恶化,在这一问题上,GDP 是表达不出来的,GDP 第一大缺陷就是解决不了社会公正性问题,其次是解决不了经济与环境、资源的关系问题。西方经济学 20 世纪 70 年代就基本放弃了经济增长这一概念,而代之以经济发展,因为只有发展才是全面的、协调的、可持续的,只谈增长解决不了这两个根本问题。五是社会规范的有效性正在受到怀疑,社会的基础规范是道德规范,最低水平的道德就是法律,而今这两大规范的有效性都受到了怀疑。以道德规范为例,用孔夫子的话讲,“信者,人之本也”。但是中国现在几乎所有的领域都存在造假现象,造假已经成为全社会的普遍现象。法律规范的有效性现在也受到了怀疑,我国仍正处在人治向法治的过渡过程中。这些社会问题在我们高等教育当中都有所反映,但是令人感到最沉重的话题还是教育腐败和学术腐败。

有三类腐败令人深恶痛绝。一是吏治腐败,吏治腐败使有才干、有德行的年轻人看不到希望。因为既有才能又有德性的人不会去投机和钻营，依中国的传统“士为知己者用”，他只等明主来发现。如果这样的年轻人看不到希望，这个国家和民族就看不到希望，吏治的腐败会导致国亡、党亡。因此，江泽民同志曾讲过，吏治腐败是最大的腐败。二是司法腐败，司法腐败使社会正义和公正的空间不再存在，司法的价值在于恢复正义和实现公平，英国著名法学家弗朗西斯·培根讲，一项腐败并不可怕，就像是将一桶污水倾倒到河流中，只要河水是流动的，这桶污水迟早要被净化，但是司法腐败就像污染了水源，流出来的全是脏的，是无法净化的。第三类就是教育腐败，教育的本质是引领和净化人的灵魂，教育应当拒绝任何污染，教育一旦腐败，受教育者在受教育过程中所付出的成本，将变成他进入社会后向社会索取的巨大动力，所以教育腐败是根本性的腐败，是最可怕的。这几年舆论对教育的批评，许多是由教育腐败引发的。教育腐败在高等教育里面的一种表现就是学术腐败，学术腐败使社会真理的空间不再存在，学术的本质在于对新知识、新方法、新思想的发现，当被称为“新知识、新方法、新思想”的东西都是虚假的时候，社会真理就会丧失。

第六，中国高等教育管理成本居高不下，管理体制需要改革。1986年，邓小平同志讲：“改革开放，我们需要向西方学习两样东西，一是先进的科学技术，二是先进的管理经验。”我们学习前者的成效巨大。在学习后者方面，国内企业已经发生了质的变化，而在高等教育领域成效并不明显。中国高校现在面临一个非常大的问题就是管理成本居高不下，重复决策普遍存在，决策和执行之间被阻隔的东西过多，由此导致执行效率不高。国内高校在管理体制上呈梭型结构，校级领导权力表现得不充分，而院系的权力实现得也不充分，在学校和院系的管理层之间有一个巨大阻隔，导致了管理效率低下。所以中国高等教育今后的改革和发展应以内部管理体制改革为重点，这样也就可以很好地理解教育部所确立的“巩固、深化、提高、发展”的新教育八字方针的含义。

第七，大学里学生的主体地位尚未得到有效恢复。学生到底是不是学校的主体？这种主体地位应该给予哪种意义上的界定？比如说，教育关系上学生是不是主体？回答是肯定的，学生当然是教育关系的主体。在教学关系上学生是不是主体？这个问题的回答就不尽一致。在法律关系上，学生是不是主体？对这个问题的回答，在我国基本上是空白。在教学关系上学生到底是不是主体呢？打两个比方，在专业过细划分的计划经济时代，学生被当作"矿物"，接受高等教育就是一个冶炼过程，因为在选择生源时，已经把"铜矿石"、"铁矿石"、"锡矿石"分开了，大学毕业时，这些学生就变成了"铜锭"、"铁锭"、"锡锭"，以统一规格离校。如果我们把学生当"生物"，大学四年学习过程则应该是生物生长的过程，大学也就成了一个独立的生态系统，在这个生态系统里面，学生可以是植物，也可以是动物，如果是动物应该允许他长成老虎，也应该允许他长成猴子，因为老虎有老虎的威猛，猴子有猴子的机智；如果他是植物的，应该允许他长成参天大树，成为栋梁，也应该允许他长成一朵艳丽的奇葩，供人欣赏。在这个生态系统中，可以保持生物的多样性，允许其生长过程中的自我选择和自我满足。如果学生在大学里面具有这样的地位，就是恢复了他的主体地位。大学里面允许学生选专业、选教师、选课程，就是恢复学生主体地位的基本表现。再回过头来理解教师和学生形成什么样的教学关系？这个关系就是学生的需要由大学和教师提供，教学是满足学生需要的一种手段，这样在教学关系上教师和校长就成了客体，学生成了主体，这是教育理念的转变。

在法律关系上，学生是不受任何怀疑的主体，学生和学校形成三种法律关系，这三种法律关系就是依法治校的基本依据。首先，他和学校形成宪法上的权利义务关系。我国《宪法》规定，公民享有受教育的权利。学校代表国家满足学生受教育权的要求，学生是宪法权的主体，而大学是满足其要求的义务主体。受教育权是学生的根本权利，要限制或剥夺它的时候要慎而又慎。几年前，在西南地区发生的一名大学生因怀孕而被学校开除学籍的事情，用法律的观点去判断，就是用一个小的价值牺牲了学生最大的价值，在法律上存在价值灭失问题。现在大学里面的权利生态系统已经彻底发生了变化，过去大学是以管理者为主设计权利系统的，而现在则是以学生为主设计权利系统的，大学无权干涉学生私生活，结婚是他的权利，生孩子也是他的权利,至于带来的问题学校能否消化得了是其管理水平问题,学生因怀孕而被开除学籍的事情今后不应在高校再次发生。其次,学生是大学管理中的相对人,相对人就应当有相对人的一系列权利,这个关系就叫做行政法律关系。在行政法律关系当中又分成四层:第一层,学生有义务服从学校符合法律的管理,而不具有服从不符合法律的管理的义务;第二层,在自由领域,学生对学校的管理具有排拒能力,学校公共权力要介入学生自由领域,学生具有排斥和拒绝的权利,像学生私生活、人身自由、通信自由等都属于学生的自由领域;第三层,学生对学校的中心工作具有参与权,某些中学聘请学生做校长助理,开校长办公会时请他们参加并拥有表决权,中学生已经参与到了学校的管理之中,而我们的大学做的还远远不够。当然,有些大学给学生很多评价方面的权利,如对教师的评价,对课程的评价,对大学管理水平的评价,对班主任辅导员的评价等,这些都是学生参与学校管理的表现;第四层,学生对学校形成请求关系,请求应该在法律允许之内给予满足,比如说它有权请求奖学金、助学岗位、称号、学位证书、毕业证书等一系列权利,这种关系学校不能漠视,要尽一切努力予以满足。最后,学生和学校之间形成民事法律关系,在民事法律关系里面,学生是百分之百的主体,因为学生的权利和校长的权利完全平等,民事法律的特点就是主体和主体之间必须平等。

故此,教育关系上学生是主体,教学关系上应该恢复学生的主体地位,法律关系上应该承认和保障学生的主体地位,而在我国高校里面,学生的主体地位还没有得到完全确立。

第八,中国高等教育正陷入市场经济的陷阱。市场经济最大的特点是追求效率和利益。大学的本质功能是什么?当我们确立大学和市场之间关系时,主流意识只认为大学应当服务于社会,我认为只做这样一个定位是不够的,大学还应该是社会的良心所在,能够收藏社会的良心,大学应该用自己的成果服务社会,但更应该用自己的文化和思想引领社会,引领社会是大学收藏社会良心的具体表现。大学既处在市场经济的环境当中,同时也应该拒绝市场经济给大学带来的污染,大学在任何时候都不能把利益追求作为自己的首选,现在有些大学办学目的非常单一,就是为了追求效益,但这个效益不是社会效益而是经济效益。大学有组织地去牟利可能不符合大学固有的特征,而大学教师营利性兼职已经成为中国高校的普遍现象。医疗卫生界最近颁布了一个规则,规定医生对外出诊如不经过本部门同意则被视为违规,这是医疗卫生界先于教育界走出的一步。在美国的大学里面教师营利性兼职基本上是被禁止的。在香港的大学里面,教授因兼职而被判入狱的案例发生了多起,因为盈利后隐瞒的收入就是其犯罪构成的依据。可见即使市场经济最发达的国家和地区,教师的营利性兼职也受到了严格限制,其时间比例原则为每周不得超过 8 小时。但是目前在中国的大学里面,教师的营利性兼职不受限制却是一个普遍现象,甚至在个别大学里面博士生导师开公司做老板,让自己的博士生做打工仔的现象也在发生,这都是市场经济的现象,中国一些大学已陷入其中。

第九,中国大学"有工程、无价值"的现象正使大学作为社会思想库的功能在弱化。研究工作以服装做比喻可以分为三个层次,处在最高层的理论研究就像做时装,一定要超前,领先潮流 5 到 10 年,如果设计的服装 5 到 10 年以后其款式、颜色或者一个纽扣还能得到社会认可,这种设计就是成功的,高校承担的大量基础理论研究就像做时装,虽不为现时所用,但却可以引领潮流。处在第二层的是对策性研究,这种研究就像做服装,一定要量体裁衣,让主人感觉穿着最合适、最舒服。处在第三层的补充性研究,这种研究就像缝补、浆洗衣服,如在法律上有时要进行立法和司法解释,这种解释性工作就是浆洗和缝补式的。在这三类研究之中,基础性研究应放在高校研究的重中之重;对策性研究实则应该主要由中央和国家各机关的研究室去做,补充式研究也应该由他们来完成。这样大学就能够充当社会的思想库,当国家需要的时候,仓库应该是满的,但是现在发现,当国家需要某种思想的时候,打开大学的"仓库",发现可能是空的;当需要引领式研究的时候,打开我们的"仓库",几乎没有库存。导致引领社会潮流、创生先进文化功能被弱化和虚化的重要原因,是中国大学在理念与管理上正在以"工程观"替代"价值观"。大学管理的本质不是做工程,而是进行价值判断、价值选择及消除价值与价值的冲突。丧失了价值观的大学，它只会跟在社会的背后而无法成为引领者。

最后，要警惕高等教育沦为“高级应试教育”。这是中国高等教育近几年出现的新问题。专业课成绩由考试而定自古如此，而学生的政治思想品德也以考而定就是有违伦理规律的。人的品德是训练出来的而不是背出来的，这早有定论。学生进入高校后，证书考试已是与其课程考试相并列的新生活，生存技能的训练已比专业修养更具有重要性。没有自信的大学，正在把应试教育作为大学教育的重要方式。

再一个问题是，依法治国与依法治校是什么关系？前者可否包括后者？如果可以，那么依法治国的所有原理即应在依法治校的过程中都得到体现。依法治国，建设社会主义法治国家，两句话合起来才是一个完整的价值表述，如果把它们割裂开，就可能出问题。中央谈依法治国，省里就谈依法治省，逐步延伸，依法治市、依法治县、依法治乡，甚至还有人提依法治村、依法治家。除了这些层次上的治以外，单项领域的治也出现了，依法治水、依法治路、依法治税、依法治教，这么多的治，到底该怎么表达？有人建议干脆用依法治 X 或者依法治 N，但是治到最后，谁来承担治的客体？现在就差有人把依法治人讲出来。如果依法治省、依法治市、依法治家、依法治教可以和依法治国并列起来的话，那么依法治国推到极端的谬误表达就是依法治人，而依法治人与建设社会主义法治国家的目标是背道而驰的。所以两句话要合二为一，依法治什么表达的仅是工具价值，而建设社会主义法治国家才是目标价值，工具价值和目标价值应该统一起来，且应把目标的实现作为最终追求。在这个意义上讲，依法治省、依法治市这样的命题是假命题，因为依法治国本身就包含了所有的国家机关，也包含了所有的公共权力领域，依法治国里面当含依法治省、依法治市、依法治税等，它们之间不是并列关系。

1997 年 3 月，总理作政府工作报告时第一次谈依法治国，建设社会主义法制国家。总理作政府工作报告使用的“法制”，是制度的“制”，这个制被称为“刀制”。半年后，总书记作党的十五大报告，也谈依法治国，建设社会主义法治国家，总书记用的是治理的“治”，这个治被称为“水治”。从“刀制”到“水治”，半年时间，一字之变，预示着治国方略与国家价值观有重大改变。

1956年，董必武代表中央在党的八大上作报告。他说讲到文明，“法制”算一项。什么是法制？我们望文生义，法制就是法律和制度。如果按照董老的理解去解释法制，有了法律，通过法律再建立起制度，就叫法制。从这个意义上讲，奴隶制时期有过法制，封建制时期有过法制，资本主义和社会主义时期都有法制，已经有了法制了，那还建设什么法制国家呢？所以“水治”这个“法治”有更为深刻的含义，如果说“法制”是静态的，那么“法治”则是动态的，“法制”是一种客观描述，而“法治”是带有价值观的，所以从“刀制”到“水治”的转变，预示着我们国家的价值观发生了一次深刻变化。

建设社会主义“水治”状态下的“法治国家”，法学界为此做了很多努力。1997年3月召开的法治研讨会，我在会上把法治的构成要件作了一个全面解释，建议将“刀制”改为“水治”。现在对法治国家的解释，基本上还是我当时提出的“法治”三要素。

（一）法治国家应当奉行四个观念

首先，法治状态下的法一定是善法、良法，社会主义法治一定是社会主义的善法之治、良法之治。我们制定出来的法律不应该是恶法，不应该背离人类理性，不应该背离社会发展的客观规律。今年是世界反法西斯胜利60周年，60年前的5月，开始了人类有史以来最大规模的审判——纽伦堡审判。纽伦堡审判讲起来像故事，但它提供给我们的法治原理至今仍有极大的借鉴价值。审判一开始，所有纳粹战犯用同一个理由为自己辩护，这个理由是“执行法律的人不受法律追究，杀害犹太人是在执行法律”。“执行法律的人不受法律追究”是世界上共同遵循的法律古训。希特勒和其他法西斯主义者不同之处在于，他是一个很“完满”的形式主义法治者，他做任何事情，都希望制定成法律。对待犹太人，第一步通过立法进行身份上的区分，使犹太人身上都有一个特殊的标志；第二步通过立法禁止犹太人经商,切断了犹太人的财富来源;第三步通过立法从肉体上消灭犹太人。"将600万犹太人分步骤屠杀是有法律依据的。"因此所有纳粹战犯都用这个理由为自己辩护。这样一来把法官难住了,因为法官们也信奉同样的古训,不得不休庭,休庭后法官们讨论,如果纳粹战犯的辩护理由成立,承认它执行的是法律,那么只需要做一件事,开庭后即宣布他们无罪,审判结束;如果认为他们的辩护理由不成立,就必须从原理上说明纳粹分子制定的法律不是法。德国著名哲学家拉德布鲁赫在法律问题上有个非常精辟的论述,他说:"法律分法上之法和法下之法,以人类的共同理想,以人的尊严和权利作为展示内容的法是法上之法;凡是以背弃人类理性,漠视人的尊严、践踏人的权利为特征的法都是法下之法,法下之法是恶法,恶法非法也。"他的这一思想很快在法官之间形成了共识,法官们认为,纳粹战犯执行的不是法律,而是一种罪恶。再次开庭,法官们把这个理由一讲,战犯们的辩护理由全部被否决了,纽伦堡审判才得以顺利完成。这次审判对于我们建设社会主义法治国家有着极大的借鉴价值,要建设社会主义法治国家,所制定的法一定是善法、良法;要依法治校,学校制定的所有规则也应是善规则、良规则。纽伦堡审判给我们的另一个启示是,法治应当分为形式法治和实质法治,依法办事和依法行政仅仅表达的是形式法治,如果执行的法律和规则是恶的,那么这个恶法、恶规则越被严格地遵守、执行,离法治就会越远。

其次,法治国家里面要奉行法律至上的观念。如果一个国家能够找到的最终权威不是法律,而是一个机关或者一个人,那么这个国家一定不是法治国家。在法治国家里面,法律应具有至高无上的地位。我国《宪法》规定:各政党、各国家机关、武装力量、社会组织以及公民个人,都要在《宪法》和法律的范围内活动,任何机关、任何个人都没有超越宪法和法律的权利。《中国共产党党章》也是这样规定的。所以,在我国一切都在《宪法》和法律之下。2004年9月15日,胡锦涛总书记在首都各界纪念人民代表大会制度实施50周年大会上发表了重要讲话,其中讲道:依法治国首先是依宪治国,依法执政首先是依宪执政。邓小平同志1979年谈到,我们过去制定过一些法律,但是这些法律没有获得应有的权威,现在我们要树立《宪法》和法律极大的权威,所谓极大的权威就是至高无上。在这一问题上,我国50年的发展历程也有过深刻的教训。

再次,法治国家里面应当奉行法的统治的观念。法治国家里面应当是法律在统治一切,而不是某个人或他的喜怒哀乐及政策或经验在统治。今年刚刚通过的《反分裂国家法》,是把20世纪50年代以来我们对台所有政策梳理之后上升为法律的,这样做的最大的价值,在于今后在对台的政策问题上,不再因领导人的变化而变化,也不再因领导人注意力的转移而转移。毛主席讲过"一纲四目",邓小平讲过"六点意见",全国人大常委会发布过"十条公告",江泽民同志讲过"八点主张",胡锦涛同志讲过"四点意见",最终归纳为八个字:"一国两制,和平统一",这是50年来我们对台的不变政策。现在社会学和管理学上有个概念叫规则治国,如果这个规则不是理性的、规律的,那么这个规则很可能是公共权力执掌者的喜怒哀乐,还可能是领导人的个人经验甚至拍脑袋,所以在法治国家里面,这些现象都是应该避免的。我们在管理学校的时候,也不能凭经验或者自己一时喜好办事,应该根据教育规律、教育理性和国家法律办事,要切实奉行法的统治而非人的统治观念。

最后,法治国家应当以权利文化作为构建的基础。这个权利不是公共"权力"(power),而是私权利(rights),法治国家应该把最大限度地实现人的权利作为一种文化。世界范围内有三大主流文化。第一种主流文化是科技文化,从瓦特发明蒸汽机那一刻开始,人和自然的关系就发生了质的变化,科技在一个社会被弘扬的程度、科技在GDP当中所占的比重,基本上能够反映这个社会的财富状况,科技不仅仅代表生产力,同时也代表着财富。科技在改变着我们的财富观。农业经济时代财富的代表是地主,谁拥有的土地最多,谁就拥有最多的财富;前工业化时期,当机械成为社会生产力代表的时候,"钢铁大王"就是财富的代表;后工业化时期,能源制约了社会的发展,"石油大王"就被认为是财富的象征;今天的信息时代,当人们要从现实中找一位财富代表的时候,多数人会选择比尔·盖茨,他不仅是生产力的最高代表,也是财富的最高代表。对科技的崇拜程度、对科技文化的弘扬程度,可以看出一个社会的文明程度,这种文化对应的是物质文明,所以一个社会的物质文明是靠科技文化给予支撑和弘扬的。第二种主流文化是人道主义文化。人道主义文化起源于博洛尼亚大学,这所学校设立法学和医学两个专业,一个是为了解除人的精神上的痛苦的,一个是为了解除人的肉体上的痛苦的。至今这所大学还珍藏着一张人体解剖床,并被作为该校的校宝,因为900多年前,人就是在这张床上最早被医学解剖的,医学家看到它就看到了近代医学的起源;而法学家、哲学家看到它,就看到了使人成其为人的证据,因为人能够被解剖就证明人从上帝那里解放出来了,人的社会主体地位复活了,西方哲学界有一句著名的话叫"上帝死了,人活了"! 正是"人活了"导致了文艺复兴的发生,人的身体才可以被雕刻、描绘和欣赏,这就是人文主义,哲学上人文主义最终要解决的就是人的主体性。但到了工业时代,人被束缚在机器上的时候,犹如一颗颗"螺丝钉",人的主体性又消失了,变成了客体,这时就需要张扬人的个性,也就迎来了后现代主义,所以人文主义最终还是要解决人被尊重、被关爱的问题,我们现在讲以人为本,其哲学来源应该从文艺复兴时期开始。

现在企业家也在讲以人为本,但他是以能够给企业带来最大利润的人为本,并非人人为本。大学校长也在讲以人为本,我在中国政法大学提出两句话,一是以学生为主体,二是以教师为本位。因为大学创新的主体是教师,履行育人职能的主体也是教师,大学创造自己的文化,形成自己的传统,主体还是教师,所以在大学里面只能以教师为本位,当然在育人上要以学生为本位,通过以教师为本位来实现以学生为本位。大学里面任何时候都不能以校长为本位,也不能以管理人员和教辅人员为本位,更不能以后勤职工为本位,只能是教师为本位,一个大学资源的配置必须体现以教师为本位。如果一所大学能够让学生有充分的自豪感,教师有充分的尊严感,管理人员有充分的成就感,那么这所大学就是充满活力的大学,而教师充分的尊严感来自其他主体对他的尊重,所以校长首先要尊重教师,不尊重教师的校长不配做校长。政府也在讲以人为本,政府讲的以人为本必须是人人为本,要让社会上所有的人最大限度地去实现自己的权利。用这样的一种文化作为制度,法国人对世界的贡献非常大。法国有两份文件到现在还影响着整个世界:一份是《人权宣言》,一份是《拿破仑法典》。

1789 年《人权宣言》改写了公民服从国家的历史,国家开始服从公民,国家存在的价值是为了实现公民的权利。我们现在也在奉行这个理念,就是胡锦涛同志讲的权为民所用,情为民所系,利为民所谋,行使公共权力要以实现人的权利为目标。《拿破仑法典》规定了人与人作为平等主体之间的各种关系,由此法国形成了一种文化——权利文化。所谓文化就是人们一种稳定的生活方式,等这种生活方式渗透到了人们的血液中以后,他会在一定条件下不由自主地做出一种反应。在西方有种说法,认为民法才是一个国家真正的宪法,就因为只有民法规定的全部是人的权利。如果人道主义文化可以对应社会的精神文明,那么权利文化则应该对应社会的制度文明,也就是政治文明,要构建社会主义法治国家,就需要用权利文化来滋养我们的制度。在管理一所大学的时候,很重要的一种文化就是权利文化,要使教师和学生最大限度地得到尊重,使他们的权利最大限度地得到满足,我们所制定的规范不要把学生当作管制的对象,而应当作权利的主体。

(二)法治国家应当遵从四个基本制度

第一,国家的一切公共权力都来源于法律,而最终都受制于法律。没有法律依据的公共权力不得设立,更不得行使。英国历史上最伟大的文件是 1215 年的《自由大宪章》,它在世界上至今还存有 4 份原件,其中 3 份在英国,另一份在美国,被放置在华盛顿的宪法纪念馆的正中位置,这表明美国把《自由大宪章》当作了本国法律的渊源。1215 年,约翰国王出兵打仗,不幸兵败而归,贵族们就联合起来拒绝他回国,国王向贵族们妥协,只要让自己回国,提什么条件都可以答应。贵族们提的第一个条件就是要成立一个由贵族组成的评议会,这个评议会就是近代议会的起源。评议会审议国王提出的赋税要求是否合理,认为合理就纳税,否则有权拒绝。第二个条件,国家预算要经过评议会的同意才能执行。国家预算必须经议会审议通过才能执行变成了宪法制度,也是起源于《自由大宪章》。第三个条件,日后出兵打仗也要经过评议会的同意,否则贵族们有权拒绝出兵。兵役制度成为国家的宪治制度也是在这个时候开始的。最重要的是第四项条件,以后国王派出的法官对贵族进行审判时,必须以证据为根据,离开证据不能证明其犯罪,就不受逮捕,也不受定罪和惩罚,这就是人类至今所奉行的程序正义原则。就是这样一些规范被称作《自由大宪章》,国王都同意了,贵族们才让国王回国。《自由大宪章》在人类历史上具有开先河的作用,在它出现之前,国王和法律之间的关系总是法律服从国王;之后,国王才开始服从法律,这是人类历史上用法律束缚王权的第一份文件。法律开始束缚王权了,法治就开始了,法治的过程就是用法律不断束缚王权的过程。所以法治的原理被概括为:法律束缚了公共权力,公共权力都来源于法律而最终受制于法律。当英国王位继承法实施以后,王位的继承也不再是国王说了算,国王的公共权力基本上丧失了,一切权力都在法律之中。要建立法治国家,就要从束缚公共权力开始。要依法治校,学校内公共权力的行使都要有法律依据。大学里面有四种公共权力,一是政治权力,党委在行使;二是行政权力,校长在行使;三是民主权力,教代会在行使;四是学术权力,学校的学位评定委员会和学术委员会在行使。一个大学的管理水平就是看这四种权力之间的关系是不是科学与和谐,是不是都源于法律而最终受制于法律。

第二,公共权力的行使必然附带法律责任。任何公共权力的行使都要附带责任,这个责任最终都要转化为法律上的责任。世界上没有无义务的权利,也没有无权利的义务,不允许只行使权利而不履行义务的主体存在。在大学管理过程中这一点要尤其引以重视,一种公共权力启动了,一定要想方设法找到它所对应的责任;学生在承担某种责任的同时,必然要享有某种权利,这种权利义务关系建立起来了,才是一个法治状态下的学校。

第三,法治国家里面公民的权利受法律保护。法治的真谛是保障人权,这是实体法治和形式法治之间的本质区别。形式法治只是表面上的依法办事、依法行政,实体法治则是依法办事、依法行政,最终保障人权。在法治建设过程中,法国给人们提供了一个经验,就是把人的权利宣告出来。我们国家的《宪法》也宣告了公民的权利,宣告公民的权利意义在于,每宣告公民一项权利,就给国家权力划了一个界限,所以宣告权利不是可有可无的。延安曾发生过一起黄碟案,新婚夫妇在自己家里看三级片,经群众举报,这对夫妻被警察带走进行了拘留,理由是观看黄碟违犯了治安管理条例。这一事件引起了法学界的热烈探讨。事件最终以公安机关向这对夫妻道歉、承认错误而告终。公安机关犯了几个错误呢?一是公民的住宅不受侵犯,警察擅闯民宅;二是公民的私生活不受侵犯,对待公民的私生活,政府应该持中立态度,不介入、不提倡、不评价、不鼓励;三是侵害了公民的一系列自由,其中包括公民的人身自由。我评价这个案子的时候,引用了西方一句谚语,即对待公民的自由领域和权利领域,"风可进,雨可进,国王不可进"。这个例子就是公共权力过度膨胀而带来的对公民权利的侵害,夫妻在家看影碟是他们的私生活,公共权力介入了,就违背了法治的原理。

我们在管理学校过程中,当明确了哪些领域是学生的私领域、自由领域的时候,公共权力原则上是不能介入的。各种秩序不应以公共权力为核心来设置,而应以公民的权利为核心来设置,因此在法治国家里面,公民的权利应该得到充分的尊重和切实的保障,这一标志才是依法治国、治校的根本。

第四,公民义务法定化原则。公民有权拒绝法律规定以外的义务,只履行法律规定的义务,这是法治国家的特征。如果让公民履行法律以外的义务,这个社会就是一个强制性的社会,这个社会肯定不和谐,比如大家常讲的社会"三乱"——乱收费、乱摊派、乱罚款,这些都是强制性的。中国以前还有一个有趣的"袖标"现象,除了戴黑袖标的,戴个其他袖标到街上都可以罚款,袖标的后边其实隐藏着一个公共权力,当被罚人拒绝处罚时还有可能招致暴力。这实际上就是让公民履行法律以外的义务,属变相剥夺群众的财产权,是法治国家所反对的。我到政法大学以后清理所有收费项目,清理前共有 69 项面向学生的收费,清理后仅保留了十余项,凡无法律依据的，一律除消。没有法律依据的收费，就是让学生履行法律以外的义务，就是违背法治的原理。2003 年 6 月，人大常委会结束时，吴邦国同志发表的“关于依法治国，建设社会主义法治国家”的讲话，他指出依法治国首先是依法治官，依法约束公共权力。这也就是法学界所讲的“约束公权，保障私权”。

以上这四个基本制度，前两项是约束公权，后两项是保障私权，所以依法治校是指依法约束学校的公共权力，而不是治学生，更不是治教师，是在约束公共权力的基础上，保障师生员工的合法权益，这才是依法治校。

（三）法治国家应当具备四个技术性条件

首先，法律内部必须保持协调一致，维护法律的统一性。我国在立法上实行两级多层体制，中央一级的立法分为四层，处在最高位置的是《宪法》，由全国人大制定，制定和修改《宪法》都要求全国人大代表的三分之二以上通过才生效；处在第二层的是基本法，也由全国人大制定，但只要求全国人大代表过半数通过就可以实行；处在第三层的是人大常委会制定的一般法律，人大常委会常委人数过半就可以生效；处在第四位的是国务院颁布的行政法规。第二级立法是地方人大常委会制定的地方法规、自治条例、单行条例等。作为法治国家法律体系内的这些法律必须保持协调一致，现在主要的问题是各部门、各单位的规章制度是不是合乎法律？特别是我们在制定大学内部的相关规范时，一定要合法，违背了法律的规范就是无效的规范。学校有能力的话，每年都应修订一次本校的规章制度，以保证校内规范的协调一致，同时保证学校内部的规范合乎法律。

其次，必须有一支精通法律的国家公务员队伍。执法者一定要懂法，最好养成对法律的信仰。我国制定的《公务员法》中，有这样一条，当公务员对待上级的决定和命令认为有违法律时，可以要求上级纠正。就是现在舆论上讲的下级可以对上级说“不”。为什么要说不？如果不说，执行了要承担责任；说不，上级坚持让下级执行，执行的后果由下达命令和做出决定的上级承担，下级可以免责，这是免责条款。但是明显违背法律的不得免除责任。下级公务员明明知道上级的命令和决定违背法律，虽然也说不了,上级还坚持让执行,如果执行了不得免除责任。当时我在向人大法律委员会解释这个立法用意时,作了这样的说明,就是一定要增强公务员的法治观念,公务员的基本义务是服从,但是首要义务是维护法治。大学校部机关的队伍庞大,这一支队伍一定要懂法,要清除学校的各项规章制度,并能够认真遵守、执行。

再次,必须有一个公正的司法系统。司法权是国家非常独特的一项权力,司法权和行政权、立法权有着本质的区别,司法权的首要特征是只能被动行使。大学里面如果设置了与仲裁有关的委员会,这个委员会一定要被动行事,不能主动行事。司法权一旦主动行使,就预示着司法腐败,所谓的送法上门、保驾护航、提前介入等,都属于司法权的滥用。司法权是严格的程序主义的权力,无程序便无司法,这一点和行政权有很大不同,行政领导躺在床上照样下达命令,但是法官一定要在法庭上行使权力,在法庭之外无权行使。另外司法公正的逻辑起点是程序公正,能够保证程序公正一般就可以保证实体公正,而程序公正也是有要求的,比如要给予当事人同等关注,现在有些司法不公正就出现在这一问题上,没有给予当事双方同等关注,法官面向一方当事人满脸堆笑,面对另外一方当事人横眉冷对,就不是同等关注。第三个特征,司法权是中立式的权利,它要中立于两个当事人之间,甚至要中立于国家和当事人之间。法庭上,法官通过代表法律最终代表公正。第四个特征,司法权是只接受监督而不接受命令的权力。弗朗西斯·培根说法官唯一的上司就是法律。法院有高级、中级之分,而法官没有高低之分,法官无上级,在中华人民共和国范围内,最高法院的法官和基层法院的法官所做出的判决具有同等效力。如果对法官下达指挥和命令的话,就会出现矛盾,首先,如果指挥和命令的内容与法律一致,这个指挥和命令一定是多余的,下达指挥和命令的机构是否多余就会引起怀疑;如果指挥和命令的内容与法律的内容不一致,又会产生两大问题:一是如果法官选择了指挥和命令,他获得了一个有利于自己的后果,但同时也预示着他是法律最大的叛徒;如果法官不是选择指挥和命令,而是选择法律,那么一定有一个对他不利的后果产生。所以只能加强对司法权的监督,不能强化对司法权的指挥和命令。第五个特征,司法权是国家终极式的权利,立法可能是非法的,执法可能是非法的,司法必须是合法的,司法是国家法治最后一道防波堤,所以法官是法治的守护神,如果一个国家的司法腐败了,这个国家的法治就荡然无存。第六个特征,司法权是判断式的权利,行政权是执行式的权利,立法权是决定式的权利,司法的本质是判断。按照这几个特征去确立国家司法的改革,才可以保证法治国家的形成。

最后,法治国家里面必须有一个发达的法学教育。只有发达的法学教育才能培养出合格的公务员主体,才能培养出高素质的法律人。

反思法学，推陈出新*

我想在我们2005级的硕士生、博士生走上新的研究生涯之前谈一下我的一些看法，那就是我们现在所处的时代对我们的法学提出了什么样的要求？或者说，我们需要什么样的法学研究？

我们现在所处的时代是一个变革最深刻的时代。1840年以后，中国就处在整体转型当中；1949年以后，中国本质上的变化是最深刻的；但是1978年以后近二十几年来，中国的变化可能是最显现成就的。所以我们现在的时代仍然是一个变革的时代。这个变革的时代，我个人认为是一个整体的转型期。从经济上看，我们经历了26年的快速增长，整个世界的目光都投向了中国，都在关注中国的经济奇迹。26年来，我们创造了两组令世界瞩目的数字：第一组是，2004年中国GDP的总量已经占到了世界的第7位，已经超过了1.6万亿美元。现在美国的GDP总量是11万亿美元，处在第一，日本的GDP总量处在第二，是4.6万亿美元。预计2020年前后，中国的GDP将在世界上位列第二，中国在世界上的影响力将大幅度增加。第二组数字是，我们的人均GDP超过了1000美元，正在向3000美元迈进。26年的经济快速增长，我们付出的代价也是非常惨重的。所以我们要思考，中国经济进一步发展的动力在哪里？中央明确提出，中国现在正处在经济转型时期，我们要走新型工业化道路，要转变经济增长方式。经济的变革是非常深刻的，这26年间，我们基本完成了从过去高度封闭状态下的计划经济向全方位的市场经济的转型。

经济的转型，对法学的要求该是什么？从政治上看，我们的政治体制

---

* 摘自2005年10月12日在中国政法大学2005级研究生开学典礼上的讲话。

也正在发生深刻的变化。1994年第一次提出“依法治国，建设社会主义法治国家”之后，接踵而来的就是“法治政府”概念的提出。另外，大家更熟悉的是关于我们执政方式的转变，依法执政将成为基本执政方式，这就预示着党对国家的管理、对国家的治理将从过去的主要依靠政策转向主要依靠法律。我们未来憧憬的一个新型的国家是法治国家，而法治国家对法制、对法学又提出了什么样的要求？这是我们从事法律研究的人必须给予回答的。此外，我们的社会结构也正在发生变化。计划经济时代，中国有两个创造性发明。这两个发明，现在正面临着解体。第一个发明是中国非常独特的户籍制度，它导致了我们城乡的二元结构，导致了我们工农身份的二元结构，现正逐渐崩溃。第二个发明就是我们的单位人制度。在中国，人是按单位划分的，人对单位的依赖就形成了对国家的依赖。大家可能注意到，今年2月19日，胡锦涛同志有一个非常重要的讲话——既涉及户籍制度也涉及单位制度——明确地判断，中国现在正在把人从单位引向社会，单位人正在变成社会人。这就是我们社会要发生的变化，过去的二元结构要进行整体上的调整。社会结构发生变化对我们的法学又提出了哪些挑战？我们过去的法学是按照二元结构设计出来的，一些法学家很尖锐地提出，我们的法学可能是城市法学，因为我们没有关注更多的人口——中国8亿到9亿农民的法律问题。社会结构的转变给我们的法学提出了新的要求。

大家知道，进入21世纪以后，人类所面临的挑战越来越严峻，全球化是一个趋势，全球化首先表现在信息的全球化上。人类现在的全部信息几乎都可以用计算机表现，所以大家现在通过计算机、通过网络所获得的各种信息是全球性的，一个国家再也不能垄断自己的信息。信息的全球化给法学提出了新的课题。第二个是经济的全球化，特别是中国进入WTO之后。第三个全球化会是什么？人们正在思考，有没有可能出现法律的全球化？如果贸易的规则是统一的话，那么在贸易这方面，它的规则、它的法律已经全球化，现在在其他领域有没有可能展开？我的判断是，我们的整个社会正处在一个最深刻的变革时期，这个变革是全方位的，在这个变革之下，我们法学应该思考更深刻的事情。这就是我们所处的背景。在这个背景之下，我们再反思法学。

目前，我们的法学研究能不能适应这个时代的整体转型、适应这个社会对我们提出的要求？就是我们自身需要回答的问题。大家可以逐一比较一下我们现在所拥有的法学资源，同学们可能已经注意到了，近期法学界正在讨论“中国法学向何处去”，我们要选择一个正确的方向，要走正确的道路，科学的道路。在分析过程当中，我把目前中国的法学分成四类：一类是主张用本土资源构建我们法治国家；另一类就是对西方法学由衷地热爱，这被称做权利法学或者传统的古典法学，是以西方的意见作为主要材料；第三类被人们叫做法条主义法学，但这个划分未必科学，它把我们所有的部门法都归到了法条当中；第四类就是以文化为构建方式的文化法学。

这四类法学里，北京大学的朱苏力教授是最早提出要用本土资源来构建法学的人。我们的本土资源能不能建设一个社会主义法治国家呢？大家可以进行研究。中华法在本质上是适应专制制度而设计出来的，也就是说，中华法是为专制服务的，这是它的本质上的特征。中华法的规范性特征就是以义务作为自己的表现方式，从中华法里面，很难找到权利条款。我们援引中国古代的权利必须根据义务来推定才能寻找到。在法律的实施上，它的特征就更加明显了，它一定是为行政服务的，法律始终被放在工具化的层面上。从中央到地方，立法、司法、执法，这三权都是集于一身的，司法没有充分的独立性。用中国的这种本土资源来构建我们的社会主义法治国家，我们能够汲取多少养料？但是中华法系里有值得我们中华民族感到骄傲的地方，比如说中华法的内容正在解释成一个和谐的秩序，和谐观是我们中华法的特点；又比如说在中国古代特别讲究执法者的职业素质，我们到现在还颂扬不止的清官，就是我们追求的一种理想状态。包拯这一生留下的诗作并不多，他对我们法学界有影响的两句叫做“清心为治本，直道是身谋”，这两句话应该是我们古代清官最高境界的概括。这种对职业的追求，这种对司法职业伦理的高尚追求，应该成为我们借鉴的地方。中华法系有许多我们今天可以拿来使用的材料，但是中华法系能否更接近我们未来的社会主义法治国家,需要我们研究,中华法需要发扬光大。

第二个材料就是西方法学。西方法学——无论是古典的自然法学,还是社会法学,还是规范法学,以这三大流派为代表的法学回答不了社会主义的本质问题,回答不了我们人民民主专政的国家制度所要求的法的本质问题。用西方法学的技术性资料做支撑、做构件是可取的,但是它回答不了最本体的问题。20 世纪 30 年代,中国就有个争论,关于中国文化的两个本位的争论。有人主张必须用中国文化为本,就是中学为体,西学为用。另一派就是全盘西化,全盘西化在 1930 年就由胡适提出来了,中国文化的本位之争一直持续到现在。我们现在的结论非常清楚,西方法学的一些理论成果可以被我们所借鉴,这就像列宁所讲的,什么是真正的马克思主义者?只有把人类的一切先进知识和文明拿来武装自己的人,才是彻底的马克思主义者,所以我们不拒绝西方法学的材料和法学的知识,但是它无法构建社会主义法治国家。

第三类材料是古典的马克思主义法学。古典的马克思主义法学能不能回答中国今天的问题?我们现在也正在思考。马克思、恩格斯在 150 年前所做的那些判断能不能拿来为我们今天所用?比如说,在《共产党宣言》里面这一段话,所有学法的人都耳熟能详,就是"你们的法不过是被奉为法律的你们这个阶级的意识,而这种意识的内容,是由你们这个阶级所处的物质生活条件所决定的"。马克思、恩格斯所说的"你们这个阶级"指的是资产阶级,资产阶级法反映的就是资产阶级的意志。他的这个判断到列宁那儿就发生了变化。列宁讲什么是苏维埃的最高原则?苏维埃的最高原则就是巩固工农联盟,就不是一个阶级,而是两个阶级,所以苏维埃的法律要表达工农两个阶级的意志。列宁的这个判断在毛泽东这儿又被修改了,不是要表达工人阶级一个阶级的意志,也不是要表达工农两个阶级的意志,而是要反映人民的意志,人民就超越了工农这两个范围。所以马克思主义是不断被丰富和发展的。古典的马克思主义的原始判断不能解决中国在面向未来要构建社会主义法治国家的问题。所以我的结论是,马克思主义法学也需要发展。

我们对待马克思主义法学有三个态度:第一个态度,对于马克思主义经典作家所做的判断和他们的立场、观点、方法,我们更应该关注后者,我们要用马克思主义的立场、观点和方法来分析我们的法律问题。第二个态度,马克思主义已经被中国化了,马克思主义经典作家的判断,对于国外的马克思主义和已经中国化了的马克思主义,我们应该更多地关注后者,我们要用中国化的马克思主义来指导我们的法学研究。第三个态度,马克思主义中国化以后也是要发展的,发展中的马克思主义、运动中的马克思主义和已经中国化的马克思主义,这两者比较起来,我们更应该关注发展中的、运动中的马克思主义。所以用马克思主义的立场、观点和方法,用中国化的马克思主义,用发展当中的马克思主义才能构建我们未来的社会主义法治国家。这就是我们面临的三大材料背景。

在中国政法大学,大家从事法学研究,要解决哪些问题呢?在未来三年里,大家无论是博士阶段还是硕士阶段,都必须用创新式的研究,必须用构建式的研究,必须最终关注中国的问题,解决中国的问题。换言之,创新式的法学研究、建设式的法学研究和解决中国问题的法学研究才是我们所需要的。那么,哪些东西需要创新?首先,对法的观点,我们应该创新。我们现在正面临许多需要回答的问题,科学发展观的本质是以人为本,以人为本在法学上应该怎样回答?以人为本当中的"人"是指的所有的人,一切的人还是一部分人?这个是法律应该要关注的。以人为本,以人的什么为本?又是法律必须给予回答的。以人为本应该是以人的需要为本,以人的权利为本,以人的全面的自由发展为本。人的需要转化为权利,才能促使人全面地自由地发展,这就是法学家的眼光。

创新式的研究最终表现为什么呢?这会因学科领域的不同而各有所长,自然科学最高水平的创新是创新一种知识,工程技术类学科最高水平的创新是创新一种方法。今天是一个特殊的日子,我们中国人又要上天了,我们要用最先进的方法把我们的人送到最高的位置上去,这是什么?这是方法。那么人文社会科学最高水平的创新是什么?是创新一种理论或者一种思想。中国现在最需要的就是能够适应我们需要的新的法学理论和法学思想。

法学家有好几类:有一类法学家可以归入技术类的法学家,他在概念、程序、方法上研究得非常精到;另一类是思想性的法学家,经常做出一些令大众为之一振的判断,他的思想引领潮流;还有一类就是能够把思想和技术结合在一起的法学家,这样的人在中国是比较少的。我希望我们的法学教育和法学研究能够产生后两类法学家,希望大家能够创新思想、创新理论。当然,对我们的法学研究工作者来讲,还有一个责任,就是要培养职业的法律家,培养法律人。法律职业家在创新上的表现应该是创新一种制度。制度性创新,是我们法学的使命。但是最后,所有的创新都要归结为一种文化,即要创新我们的法律文化。文化是一种稳定的生活方式,当法治不只是一个概念,还是一种生活,一种文化的时候,我们的法学研究才可以说已经达到了先进的水平。所以,中国政法大学所需要的法学研究是创新性的法学研究,是建设性的法学研究,是能够满足中国社会主义法治国家建设需要的法学研究。在接下来的三年里,我希望同学们能够和导师紧密结合在一起,参与到他们的课题当中,在以上三个方面,作出自己的贡献。

博雅　全人　通识　素质*

我们一天半的会议取得了圆满成功。我相信参加会议的每一个人都会有收获，至少在思路上会有所开拓。四年前我们在这里召开了教学改革会议，我们有必要回顾一下四年前的状况。四年前的会议，我认为至少是解决了三个问题。第一个问题就是我们要回归到中国高等教育的主流理念当中去。今天参加会议的半数以上参加了上次的会议，当时我讲了中国高等教育的八大主流意识。四年过去了，这八大主流意识没有过时——第一个主流意识，高等教育的使命，或者叫根本使命就在于培养人。那时我们第一次提出，中国政法大学到底培养什么样的人？记得那次会上我们进行了讨论。第二个主流意识，教学、科研始终是高等学校的中心工作，在任何时候都不会发生变化。第三个主流意识，重视质量。中国政法大学这四年在本科教学上，我们的招生数量一个都没有扩大，四年我们一直是稳定规模，四年中我们做了什么呢？就是坚持“提高教育教学质量始终是高等学校永恒的主题”的主流意识，因为质量的提高是没有止境的。第四个主流意识，就是学术追求是一个大学的灵魂所在。这个主流意识影响到我们学校的战略选择。我们的各位老师、领导都知道这几年学校发展有四大战略，我们也得益于这四大战略，第一个战略就是学术立校，第二个战略是特色兴校，第三个战略是人才强校，第四个战略是依法治校。四大战略中，我们把“学术立校”放在首位，就是基于这个高等教育的主流意识。学术追求是一个大学的灵魂所在，没有学术就是一个没有灵魂的大学。第五个主流意识，学科建设始终是一个学校的龙头工作。所以这四年我们重点抓学

---

* 2006 年 1 月 8 日在中国政法大学组织召开的“大学本科教学改革研讨会”上的讲话。

科，记得那次我把学科和专业作了区分，专业建设就是我们的本科教学，学科建设指的是研究生教学，专业和学科是有所区别的。抓学科建设——当然学科是建立在专业的基础上的，这是个主流意识，龙头工作。第六个主流意识，就是师资队伍建设始终是大学的主体工程。一个大学可以有一百个工程，甚至更多的工程，所有的工程相比较，主体工程始终是师资队伍建设，有一流的师资才有一流的大学。第七个主流意识，就是改革是一个大学发展的动力。我们这四年的实践已经证明，中国政法大学实现了跨越式的发展。我们能够跨越式地发展，动力来自哪里？改革，我们四年进行了 11 项重大改革。最后一个主流意识，就是服务是一个大学管理的价值所在。管理者的使命在哪里？就在于提供三种服务，管理者的第一责任是向教学、科研这两个中心工作提供服务，管理者的第二责任是向教师提供服务，管理者的第三责任是向学生提供服务。四年下来，我们的行政管理系统为这三个主体提供服务的意识基本明确了。所以四年前我们会议的第一项工作就是回归到中国高等教育的主流意识当中来。四年过去了，这八个主流意识没有过时，还是高等教育的主流意识。

解决的第二个问题是更新我们的办学理念。在办学理念上，这四年中我们就坚持这两句话，一句叫“以教师为本位”，一句叫“以学生为主体”。现在四年过去了，这个理念过没过时呢？——没有。2002 年教育部主办第一次“世界大学校长论坛”，我在这个论坛上就讲了我们这个理念。什么叫做“以教师为本位”？就是在办学上要依赖于教师。大学里有多种主体，有党政干部主体，有后勤主体，有教辅主体。在这四大主体里，要发挥教师的作用，依靠教师来办学，其他主体都是向办学提供保障和条件的，这就叫“以教师为本位”。此外，在教育教学关系上“以学生为主体”，以学生为主体就预示着学生要从客体的地位上解放出来，要恢复学生的主体地位。过去我们把学生当做客体，我曾经打过一个比方，就是高等教育变成了一个冶炼的过程，在“冶炼”的过程中学生被客体化了。所以我们要把“冶炼”的过程改变为生物生长的过程，不要把学生当作矿物，而要把学生当作生物。所以高等教育是一个生态系统，学生进到这个系统当中应该自由自在地成长，恢复他的主体地位。所以这四年我们是按照“以教师为本位，以学生为主体”这个理念来办学的。

我们上次会议解决的第三个问题，就是我们的办学目标问题。中国政法大学到底要办成一所什么样的学校？我们要用 20 年左右的时间，把中国政法大学办成多科性、研究型、开放性、特色性（就是特色鲜明的）世界知名高水平大学。“特色性”为什么放在最后呢？放在最后就预示着我们最终都要转化为一个“特色性”的大学。前面几“性”都是为我们的“特色性”服务的。“特色性”最终都表现为质量，没有特色的大学肯定不是高水平大学。说一个大学有特色，那么一定在这个方面，它的质量是信得过的。

我们这次会议要进一步更新观念，要进一步加大教学改革的力度。当然最终还是要回到我们的教育教学质量上来。以上就是我要讲的第一点，作一个简单的回顾，回顾我们的办学意识、办学理念和办学目标等方面的变化。

第二点，四年以后我们现在面临哪些新的问题？这些所谓新的问题，要回到一个最大的背景上来。这个最大的背景实际上是中国高等教育面临的世界性挑战。素质教育最初并不是指向高等教育，中小学基础教育谈素质教育比高等教育要早得多。1999 年中央所做的决定，谈全面素质教育的时候，其中已经包括了高等教育，这个背景已经发生变化了。变化在哪里呢？变化就在于过去是以教学者为中心的高等教育，现在已经转向了以学生为中心，我们要以学生为中心重新安排我们的教学工作，要以满足学生的需要作为一个大学安排教育教学活动的出发点。现在高等教育的逻辑起点已经发生了变化，这是一个大的变化。第二个变化，就是国际背景之下学生的就业状态已经发生了变化，是竞争式的就业而不再是安排式的就业。在学生素质的培养中我们提出了要培养具有“国际国内优势竞争力”的学生，没有优势的竞争力，在国内我们就会被淘汰，更无从谈起参与国际竞争，这是一个最大的背景。第三个背景，昨天杨志坚司长也谈到了，中国高等教育的跨越式发展，这是我们这几年高等教育的最大的成就，对国家一个最大的贡献。上个世纪，记得我在一次讲座里打过这样一个比方，就是说，面向21世纪中国人要和美国人进行竞争，美国派了100个人，其中50个是大学毕业生，中国也派100个人，其中只有7个人是大学毕业生。你能说21世纪是中国人的世纪吗？——不是。现在我们高等教育是跨越式的发展，美国还是100个人当中有五十几个大学毕业，我们现在多少个了呢？去年统计是19个，这就是跨越式发展。今年肯定要超过20个，今后中国高等教育还要继续发展。这就是说高等教育已经从精英教育进入到大众化阶段，这就是我们面临的新的背景。法学教育也同样。在80年代初期，全国的法学教育单位只有十几个，1977年恢复高等教育，法学教育只有两个单位，北京大学和吉林大学，到1978年就变成了四家，有人民大学和西南政法大学，到1979年，我们中国政法大学就加入了，开始恢复招生。进入80年代以后，中国高等教育可以说是飞速发展。现在我们官方公布的数字是400所左右政法院校，但实际上有可能达到500所左右。因为有些有文法学院的学校没有统计在内，还有些民办大学，各省过去的政法管理干部学院、警察学院等都没有包括在内。所以全国法学教育的单位大概达到500所左右。高等教育中的法学教育实际上也进入了大众化阶段，即法学教育由过去的精英教育已经转入大众化阶段。这就是我们现在面临的背景——国际的背景、大众化教育的背景，以及中国高等法学教育的繁荣局面，即从精英教育转向大众化教育的背景，这三个背景是我们必须面对的。

中国政法大学培养的学生和其他单位竞争，当然不仅仅竞争的是法学，我们多科性的办学目标基本实现，其他学科培养的学生在和兄弟院校培养的学生竞争时，有没有竞争力？这就是我们第一个要思考的。我们要回到高等教育的原点上来，要从学生出发来思考所有问题。这就是我们要深化教学改革、更新大家理念的一个重要原因。这是我讲的第二点。

第三点，这两天我们一直在通识教育上徘徊，观念一直在激荡、碰撞。其实通识教育的历史和世界高等教育的历史是一样长的。杨东平编了一本书叫《大学精神》，这本书把素质教育、博雅教育、全人教育讲得非常清楚。

大家都知道,世界第一所大学叫博洛尼亚大学。博洛尼亚大学最初设立三个学科,第一个学科是法学,第二个学科是医学,第三个学科是神学。为什么最初一定要设这三个学科,而不是其他?第一个学科为的是解决人在利益上的痛苦,这就是法学的使命;第二个学科要解决人在身体上的痛苦,这就是医学;第三个学科,要解决人在心灵和精神上的痛苦,这就是神学。这三个学科都是为了解决人的问题而创设的,而为了解决人的问题就是人道主义的起源。在中世纪的早期,谈人文主义的时候,科学主义还没有产生,人文主义实际上是包含自然科学的。到中世纪中后期,特别是物理学产生后,就是瓦特发明蒸汽机以后,科学主义才出现,所以人文和科学两分并不是一开始就完成的。亚里士多德《论教育》讲最初教育的七大项,七大项中有人文、社科、自然科学,还包括音乐、美术。2500年前孔子讲的六艺中,数、御、射(射箭),这三项都不是指人文、社科。“七术”、“六艺”都是无所不包的,所以博雅教育的历史实际上和人类教育的历史是一样长的。

什么是博雅教育?有人下了一个最通俗的定义,就是什么都知道一点,在某一个问题上知道得多一点,这就叫“博雅”。我们要把所有的学生都培养成百科全书式的人物是不可能的。但“博雅”是一种理念,这种理念体现在目前的高等教育,就是大学要尽可能综合一些,这就是现代高等教育的理念,这就是基于博雅教育。博雅教育是针对单一教育而言的,这是一组概念。大家知道,博雅教育还被称做全人教育,台湾的辅仁大学的校训就是“全人教育”。“全人教育”是相对什么而言的?是相对“半人教育”而言的。一个大学如果只进行工科,或者理科的教育,叫半人教育;一个大学如果只进行文科教育,也叫半人教育。全人教育是主张把科学主义和人文主义结合在一起,就是人文精神的培养和科学理性的培养冶于一炉,这才叫全人教育。这是第二个概念。

第三个概念就是通识教育,通识教育是相对于专业教育而言的。通识教育和专业教育有矛盾的地方,但是能够找到统一的路径。哈佛大学是这样做的:前两学年进行的就是通识教育,不分专业,学生进校以后进行的全部都是通识教育。通过两年的学习慢慢培养出学生对专业的兴趣，你喜欢学什么专业，在进入第三年的时候你才到专业的学院里去学习。日本的高等教育，日本国立大学的高等教育，每一个大学都有一个“教养部”，教养部的任务是什么？就是培养通识，学生前两年都在教养部里教养，教养结束后第三年进入到各个学院里去。这就是把通识教育和专业教育结合起来的一种方法，这在一个大学里是能够完成的。

第四个概念就是素质教育。素质教育是针对什么而言的呢？素质教育是相对于应试教育而言的。我们现在谈的这四个教育都有其对应性。

中国政法大学如果要进行通识教育和素质教育的话，这四大内涵就是我们要努力的。在我们的学生身上具有的第一个素质，是政治思想素质。第二个素质，是业务素质或者叫专业素质。法学有法学的要求，文学有文学的要求，新闻有新闻的要求，管理有管理的要求。第三个素质，是人文素质。第四个素质是身心素质，身体和心理的素质，体魄要健康，心理要健康。现在高等教育讲素质教育，就是要把学生培养出这四大要素来。

现在我们就要思考素质到底是什么？就我理解，素质教育应该是一种能力教育。素质是什么？素质是人的内在的、稳定的能力。素质绝不是装出来的，穿一身笔挺的西装，他的灵魂可能是肮脏的；说一些很高雅的话，但一转身随地就一口痰，那肯定是没有素质的。素质是人内在的东西，而这个内在的东西是稳定的，其表现是他的能力。素质教育不仅仅是知识教育，更重要的是一种能力教育。结合我们学校的情况，昨天石书记说了有几“条”，其中一“条”就是发条。发条的特点是什么？越来越松，到最后，弹直了，没有能力了。我们也进行过一定的调查，我们的学生一开始适应社会比较快，北大的学生适应社会比较慢，但是北大的学生和我们的学生在同一个单位进行竞争，开始的时候我们的学生可能占上风，慢慢地会发现最终的胜利者却多是北大的学生。我们的学生像发条，劲越来越小，最后拉直了，而北大学生的后劲越来越足。所以能力是稳定的，能力是内在的，我们要培养的学生应该是具有能力的，而不是仅仅一开始表现出一点知识。素质教育的本质是一种能力教育。我们现在共有 17 个专业，每一个专业的学生,培养什么样的能力,分解开来就是这四个基本素质。我们回顾素质教育的历史,结合我们今天的实际情况来谈可能更有意义。这就是我要谈的第三点。

最后一点,我们大家都应该思考,中国政法大学到底培养什么样的人?前面的三个问题都要落到最后这个问题上。我们到底培养什么样的人?不同的专业可能有不同的表述,但作为学校,应该有一个概括性的表述。多科性的目标确定之前,我们学校的表述就是专业的表述——中国政法大学就是要培养法律职业人——高素质的法律专业人才。现在我们有17个专业,把这17个专业培养的人才用一句话概括出来,大家都应思考,中国政法大学到底培养什么样的人?不同的大学肯定培养不同的人,北大和清华两者之间的差异就非常大。交给北大毕业生一项任务,这个学生拿到任务以后第一感觉是,为什么要这样做?他要问下达任务的人为什么要这样?这是北大。清华学生拿到任务以后第一反应是什么时候完成?他立刻开始寻找方法。而法大人应该是怎样的?法大人绝不可以拿到以后问你给我多少钱?

每一个大学都有自己的特色,每一个大学都是一个独特的发酵池,每一个大学都有自己独特的酵母。学生进入这个氛围以后,如果接受了这个酵母,被这个酵母所熏染了,他一辈子都带有这个学校的味儿,这就是我们寻找校友的根据。所以中国政法大学到底培养什么样的人?到底应该具有什么样的酵母?这就是我们今天要落脚的。今天这个会不可能解决全部问题,教务处会集中大家的意见。我们把17个专业共性的东西抽出来,最后形成我们的一种表述,“具有国际国内优势竞争力”,这是我们要追求的,“具有鲜明的中国政法大学特色”,也是我们要追求的。大家看到了,今天的文件里,我们希望能够培养复合型的人才。不同专业有不同专业的问题,我不说其他专业,就以我们的法学为例,法学现在就处在十字路口上。中国政法大学是中国法学教育的最高学府,我们应该率先迈出中国法学教育改革这一步。

法学现在处在哪个十字路口呢?我讲法学教育现在有四个基础矛盾,

所有的法律院校都面临着这四个基础矛盾。第一个基础矛盾就是法学教育的低起点与法律人才高素质的要求之间的矛盾。四年能不能培养出合格的法官、检察官和律师来？美国的法学高等教育是非常典型的精英教育，法学教育的起点高，不是以高中毕业为起点，而是以一个学位以上为起点，所以读 JD 的人中不乏有博士学位获得者。现在日本的法学教育改革在模仿美国的这个模式，法学教育的大学院只有研究生，研究生由三部分人构成，一部分是法学本科的，另一部分是法学以外的其他学科的，第三部分就是已经在社会上从事一定的职业的人。日本现在法学教育的起点已经提升上来了。韩国也在进行这方面的改革。所以我们现在面临的第一个矛盾是法学教育的低起点与法律人才高素质要求之间的矛盾。

第二个矛盾就是今天大家反复谈到的，专业教育和通识教育之间的矛盾。法学教育到底是通识教育还是专业教育？有没有办法把这两者统一起来？大家知道通识教育有两大使命，第一大使命是教会学生学习，知识的教育是次要的，方法的教育是最重要的。一个学生毕业后，离开学校后还会不会继续学习，这就是通识教育成功与否的标志。如果他还能够继续学习，那说明你的通识教育就是成功的；如果他出校门后不会再学习了，那说明你的通识教育就失败了——机关里闲暇的时候坐下来就打牌的，我断定里边很少有北大出身的。坐下以后就看书的，可能就是这些名校出来的。教会学生学习是通识教育的最重要的使命。方法教育是通识教育的核心部分。而通识教育的第二个意义是教会学生做人。教会学习、教会做人是通识教育的使命。但是专业教育就不是这样，专业教育更多的是知识性的教育。法学教育到底是通识教育还是专业教育？这两者能不能结合？这是第二个矛盾。

第三个矛盾，法学教育到底是大众教育还是精英教育？是不是所有的人都可以学法学，是不是所有的大学都可以设法学院？这就是国家宏观管理上对法学教育的认识问题。如果把法学教育就当作大众教育的话，当然任何大学都可以设法学院。但是如果法律这个职业是精英职业，就像医生职业一样，那么法学教育也应该像医学教育一样是典型的精英教育——医学的四年教育已经没有了,五年教育也在逐步减少,将来可能也会取消,现在基本上以六年、七年、八年的教育为主体。法学教育开始是被认为是精英教育,只不过在中国现在被大众化了。所以法学教育到底是精英教育还是大众教育?这也是一个矛盾。

第四个矛盾是什么?第四个矛盾是人文和科学的关系。法学教育到底是人文教育还是科学教育?或者二者兼而有之?在招生的时候,在专业划分的时候,在学科划分的时候,我们被划到文科类里。一个法律人,一个法官,他身上如果没有人文情怀,他就不知道怎样对待他的当事人,他就不知道怎样尊重当事人,他就不会尊重人;在他身上如果没有科学的素养,他就不知道怎样对待证据。因为证据的判断是一个科学的过程,证据应该是真实的。理想化的法律人,他身上应该是人文的情怀和科学的理性同时具备。因为法律人至少要面对这两个东西:一个是主体,一个是证据——当事人和证据。法学教育最好是人文教育和科学教育相结合。在我们的法科学生的身上,如果一点科学的素养都没有,我相信他绝不会是一个好的法官。

现在法学教育还有两个根本性的缺陷,是全国法学教育都面临的。第一个根本性的缺陷是,我们所给予法科学生的伦理性训练几乎是零。谈到司法腐败,应由谁来负责任呢?法学教育应该承担很大的部分。在我们培养的这些法律人身上,缺乏司法伦理的素养。而司法伦理不是教出来的,司法伦理是训练出来的。第二个根本性的缺陷,就是我们的学生缺乏职业技巧的训练。我们教授的更多是司法的法条和法律的原理,在四年中可操作性的训练占有的比例是很低的。这就是法学教育现在面临的困境。

我们的政治学教育面临着什么问题?管理学教育、哲学教育……其实每一个学科可能都面临着一些值得思考的问题。中国政法大学到底培养什么样的人?这是全校都应该关心的,这也是我们所有教育教学理念中的核心问题,也是我们教育教学改革的逻辑起点问题。今天的会议不可能把这一个最根本性的问题解决,但是我希望我们参加会议的每一位老师,以及没有参加会议的其他老师,都对这些根本性的问题做出思考。

依法治校理念决定依法治校水平*

依法治校是根据“依法治国”的战略提出来的，已经成为高等学校管理的基本原则和重要理念。中国政法大学作为一所以法学学科为主的多科性大学，对于促进教育事业纳入法治化、规范化的轨道具有责无旁贷、以身示范的责任。自2001年新一届校领导班子上任以来，学校党委明确提出要把中国政法大学建设成依法治校的典范，在工作中把依法治校作为一项重要内容。

一、把握科学内涵，将依法治校作为大学重要的办学理念

（一）深刻领会依法治校的科学内涵

依法治校是依法治国方略的一个重要组成部分，是为贯彻落实法治国家原则，实现高校管理的法治化目标，以法律方式规范高校管理的过程。具体包括了国家对高校实施管理的法治化和高校自我管理的法治化这两个层面的内容：在外部关系上，学校与政府、学校与社会是在法律的框架下“依法自主办学、独立责任、服务社会”的关系；在内部关系上，主要表现为学校作为管理、服务者与学校中接受管理与服务的教师、学生以及教师与学生之间在学校章程规范下的权利与义务关系，这种关系的落脚点整体地体现在学校的办学理念、制度设计和管理水平上。

依法治校的实质就是要建设一个法治化的校园，这也是依法治校的根

---

* 原载《中国高等教育》2006年第5期。

本目的所在。一个法治的校园应当奉行几个观念或者说精神。第一,法治化校园状态下的“法”一定是善法、良法。这不仅包括与大学有关的法律、法规也包括大学本身制定的规则。善法是实质法治的前提,这也意味着我们所追求的不是形式的法治而是实质的法治。第二,在法治校园状态下,法律、法规以及大学自身制定的规则都应具有至高无上的地位。只有如此,所有围绕大学的主体才会真正尊重法律。第三,在法治的校园里应当奉行法的统治的观念。也就是说要根据教育规律、国家的教育法律、法规以及大学自身制定的规则管理学校。第四,法治的校园应当以权利文化为基础。大学本身要有权利意识。大学作为权利主体,对外要维护自身的合法权益,对内要维护学生及全体教职员工的权益,特别是不能把教师和学生当成管理的对象,因为他们都是权利的主体。

我们认为,一个法治的校园应当遵从几个基本制度。首先,大学里的一切公共权力都来源于法律,而最终都受制于法律。要依法治校,学校内的公共权力的行使都要有法律依据。大学里面有党委在行使的政治权力,校长在行使的行政权力,教代会在行使的民主权力以及学位评定委员会和学术委员会在行使的学术权力等四种公共权。一个大学的管理水平就是看这四种权力之间的关系是否科学与和谐,是否都源于法律而最终受制于法律。其次,公共权力的行使必然附带法律责任。任何公共权力的行使都要附带责任,这个责任最终都要转化为法律责任。在大学的管理过程中特别要注意,一种公共权力的启动必须要有与其对应的责任;学生在承担某种责任的同时,必然要享有某种权利,这种权利义务关系的建立,才标志着一个学校进入法治状态。最后,在法治的校园里学生的权利要受到法律的保护。法治的真谛是保障人权,这是形式法治与实质法治的本质区别。在一所法治的校园里,教师和学生的权利应该得到充分的尊重和保障,这也是依法治校的根本目的。

(二)确立依法治校的办学理念

在明确了依法治校的科学内涵和调整的实质关系以后,在形成了统一的思想认识基础上,我们确立了依法治校作为学校发展的战略选择之一,

作为学校今后坚定不移的发展重点和重要的办学理念。具体体现为:

第一,在国家规定的法律框架内,按照法律赋予的办学自主权,最大限度地实现大学自主管理的法治化。根据《高等教育法》等有关法律法规,学校积极尝试以"立法"的方式确立学校的"宪法性"文件,并在该文件的框架内,调整学校内部各种关系,以符合法治原则和学校自身特色及发展规律的方式对涉及学校管理的各个环节和方面做出规范。同时,不断梳理和修订学校各项规章制度,通过许可、处罚、奖励、建议和指导等行为方式,实现学校在机构设置、人员聘用、招生和学籍、经费和设施使用、教学和科研服务等方面的自主管理,探索建立和完善符合现代大学管理要求和教育发展规律的现代大学制度,最大限度地实现学校自主管理的法治化。

第二,构建完善的"党委领导、校长负责、教授治学、民主监督、依法治校"的工作体系。通过构建完善的"党委领导、校长负责、教授治学、民主监督、依法治校"的工作体系,实现校内公共管理权力的制约与平衡,最大限度地保障高校自主办学和学术自由,推动学校整体快速发展。以法律方式实现高校自主管理方式的法治化转型,即以弘扬法治精神的公正、公开、民主的合意行为方式和正当法律程序取代传统的封闭、人治的命令行为方式,做到形式合法性与实质正当性的统一,做到依法治国的一般要求与高校自身特色的统一。

第三,在制度设计和实施上,强调"以教师为本位,以学生为主体"的办学理念。一切制度设计均以保护教师、学生权益为根本出发点,在制度实施上,体现依法治校与人文关怀的统一,构建以人为本的和谐校园,充分保障教师和学生的合法权益。

二、建立依法治校的实践机制

2004 年以来学校通过对"依法治校"内涵、理念、指导思想的调整和充实,形成了一套具有本校特色、符合学校发展实际和高等教育发展规律的依法治校工作思路、工作目标和理论体系。

（一）加强领导、明确目标、完善机制，全面推进依法治校工作

学校按照“依法治国”与现代高等教育的发展要求，进一步转变办学思路，明确办学理念，发挥法律在学校管理活动中的基本规范作用，在管理中体现法治精神，充分利用学校法学教育的资源优势，积极探索和发展切实有效的依法治校工作机制，构建和完善现代学校管理制度。

建立依法治校的领导体制和工作机制。2003 年，学校成立了依法治校工作领导小组，全面负责学校依法治校工作。其职责主要是：加强法制教育，提高师生的法律素质；加强制度建设，建立依法决策、自我管理、自主办学的工作机制，依法加强管理；推进民主建设，完善民主监督，全面落实校务公开制度；严格教师管理、完善学校保护机制，建立完善的权益救济渠道，依法保障教师和学生的合法权益；保证国家教育方针的贯彻落实，实现教育的公平，保证学校正确的办学方向。

加强依法治校制度建设，形成长效机制。研究制定学校章程，积极探索构建现代大学制度。学校章程是规范和指导学校建设与发展的纲领性文件，也是构建现代学校制度的前提和基础。根据《高等教育法》和其他有关法律、法规的规定和要求，学校按照法定程序着手研究制定学校章程，进一步以成文的形式将学校的办学性质、办学宗旨、发展目标、培养目标、学校内部管理体制及运行机制、校内申诉与调解、学校决策程序等重大问题做出全面规范，明确学校相关主体的权利与义务，合理划分学校内部机构权限与职责，做到相互配合，权责统一，依法办事。同时，对学校的各项管理制度进行制定、修订和完善，及时修改或废止与法律、法规不一致的或已失效、已与学校发展不相符的有关管理制度与规定，并在逐步完善管理和运行机制的基础上，不断调整机构设置，使之逐步形成结构合理、配置优化、人员精简、运转高效的机构布局。

设立法律事务工作机构，建立法律专家咨询团队。为进一步推进依法治校工作，学校成立了法律事务办公室，代表学校处理对外涉及法律事务方面的工作，履行依法治校领导小组办公室的职能，负责指导学校各部门相关规定的制定及实施工作。根据学校要求和职能定位，法律事务室作为

学校依法治校工作的重要主体已积极参与到学校管理的各个方面,成为学校依法规范管理的一个不可或缺的重要环节。承担了对学校重大决策咨询、重大活动商询、各项制度出台审查等管理职责。为配合依法治校工作,充分发挥学校学科和专业优势,积极探索依法治校工作新举措,我校在成立法律事务室的基础上,又成立具有依法决策咨询性质的法律专家咨询委员会,为依法治校工作的开展提供强大的助力。

(二)在依法治校过程中创造自身的特色

不同的学校所开展的依法治校的工作一定是不同的。与其说是特色,不如说是大学根据自身特点和能力所开展的符合自身的特点的依法治校的工作。

完善教代会、工会制度,强化民主监督职能。通过进一步深化教代会制度改革,积极推进学校民主决策、民主管理、民主监督、民主维权建设。在努力维护广大教职员工的根本利益和合法权益的同时,围绕学校的中心工作,团结、动员、引导广大教职员工积极、自主地投身到学校的改革与建设中来。教代会代表有对学校行政决策程序、内容依法监督的权利、发表意见的权利、对决策程序及事项评议的权利,充分体现了学校以教师为本位的办学理念,教师的主人翁的地位和民主权益得到有效维护和保障的同时,学校的管理水平也得到很大提高。

加强校务公开制度建设。按照推行"政务公开、校务公开"的要求,学校制定了相关规章制度,并为教职工参与学校管理开辟了多条途径。校务公开制度化主要涉及六个方面的内容:政务公开、财务公开、人事公开、党务公开、学生教育管理公开、项目资产公开。定期召开学校工作情况通报会。这是民主办学的要求,是加强廉政建设、实现决策民主化、科学化,尊重教职工对学校工作的知情权、发表意见权和参与决策权的重要方式。

维护教师权益。教师团队建设作为学校的主体工程,在学校的教学、科研、管理、服务等各项工作活动中必须切实保障教师的合法权益,最大限度地维护教师的切身利益。建立完善的教师权益保障制度,确保教师各项正当权益均有法可依,有章可循;严格从程序上保障教职工切身利益;建立健全申诉制度，维护教职工各项权益。

维护学生权益。学校建立了系统、完善，独具特色的学生管理制度，如《中国政法大学学生听证及申诉规则》、《中国政法大学学生管理预警制度》、班级心理健康委员制度等。2005 年上半年，教育部发布了《普通高等学校学生管理规定》。我们按照新规定的精神和教育部的要求，对学生管理的有关规章制度重新进行了修订。为了保护学位申请人的正当权益，保障和督促学位授予机构正确履行职责，建立了学位授予复议制度。

建立各项申诉制度。“无救济则无权利”是权利保障的根本原则，因此我们一直以来希望通过建立各项申诉制度来不断完善对教职工权益的救济途径。这些申诉制度都具有自身的特色，在维护教职工权益中发挥了积极的作用。学校非常重视涉及教职工利益各项工作的程序完备和合法性问题。凡涉及教职工个人人事信息包括职称职务聘任、考核、工资福利待遇、奖惩等的决定都会通过书面形式送达本人。涉及重大人事信息变动的均实行了公示制度，确保了教职工利益方面的知情权、监督权和及时申诉的权利。学校劳动人事争议调解委员会为保护教职员工合法权益做了许多深入细致的工作，其工作得到了首都其他高校的认可和借鉴。职称评审救济程序在实践中也发挥了积极的作用。经过几年的建设和发展，我们的依法治校工作因学校所具备的得天独厚的优势，极大地推动了依法治校工作的快速发展，已逐步构建起了较为完备的理论评价体系和工作运行机制，各项制度也不断地完善与建立。

有形的制度是无形观念转变的基础条件，也只有在制度建立起来之后才有可能完善和健全制度。而制度建构只是法治进程的开始，如何在制度运行中使之进一步完善，最终使良好的制度融入社会生活，使法律规范内化为人们“心中的法”，进而让这些制度在大学里生根发芽、开花结果才是我们的真正的价值追求。

三、正视问题，深入探索

在依法治校的工作中，我们同样遇到一些困难和问题，有待深入探讨。

问题一：由于我国高校（公立学校）与作为高校举办者政府的关系尚未纳入法治状态，致使高校的相关权利并未完全明确。高校与政府的关系比较模糊，这与法治的目标是矛盾的。因为建立一个法治校园的前提是与大学有关的所有法律关系的明确化，而只有法律关系明确才能促使与大学有关的所有主体地位的明确。这又是权力受到约束和权利获得保障的前提。因此，关系的模糊必然导致权利的模糊，进而使所有主体的利益都受到伤害，当然也包括国家。这种情况也制约了大学章程及围绕着章程的一系列的制度的进一步制定。因为在大学的章程里必须明确国家和大学的关系，进而以章程的形式来确定大学的自主权。这一点是不能回避的。

问题二：大学本身的定位问题。即大学作为教育的管理者，本身又具有某种行政职能。大学的这种特殊职能决定了某些因大学行使这种特殊权力而侵犯的权利应当有获得司法救济的机会。目前已经有实际的案例发生。虽然司法实务对此问题已有结论。但与此相关的很多深层次问题还需要进一步研究。

问题三：学生的主体地位尚未得到有效恢复。正是因为大学本身的定位有问题，必然导致学生主体地位的不明确。而在我们讨论学生主体地位的同时，也不能忽略教师在办学中的主体地位问题。实际上，目前在大学里，教师的主体地位也不是特别明确。特别是对教师的权利保障问题及教师权利受到侵害后的司法救济问题。

总之，同任何理论一样，依法治校的理论也有一个不断深化、发展的过程。在发展的过程中必然会遇到这样那样的问题。对于这样的问题的解决方法也可能仁者见仁、智者见智。但我们的目标是一样的，都要为促进中国大学管理制度的完善，推动中国大学管理制度改革的深入，培育一种民主的、法治的、自由的大学氛围而努力。我们在此只是提出了一些大的理论轮廓，而具体的制度设计也许更有实践意义。我们也愿意与其他兄弟院校一起就依法治校的问题进行更深入的研究，以促进我国大学管理体制的进一步完善。

法学教育：从粗放走向集约*

感谢大会的安排，由我对这两天的研讨会做一个总结。“代表”两个字让我感到责任重大，唯恐由于自己的理解不够全面，遗漏了各位的精彩观点。我向各位汇报一下参加此次会议的一些体会和有关当前法学教育形势的想法。我这个代表说得不足的，好在还有宪义教授和文显教授给我“补台”，“代表”错了的时候，请二位纠正。

首先是关于中国法学教育的历史定位问题。从会议交流的情况来看，我觉得当前中国法学教育已经处在一个新的十字路口上。一方面，法学教育表现出空前繁荣、欣欣向荣的大好形势；另一方面，它的背后正隐藏着一些深层次的矛盾，有些已经充分暴露，有些仍在形成之中。所幸的是，本次会议已经有了危机意识，开始关注这些潜伏于中国法学教育背后的制约因素。回顾发达国家法学教育的历史过程，可以归纳为三种类型。第一种是稳定型，以美国的法学教育为代表。1998 年，宪义教授、文显教授、汉东教授和我，一同访问美国。我们从 ABA(美国律师协会)获得了一个数据，当时接受 ABA 评估的美国法学院共 182 家。在 2005 年中美法学院院长会议上，负责法学教育评估的菲特主席告诉我们，从 1998 年到 2005 年，七八年时间里美国只增加了一所法学院，所以现在接受 ABA 评估的法学院是 183 所。我们拜会了全美法学院院长联席会议主席卡尔·蒙特，他也告诉我们一个数字，1998 年时接受法学院院长会议指导的法学院全美合计 162 家，

---

* 节选自 2006 年 8 月 10 日在教育部法学教学指导委员会第三届第一次会议暨中国法学会法学教育研究会 2006 年学术年会闭幕式上的讲话，曾发表于《中国法学教育研究》2006 年第 3 期。

截至 2005 年是 163 家。法学院的数量变化可以从侧面反映一个国家法学教育的成熟和稳定程度,所以我们说,整个美国的法学教育处在一个非常稳定的状态,这是一种类型。

第二种是相对稳定型,意味着法学教育处于正在修整的态势,这种类型以欧洲为代表。当前欧洲高等教育面临的一个新背景是“博洛尼亚进程”。前不久的大学校长论坛上,意大利博洛尼亚大学的校长来了,专门给大家介绍什么叫做“博洛尼亚进程”。这个概念是对欧洲高等教育发展趋势的概括。整个欧洲的高等教育要走向统一,包括高等教育体制和学制上的统一。高等教育的学制从过去的 4 年缩减为 3 年,这个 3 年学制是整个高等教育的基础。同时研究生教育由 3 年缩减为 2 年,而博士生教育固定为 3 年。这被称为“3+2+3 模式”。整个欧洲未来的高等教育都在朝着这种模式发展。为了适应这个模式,欧洲各国都在进行法学教育的修整工作。从这个意义上说,这种类型的法学教育也可以称做是修整型的。

第三种是变革与过渡型,以韩国和日本为代表。这种类型还可以细分为两类:一是以韩国为代表的变革型,其法学教育改革的行动非常迅速,变革时间很短,但是成效非常显著;二是以日本为代表的过渡型,法学教育进行了改革,但是不彻底。目前日本实行的是双轨制,从日本法学教育的发展规划来看,其中有“一轨”是要被取消的,因此它的法学教育处在过渡时期。变革型和过渡型之所以归于一种类型,是因为它们都看到了传统法学教育的弊端,都强调改革的必要性,其区别在于韩国表现了突进式改革的特点,而日本表现出渐进式的特点。

中国的法学教育属于什么类型呢?首先要考察的问题是,中国的法学教育处于什么状态?我们可以用“迅猛发展”来概括这十几年法学教育的巨大成就。但是在发展的同时,各位都认识到了繁荣的背后潜伏的矛盾,尤其是在实行了统一司法考试之后,各种矛盾迅速显露出来。法学教育向何处去?我们如何为中国法学教育的社会功能做出科学的估量和准确的定位?对于每一个法学院校而言,应当做何种选择?这些都是必须面对的现实问题。沿着上述法学教育分类的基本思路,如果说要给中国法学教育一个归类的话，不妨称为第四种类型吧。根据教育部高教司财经政法处的统计，截至目前，我国设置法学本科专业的高校共有600余所（含独立学院）。回顾“文革”以来我国法学教育的发展过程，基本上可以得出这样一个结论，即中国法学教育已经达到了一定的数量规模，法学教育已经基本完成数量积累的历史任务，当前的迫切任务应当是，创新法学教育发展的传统模式，将法学教育发展的主题全面转移到教育质量上来。在这里，我想借用一下经济学有关经济增长方式的理论，来描述我国法学教育的发展态势。根据经济学的观点，经济增长方式一般分为粗放型和集约型两种。粗放型增长方式是指主要依靠生产要素的数量扩张而实现的经济增长，其表现是高投入、高消耗、低产出、低效率；集约型增长方式是指依靠生产要素的科学合理配置、科技进步和提高劳动者素质，通过提高生产效率而实现的经济增长。由此反观我国的法学教育，当前应当是法学教育发展模式转轨变型的分水岭，以数量竞争为特点的法学教育发展初级阶段已经完成，下一步应当进入以质量竞争为特征的法学教育发展成长阶段。从这个意义上分析，我把中国法学教育称为“转轨型”，这个“转”字，应当体现在法学教育发展从粗放型增长方式转变到集约型增长方式，从主要依靠增加投入、追求数量，转到注重教育质量和以提高社会效益为中心的轨道上来。

第二，关于法学教育的全面质量观如前所述，质量是法学教育永恒的主题，也是法学教育发展模式转轨变型的重点问题。我想借此机会呼吁法学教育界的同行，我们应当共同树立法学教育的全面质量观，克服传统法学教育模式下单一质量观的局限性。我认为可以从五个层次分析法学教育全面质量观的内涵：第一个层次是生源质量。基本上可以这样判断，两年前各个大学最好的文科生源都在法学，但是这两年来的情况已经有所变化，最好的生源正淡出法学教育。优质法学教育的前提，是要有优质的生源，当全社会最好的生源都不选择法学的时候，要出现一个优质的法学教育，就缺乏必要的基础。第二个层次是师资质量。法学院之间的差别最终都体现在师资上，有一流的师资，就是一流的法学院，三流的师资一定是三流的法学院。如果连一支正规的师资团队都没有，那就只能是不入流的法学院。第三个层次是培养质量。中国法学教育的历史中有两个值得关注的典型。一个是“西政78现象”，当时的西南政法大学并不具备像北京一些名校的整体师资水平，但培养出来的学生公认是一批高素质的毕业生，其成功秘诀即在于严格控制培养环节。另一个典型是吉林大学，在6月份刚刚结束的全国人大常委会上，任命的五位最高人民法院审判委员会委员中，有4位是吉林大学培养出来的。奥秘仍在培养环节上。所以，培养质量也在一定程度上决定着法学教育质量的成败。第四个层次是法学教育的组织管理。优秀的法学院（校）长，就是舰队的舰长，他引领着一个法学教育机构的发展方向。管理学界有一句话说，“企业家的格调，就是一个企业的格调”，同样地，法学院（校）长的风格，也在很大程度上决定了一个法学院（校）的风格。因此，以质量优化为生命的科学管理，是法学院教学质量提升的保证因素。第五个层次是办学条件。必须破除一种错误倾向，即认为文科教学就是靠“三个一”：一支笔、一张嘴，外加一块黑板。这在一定时期内可能还是一种比较普遍的教育管理思想，它在理论上是错误的，在实践上是有害的。发达国家高等教育的成功经验表明，所有的社会科学都不能脱离社会实践，都应该建立自己的模拟实验室。有必要把这个观点告诉每一个法学院所在的院校的管理者，包括法学在内的所有社会科学，也需要有特色的实验室，而且是有一定投入、一定规模的实验室。总之，以上五个层次的统一，就是一个全面的法学教育质量观。我认为，全面、系统地落实法学教育的全面质量观，是当今法学教育的出路所在。

第三，关于法学教育中的素质教育，一般认为教育内容包括知识、能力、素质。知识无非是规律性的认识；能力则是运用知识的过程，能够自觉运用知识的时候，知识就变成了一种能力；当能力沉淀为个体的稳定因素时，素质就有了。如何保障三者的和谐统一，是法学教育需要思考的。我认为法学教育有其自身的特质，这种特质决定了法学教育的内容应该增加一些新的元素，这就是中国法学教育的“德性”问题。综合地看，法学教育当中的德性训练、伦理训练、价值训练应该成为新的元素。在道德体系中，公民道德、职业道德、政治道德是三个不同的层次，必须“三管齐下”，同时进行,不可偏废。当前最缺乏的是后两种道德的训练。我们可以做一个比较性的思考,法官叫作"官",检察官也叫作"官",那么他们和政府官员的"官"区别在哪里?所有"官"的职责都在于管理,政府机关的公务员,这种性质的"官",管理的是公共事务。法官管的是什么?我的理解,法官是管理正义的。所以法学研究和法学教育的目的,就是要改善对正义的管理,要使我们学生形成一种管理正义的能力,这可能比管理公共事务的要求更高。正是在这个意义上,我们才可以说,法学是一门正义之学,是管理正义的一门技术。所以在我们的课堂上,不仅仅是教授学生怎样打官司,那是非常基础的,非常技巧性的,也不仅仅是教学生怎样去挣钱,特别是教学生怎样不择手段地去挣钱,而应该让学生形成一种稳定的价值观。一生不变的一种价值观的训练,应该是在大学教育这个阶段完成的。

第四,也是各位代表普遍关心的一个问题,是法学院(校)的分类管理问题。法学教育现在可以说是百舸争流,千帆竞发。可以按照不同的标准来对我们的法学院做多种层次的划分。第一种标准是依据大学的定性进行分类,比如可以将法学教育机构分为独立设置的大法学院、综合性大学的法学院、行业性大学的法学院、理工类的法学院、师范类的法学院、民族院校的法学院以及财经类的法学院,等等。这是一种比较普通的分类方法。第二种标准,是依据不同的法学院在一个国家的法学教育体系当中所承担的责任和所发挥的作用进行分类。这种分类方法实质上借鉴了现代市场营销的基本理论,将全国法学教育视为一个市场,以各个不同的法学院校在该法学教育市场中的市场地位和实际影响力作为归类标准。以此作为标准,大致可以分成以下几类:一是领袖型的法学院。领袖型的法学院,起着引导整个法学教育基本方向的作用,担当着引领整个法学教育参与世界法学教育竞争的领队角色,担负着建设全社会法学思想库的功能。二是挑战型的法学院。其地位就像百事可乐的市场地位一样,可口可乐可能是领袖,但百事可乐随时要挑战可口可乐,它不甘于落后,时刻与领袖型的法学院保持着竞争的态势。三是跟随型的法学院。跟随不是盲目服从,而是领袖型法学院的密切追踪者,其特点是具备敏锐的追踪和捕捉法学教育最新动向的行动能力。这种类型的法学院有自己独立的存在价值,有着自己办学思维的独立性和主动性。四是服从型的法学院。这是比较差的一类法学院,其特点是没有自己的组织目标,没有真正的发展战略,仅仅以完成学校或者其所在地区的一些部门交付的任务为使命,其存在的价值也仅在于此。这种类型的法学院,类似法律工作的执行机构,基本上不创造具有独立价值的法学思想。第三种标准,是以法学教育机构的价值(功能)定位作为划分标准。这种分类也许是一种与我们法学教育指导委员会工作职责最有关联的分类方法。从20世纪50年代开始,这种"两分法"的分类标准事实上就存在,当时的四大法律系,就是以培养法学理论和研究人才为主;而当时的几个政法学院,则以培养法律实践工作者为目标,以培养应用型人才作为基本使命。我认为这种划分标准至今仍然有其借鉴意义。

从介绍材料中我们注意到,有些大学、院校自觉或不自觉地把自身定位于后一种类型。我们处在一个价值多元化的时代,在多元价值观社会背景下要找出一个统一的标准来,要求多元的价值和多元的选择都一定要服从一个统一的标准,这种做法在操作上是非常困难的,在实践中可能是有危害的,因此我个人不太主张用同一个标准来评价所有的法学院。以20世纪50年代的"两分法"为基本思路,我认为从价值定位出发,可以将当前的中国法学教育机构分为五个种类。第一类是学术型的法学院。现在我们许多大学的研究生招生数量,确确实实已经超过本科生,社会对这种类型的法学院校教师的要求主要是学术标准,在这样的法学院校当中,教师如果不从事学术研究,尤其是不发表高水平的学术论文,是没有立足之地的。第二类是实用型的法学院,以实用型人才作为自身的培养目标,特别关注司法考试,注重满足和适应社会对政法人才的要求,自觉地把培养实用型人才作为办学的基本定位。第三类是结合型的法学院。在这次讨论会上,还有前不久在大连举行的司法考试研讨会上,我们都听到了另一种声音,即中国法学教育能不能跳出学术型和实用型之争的圈子,寻找到一个新的出路?就是使学术型的教育与职业教育相结合,既不放弃高标准的学术追求,又以培养实用型人才作为自己的立校基础。这样的类型与前两种类型法学院的关系,实质上是一种递进关系而不仅仅是并列关系,其实质上是前两种类型的法学院在第一轮成功之后,对自身办学价值的又一次自我超越。第四类法学院在中国广泛存在,这种类型我称为特色型的法学院。特色型的法学院以自身的某一个特长学科为依托,形成不可替代的、不可模仿的法学教育特色。只要具备不可替代性和不可模仿性,法学教育的特色就已经形成。有特色就是有质量,特色本身就是质量的一个具体表现,我主张更多的法学院选择特色型的发展模式。我们许多不同类型的法学院,尤其是后建的法学院,应当充分发挥后发优势,走特色型的发展道路。这种发展模式的选择,从战略上说是可行的,从国家法学教育的整体规划上说也是必要的。最后一种类型,可以称为普通型。其特色尚未形成,学术地位尚未建立,自己寻找的出路也不明显,属于有待成长的法学院。多元价值观的现实存在,要求有多元的法学院评估体系与之对接。

按照法学教育多元化的现实状态,我们应该有不同的分类,用不同的标准,对这些法学教育机构进行指导。这也许可以成为本次会议达成的又一个共识吧！当前的法学教育规模是空前的,既面临着有史以来最好的发展机遇,又处于全面恢复法学教育以来深层次矛盾的高发期。我认为首先应当鼓励创新,鼓励思想自由,应当允许大家在法学教育实践中尝试寻找解决问题的不同出路,这种尝试本身可能也是多元的。近期的一个热点问题是,有的同志建议取消法学的本科专业,我首先是从法学教育的现实背景出发来理解这种动议的,我想这大概也是基于法学教育目前存在的各种矛盾所做的一种反思吧。我们应当看到这种观点背后的一种忧患意识,因此,大可不必惊慌失措,大惊小怪。每个法学院校的领导者都有独立思考办学模式的权利,在有些法学院校领导人的办学思路中,也许就认为取消本科法学教育是法学教育的一种办学特色,是解决法学教育局部矛盾的另一个出路。实践是检验真理的唯一标准,本科法学教育的存在是基于社会对法学本科人才的现实需要而产生的。如果说本科法学教育存在这样或那样的矛盾的话,也许我们更应当关注的是如何培养出足以满足社会需求的真正的法学人才。现实地看,社会上更多的人可能希望保留本科。现在的高等教育有一个基本理念，即任何一所大学都要“以本为本”，以本科为本。本科教育联系普罗大众，联系着千家万户。没有本科教育，我们就失掉了和社会最直接的血肉联系，这可能是面对法学教育形势的另一种思考。无论做哪一种思考，无论持哪一种观点，实际上都是在探讨中国法学教育的出路，都是对中国法学教育有着高度社会责任感的表现。所以我觉得，目前中国法学教育的出路也已经进入了多元化的转型时期，每一所法学院都有责任、都有可能探索出一条适合自身发展规律的出路，这就是我的最后建议。

搭建社会的正义之梯*

中国近代法学教育肇始于清末修律,至今已有百余年的历史。而最近的30年,则是中国法学教育劫后重生的30年。30年披荆斩棘,30年春华秋实。岁月峥嵘,梦想激越。今天,身处中国社会现代化转型和法治建设关键时期的我们,需要认真思考一下法学教育的目的与使命。

大凡能够在大学中占有一席之地的学科均有自己特定的目的与使命。政治学是为了改善对公众利益的管理;管理学是为了改善对社会目标的管理;经济学是为了改善对成本与效益关系的管理;教育学是为了改善人们对德性与智性形成过程的管理;新闻学是为了改善人们对社会事物知情状态的管理,那么法学教育的使命是什么?

查士丁尼之《法学总论》开篇就已言明:“法学是关于正义和非正义的科学。”法学教育的使命就在于提升人们对正义的认知水平,拓宽社会的正义之路,培养社会正义的守护者,搭建社会正义的阶梯。这一目标是我们诊断、评判当下中国法学教育的基准。

中国目前的法学教育正面临着一系列困境:第一个困境是法学教育的低起点和法律职业共同体高素质要求之间的矛盾。作为法律职业共同体的成员,应当具备超乎常人的智慧与判断力,低起点的法学教育不能满足这一要求。第二个困境是法学教育的大众化与精英化之间的矛盾。作为法律职业共同体的成员,应当具备超乎常人的德性与人格,基于提升人们一般文化知识的大众教育也显然不能满足这一要求。第三个困境是法学的通识教育与职业教育之间的矛盾。通识教育的目的是教授学生一般社

---

* 原载《法制日报》2007年5月27日第13版。

会知识与做人的一般道理,而法律职业教育的目的是对未来的法律人进行职业伦理与职业技巧的训练,这两个目标如何能够在有限的时空条件下同时完成?第四个困境是法学教育的人文性与科学性之间的矛盾。科学的教育在于培养理性精神与规则意识,人文的教育在于培育个性与人文情怀,这两种精神何以能够在未来法律人身上并行不悖?要解决这些问题,就需要确立法学教育的核心理念。

法学教育作为国家法治实践活动之重要一环,应当坚持以下三点:第一,法学教育应当承担起引领时代法律思想走向,提升整个社会法治素养的责任。不同于政府所推行的法律常识的普及,专业的法学教育与研究应当能够代表一个时代的最高理论水平,应当为一个社会的法治理念和法治走向负责。我们培养的法律人应当具有这种责任意识。第二,法学教育要承担起构筑社会伦理体系的责任。社会的伦理体系有三个层次,处在最低层次的是公民伦理,居于第二层次的是职业伦理,而处在最高层次的是社会精英的政治伦理。法律人操持的是社会的正义事业,作为社会精英的法律人除了遵守社会所赋予的职业伦理要求外,还要成为政治伦理趋向正义良善的引领者。我们培养的法律人应当具备社会最高位阶的伦理水准。第三,法学教育应当承担维护社会主流价值的责任。正义在任何时候都是社会合作的首要前提,失去正义的牵引,人类将会步入杂草丛生的丛林。罗尔斯指出:社会的每一成员都具有一种基于正义的不可侵犯性,正义否认为了使一些人享受较大利益而剥夺另一些人的自由是正当的,由正义保障的权利不应受制于政治的交易或社会利益的权衡。法学教育就是要把此种理念锻造进未来法律人的灵魂深处,使之成为对抗不义与邪恶的天然抗体。

社会正义需要守护。法学教育就是要培养信仰法治、忠诚于正义的法律人,由他们去守护正义,借靠着他们的智慧与理性、良知与勇气,搭建社会的正义之梯,让社会中的每一个人都能够登临正义的高地。

认真对待法学[*]

《韩非子·有度》说:“国无常强无常弱,奉法者强则国强,奉法者弱则国弱。”对于一个实行法治或将要义无反顾地迈向法治的国度而言,“奉法者”是使法治理论正当化、法治实践具体化的职业共同体。他们分享着一套共同的法律知识与内在逻辑机理,守持着共同的法律信仰与职业道德,追求着共同的社会价值和正义准则。应该说“奉法者强”意味着一个国家有可能在一种社会职业的力量下,真正摆脱专制与人治,真正保障公民权利,同时防御来自国家与他人的机会主义行为,从而建构合理预期秩序、建成文明国家。

毫无疑问,今天法学院的学生正是将来国家的“奉法者”。那么,如何使“奉法者强”? 对于法学院的学生,对于这些正在接受理性化职业训练的未来的奉法者来说,需要我们认真对待法学,认真对待法学的理论本身,对待法学下的具体制度设计并以法学世界观的角度反思之。一位著名法官曾说:“优秀的法律人不应该只成为一个熟悉法律法条的匠人,而应该也是一个优秀的历史学家、经济学家和社会学家。”因此,我们还需要认识到法学不是一个自给自足的体系,需要一种沟通与包容,需要向其他学科开放。

很长一段时间,我国的法学教育是一种法条主义的教育,我国的法律工作是在法律工具主义的指导下开展的。这种现象有两个根本性的缺陷:一是缺乏法律技巧的训练;二是缺乏司法伦理的养成,以至于有的法学院培养出来的学生日后即便成为法学家也不知如何判断利益和正确对待利益。法学院未来的奉法者们不应该仅仅停留在法律条文和具体制度的学

---

* 中国政法大学法学会刊物《公器》(2007年第1期)序。

习与掌握上，而应该深入到法律现象的本质层面上运用法学的概念与体系，规则与方法；不应该仅仅停留在课本的学习上，而应该广泛地涉猎更多的经典文本，博采众长；不应该停留在一时兴起的随意评说与书生意气上，而应该培养和锻造更多理性的思考，冷静的评说与学理的讨论。

是否能够认真对待法学，其判别的标准在于是否能够训练出一种法学家的精神。法学家应该言正义而不言利益，言顺逆而不言得失，言批判而不言媚颂。有没有寻找到法律漏洞和破绽并给予批判与补救的能力，是法学家精神的具体体现。关于当代法学教育所存在的种种不完善与待改进之处，最令人遗憾的事情就是，似乎如今我们当代的大学生再也没有可以塑造他们品位与想象力的经典作品了。通常，在生活中遇到问题或者试图思考其目的时，他们完全不求助于书；一则，因为这样的真正能对他们的思考有所指引和助益的"大书"少之又少，二则，他们在大学生活中真正沉下心去阅读这样的书更是少之又少。对于大学生的德行与恶性的观念能够起到指引作用的典范之作实在是很匮乏的。这一现象不光在中国，在西方的法学院校也是很普遍的。美国思想家阿兰·布鲁姆就曾忧心忡忡地指出：在希腊由荷马、在意大利由但丁、在法国由拉辛和莫里哀、在德国由歌德建立起来的那些民族之书的教化与整合功能正在迅速消亡。马尔伯勒（Marlborough）过去可以说，他仅靠莎士比亚就可以了解英国历史；而如今这种对经典作家和伟大作品的信赖却似乎不可想象了。对一位经典作家或者一部伟大作品的反复阅读与信赖已然消失，这不仅导致了现代生活基调的庸俗化，而且也导致了社会的原子化。所以，经典作家和伟大作品依然是高等院校，尤其是我们从事社会科学研究的法学院校的宝贵教育资源。它们能提供给我们关系到人类德行和对高尚生活的热切渴望所必不可少的教诲。尽可能多地阅读经典作品，无论是专业领域的，还是人文社科背景方面的大书，这是我们的学生自我启蒙、自我教育的最佳途径。

认真对待法学，需要一个空间、一个公共领域，来培育一种读书、思考的品质与自由言说的精神，更重要的是养成自己的学术良心与年轻人的学术勇气。也许积累有限，但要敢于发出自己的声音、敢于担当自己的责任，这比什么都重要。中国政法大学法学会会刊《公器》的发行应该就是一种不错的尝试。通过选择本科生的论文发表,能够把平日的思考形成有一定见解的文字,激活更多同学的思考与讨论,形成对法学学术的主动关心,这必将繁荣本科生的学术天地,开启新的视野。现在法学高等教育的"时长"是很长的,从本科到硕士、从硕士到博士,当然还有进行专题研究的博士后时期;应该说法学本科尚属这一漫长过程的起步阶段。作为国内法学教育的最高学府,我们的学术研究理应从本科这个起步阶段就开始抓起。从如何选定写作主题,到围绕选题查找资料,再到如何构思写作、如何表述大纲、基本的写作规范,甚至包括初稿成型后的反复修改,向导师请教、与同学交流,等等,一篇小论文的写作,其实也就是一个学术训练的过程。

学术训练要从本科学生一进校门就开始进行,并且要持之以恒,成为习惯。只有经过长期的学术训练的磨砺,我们的学生才能真正成长为日后优秀的"奉法者"、"立法者"。《公器》为同学们的学术训练提供了一块交流切磋的"练兵场"。也许《公器》的学术品质不能和其他的很多学术刊物相比较,因为毕竟是幼芽待繁,但它却代表着一种方向——这个方向,我在前文中已经述及,同学们也应该有所思考。很多时候开启比提升更重要,也更艰难;坚定方向也比迈步前行更重要,也更艰难。但"天行健,君子以自强不息",吸引更多的关注与践行才是先行者最重要的使命。法学既是规则之学,更是思想之学。制度很重要,但制度运行的机理更重要;法条很重要,但法条背后的逻辑自恰、理念宣示、思维方法乃至人文关怀更重要。法治是一项神圣的事业,法学不是谁的工具,奉法者也不是只谙熟条文,无任何学术涵养、人文情怀、理想人格的机器。我们的教育应该铸造全面而不单向度、深刻而不平庸、理性而不冷酷的奉法之人。

《公器》的路还很长。伽达默尔说过"没有真理,只有寻找的过程"。我们应该让在路上的找寻成为一项长久的事业。愿《公器》的每一篇论文,都是更接近真理的一次寻找。

法治·法大·法大人*

2004:新政与宪治的符号

2004年,对我们国家的法治建设来说,谁都不会忘记。这一年我们修改了宪法。在这次宪法修改之中,有五项新的人权制度诞生了,"国家尊重和保障人权"的概括性条款入宪了。所以我可以说,从2004年开始,中国进入了一个权利保障的新时代。但是,如何既尊重又保障呢?这个原则性条款没有提供答案。

2004年,我们迎来了人民代表大会制度50周年。每一个国家都有一个根本的制度,对我国来说,这个根本的制度就是人民代表大会制度。在迎来50周年这一天,胡锦涛总书记发表了重要讲话。在党史上,党的总书记就人民代表大会制度发表讲话,这是第一次。从这个讲话里,我们领悟到了一个道理,未来中国的政治道路,如果把党的领导、人民当家做主、依法治国这三者有机统一起来的话,唯一能选择的制度载体就是人民代表大会制度。这表明有中国特色的政治道路已经趋于成熟,中国今后的政治改革与政治发展都要在人民代表大会的制度框架内进行。但是,如何进一步发展和完善这个制度呢?尤其是如何用根本制度去统一这三者呢?目前,尚无现成方案。

2004年,对执政党来说,发生了什么?2004年我们党开始思考如何保持自己的执政地位问题。这使我想起两千多年前汉初刘邦和陆贾的一场

* 根据在中国政法大学55周年校庆典礼上的演讲、在中国政法大学2007届研究生以及本科生毕业典礼上的演讲整理。原载《中国政法大学学报》2007年第1期。

对话:天下是怎样取得的?天下应该怎样治理?陆贾发出疑问:“主上,马上得之,安能马上治之乎?”你可以马上得天下,但是能马上治天下吗?对于一个取得政权的人、阶级、政党来说,这是必须思考的问题。《贞观政要》里唐太宗和魏征最深刻的一段对话是关于打天下容易还是守天下容易的辩论,到底哪个更难?所以在十六届四中全会决议当中有两句发人深省的话,一句就是“我们党的执政地位不是与生俱来的”。用陆贾的话来说是“马上得来的”,是用无数先烈的鲜血换来的;后边还有一句话:“也不是一劳永逸的。”这就给全党提出了一个警示:要保持住我们的执政地位,就必须转变执政方式,就要摒弃靠既往的经验、靠运动、靠政策等方式治理国家。由此中国共产党第一次提出要“依法执政”,依法执政就成为共产党今后执政的基本方式。但是,如何实现依法执政呢?目前,还是一个新课题。

2004年,对政府来说意味着什么?国务院提出了《全面推进依法行政实施纲要》。就是在这个纲要当中,中央政府给自己定出一个时间表,用10年左右的时间建成法治政府。这在世界法治史上尚属首次。迄今为止,还没有哪一个国家的政府有如此气魄和勇气敢于如此自我加压。大家可能已经感觉到了,这3年来政府职能转变的速度明显加快,我们已经进入了建设法治政府的时期。但是,法治的原理是否可能只在一个系统内率先实现而不管其他领域?我们尚未完成思考。

2004年,对理论界来说,有什么特殊意义?作为执政党的最新执政理念或者说是最新指导思想——科学发展观形成了。在科学发展观的指导下,“和谐社会”这个概念第一次作为科学命题提出来了。科学发展观是马克思主义中国化之后的第四大理论成果,它的本质性要求将引发我们在社会主体性、发展目的性、社会价值理论等诸多方面的思维变革。而和谐社会诸要素的被揭示,将使和谐社会、小康社会、法治社会的建设走向一体。法治社会的新特征将表现为和谐社会。然而,和谐社会对法治提出了哪些新要求?法治是否因和谐社会而被赋予新的使命?我们是否需要新的法治理念并完成法理学的变革?目前尚缺乏研究。

总结以上六个方面,可以看出,2004年,注定要成为人民共和国历史上具有开启意义的年份。这一年,是一个新时代的开始。

法大校史上的三个黄金时代

55 年前,来自北京大学、清华大学、燕京大学、辅仁大学的一批创业者,在新中国高等教育体制改革和司法体制改革的双层背景下,开始了新中国政法专门教育事业的拓荒工作。正像美国耶鲁大学的一批教师,离开耶鲁去创办普林斯顿大学一样,这些创业者们带着他们的热情、理想和已凝练的传统,创办了中国政法大学的前身——北京政法学院。这些令我们永志不忘的创业者是:钱端升、王铁崖、费青、吴恩裕、曾炳钧、龚祥瑞、楼邦彦、芮沐、黄觉非、严景耀、雷洁琼、张锡彤、徐敦璋、汪暄、阴法鲁、杜汝楫、朱奇武、程筱鹤、余叔通、张国华、张子培等。这些令我们后辈学人仰视的学术星宿,代表着 50 年代中国法学、政治学、社会学这三大学科的最高水平。新诞生的北京政法学院因拥有一大批这样的名师而自始就显得与众不同。正是这些大师和先哲们创造了我校历史上的第一次辉煌。北京政法学院因此而成为新中国政治家成长的摇篮、法律家培养的基地,成为推动社会进步和法治昌明的骨干力量。

80 年代初期,历史的重任再一次降负于我校肩上。1982 年,邓小平同志指示:抓紧筹办中国政法大学,把它办成中国政法教育的中心。1983 年,中央政法工作会议将筹办中国政法大学作为专题进行布署,邓小平同志亲自为我校选任校长。中央批准我校一校三院建制,使我校获得了当时全国高校最高规格的配备。我校研究生院的设置成为全国率先,法学研究生教育因之也开新中国的先河。我校独创的研究生教育中的导师组制,吸纳了当时首都法学教育界的所有学术精华,北大、人大、社科院法学所的名师们几乎都兼职任教于我校的导师组,全国的法学名家云集于法大的讲坛之上。新中国自己培养的法学博士学位证书序号 1、2、3 均出自我校。三院中的进修生院——后改为中央政法管理干部学院,1997 年又并回中国政法大学,继承了 50 年代由彭真同志任校长的中央政法干校的传统,承担着政法系统中央党校的使命。在其存在十余年的历史中,一大批像肖扬同志这样杰出的公、检、法、司及政法委系统的主要领导干部都接受过它的洗礼。本科生教育，拥有全国最优秀的生源，法大成为莘莘学子向往的法学圣地。此时的中国政法大学，是55年历史上最受党中央和国家重视的时期，也是我校成为全国名校的开始时期。这一时期是我校发展史上的第二个黄金时代。

进入21世纪，随着中国高等教育体制的改革，学校的隶属关系由司法部改为教育部。由此，中国政法大学由过去的行业性办学改变为按高等教育的主流标准办学，学校一下子从行业的龙头翘楚降为综合实力排名的末端，甚至连“211工程”建设也被排除在外。面对挑战，法大人再次发扬不甘人后、艰苦办学的传统，奋起直追，变压力为动力，通过更新理念，调整定位，重组学科，改革体制，短短五年，学校实现了由单科性向多科性、由教学型向教学科研型、由行业性向开放性的历史性转变。通过实施“以学生为主体，以教师为本位”的理念、及“学术立校，人才强校，特色兴校，依法治校”四大战略，学校实现了诸多跨越式发展：学科——由2001年的5个博士学科点发展为今天的19个博士学科点；学术实力——承担国家级课题的数量及人均科研经费均已进入全国前10名；国家级教学科研基地由1个发展为4个；学术团队——由过去的430名教师发展为近1000人，其中博士学位人数由过去40人增长为近500人；社会影响力——政府、学术、社会三大评价体系中的名次均大幅前提。尤为可喜的是，在法学的10个二级学科中，我校具有优势地位的已占半数以上，法学与其他学科交叉后培育的新的学科均在全国处于领先水平。非法学学科取得了长足的进步，政治学科、经济学科、马克思主义理论学科等均取得了历史性的突破，获得了博士学位授予权。博士、硕士的研究生教育已涵盖了人文社会科学的所有学科。目前的法大是有史以来综合办学实力最强的时期。

法大的骄傲与贡献

可以自豪地说，中国政法大学拥有三大值得骄傲的资源：

第一，我们拥有中国第一流的学生。美国联邦最高法院大法官肯尼迪在来校演讲并回答学生提问后曾评价:这是我见到的世界上最优秀的法科学生。

第二,我们拥有世界上最大的法学家集团,拥有中国一流的师资。在我们1000名师资中,有500余名是法科出身。尤应一提的是,在我们的师资构成中,有四十多位教师是从海外取得学位回国执教的,发挥着不可替代的独特作用。中美法学院十多位教师,清一色来自美国的名校。令人欣慰的是,法大的学术生态已发生了质的变化,现正呈多样性良好发展态势。

第三,我们拥有中国最丰富的法学图书资料,现已建成规模中国居先、在世界上名列前茅的法学专业图书馆。现有的馆藏数量达120万册,可与哈佛大学法学图书馆等量齐观。从学校的整体发展来看,法大目前正处于历史上的第三个黄金时期,学校已由过去的"行业队"跃升为"国家队"。

总结我们的历史,所有的法大人都感到无比自豪。55年来,我们为国家和社会做出了四方面的突出贡献:

其一,培养了近20万名校友,他们正以领袖和骨干的身份支撑着国家的政法事业。在我们的校友名录中,有像彭真、谢觉哉、雷洁琼、刘复之、热地等党和国家领导人;也有像邹瑜、李至伦、张耕、强卫、韩长赋、袁纯清、王巨禄这样的部长、省委书记、省长;更有像王家福、郑成思、王保树、马骏驹、储怀植等学界中坚。中青年校友的代表像袁曙宏、胡建淼、陈卫东、贺卫方、陈瑞华、高鸿钧、许章润等也正在为母校增添新誉。在我们"文革"前最后一届招生中,有一个班不足40人,30年后他们中有十余人担任了省高级法院的院长或省检察院的检察长。这个班级的成功是法大人才培养质量最好的例证。李岚清副总理视察政法大学时,给我们的评价是"中国政法大学是中国法学教育的最高学府"。

其二,参与了自1952年起至今的几乎所有立法。从五四宪法起草时钱端升院长担任顾问开始,直至刚刚制定的物权法,多部重要法律的起草专家组组长都由政法大学教授担任。法大参与国家立法的贡献是人所共认的。李铁映同志在视察政法大学工作后曾评价说:"中国政法大学是全国人大的得力工作助手。"

其三,贡献学术思想与法律理念。从50年代"法律平等"的讨论,到十一届三中全会后关于"人治与法治"的争论及"法的本质"的再认识,再到"法治国家"的构成理论、"人权理论"、"市场经济是法治经济的判断"、"社会主义法治理念",这些重大的理论问题,法大人总是扮演着理论策源地和推动力的角色。由法大教师担任主讲的中央政治局常委会、人大常委会、国务院的讲座以及中央党校、国家行政学院、中央各部委、各省几大班子的讲座,每年均在数十起之多。教师近年来发表的学术文章达3600余篇,出版的学术著作达400部。各学科的一些创新性思想贡献正改变着国家现有制度。推动国家政治进步和法治昌明,已成为法大人的当然使命。法学以外的其他领域,如价值哲学、人民币汇率研究、近代思想史、全球化问题、社会心理学、西方政治思想史、宗教哲学、学术规范等,也在全国具有重大影响。

其四,对外传播中华法律文化,成为国家对外法律交流的代表性窗口。目前,我校接纳的外国法律专业留学生是全国最多的,每年我校派往海外留学的法科学生数也是全国最多的。世界上二十余个国家的七十余所学校与我校保持固定校际联系,各主要大国的代表性大学如牛津大学、耶鲁大学、明尼苏达大学、法兰克福大学、科隆大学、慕尼黑大学、罗马二大、巴黎一大、名古屋大学、蒙特利尔大学、墨尔本大学等,都与我校有固定交流项目。学校实施的"学生海外经历"(四种经历之一种)计划参与人数正由过去的每年几十人扩张到几百人。中国与美国最早启动法律交流的"天普项目",我校是发起人;中美法学院院长联席会议在中国开过三次,其中两次是我校主办的;由我校主导成立了中美法律交流委员会,并由我校担任中方主席。与港台的法律交流项目也肇始于我校;港台两地学生在大陆获得的第一个法学硕士、博士学位均是我校授予的。我校独具特色的中美法学院、中德法学院已成为我校与英美法系国家、大陆法系国家交流的两大管道,目前已开始产生国际影响。

在总结所取得的成绩时,首先使我们肃然起敬的是我们法大事业的奠基者。他们中的多数人已经故去了,但他们留下的办学传统仍在延续。他们点燃的学术薪火愈燃愈旺，我们永远缅怀他们。其次想到的是无数的建设者，这其中有历届在曲折与艰苦中办学的老领导，也有学校初创时在北大红楼清点文献的图书管理员；也有 1979 年复办时因校舍不足而为学生上课搭建帐篷的后勤职工，还有为昌平校区建设累病了的人们。他们创造了法大的辉煌，也为我校今天的快速发展奠定了基础。我们永远保持着对贡献者的崇高敬意。

任重道远

历史，始终是发展的起点。回顾历史，目的不在留恋过去，而在创造新的历史，而新的历史，就在我们现今的法大人手中。

按照学校规划，要用 20 年左右的时间，把中国政法大学建设成为世界知名的法科强校，实现“111 工程”所确定的办学目标。“111 工程”中的第一个“1”，指的是在人文社会科学的综合实力与综合竞争力上进入全国前十位。我们已经从五年前的六十几位跃升到目前的二十几位。“行百里者半九十”，我们知道今后十几位的提升难度会更大，但办法总比困难多。

“111 工程”中的第二个“1”，指的是在学校的所有学科中，率先支持和扶植几个学科达到国内一流。一流的标志为：有一流的师资团队，有一流的创新成果，有一流的人才培养质量，有同学科不可绕过去的公认地位。

“111 工程”中的第三个“1”，指的是法学学科达到国内第一，实现规模、质量、实力与贡献四者皆为第一的有机统一。在成为国内第一的同时，参与国际法学领域的竞争，并成为世界知名的法科强校。一所大学的魅力，不在于其学科的多寡，而在于它是否具有不可替代的特色。政法大学无意去争取十项全能的冠军，但我们有能力、有决心争取单项冠军。为此，我们将采取以下各大措施：

第一，实行“三步走”的发展战略。第一步，用 4 年时间调整学科布局，该步骤已基本完成。我们既不做单科性大学，也不做综合性大学，而是建设一所有独特优势与显著特色的多科性大学。学校今后不再进行规模与学科的扩展，学科要长期处于稳定状态。第二步，用 6~7 年的时间，完成从教学科研型大学向研究型大学的转变,今后着力要提升的是教育质量。在稳定本科教育规模的前提下,大力发展研究生教育,最终达到本科生数量与研究生数量比是1∶1或研究生数量多于本科生。在人才培养上,兼顾各学科的不同特点,将创新力的培育与职业守成力训练并重,使我校学生成为具有领袖特质的杰出人才。第三步,再用6~7年时间,实现开放性的办学目标,使法大成为一所高度开放性和国际化的大学,成为中国法律制度文化对外传播的主阵地。

第二,坚定不移地实施人才强校战略,将师资建设放在一切工作的重中之重。得人才者,得学科。创造一切条件,打造高水平师资团队。实行培养与引进并举策略,法学学科以高水平单人引进为主,其他学科实行团队引进与单人引进并行。创造人尽其才、才尽其力、才成其器的环境和条件。

第三,实施"小而美,特而强"的规划理念。校园建设立足于目前的两个校区,将其做成袖珍式花园、特色型校园。"十一五"期间,拟投入13亿,彻底改造老校区,扩大其办学功能,改善教师及工作人员的研究、办公条件,使每位教师都有独立的研究空间。改善新老校区学生的学习环境与条件,实现让学生"接受最好的教育"理念。

第四,实施"海外计划"。其一,从海外招聘名校最高学位获得者担任教师;其二,每年学校出资向海外派遣不少于50人的进修教师,鼓励教师获得海外学位;其三,制定配套措施,鼓励教师获得海外资助科研立项或共同研究;其四,设立海外留学基金,增加学生海外派出数量,使学生多一种经历,为其成才和成为国际型人才创造条件;其五,发挥中美法学院、中德法学院、国际儒学院及拟建立的具有国际交流功能的其他学院的作用,使其成为师生外派的主渠道。

第五,深化内部管理体制改革,完善党委领导下的校长负责制,实施"党委领导,校长负责,民主管理,依法治校"的治校方略,探索建立符合高等教育规律、以大学自治与学术自由为基本支柱的现代大学制度。坚持以人为本,将"以学生为主体,以教师为本位"的理念内化为法大的主流文化,实现学校和谐。

天空正高远，你们奋飞吧

美国难分伯仲的两所大学的法学院，是哈佛大学的法学院和耶鲁大学的法学院。人们曾经将这两所大学的法学院做了一个比较，到底哪一个法学院更好？没人能做出令多数人满意的回答，但是有人做过这样的分析：在哈佛法学院，学生每天都非常辛劳，因为老师布置给他们的阅读量每天平均下来要达到40页以上。哈佛法学院有世界法学图书藏量第一之誉。3年结束的时候，他们阅读的总量几乎每个同学都超过了两万页。所以在哈佛读法学非常辛苦，哈佛法学院的学生天天盼着毕业。可是，在耶鲁法学院，情况正好相反。耶鲁法学院的学生每天从老师的身上获得的知识远远超过了哈佛，因为耶鲁法学院配备的师生比例是美国所有大学里最高的。学生们有充分的时间和老师们接触，除了自己的阅读之外，他们获得的更多的是在讨论之中的欢乐和分享老师的经验。所以当毕业的时候，几乎耶鲁每一位同学都说：时间怎么过得这么快，就这样结束了吗？

刚才王涌老师代表全体老师做了致辞。有这么好的老师，你们还抱怨什么呢？当我们的同学在发言时说，在法大“美丽的环境中”学习时，下面有点嘘声，这说明同学们对学校的办学条件有些遗憾，所以我想对你们说的第一句话是向你们表示深深的歉意。我们的生活条件比较简陋，包括来得过早的炎热的夏天，同学们每天在宿舍里煎熬着。校长对不住你们，学校对不住你们。但是，你们应该感到自豪的是，你们拥有中国最好的老师，你们获得了中国高校中对自由与正义追求的高贵品格。哈佛大学一位校长讲过：“一所受尊敬的大学的要素不在于他的校舍和拥有的学生数量，而在于他拥有的一代代堪称典范的教师。”世界上没有完美无缺的大学，在生活与教师的不可兼得中我们选择什么？我们都不会去选择生活，我们会义无反顾地选择精神，优秀的教师代表着大学精神。政法大学的精神是我校狭小的校园所承载不了的！

我要说的第二句话，就像王老师刚才回忆的那样，也像刚才那两位发言的同学自己总结的那样，你们来的时候是什么样子，现在要走了的时候又是什么样子？我的感觉是：你们来的时候带来的是憧憬，现在走的时候带走的是理想；你们来的时候对某一学科所了解的都是常识，而现在要带走的是一门科学，这四年中你把常识系统化了，而常识的系统化就是科学；你们来的时候带着思考，而今你们要带走的是思想。新的判断代表新的观点，观点的系统化就是理论，而理论的系统化就是思想；你们来的时候带来的是眼睛，现在要带走的是眼光，从眼睛变成了眼光，你们从家乡看到了祖国，从祖国又看到了世界，从这一个学科看到了知识的浩瀚和无边，由此你看到了世界甚至是宇宙，这就是大学。你们来的时候带的是冲动，现在要带走的是理性。

亚里士多德把人整个躯体分为三段，最顶上的是头颅，头颅里有理性；头颅下面是胸膛，胸膛里有激情；胸膛下面的腹部里有欲望。把人体的三段同道德相对应，理性需要我们修炼智慧，大学 4 年就是从聪明变智慧的过程。胸膛里充满着激情，激情能培养出勇敢，勇敢是年轻人的美德。欲望能够培养节制，节制是人最初的道德。智慧、勇敢、节制这三者，就是人的品德，大学四年学到的就是这些！这就是你们四年发生的变化。

明天你们就要离开学校了，在离别的时候，我想说的第三句话是代表学校向你们作最后的要求：品德的修养是终身的事情，中国政法大学的八字校训，“厚德”是永恒的，是每个人事业成功的基础。德有多厚，“载物”就有多重。道德可以分为三个层次，最低层次的道德是小德，古人把它概括为“三心”。“恻隐之心”，即孟子所言当你看到一个人掉到井里，“坐而观之，兽也；起而救之，人也”。所以人要有恻隐之心，恻隐之心能使我们常怀感动。还要有“报恩之心”。我们要报答的恩人首先是我们的父母，你们自食其力后的第一个月的收入应与父母分享。凡是有恩于你的，你们都要报答，包括给你们助学金的国家、使我们有别于外族外种的民族文化，也有给提供永恒精神家园的母校。还有一心，是“敬畏之心”，对人要有敬畏，对事业要有敬畏，对社会要有敬畏，学了法律的人，首先不能口出狂言。而这“三心”是小德，是我们要常怀的。超越小德的是中德，古人总结为“仁、义、礼、智、信”。仁者,爱人也;义者,有所反报也;礼者,有所恭谦也;智者,能胜人也;信者,践之所诺也。这就是中德。从事自己的职业时,“中德”要求还包括职业道德。以法律为业的,要追求公平正义,法学就是关于公平和正义的艺术。做教师的,要身正,更要德高。司法、教师、医护这三类职业。超越中德的是大德,大德是我们终身的目标,就是政治道德。“先天下之忧而忧,后天下之乐而乐。”我们很多同学以后要从事法律事业,在历史上,作为检察官的最高代表是海瑞,作为法官的最高代表是包拯,他们有共同的政治理念:“清心为治本,直道是身谋。”所以“清心”、“直道”就是大家回报社会的最高境界。修小德,养中德,怀大德,这就是我们校训中的“厚德”。

我还希望,同学们不要忘记我们学校的使命:推动政治进步,推动法治昌明。中国的法治已经进入新的时期,同时到了至为艰难的时期。法治建设如果从 1907 年清末改律时开始算起,到今年正好是 100 年,然而中国还没进入法治国家的行列。这使我想起了古希腊的一个故事:几位大力士把一个硕大的石头从山下推到山顶,快到山顶时石头却掉下来了,但他们没有气馁,回到山下重新推,可是第二次又掉下了。中国的法治可能需要一些反复,但是将来能够成为大力士的,就是你们!

最后,希望大家在进入社会后,要知道我们所处的时代特征。我们已进入到了“知本时代”和学习型社会。毕业,对于知识来说,就是更换知识的“刷新”按钮。我们已有的知识很快就会过时,法科的知识周期率一般为 10 年左右。自然科学的,复旦大学原校长杨福家曾判断:化学的知识周期只有 4 年,学生入学时学的知识,到 4 年毕业时就已经过时了。而有的学科知识更新速度更快。大学 4 年,对同学来说,学习的方法是第一重要的,大家要用本专业的方法主动去更新知识,与时俱进。学习是没有止境的,毕业只是另一个学习阶段的开始。

2004 年对我们来说,是“新政”与“宪治”的符号。你们就是伴随这个开始,开始了在法大的学习生涯。今天同学们学业期满,不知是否在思考上面提到的但无法给出答案的问题?而今后,中国的法治和政治注定要进入改革和发展的关键期,甚至可能是反复期和滚石期。你们是否已做好了迎接艰险的准备？你们这一代必将成为负重的一代。当你们走出校门，哪怕脚上带着镣铐，也需要去起舞；哪怕翅膀上铸满了铅重，也要去飞翔。“我们不下地狱，谁下地狱？”中国政法大学的使命就是推动政治进步和法治昌明。石头滚到山下了，需要我们去重新推上来，跨越峡谷时藏羚羊以自己牺牲而做后辈跳板的精神，才是法治不绝的希望。

寄望中欧法学院*

尊敬的巴罗佐主席、李克强副总理，尊敬的各位领导、各位来宾，老师们，同学们：

今天，我们在这里隆重举行中欧法学院成立的庆典，首先请允许我代表学校、代表全校两万名师生员工向莅临大会的各位领导和嘉宾表示热烈的欢迎和衷心的感谢，同时，也向成为中欧法学院首届学生的57名幸运同学表示最热烈的祝贺，你们既是这个项目的最早受益者，也是中欧法学院历史的开拓者和未来事业的建设者。

中欧法学院的成立，是中国法学教育史上的一件大事，因为这个学院将以其高起点、国际化、一流水平和中西合璧四个特点而成为中国法学教育的骄傲；也是中国法治进程中的一件大事，可以预见，由中欧法学院培养出来的杰出人才，日后必将成为中国法治建设的中坚力量和领军人物。也是中欧文化交流史上的一件大事，因为中欧法学院是目前中国唯一的一所中外合作办学的法学院，她必将成为中欧间法律文化交流的桥梁与平台，也将会成为其他中外法学教育办学的示范。在我校的历史上，中欧法学院的成立，更是具有里程碑意义的盛事，因为她预示着我校办学水平和开放性都迈上了新的台阶，使我校历史又翻开新的一页。

中国有着悠久的法学教育历史和包容开放的法律文化。这种传统历两千余年而延绵不断。中国改革开放之后，成千上万的学生走出国门，到世界各地留学。其中，相当数量的学生选择了法学专业。而由于中国近三十年经济建设、政治建设和文化建设的巨大成就，也激发了外国了解和研

* 2008年10月23日在中欧法学院成立庆典上的致辞。

究中国的愿望,学习中国法律也就变成了外国青年人的一种需要。中欧法学院就是在这种历史背景和现实背景下由中欧双方政治家推动而问世的。她的创设,可以使欧洲优质的法学教育资源配置于中国,中国的学生可以不通过留学而亲受欧洲最好的法学教育。而欧洲和世界其他地区的有志于中国法律学习的人士,则可在此获得中国最好的法学教育,因为中国政法大学以600名法学师资组成的世界最大的法学家集团,有着其他高校无可比拟的学术优势,可以有效地满足外国留学者对中国法学教育的需求。这样,中欧法学院不仅是中国学生学习欧盟法的基地,也是中国法律向外国学生传播的中心。将不同的法律文化进行融合,将是中欧法学院办学的突出特色。

高水平的法学院应当同时担负五大使命,一是培养治国理政和从事法律职业的杰出人才。二是改善对正义的管理,营造社会的价值观。三是创新法学理论和思想,以指引法治实践。四是补漏社会付阙和改革完善制度,为国家、社会和公民提供优质的法律服务。五是营造和弘扬法治文化,推动社会成员把法治作为稳定的生活方式。由此,法学教育是一个国家法治建设的基础工程。法学教育发达,法治才有希望。中欧法学院就是为担负这些大任而孕育诞生的。安博大使在三天前举行的中欧法学院的开班仪式上说:"中欧法学院应当成为全世界最好的十所法学院之一。"安博先生的话让人鼓舞。中欧法学院的设立过程已经创造了数个奇迹,其一是合作伙伴之多是个奇迹,共有12个国家19所大学参与其中,这说明中欧法学院的包容性和国际化是空前的;其二是它涉及的法律传统之多是空前的,共有七种法律传统将在同一平台上交融;其三是创立过程中的工作效率是空前的。在这三个奇迹之外,我更期待第四个奇迹的发生,那就是希冀中欧法学院能在较短的时间内发展成为中国最好、世界一流的法学院。创造第四个奇迹,就是中欧法学院未来数年内的奋斗目标。也是中欧所有合作伙伴共同的心愿。

最后,我要表达一系列谢意。我要感谢这个项目的创意者。2003年,时任司法部长的张福森先生最早向欧盟提出了这一设想,而坚定支持他这一创意并完成在欧盟推动程序的是欧盟驻华大使安博先生。

我要感谢对这个项目予以支持的中国各国家机关,全国人大法工委、最高人民法院、最高人民检察院、商务部、司法部、外交部,他们都在项目的早期参与过讨论和架构。是他们构筑了中欧法学院的大厦,使得我们可以跻身其中。

我要感谢北京市教育委员会及中国政法大学的领导机关教育部,他们以严谨的态度、专业的精神和令人钦佩的责任心,精心指导了我校申报项目过程中的每一步骤和环节,最终使这一项目既有合规性的基础,又有良好的制度框架,为项目在未来的实施铺平了道路。

我要感谢以方流芳教授为院长的中国政法大学的项目申报和实施的优秀的团队。他们不计劳苦、不舍昼夜的忘我精神令我感动,他们在项目九月十七号正式获批后的不到一个月的时间里,完成了对 234 名申请者的各种审查、语言考试及面试等多种程序,公正而又高质量地完成了招生工作,使得中欧协议中所列秋季开学能如期举行,他们是一个能够不断创造奇迹的团队。

我要感谢中国政法大学有欧洲大学法学教育背景的全体教师。他们有六十人之众,这个数量在任何国家都可以组成一个中等规模的法学院。他们的群策群力和高度团结与合作,是我校最终竞标成功的关键因素。

我要感谢加入这个项目成为我们亲密伙伴的所有中外院校,大家可能国别不同,法律传统不同,办学传统不同,但为了一个共同的目标,我们走到一起来了,没有你们的加盟和联手,就不会有中国政法大学的机会。在我们的合作伙伴中,汉堡大学为项目所做的巨大努力,是我们成功的重要因素。汉堡大学前校长路切先生卓越的协调能力和现校长奥维特·库茨女士独有的太空物理的长远眼光及汉堡大学法学院院长图特先生优秀的组织能力令我非常感佩。

最后,我要特别感谢温家宝总理,巴罗佐主席和李克强副总理。2007 年 11 月 28 日,温家宝总理代表中方宣布中欧法学院项目启动,他说:“中欧工商管理学院已成为众多优秀管理人才的摇篮,我期待着即将启动的中欧法学院培养出大批学贯中西的法律人才。"2008 年 5 月 4 日,温总理视察中国政法大学,再次表达了对中欧法学院项目的关注。巴罗佐主席在去年的中欧峰会上,最早表达了将出席中欧法学院开学典礼的心愿,今天亲临学校,使典礼增添了无限光彩。李克强副总理是政法大学师生敬仰的政治家,我们都视李副总理为新中国近六十年法学教育培养出来的人才中最杰出的典范。李副总理今天莅临庆典并将发表重要讲话,不仅说明他对中欧法学院的关爱,更重要的是他给予了政法大学师生永远的精神鼓励,这会成为中国政法大学及中欧法学院今后发展的巨大动力。

我提议,让我们以最热烈的掌声,向以上所有关心和支持中欧法学院项目的领导和朋友表达衷心的感谢!

各位领导,各位来宾,老师们,同学们,中欧法学院是初升的太阳,我们所要感谢的人就是那托起太阳的阿波罗!

谢谢大家!

总理的法治情怀*

2008 年 5 月 4 日，中共中央政治局常委、国务院总理温家宝一行视察了中国政法大学学院路校区。总理亲临全国最高法律学府，给法大学子，给法律人带来了激情与憧憬，带来了期冀与希望。12 月 3 日，时任中国政法大学校长现任山东大学校长的徐显明教授回忆起当时总理到法大的情景与细节，仍然感慨万千。记者电话采访时，徐显明说每每想起温总理到法大的一些细节，心里总是有说不出的感动；总理对法治的一些看法，也令他记忆犹新。本报特将他回忆的片段整理如下：

总理的视察细节

总理视察法大时的一些细节，非常感人，忆时常令人激动。

第一个细节："温总理在何处下车。"

原通知我们是在教学楼门前迎候总理，但总理快要到的时候，我们突然接到电话，说总理要在门口下车，我们赶紧从教学楼快步赶到了校门口。我们到的时候，总理的车也差不多到了。总理是从校门口开始步入法大的，这是一个细节。这个细节里边蕴涵的东西，很多人可能没有体悟到。我的理解是：这里面既有总理的修养，而更重要的是他以这种方式表达了对法治的尊重，因为这所大学叫"中国政法大学"。

第二个细节："我们对总理的希望。"

在陪同温总理向学生宿舍走的路上，我说"我代表学校师生谈一点对

---

* 本文刊于《法制日报》2009 年 12 月 4 日，由作者口述，《法制日报》记者蒋安杰采访整理。

总理的希望，这就是我们法大师生不仅和全国人民一样，希望您是‘亲民的总理’，‘教育的总理’，也希望您是‘法治的总理’。”总理听完这句话以后就笑了，然后表情凝重地说“我会努力去做”。

第三个细节：“都与哪些人握过手。”

总理走进校门之后，我校学生夹道欢迎，他跟每一位同学都握手，无一遗漏。当时在场的同学大概有一百多位，总理真正做到了一一握手。在视察法大的整个过程中，他去了学生宿舍、图书馆和学生食堂，凡他步履所到之处，他见到的同学，都有幸与总理握手。在二楼和其他楼上的同学看到总理来了，在窗户上向总理招手，总理的手则始终是挥动着的。在场的所有同学都非常激动。总理从学生宿舍出来后，见一部分同学在走廊隔断外边，当时我们以为总理可能只是和同学招招手，但出乎我们意料的是，总理一个人快步走过去，隔着窗户隔断跟每一位同学握手。从这个细节里边可以看出总理的待人如一。

第四个细节：“请看我的行动。”

当总理在图书馆和学生座谈的时候，大家谈的都是法治的问题、法治精神的问题、法学教育的问题。突然有一个同学换了话题，大意是说，学校这几年发生了比较大的变化，我们的办学条件正在改善。但总理你看我们坐的这个凳子和桌子，还有周围的房子，都离我们一流学校的水平还有差距。总理能不能在建设法治国家的进程中，特别改善一下政法大学的办学条件？这个同学还特别强调希望总理能把她为学校进行呼吁的话听进去。总理带着微笑面对大家说“我接受你的批评”，总理说：“政府将更加重视法律教育，要加大对政法院校的投入。”谈到这儿，大家以为总理的表态已经结束了。但总理稍停顿了一下之后，又说了一句话，“请看我的行动”。温总理是一位说到做到、以行动来证明思想的人。听完总理这句话，我的眼眶湿润了，因为总理这句话非常实在。

第五个细节：“为法大解读校训。”

当讲到法治精神的时候，我们同学做了一个插话，说我们学校的校训是“厚德、明法、格物、致公”。总理听完以后说，“我注意到了你们这个校训”。然后他帮我们解读校训,师生都为之振奋。共和国总理为一所大学解读校训,我想这在中国高等教育史上是前所未有的。这令我们非常自豪。

第六个细节:“法比天大。”

在往校园里走的路上,总理看到了我们的一个石碑,上书“法治天下”四字。当同学们谈到法治精神的时候,总理就以这个为题,他的解释就是,“法比天大”,这就是法治天下的含义。以此破题,他一连提了五种法治精神。这五种精神概括得非常全面,总理所提倡的法治精神与法学家的解释是一致的。总理是一国弘扬法治精神的典范。

第七个细节:“刀制”还是“水治”?

与师生座谈中,总理回忆了起草党的十五大报告时的一个细节。大家都知道“依法治国”的基本方略是十五大时确定的,但建设社会主义法治国家中的法治,到底是“法制”还是“法治”? 这就是法学界曾长期争论的“刀制”还是“水治”问题。温总理回忆了起草十五大报告时的情景,他决定听取法学家的意见。温总理还特地提到了王家福的名字,因为王家福的观点是“法治国家才是我们要达到的目标”。法大师生当时很兴奋,告诉总理,王家福老师就是法大的校友。

第八个细节:“还要去看谁”?

这也是一个令人回味的细节。总理在食堂里与学生共餐完后,等大家都把筷子和碗放下了,总理站起来跟大家说了句话,“你们先坐,我到后边去看一下”。然后就急步来到了食堂的厨房里。当时正是就餐的高峰期,厨师们忙得不可开交,没人注意总理走了进来,我急忙招呼大家,“总理来看望大家了”。当时厨师手里都拿着勺子,转过身来,个个都很激动,总理没有办法跟大家握手。于是总理向大家问候,“师傅们辛苦了”! 这个细节,是我们都没有想到的。总理对人的关怀可谓体贴入微。

第九个细节:“何谓高尚”。

在和同学座谈时,总理的许多话深深地打动着法大师生。当讲到道德修养时,我脑子里有这么一段回忆,很震惊。总理说道,我这个人有很多缺点，但有一点我是不甘落后的，就是爱我们这个国家。他特别讲道，“我的每一滴血液，每一个细胞，甚至将来死了烧成灰，每一颗灰烬都是爱国的”。当讲到这句话的时候，我们很多同学和老师眼里是含着泪的。这让我们想起鲁迅的那句“我以我血荐轩辕”，还有林则徐的“苟利国家生死以，岂因祸福避趋之”以及鞠躬尽瘁死而后已的形象立刻浮现在我的脑海里。这使我们懂得了什么是真正的政治家的高尚。

总理的法治情怀

总理的法治情怀，令我感念至深，他对法治的阐述，让人刻骨铭心。

我的第一个感受是他有一个宏大的法治观，他不仅仅是在谈政府法治，实际上他是在构筑中国的系统化的法治体系。他讲了立法的民主性问题，讲了执法的公正性问题，讲了司法的公平正义问题，讲了法学教育的人才培养问题，讲了普法以使法律得到遵行的问题。总理的法治观念是全面的、体系化的。

我的第二个感受是他对法的价值的把握和追求。法的最高价值是公平正义，效率和秩序等虽也是法的价值，但应置于公平正义之下。总理在2007年就曾把教育视为社会公平的基石，这次来法大，又进一步升华了公平正义的意义。他视发展经济、改善民生为政府的天职，而把公平正义视作政府的良心。这个判断是有震撼力的。他这次讲公平正义，涉及了法治的所有环节，“立法要公”、“执法要平”，还讲到“重要的是司法制度”。所以我感觉，温总理的法治观里高扬着公平正义的灵魂。

我的第三个感受是他有明确的人治与法治的界线。座谈刚开始他给我们举了信访的例子。他认为上访在某种意义上还带有人治的封建色彩，还是应该依据法律来解决问题。他谈到了由法治构建的制度有三大特征，即根本性、稳定性、长期性。所以他有一个明确的人治和法治的界线。他是在追求法治的目标，他在座谈时作出的“法治是社会主义成熟的标志”的判断，可与“民主是社会主义的生命”的判断相提并论。这个判断是对社会主义法治规律的揭示，具有里程碑意义。既亲民又追求法治，是温总理法治观的一大特点。

我的第四个感受是在总理身上,能够感受到最强烈的法治精神,尤其是他对法治精神的五个解释令人感叹。从解释“法治天下”就是“法比天大”开始,他认为只有法比天大才能法治天下。总理还讲道,“天下之事不难于立法,而难于法之必行”,这是引用宋代王安石的话来阐述执法对法治的关键性和重要性;总理紧接而来的判断可谓法治的真谛,他说“有法不依,不如无法”。这句中国的古训,用在对法治精神的解释上有振聋发聩之效。在总理身上,我们看到了法治思想的光芒。

我的第五个感受是从总理的施政理念中看法治。总理曾在座谈时回顾他所作的政府工作报告中的三句话:科学决策,依法行政,民主监督。这三句话构成了他最基本的施政理念。我们再结合他此前曾给依法行政所作的界定:“有权必有责”、“用权受监督”、“侵权要赔偿”,以及明确提出要用十年左右时间建成法治政府,依我对2004年后政府依法行政的措施观察,法治政府建设已经成为总理施政的新的目标。政府的透明性、信息的公开性、政府的效率性、政府的服务性、政府的廉洁性等正在一步步得以实现,一个以宏观管理为导向,以实现教育等社会领域的公平为着力点,而以法治为基本路径的服务型政府正在形成。

我的第六个感受是温总理关于法治和法学教育的一系列思想,不仅给予法大,也给中国法学界和法学教育界指明了方向。从总理对罗马法和中国古代铸刑鼎的了解,我们看到了总理的博学;从他以道德和爱国为例所给我们的教诲,我们明了了法律人所应具备的首要的和根本的素质是什么;从他谈道与人文的重要性,我们知晓了法律人才培养的规律。总理的法大之行,是法大永远的记忆,也是法学教育界永远的精神财富。

(2007年两会召开前夕,温家宝总理邀请部分专家就如何完善《政府工作报告》举行座谈会。我在会上围绕教育公平与政府法治两个重点作了二十分钟的发言,温总理对我发言的内容进行了评价和回应。座谈会结束后,在与总理握别时,我向总理提出了视察法大的要求,希望总理就法治建设的问题到法大演讲或与师生座谈,总理回答:“我会去的。”事后,我与马抗美副校长征求了学生代表的意见,同学们很高兴以自己的名义向总理发出邀请。不久,法大几名同学具名向总理发出了邀请函。同年 11 月 27 日,第十七届中央政治局组成后的第一场讲座,由我与信春鹰同志任主讲。讲座结束后,温总理告诉我他收到了法大学生的邀请函。2008 年 5 月 4 号,温总理按学生邀请的时间视察了法大,并就法治问题发表了系统见解。总理的讲话,当时未在任何媒体上发表。一年后的 2009 年 12 月 4 日,在这个中国的宪法纪念日和法制宣传日里,温总理讲话由《法制日报》独家发表。我应《法制日报》编辑部的要求,写了此回忆文。)

Part 3 第三编 格 物

不要把学生当做矿物质,要把学生当做生物。不要把大学的过程当做矿物的冶炼过程,而是应该把它当做生物的生长过程。

我曾对大学生提出“四个一”要求:阅读1000篇文章,它们开阔你的视野;精读100本书,它们丰富你的知识体系;做10本读书笔记,让知识成为自己的财富;写好1篇文章,检验你的思考是否成熟。

改革须自观念始*

本次会议的内容,大家通过会标可能已有所了解,这是一次改革动员大会。大家知道,新的领导班子上任后,我们召开的大大小小座谈会有十几个,一个基本原则是在摸清情况的基础上,再做决定。这次会议要通报的就是我们十几天的思考。“改革”,每位老师、每位工作人员都应对此有所准备。鲁迅先生曾讲过:当你摆好桌子后,你要搬动它,是要流血的。这就告诉大家,改革要有流血的代价。鲁迅先生还说,凡有改革,必定是在先觉悟的知识人中进行的。在座的每一位都是先觉悟的知识人,因此对改革可能都已经有了充分的思想准备。

高等学校改革应改哪些内容?高校改革是在改革的背景下进行的,用下面这几句话可以对高等学校的任务、使命作一个描述。第一句是,高等教育的根本任务在于培养人。第二句是,提高教育质量是高等教育永恒的主题。作为教师,我们对这句话应该有更深切的体会。第三句是,高等教育的中心工作是教学和科研。第四句是,高等教育的龙头工作是学科建设。第五句是,高等教育的发展要以改革为动力。

所以今天会议的主题非常清楚。一个组织的变革不仅仅是技术需要的产物,而且是制度环境的产物,大学制度的变革也一样。组织理论家长期以来忽视了制度环境的重要性。一段时期以后,分析家们才逐渐认识到组织并不只是技术系统,同时也是人文系统、政治系统、社会系统以及文化系统。教育社会学家迈耶指出,如果我们要关注环境的话,不能只考虑技术环境,必须考虑它的制度环境,即一个组织所处的法律制度、文化期待、

---

* 摘自 2001 年 10 月 17 日在“中国政法大学深化改革动员大会”上的讲话。

社会规范、观念制度等广为接受的社会事实。

我们的改革内容中最难改的是管理。管理学中一个定律叫“路径依赖”，搞管理学的老师可能都知道，与制度环境紧密相关的另一个现象就是制度变迁过程中的“路径依赖”。正是历史上形成的制度环境直接导致了制度变迁过程中的“路径依赖”。

所谓“路径依赖”，一般是指在制度变迁过程中，由于存在自我强化的机制，使得制度变迁一旦走上某一路径，它的既定方向就会在以后的发展中得到强化。举个例子，美国铁路两条铁轨之间的标准距离为什么是4.85英尺？根据来自英国。英国人为美国人设计了火车轨道。那么英国轨道为什么这么宽？原来是一个电轨车工程师设计的火车轨道宽度，而他以前是造马车的，所以他设计轨道时沿用了马车的轮宽标准。而马车为什么这么宽呢？罗马人征服英国时，马车就这么宽。那么再寻找，罗马人为什么把马车设计这么宽？答案很简单，两匹马的屁股就这么宽。这就是“路径依赖”。后人思考问题，进行自己的建设，会不假思索地依赖前人的思维和定制。传统制度框架通过选择定型可能形成锁定，从而制约制度创新。大学制度的变革也同样如此。我们应该紧紧抓住这两个大学制度改革的重要动因——改变制度环境和解除路径依赖。而把这二者统一起来，就是一个观念革新的问题。因此，我们要改革，首先就从观念开始。

新班子就职时，我演讲的中心就是更新办学观念。需要更新哪些观念？今天我给大家汇报一下，看能否与大家形成共识。第一个观念：办学目标观念。中国政法大学要办成什么样的大学？半个月前我用“四性”来概括，即多科性、研究性、开放性、特色性。用教育学观点给中国政法大学做一个定位，可做如下几个比较：在世界范围内，大学可以分为三种类型，一类是研究型大学，这是高水平大学；一类是教学科研型大学，科研是其重要组成部分，但是它更重要的支撑是教学；第三类是低层次大学，叫教学型大学。按这个标准，我们中国政法大学应定位为什么类型？目前我们是教学科研型，将来我看应定位于科研型。另一种划分是国内的划分。教育部根据党中央、国务院的决定，把北大、清华定位为“努力办成世界一流大学”，这是一个层次。这个层次很清楚，全国只有北京大学和清华大学。其他大学则属于第二层次，叫“高水平大学”。大家可能已注意到，山东大学建校一百周年，国家主席的题词是：“把山东大学建成国内一流、国际知名的高水平大学。”这是目前中国高等教育体制确立的第二层次。第三层次即是一般性大学。在这个标准中，大家可以判断中国政法大学属哪个层次，中国的大学距世界一流大学有多远？具体拿一个数字来说，每年发表在SCI国际学术榜的文章数目，哈佛大学是7000篇，去年我国前十位的大学是北京大学、南京大学、清华大学、中国科技大学、复旦大学、兰州大学、山东大学、吉林大学、武汉大学、上海交通大学等，排在第一位的北京大学才发表了700篇。我们离世界一流大学的差距非常大。这个数据，可为我们中国政法大学定位作个参照。第三个参照，是大家已经习惯的，即司法部以前所属的几所学校，我们是领头雁。这就是三个定位的坐标。

中国政法大学将来怎么走？这是非常重要的问题。我在想，中国政法大学要与世界相比，哪些因素能够比上去？我们不是以学校整体比较，我们的落脚点是某些学科可参与世界竞争。因此中国政法大学将来这样定位：在优势学科上争取达到世界一流。在国内，与其他任何学校的法学相比，我们都丝毫不能逊色于他们。我在走访江平先生时，他告诉我，不讲第一、第二，至少是前三位。所以中国政法大学要成为世界知名的高水平大学，必须选择准学科定位，在我们走向世界时，进行比较的是法学院校、法学学科，而不是综合性。这个定位，不知大家是否认可？如果认可，我们建设世界一流的政法院校，就是建设我们有资格去做中国代表的法学学科。这是我的一个观点，我希望大家能够统一起来。

第二个观念，是关于大学的中心工作。刚才我说过，一般性大学的中心工作是教学。我们中国政法大学成立的时候，党中央、国务院给我们的任务是要建成三个中心，即法学教育中心、法学研究中心、法学图书资料信息中心。这三个中心固然没错，可是按高等教育发展规律来思考我们的中心，情况可能会略有差别。大家都知道，先有哈佛，后有美国。哈佛大学经历了三百多年的历史，它已经成为世界科研的中心。这使美国政府认识到,大学不仅仅是培养人的,也是可以出科研成果的。大学的第二个使命被赋予出来了,即科研也是大学的中心工作。到了20世纪30年代前后,人们又发现,大学光创造科研成果,而成果不能转化为生产力的话,那么大学还是疏立于社会之外的,科研成果应当走向社会,所以赋予它的第三个使命就是大学应该成为科研成果转化的中心,也有人将它概括为社会服务的中心。像我们这种文科类院校,科技成果转化对我们来说是微乎其微的,但我们也应成为为社会服务的中心。具体来说,我们中国政法大学应该成为国家立法政策咨询中心,应该成为国家经济政策、政治政策以及其他政策制定的咨询中心。所以,我们也不能放弃我们要在国家中取得地位应做的努力。当你成为国家的思想库时,我们国家的一些重要决策、立法都取自于中国政法大学时,我们在全国的中心地位就不容置疑了。

第三个观念,我想谈一下学科观念。学科建设是学校的龙头工作,没有比学科建设更重要的工作,只有学科建设工作才能把另外两个中心带动起来。在上次会议上,我讲学科建设有三个要素:一是主体要素,即一定要有一支高水平的师资队伍,没有这支队伍,就没有学科,所以一个人就可能代表一个学科,一个人就能发展起一个学科,这是主体要素。二是客体要素,就是该学科中一定要有一系列的标志性成果。成果应该有积累,光有一项、两项成果构不成一个学科。历史地看,它有一系列的积累,该学科就形成了,这是客体展现出来的。第三个要素,为什么把它叫做学科,学科之所以称为"学",终极原因是要培养人,培养高层次的人才。这个高层次的人才就是以博士、硕士为代表。抓学科建设就等于抓住了学校的中心工作,只有学科建设才是学校建设的龙头。所以,我们的基本观念是应该通过抓学科建设来全面推动学校工作。中心是不能动摇的,其他一切都是为该中心服务的。这是我们学科建设的一个基本理念。那么要建设什么学科呢?中国政法大学应是一个多学科的大学,它不应只是单一学科。我与博导们座谈时,那些法学博导也认识到这一点,一个单科性的大学,只能发展学术的一个面;只有多科性大学,特别是在现代社会,学科间的相互渗透才能将学科推向前沿。所以"多科性"要求我们在中国政法大学建立一个个的学科群。目前,我校的学科现状是博士点有 5 个,硕士点有 13 个,本科专业 8 个。如果我们建设学科群,在该学科群里突出一两个学科的主体地位,那么在这一两个学科的带动下,使其他的学科齐头并进,大学的整体水平就体现出来了。所以要树立学科群的意识,我希望大家能树立起来。当人们谈到法大时,不要光谈法学,应兼顾其他学科。这也是大学的主体观念。

学科建设,我想强调重在“建设”这两个字。学科不是自身长起来的,一定要有一个力量来推动它。作为学校的管理机构,我们院系领导应该有一个学科的培养意识。学科建设分为三级学科、二级学科、一级学科,现在我们拥有的五个法学博士点都是二级学科,如果我们的整体实力非常强,能推得上去,变成一级学科,我们的法学地位就是不受动摇的。我们可以思考:用 5 年到 10 年的时间,当法学成为一级学科时,法学包括的 9 个博士点我们都可以自主地来设立;博士点我们也可用 5 年到 10 年的时间增加到 10 个以上,硕士点达到 20 个以上,本科专业达到 10 个左右。这项工作重在建设,重在培养。该工作主要由老师们来完成。这是学科观念,如果大家能形成“学科建设就是我们的龙头工作”的共识,大家都为这个龙头工作服务的话,学科建设就会有一个大的飞跃。所以研究生院的主要职责是抓学科建设。

第四个观念,是育人观念。它既涉及教育思想,也涉及办学思想和教学的一系列改革。到底培养什么样的人?我听到很多议论,包括有老师说,我们的传统不能丢,我们的传统是培养应用型人才。我非常赞同中国政法大学过去的这个传统,这形成了我们的特色。但我们应思考,现在办学条件已不同于 10 多年前。10 多年前,我们还有一种优越感:在计划经济条件下,特别是 1952 年院校调整后,办法学是某些大学的特权,因为多数大学的法学专业被取消了,综合性大学只留了三四所,国家重点扶持我们这 5 所院校办政法。那时培养的学生是非常受欢迎的,我们学生的去向不用学校费心。但现在在市场经济条件下办学,我们培养的学生如果不能接受市场的检验,或在市场检验面前失败的话,我们就应深思我们的培养资格。所以大家要对比这两个背景。现在,综合性大学所办的法学院一共是230余家,它们有强大的依托,而这一点对法大来说,则是一个致命的缺陷。一个法学专业学生,既需要人文关怀,也需要科学精神。人文关怀应是在文、史、哲、经当中来培养的,科学精神应当在数、理、化中培养。我们在这两方面都有缺陷。法大到底培养什么样的学生?这是需要大家思考的。改变这个现状的一个做法就是建设我们的多学科性,增加一些学科。另外,还需要思考通识教育与职业教育的关系问题。一方面我们对学生进行通识教育,另一方面我们培养的学生将来会做律师、法官、检察官,以成为法律职业共同体中的一员作为目标,那么后面这一种应是一种职业教育,这就使我们的通识教育和职业教育处在一种重叠之中。如何解决这一矛盾?通识教育培养学生时,第一要求他学会做人,第二学会学习。现在的高等教育观念叫终身教育,所以学会学习比学会知识更重要。这是通识教育要做的。而我们的职业教育要求训练两个最基本的素质:第一是司法伦理素质,用一生追求一种公正;第二有熟练的法律技巧。这两种教育如何统一起来?这是我们都要思考的。如果用发展的眼光来看,我想我们许多老师都已认识到这一点:未来的法学教育应当是精英式教育,就是素质最高的那群人应接受的教育,因为他所从事的工作,应当是哲人式的工作。这些人应具有哲学家的头脑,应有最丰富的智慧,应有沟通社会的各种技巧。所以如何把这两种教育统一起来,是我们大家应当思考的。一方面教育部对我们提出要求,推行素质教育。素质教育从开始时是提高大学生的文化素质,现在发展到全面推行素质教育,所以要完成教育部赋予高等院校的素质教育的使命。同时还要体现出我们培养的学生将来能从事法律工作的特点,这就是说对我们提出的要求比一般性大学还要高,而不是低。如果带着这种思考来设计我们的教学方案的话,那将会发现我们目前存在的问题是非常多的,所以应迅速改变我们现在的低层次教育,把这个局面改变掉。这就是育人观念的变化。

第五个观念是办学规模。规模一定涉及结构,我们的结构在三个方面都是不合理的。第一个结构是非正规办学规模远远大于正规办学规模。

我们获得的评价是什么？有人已经把我们当做非正规办学的一个典型大学，这个评价不是来自于民间，而是官方。我们现在正规办学是 8000 多人，而非正规办学有 15,000 人左右。所以我和石书记的压力都很大，教育部领导找我们谈话时也谈到这个问题。有人说中国政法大学已经成为一所民办大学，这是对我们最大的误解。第二个结构是高层次教育的规模和本科教育的规模，研究生只有 1300 人，本科生是 7000 人，比例是 1∶6。一个研究型的大学应要求本科生数量和研究生数量比例持平，北大、清华已经达到了，研究生招生数量已经超过本科生。第三个结构，在研究生教育这个层次里，我们博士生和硕士生的层次结构是不合理的，仍然是 1∶6，1300 名研究生中博士生数量不足 200 人。这三个结构怎么改善？大致的思路是否可以这样定向：逐步缩减非正规教育，稳定本科教育规模，大力发展高层次教育——特别是博士层次的教育。办学结构基本表明一个大学的水平，如果我们定位为高水平大学、研究型大学，我们就必须努力改善这个结构。

第六个问题，是关于教育质量问题。本科是大学的立学之本，没有本科教学就不叫大学，只有本科以上的教育，才能称为大学。国家学位办把所有的知识分为 12 个大的门类，一般性大学应有 5 个以上的门类，这是国际标准。提高培养质量是一个永恒的主题，所以一系列教学改革都应当建立在提高教学质量的基础上。教育部最近的一个文件对我们提出了更高的要求。我想大家可能还不太熟悉的一件事是，高水平的大学，凡是进入“211 工程”的大学，都要接受国家的本科教学工作优秀评价。提高教学质量应以迎接教育部对我们的本科评优为契机，以评促建，以评促改，使我们的教学质量得到保证。我们应该很自豪，据国际互联网调查，中国政法大学被排名为中国十大名校之一。既然是十大名校，你的本科教学质量应该得到社会的公认，教学效果应该是优秀的。这是第一点。

第二，教育部要求一定要把名教授请到本科讲台上。我和教务处已经商量过，我们 60 岁以下的博导应该给本科生上课，并且应当倡导新生入学后的第一堂专业课一定要由有名的教授来上，因为这堂课对学生来说可谓终生受益。所以要求60岁以下的博导每年完成36个以上的本科生课时，这也是提高本科生教学质量的一个措施。

第三个方面，应大力改善我们的办学条件。这半个多月我们两处校园我已走遍，总的感觉是办学条件在某些方面还不如一个中学，一所中学现在获得的投资是几个亿，那是我校没法比的。令人吃惊的是，我们学校连一些基础的条件还不具备，如多媒体教室。在昌平校区，多媒体教室只用于基础教学，专业教学没用过。到目前为止，法大还没做出教学课件。教育若比作一个产业，主要是指生产课件，一个课件中的附加值是千万倍的，这些我们都没有。我们的网络可能是最落后的，价格最高，但速度最慢，师生叫苦不迭。在这种状态下培养出的学生，对一些现代教育技术都是陌生的，这就一定会影响到我们的教学质量。

还有我们的教学评价体系，如果一门课上完后好坏一个样，那么这种评价制度就可能有问题。学生是否应当有权力来决定老师在教学位置上的去留？这就是个制度问题。类似这样的问题我称为教学评价体系，这样的体系我校尚未建立起来。提高本科教学质量是我们永恒的一个主题，否则我们对不起学生。大家很自豪，我们的生源是最好的，但是如果他们接受不了一流的教育，他们会带着某种怨恨离校，这种名声的传播对我们今后的招生是非常不利的。我听说有一个家长到昌平一看我们学校的牌子到处都是，分不清哪个是法大，最后决定这个学校不能报。我们离校的学生讲，四年没有听名教授上课，只是听了一两场讲座，人是见了，上课的风采却不知道。这种名声传播出去，使我们丧失了很多优秀的生源。所以提高教育质量，也是我们深化改革要解决的。

第七个问题是科研观念。科研工作是一个大学水平的标志。为什么叫大学？我想重在学术。大学不同于官府的最大区别应当在以学术为本，以学术作为评价标准。一个大学的评价体系就是学术受到尊重的体系，所以我们这儿叫学府而不叫官府。那么，学术上我们应倡导一种什么样的精神？这就涉及学风。我们历来赞扬原创性研究。研究成果分为两种：一类是传播型，我们上课所使用的课本，查资料时所见的字典，这一类也是成果，属于传播型。真正有能力的科研人员应该有原创性成果。一个大学原创性成果比例越高，它的科研水平就越高，它所属的层次也就越高。学风涉及为什么而学术？这里也可分几类：一是为生存而学术，目前这类不多，因为大家温饱已经解决。二是为身份而学术，要评职称。拿出一点所谓"成果"，连他自己也知道那是不是学术。真正做学术，是为人格、为学术而学术，将学术看做自己的人格、生命。范文澜先生说："板凳要坐十年冷，文章不写半句空。"这种精神，应是我们学术所倡导的。这就涉及中国政法大学成果评价体系是否科学？是以数字作为标准？以印为铅字作为标准？还是以真正学术为标准？依我看，数字不是真正的标准，仅仅是形式。铅字未必是学术，印成铅字的东西，有人说只有三种人看，自己看，编辑看，印刷时校对看，除此之外，没有第四个人看。这种学术不应是我们所倡导的。学风的引导要通过科研评价体系来体现。因此鼓励大家争取纵向的科研经费，将来是否可以建立一项制度，没有科研经费，特别是没有纵向科研经费的人，是否有资格参加职称评定？科研经费不足，就没有能力指导研究生。研究生是在导师科研过程中学会研究的，导师的经费是指导研究生的条件。这就是我们需要引导、鼓励的。你的经费越多，你的层次一般来说也就越高，为国家做出的贡献就越大。这就是我们科研体制所要理顺的。

第八，人事观念。人事工作的基本观念是什么？大学里的人事工作，我想主要是建设一支高水平的师资队伍，这是最重要的人事观念。大学里的人事调配、人员进出，一切都要为师资队伍建设服务。一个好的师资队伍，几个方面结构均应该合理：一是职称结构。高水平大学职称结构是倒置的，教授应多于副教授，副教授应多于讲师，助教仅是几个人的事。二是学历结构。构成教师的大多数都是博士，所以我们应有计划地为 45 岁以下的教师创造条件，使他们在几年内获得博士学位。三是年龄结构。年龄分布应是合理的。在法学学科上，我们基本完成了新老交替。有前一辈在前引领，中生代、后生代迅速成长起来。这个年龄结构应该合理。四是学缘结构。即大家出身不应同源，如果大家都是从同一个大学毕业，学缘结构就不合理，就如血缘一样。哈佛大学有一个硬性规定，在哈佛从教的人从哈佛毕业的不得超过30%，所以聘任时严格按比例来掌握，这就保证学缘结构的合理性。学缘结构不合理，大家知识结构就相同，因而相互间就缺乏碰撞。另外，都是同一个地方出身而排斥外来，这种学缘只会证明自己的低水平。高水平、开放性的大学必须吸引更多的其他大学的人加入我们的队伍。学缘结构要保持合理性。此外，还有一个留缘结构，就是留学国别合理。如果大家都留学美国，回来传播的大概都是美国的精神、做法、经验；都留学德国，则大陆法可能占统治地位。日本东京大学历史上出现过两次反复，开始留英的人占主导，接下来留德占主导，这两派处于矛盾中，最后还是要走向调和，出现一个各种结构都存在的合理性。一个好的师资队伍要求这几个结构都是趋于合理的。最后一个结构，人们叫做水平结构。这个师资队伍里应该有大师级的人物，他们是一面面的旗帜，一面旗可能代表一个阵地，然后有接续的人，使薪火相传。所以一个大学里两支队伍，一个是师资队伍，另一个是管理队伍，这两个队伍建设好了，这个大学就有希望了。

第九，管理观念。大学的管理到底管什么？刚才我有一句话：大学是学府而不是官府。所以我和石书记一再强调，大学里没有官。这个观念，请我们从事管理的干部注意。我开过柳华校长的玩笑："你到大学是削官为民了。因为在教育部，你是公务员，到大学里就丧失了这个身份。"大学里没有公务员，相反，大学教授有一种特殊性，"见官能高，见民能平"。"见官能高"，当总理和你见面，你给他讲解问题，总理就成为你的学生；"见民能平"，教授见到扫马路的，你不能命令他扫快点，因为不构成隶属关系，大家地位是平等的。那么，作为大学里的管理者管什么？不是管教师和学生的，教师和学生是你服务的对象。在这里有两个明确的观念：一是大学以教师为本位，二是以学生为主体。这两句话是说给从事管理的同志听的。大学的正常循环关系应该是校部机关包括校长、书记在内一起为各个院系服务，校部机关、各院系共同为教师服务，大家共同为学生服务。这个循环关系要理清。学生不是你呵斥的对象，也不是管理对象，而是服务对象。特别是在现代教育背景下，学生交费上学，他是来消费的，你不能提供优质服务，他就会动用他的权利追究学校的责任。在这个循环关系中，学生应有权利感，学生有权利评价老师、工作人员。大家知道，权利意味着什么？意味着一种强制力。学生的评价就应成为我们取舍某些人的根据。所以大学里的管理观一定要改变成服务观。不能树立服务观念，就不适合做管理工作。我非常赞成石书记的一句话，“我们到政法大学来不是来当这个书记、校长，而是来做书记、校长。做事情，就是做为大家服务的事情”。所有管理人员要明确，教师是本位，学生是主体。不要把学生当成客体，来支配他，而要把他当成主体。你应有一种被他支配的感觉，他来决定你。以教学计划为例，哈佛大学开 7000 门课，中国开课最多的北大，1700 门，差别为什么产生？哈佛、北大学生人数大致相当，原因在于哈佛规定，5 名以上学生要求开设某门课，学校必须满足他。教学计划是根据学生需要而提出的，这就是学生的主体地位。所以一个大学所采取的政策、所进行的改革和提供的服务应根据学生的需要，这就是我们应建立的一种管理观念。

另外，转变管理观念要厘清学术权力和行政权力的关系。首先，转变管理观念，改变行政权力一统天下的思想，把学术权力从行政权力的重压下解放出来，让学术权力发挥其作用。其次，赋予学术权力以更多的正式组织权力。既然学术权力有其合理性和正当性，就应当在学术管理活动中通过制度设计给学术权力以应有的地位和权威。必要的学术权力要通过行政权力加以确认和形式化。只有充分意识到学术委员会、教授会、各种专门委员会等学术组织制度对提高学术权力的重要作用，并像对行政组织那样重视其建立、健全及切实行使其职能，建立发挥学术权力效能的制度保障机制，合理规范学术权力与行政权力各自发挥作用的领域和范围，使二者在学术管理活动中建立一种有机的分工、合作与制约关系，学术权力才能得以提高。然后，正如布鲁贝克在《高等教育哲学》中所说的，“正如高深学问的发展需要专门化一样，在学院或大学的日常事务方面也需要职能的专门化”。我国的大学组织应该有一支专门化的行政队伍，应从懂教育的专家中抽出人来管理大学的日常事务。最后，建立健全校务委员会制度，使之成为大学行政事务的最高决策机构，在这个机构里，不担任任何行政职务的教授应当有一定的比例,以保证来自校长等行政权力系统之外的学术权力也享有一定参与学校行政事务决策的权力。通过对学术委员会职能及组织形式的适当改造,使教授在学术委员会中占有适当的比例,这样才能确保专家、学者参与学术事务决策的权利落到实处。

最后,谈一下大学文化的特质。大学不仅是一种客观的物质存在,更是一种文化存在和精神存在。在一定程度上,大学的文化存在和精神存在具有超越物质存在的历史价值。大学文化是由"大学人"在对知识进行传承、整理、交流和创新的过程中,形成的一种与大众文化或其他社会文化既相联系又相区别的文化系统。与大众文化和其他文化相比,大学文化具有以下特征:(1)大学文化是一种追求真理的文化。大学以传承、整理和创新知识为己任,是知识的集散地和创造源。在这种特殊环境下形成的大学文化,必然把追求真理、坚持真理、捍卫真理作为自己的旗帜。(2)大学文化是一种追求理想和人生抱负的文化。创造和传承知识的目的是推动人类的文明进步,是使人能够得到真正意义上的全面发展,使人类美好的信念和情感得到充分的张扬。大学文化总是把人类的未来作为自己建设的对象,充满了对人类命运的关怀,充满了对自己民族、对社会、对整个世界的责任意识和使命意识。(3)大学文化是一种崇尚学术的文化。大学文化不唯上、不唯书、只唯实,始终强调独立人格、独立思考、独立判断,要求在自由的氛围中进行学术的理性思考研究,在开放的环境中实现科学的创新和发展。(4)大学文化是一种严谨求实的文化。大学的教学、科研活动是一个严谨的学术过程,崇尚严谨、逻辑、实证、经验,崇尚脚踏实地地勤奋工作。(5)大学文化是一种具有强烈批判精神的文化。科学的特性就是大胆质疑,整理知识、继承知识需要批判鉴别,去粗取精,去伪存真;学术交流、文化交融需要批判与反批判的碰撞;创新知识、追求真理,需要不断地批判他人和自我,超越他人和自我,从而实现理想的目标。以上所有大学文化的各种特征归结为一个本质要求就是要追求卓越。只要追求学术,就要追求最高。因此,各项工作都应以追求卓越作为特征。请别人来做一场学术报告,一定要把最高水平的请来,听一场交响乐,要请李德伦,或其他一流大师,一定不能请个三流的。所以,我们每一项工作都应以追求卓越作为大学文化的特质。大家知道我们代表先进文化,代表先进文化的发展方向。大学应是一个国家先进文化的传播地,每个人都应为先进文化的产生做出自己的贡献。我们应该去创造这种先进文化,如果我们是创造者的话,我们一定是在追求最先进的东西。所以大学文化本质性特征应该是追求卓越,学术上如果向二流看齐,那你就不是好的学者,管理上向二流看齐,那你就不是一个好的服务者。所以这种观念我们要一致起来,追求一流,追求卓越。这个观念是我和大家互勉的一种观念。

关于观念的更新,我就讲这十个方面。实质上就是四句话:更新办学观念,抓住中心工作,改革管理体制,争创一流学科。

教育理念当创新*

站在这里，首先能找到做老师的感觉，因为我面对的都是同学。首先，今天这个会我是坚持一定要出席的。本来，今天上午在中国人民大学，应该由我去主持“21世纪亚洲法学教育改革与发展研讨会”的，主持人这个位置我让给了其他人，我说有更重要的会议要出席。下面我想和大家谈一下教育理念问题。

在不同的场合，我曾经谈到我们大学的办学指导思想，也就是四个定位：多学科、研究型、开放性、特色性。在走向21世纪的过程中，我们也已经形成了一些比较成熟的新的教育理念。今天，我要从五个方面来谈一下新世纪我们的教育理念。大家现在是本科生，在未来的一两年或三年后你可能离开政法大学，这些理念可能将影响你今后一生。第一个比较成熟的新的教育理念，是素质教育理念。自1995年发展至今，经过六年左右时间，全社会已达成的一个共识，要推进素质教育，最后的落脚点，应该是塑造厚基础、宽口径、高素质、能创新的人格。第二个理念，叫做终身学习理念。现在知识的更新周期，在一些应用学科变得越来越短了。基础学科需要用积累来巩固人的素质，而在一些应用学科，特别像人文社会科学中的管理学、法学更新的速度越来越快。复旦大学前校长杨福家先生在毕业典礼上讲，你们学过的化学知识，从一年级学习开始到你今天离校，几乎全部都过时了。他认为化学知识的更新周期就是四年。西方现在对人才的需求，特别是应用型人才的需求，以五年作为一个知识更新周期。现在我请你来做工程师，做管理人员，五年内如果知识不更新，你就不再适应这个职

* 节选自2001年12月28日在第九次学生代表大会上的讲话。

位了。所以,同学们一定要建立起终身学习的观念。第三个理念,是学习型社会的理念。当代社会间的竞争,是学习能力的竞争。我国高等教育的毛入学率是非常低的,虽然从 7%提升到 9%,再提升到 11%,再到今年我们达到了 12.5%,在国际上仍是一个低比例。20 世纪我们和美国做了一个比较:1998 年时,美国的高等教育已达到普及程度,而我们那时毛入学率只达到 9%。后来有了三年扩招。我们知道,扩招代表我们国民素质的整体性提高,但也给高校带来很大压力,所以同学们提的 4456 条意见,可能都和扩招有某种联系。那个时候,我曾作过一个假设:面向 21 世纪时,这边是 100 个美国人,全部是大学毕业;另外一边是 100 个中国人,只有 9 个大学毕业。这时两个国家的竞争是一种什么样的竞争?结果是可想而知的。所以我们提出了“科教兴国”这一战略。这个战略就是要把我们的人口负担转化为知识优势。所以当我们的毛入学率在 2005 年达到 15%时,根据美国一位科学家的预测,超过这一水平时,高等教育将由精英型转化为大众化阶段。所以全社会都应学习。将来社会和社会间的竞争,就是一个学习力的竞争。同学们将来走向工作岗位,要以你的学习力来与别人竞争。谁的学习力势头保持得强,谁将在竞争中立于不败之地。国家和国家、民族和民族都是这样。农业社会是一个政治型社会,工业化社会是一个经济型社会,现在我们应是一个学习型社会。第四个理念,是现在的高等教育应是创新型教育。创新力,是一个民族的灵魂所在,是一个民族发展的不竭动力。同学们一定要着重发掘自己的创新能力。在这个方面,我们将构筑一系列的制度,为同学们的创新提供一个平台。这四个观念是比较成熟的,是正在得到整个社会承认的观念。高等教育的另一个全新的观念正在向我们展现,那就是整个高等教育的重塑。大学教育的重塑,应以学生为中心。因此,我在前不久提出应以学生为主体,这个主体我会赋予一些特别的含义。只有从法学上理解它,才能给予更准确的把握。这几个理念是我和大家交流的第一个想法。

第二个想法与同学们在提案里提出的问题有关。这些问题每一个都可能触动学校的神经,作为行政负责人,我觉得愧对大家,我到了会场后,才知道右边暖气全是凉的。我们提供给同学们的学习条件没能令大家满意。学校现在欠账很多。以我们一万人的规模算,教育部要求人均一分地,而我们只有500多亩,只达到要求的一半,欠同学一半的账,而在较短时间内进行大规模扩展又几乎是不可能的。我们现在教学座位也很缺乏,我看到来自于这方面的提案很多。我们的阅览室、图书馆中应人均2.5平方米左右,按我们的人数计算,我们欠缺8000多平方米。同学们的居住条件,李岚清总理亲自抓这件事情,前不久提出高校学生住宿条件应是"四二一",就是本科生四人一房间,硕士两人一房间,博士应是一人一房间。南方一些条件比较好的大学已做到了,我们差距非常大。

我要表达的第三个意思,是关于我对学生会性质的认识。大家知道,学生的章程把学生会确立为学生的自治组织。这个定性我很赞成,我们对学生会寄予很高期望。我想它应具有三个方面的基本职能:第一个是,它应首先成为学生的自律组织,自我约束、自我发展是其基本职能。这个职能中应赋予很多同学自我认可的义务条款。第二个职能,应是维护同学们的权益。同学们的权益如受到侵害,这个组织应有所行动。第三个职能,它应是连接同学和学校间的桥梁。它既要能听到同学们的声音也应能听到学校的声音。这三个职能贯彻好的话,学代会、学生会的作用就发挥出来了。

我的大学理念*

理念产生行为，行为养成习惯，习惯塑造品格，而品格则是决定命运的关键因素。对于一所大学来说，理念也是至关重要的，没有理念的大学不成其为大学。什么是大学理念？大学理念就是大学的精神，是引导学生的灵魂，是团结大家的价值尺度。作为一种价值尺度，它反过来还要评价大学这种制度。

一

在近千年的历史长河中，大学理念曾多次被讨论、被诠释，总的来说，大约经历过四次大的调整与补充。

现代意义上的大学源自欧洲中世纪，大学的理念也渐趋形成。英文“university”一词，原意即指“一个接纳来自世界各地的学生的地方”。早期的大学提供博雅教育，以培育“绅士”——通达而有修养与见识之文化人——为己任，注重人格和道德培养。深谙古典大学理念的牛津学者纽曼说，“一所大学就是一个群英会集的殿堂，天下各处各地的学子到这里来，以寻求天下各种各样的知识”。对于知识，大学目的在于传播和推广，而不在发展和增扩。一言以蔽之，这种大学理念强调大学是“教学”的场所、是培育“人才”的机构。它代表着古典大学理念的滥觞。

到了19世纪，德意志帝国的教育大臣洪堡在创办柏林大学时提出了“育人”与“科研”并重的理念，主张大学不但要成为人才培养的中心，还要

* 根据2002年8月20日在西北政法学院（今西北政法大学）的演讲整理，有删改和补充。

成为科学研究的殿堂。换句话说,大学不只是“传授”知识的,同样重要的功能是“创造”知识。这一理念宣告了中世纪大学的终结,对后世影响至深。由于当时德国大学崇尚的是纯理论的基础研究,特别是哲学思维的训练,从某种意义上说,其所注重的科学研究仅仅是“贵族之间的一种精神活动”。就大学的总体情况而言,它仍然是一个相对远离社会的“独立的有机体”,是故一度被法国批评家称为“象牙塔”。

19 世纪末 20 世纪初,随着市场经济、工业社会、国家体系的复杂化,美国出现了大学理念更新的第三次浪潮。对其有多种表达方式:大学是一种国家工业或知识工业,大学是一种公共服务机构,大学是社区发展的服务站,大学是社区发展的动力站……它强调大学不单是一个教育机构、一个研究机构,还应该是一个服务的机构。言下之意,大学要对社会开放,并对社会产生作用,大学的最终目的还要为社会服务。“两弹”的发明和“硅谷”的崛起,奠定了这一理念在当时的主导地位,其时的大学由象牙塔行进到了社会的中心位置。

20 世纪 70 年代后,人类文明发展对大学提出了新的要求。与全球化浪潮结伴而行的,是文明之间的冲突也加剧了,于是大学有了一项新的使命:促进文明交流与文化融合,以缓解民族国家之间的冲突,营造世界的和平与和谐。所以,大学应成为文化交流的中心,倡导求同存异,既弘扬共同价值,又尊重文化多元,并以此引领人类文明前行。

以上所述,就是近代大学理念的四次重构。我倒认为,今天的大学应该是“四念”并重、四位一体的。

二

每一所大学都想建成一流的大学,那么什么是一流大学?标准是什么?

尽管世界各国乃至某一国内的各评鉴机构所使用的标准各有侧重,但我认为,一所大学想成为“一流”,都需要具备一些基本的条件。它们是:

一流的师资。所谓“一流的师资”,就是称得上大师级的师资,其标准有三：首先，他们应是学科创始人；其次，具有跨学科的影响力；最后，能够培养和带好一支薪火相传的团队。一个研究学问的人，能在三级学科中产生影响，他算是一个学者；能在二级学科中做出贡献，他是一个学科的带头人；如果能在一级学科领域里创出天地，他就是杰出的学科领袖；在此基础上产生跨学科影响的，便是"大师"。大师预示着一所大学的水平和声望，也是大学的吸引力所在。一流的师资不仅能够创造出卓越的成果，而且还能培养出优秀的学生。"所谓大学者，非谓有大楼之谓也，有大师之谓也。"

一流的生源。一流大学的生源必是最好的，哈佛、耶鲁向全世界开放，"得天下英才而教育之"。在我国内地，每年春夏之交，高考前后，都要上演一场又一场顶尖大学争夺优秀生源的好戏。近年来香港的大学不惜重金延揽内地高考状元。种种现象表明，学生的素质，也就是生源的优劣，既是大学在青年学子心目中魅力大小的体现，也是进一步提升自身品质的条件。

一流的成果。大学有条件思考根本性、基础性的命题，有条件进行综合性、跨学科的研究，所以能产生具有奠基性、前沿性、标志性的研究成果。大学应该是社会的思想库，要出具原创的理论和思想，当国家和社会需要的时候，它的"库存"应该是满的。大学在开展研究时敢于怀疑，因有怀疑才有活力，有活力才有创新，有创新才有进步。

一流的本科教学。本科教学永远是大学的中心任务之一。耶鲁大学校长雷文在 1993 年发表就职演说时说，"我们特别感到骄傲的是，在一些具有同等能力的院校中，我们最致力于本科教学。在我就职之时展望未来，我们再一次确认这一使命，再一次确认支持我们不懈追求这一使命的价值观"。学生交费上学，如果享受不到该校最高质量的教育，便构成"消费上的欺诈"。本科生入校的第一堂课，是要由最好的教授来讲授的。

一流的硬件设施。中国进入市场经济以后，高校对人才的竞争异常激烈。在这种情势下，大学要想延揽大师，还得建大楼。这里的"大楼"，除了统指硬件设施之外，也包括宽松的学术环境和优越的教师待遇，这既是教学和研究的需要，也是维护学者价值与尊严的条件。大学要做的是："延聘一流人才,并使他们快乐!”

一流的氛围。自然科学是一种逻辑结果,而人文科学,却是一种理性感受的结果,注重的是一种氛围的营造,以期求得人格之独立和精神之自由。大学是一个生态系统,环境会造就人。如果把大学比作一个发酵池,文化就是酵母,学生受到酵母的熏陶,往往带有学校的风格。在校园里,一砖一瓦,一草一木,一条道路的名称,教员的举手投足,都在形成着整体的氛围。在学校里,我不提倡打麻将,而宁愿学生打桥牌,麻将代表着一种“我不好过也不让你好过”的心态,桥牌则崇尚合作,追求卓越。我们的学生应该在这样的一种气氛中成长。

此外,还要有一流的形象和声誉。这个指标是综合性的,而且应该由社会来做评价。在国际上有影响的,由国际上的大学及专业机构来评价;在国内有影响的,由国内其他的大学及专业机构来评价。

以上七个方面,是任何一所一流大学都必须具备的基本要素,也是一流大学之生命力所在,缺少其中任何一个方面,都难成气候。

三

世界上最早的大学,是意大利的博洛尼亚大学,它最初只有一个专业——法学,后来才陆续设立神学、医学等学科。法学代表着人文社会科学的最高成就,医学则代表了自然科学的最高成就。博洛尼亚大学法学教育的最大贡献,是促进了罗马法的复兴,它进一步促进了人文主义思想的传播。

法律的特殊地位,决定了法学教育在整个教育改革中的特殊性,这要从现代法学面临的空前挑战说起:

首先是信息全球化的背景。目前全世界有 14 亿台电脑,这些电脑储存的信息 96%是用英文表达的,所以说,将来的法科学生如果不能很好地通过语言能力接近这些信息,是要被淘汰的。外语能力不能仅仅被视为一种手段,它是一种眼界,会一门外语便等于打开了一种眼界。

其次是经济一体化的背景。中国“入世”的过程,也就是中国的观念、思想和制度第二次解放的过程,历来法商不分家,所以法科学生还要学会适应新的经济规则和管理规则。

最后是法律一体化的冲击。各种管理规则的一体化和学科间的交融,要求我们具有共同的法律文化,而这些,恰恰是建立在人文关怀和科学精神基础之上的。人文关怀和科学精神是法科学生最不可缺少的,这两种品质的培养是当务之急。

以上三方面的冲击加剧了文化力的竞争,也为我们提出了三个问题:

法学教育是大众教育还是精英教育?按照美国社会学家马丁·特罗的划分,适龄青年的高等学校毛入学率低于15%,属于精英型高等教育;达到15%~50%,为大众化阶段;超过50%,为普及阶段。随着规模的扩张、大众化阶段的到来,法学教育"注重人格、道德、伦理培养"的精英教育诉求如何得以满足?法学教育应该大众化吗?

法学教育应该是通识教育还是职业教育?通识教育源自古罗马时期的自由教育,它与职业教育相对。就内容而言,它是一种"广泛的、非专业性、非功利性的基本知识、技能和态度教育"。在美国,法学是本科毕业以后才有资格修读的。凡是进入哈佛、芝加哥等一流大学法学院的学生,本科课程成绩必须都是"A"。所以它的法学教育是一种经历了通识教育和残酷学习竞争后的精英式职业教育。而在我国,高中毕业生直接进入法学教育,法学本科一毕业就有资格当法官、检察官和律师,精英主义与通识教育的矛盾和冲突就凸显出来。当前中国法学教育有两个缺陷:一是学生缺乏职业伦理训练,二是缺乏法律技巧训练,特别是后者,真正的法律技巧是在面对面的实践中获得的,而中国目前的法学教育尚不具备这种条件。当然,最好的办法是将两种教育结合起来,但这在本科四年的时间内又是完不成的。

法律应是逻辑推理的结果还是经验积累的结果?在西方,特别是在英美法系国家,秉承法律的经验理性,只有职业伦理最优秀的律师才能当上初等法官,初等法官经年累月有了丰富经验之后,其中的佼佼者才能成为中等法官;然后再经过一些积累,才可能成为高等法官和大法官。如此一来，一位大法官就成了一座资源丰富的法学宝库，常常被奉若神明。而在我国的背景中，逻辑与经验如何结合？

四

我一直认为，大学应该以教师为本位、以学生为主体。“以教师为本位”是指，一所大学的中心工作是通过教师和围绕教师这个关键点来展开的。大学要因应教师个体差异的需求，提供质量相同但内容有别的服务，在这个意义上，校长也是为教师服务的。香港科技大学名誉校长吴家玮先生说得好：“我们管理的目标就是利用有限的资源为教师提供最优质的服务。”“以学生为主体”至少有以下几层含义：首先从教育学意义上来理解，在教育关系上要改变学生的客体地位，恢复其主体地位。教育关系中是应该讲“两个主体”的，受教育者是主体，教育者也是主体。为什么要讲“学生是主体”呢？在我国一贯的教育体制中，特别是在教和学的关系上，学生总是处在被动的地位，大学培养学生的过程就像一个流水线作业过程，学生处身其中是没有选择的。我曾经打过一个比方，过去我们是把学生当作“矿物”来对待的。现在应该把这个关系改变过来，把学生当作“生物”来对待。当把学生当作生物看待时，大学四年的育人过程就是生物的生长过程。如此一来，大学也就成了一个生态系统，成了一个生意盎然的百花园。在这样一个生态系统里面，有人愿意长成动物，有人愿意长成植物。动物里面有人喜欢老虎的勇猛，有人喜欢猴子的智慧，有人喜欢兔子的可爱；植物里面有人愿意长成大树，为的是有“参天之高”，有人则说我不愿招来那么多的风雨，只愿意做一棵清清静静的小草。尽可如此！当把“矿物”转为“生物”之后，在这样一个生态系统当中，每个人的成长就是根据兴趣去自主选择，学生的主体地位也就恢复了。哈佛大学有一条规则：以学生的需要作为开课的依据。有五名以上的学生联名向学校提出来需要开设什么样的课程，学校通常就要满足他们的要求。这就是学生的主体地位，而不是要你学什么你就学什么，不要你学什么你就不能学什么。

在法律关系上，学生是无可置疑的主体。从宪法关系上看，学生是宪法权利——受教育权——的主体，而国家、学校则是满足其要求的义务主体。从行政法律关系上说，学生是一个行政相对人，和学校有四层关系：一是服从关系。学生有义务服从学校符合法律的管理，而不具有服从不符合法律的管理的义务。二是排拒关系。在私生活、人身自由、通信自由等自由领域，学生对学校的管理具有排拒能力，学校公共权力不得随意侵入。三是参与关系。学生对学校的中心工作具有参与权。最典型的，是学生对课程讲授效果的评价、对教师教学水平的评价以及对学校某些管理事务的参与。四是请求关系。学生有权请求奖学金、助学岗位、荣誉称号、学位和毕业证书等一系列权利，这种关系和请求，学校不能漠视，要尽一切努力予以满足。最后，学生和学校形成民事法律关系，在这一重要法律关系上，学生是百分之百的主体，主体和主体之间权利必须平等，学生的权利与校长的权利是完全平等的。

"以学生为主体"的理念让我们看到，管理不是一条条刻板冰冷的规定，不是强制性的"不许"和"不能"，而是在以学生为出发点的方方面面，每个细节都体现出为学生着想的良苦用心。

五

再来简要地梳理一下关系现代大学制度建构的几种关系。

一是大学与政府之间的关系。现代大学制度有两个基石：一是大学自治，一是学术自由，都涉及大学与政府的关系。从目前的设置来看，大学与政府之间存有五个层次的关系：第一个是持资关系，即两者处于政府掌握着资源的配置权、大学争取资源的支持权这样的关系中。第二是人事任免关系。目前，大学的主要负责人由政府选任，这意味着高校领导要向任免机构负责。第三个是规范和制约关系。这往往表现为上级机关直接向所属高校下达指令、提出要求，它是用权力的方式进行规制的。第四个是行政许可关系。这种涉及许多和行政管理相关的事项，包括大学校长出国等单项许可等。第五个是评价与被评价关系。政府有权力自己或者通过中介组织对高校的办学状况进行评估。依法自主办学，实现大学自治和保障学术自由,首先要正确处理大学与政府之间的权利界限。

二是大学与社会之间的关系。大学要向社会开放,为社会服务,把自己的培养目标同社会的需要结合起来。同时,大学也要从社会获取发展的资源和机会。在办学形式越来越灵活的情况下,高校与社会之间是一种什么样的关系?特别是在社会向大学捐资或投入的情况下,更是要求高校学会用法律等各种方式处理好与社会之间的关系。

三是大学内部的关系。主要是要处理好刚才谈及的"教师本位"与"学生主体"的问题,在此不再赘述。

当今时代,大学、政府、社会三者已然构成了一种相互依存、相互制约的共生共荣关系。要想营造"三元开泰"的和谐局面,就必须认真审视和处理好它们之间的微妙关系。

一所大学如果能让学生有自豪感,教师有尊严感,管理人员有成就感,它就是充满活力的大学。一所大学为教师和学生服务的空间是有限的,但教师和学生个人发展的空间却是无限的,把这种有限统一到无限中去,这就是我的大学理念。

我希望,我的理念也能成为大家的理念。

渊　与　博*

大家可能还记得,今天是个特殊的日子。有的老师可能已经猜到了,也就是去年的今天,我和今天在主席台上坐着的柳华校长,一起成为法大的新生。对我来说,则更像是一名转学而来的新生。经历了正好一年,所以,从明天开始,我就可以说是法大的一名老生了。在我们履职一周年的时候,教育部陈至立部长到学校来视察,这既是对法大所有师生员工的一种鼓励,也是对新班子工作的一种支持。昨天石书记已经给大家介绍过了,我们用30分钟详细地汇报了这一年当中我们做的几项工作,最后获得了比较高的评价。

我们是在履职一周年的时候开这个科研会议,很有意义。我非常赞同老师的一个提法:法大要振兴,科研要先行。首先,我想先说一下召开这次会议的三个背景,我把这三个背景叫做"三个好"吧。第一个"好",就是我们选择了一个好的时节。已经是金秋收获的日子,大家往这个会场走的路上,可以看到枝头硕果累累。在这样一个季节开这样的会,不光是要收获科研成果,还要为来年的工作做好规划。我们在科研方面的理念,要开出一些花、结出一些果来。像今天大家讨论的这些文件,就是科研转化的结果。第二个"好",因为我们是在一个好的背景下开这个会的。请大家回忆一下这一年所进行的改革,我们已经搭建了两个平台。去年春节之前,搭建的第一个平台是校部机关和人事制度的改革。如果没有这个平台,就没有今天的会议,科研处在这个平台上做了大量工作。搭建的第二个平台,就是上个学期进行的院系调整。院系、专业、学科和整个学校资源的重组,

---

* 2002年9月29日在"中国政法大学科研发展论坛"闭幕式上的讲话。

为我们今天科研会议的召开奠定了第二个基础。改革进行的顺序大家非常清楚,搭完第一个平台后是第二个平台;第二个平台的搭完,是改革向纵深发展的标志。这个学期要推进的改革是科研、教学、人事、后勤板块的优化整合,这都是学校内部深化改革的一些内容。所以我们有一个好的背景。第三个“好”,是我们采用了一个好的机制。去年 10 月 17 日,我讲过一定要打通一个管道,让教授参与学校重大事情的决策,“以教授为核心”展开我们的工作。今天的会议,我想是实行这个好机制的开始。所以,我的理念也是一再和大家交流的:大学要以教师为本位,以学生为主体。今天这个研讨会是我们尝试新机制的开始。所以我说的第三个“好”,是在一个好的机制当中讨论问题。

既然是在这“三好”背景下开会的,我们肯定有很多收获。我想可以作这么几个概括:收获的第一个方面,是大家对科研的重要性或者对科研的战略地位有了统一的认识。刚才提到一句话:法大要振兴,科研要先行。这是一种表达,另一种表达就是科研工作始终要放到法大所有工作的中心地位上。还有一句话,就是过去讲过的,教学是大学的生命,如果失去了教学,大学就没有存在的价值了。而科研呢,代表一个大学的水平。所以,大学与大学的比较,有时候并不光是比较教学,还要比较科研。因此,我赞同大家把科研作为大学核心竞争力的说法。国际上的大学比较的是什么呢?实际上就是学术排行榜。在自然科学界,有两种杂志是世界公认的权威杂志,一个是 Science(《科学》),一个是 Nature(《自然》),谁能在这两种杂志上都发表文章,在中国大概就可以做院士。从 1949 年到 1979 年 30 年间,全国在这两个杂志上共发表了 8 篇文章。这一情况说明,中国以前是自然科学落后的国家。但在 2001 年一年当中,中国学者就在这两种杂志上发表了 12 篇。其中,北京大学的一位本科生在导师的指导下,参与了一个课题,他在发表的论文上署名了,这在国际高等教育界被认为是非常了不起的事情。所以说,现在中国的自然科学研究实力急剧上升,一年就相当于过去的三四十年的时间。大家还知道有两个最有标志性的排名,一个是 SCI,一个是 EI,也就是国际学术榜。SCI 是自然科学的,EI 是工程类的。

所以说国际间学术实力的比较,就是大学核心竞争力的比较。一个大学如果把科研当作核心竞争力来对待,这就说明科研在这所大学中是有地位的。这个观念我想大家应该已经统一起来了。

收获的第二个方面,我想是大家通过这次会议应该提升的另一个认识,就是教学和科研之间的关系。我一直有这样一种看法,大学里的教师大致可以分为这样三类:第一类,以教学为主的老师;第二类,教学与科研并重的老师;第三类,以研究为主的老师。我想每个大学里面,大致就分为这三类教师。这三类中任何一类,都绝不允许只搞单一的一面。只教学不科研,这样的教师在大学里不应当存在。任何科研任务都不承担,这样的教师肯定大学是养不起的。另一类只科研不教学,这样的教师我认为也是不应当存在的。当然不排除世界某一个国家或者某一个学科,要养一些精神方面的领袖。你只要在我这个地方,哪怕什么也不做,但我就要你的这个名声在这儿。这样的情况也是有的。这种"精神领袖型"的大师是比较少见的。这说明了什么问题呢?科研应当成为我们教师的基本素质之一;它既是一种基本素质的标志,同时也是大学履行教师职责的一种表现。因此绝不允许只教学不科研,或只科研不教学。只科研不教学,这种现象为什么不能存在呢?因为大学教职的每一个席位是根据学生来确定的,就是教师的编制是根据学生的人数来确定的;所以离开学生,就肯定没有教师。另外,专职的科研人员并不意味着不从事教学,他可以用他的研究项目、在他的研究过程中,哪怕带出一名学生来,也是在培养人,只不过方式发生了变化。所以只科研不教学的人,在大学里,我认为是不应该存在的。只教学不科研的人,更不应该存在。既然教学和科研是互动的,那么怎样才能互动呢?一个人只能教学不能科研,我认为这样的人教学水平的提高是有限的,即使他天天鼓励自己,要改变自己,但是他提高的幅度也是有限的。而如果一个科研能力很强的人,即使他的教学水平暂时不高,但他的提高是无限的。在我的信念中,科研应该转化为我们的教学内容。我提倡每个教师都应该把他的研究成果转化为一门一门的课程,这就是科研对教学的一种支撑,一种良性互动关系。我想这次研讨会,教学和科研的关系这个问题，我们大家在思想上能够有很多的沟通、很多的接近，这一个应该成为我们这次会议的一个成果。

第三方面的收获，我想大家都已经认识到了这样一个观念，即科研是需要激励的；但这种激励要建立一种机制。我们在科研上怎样通过我们的制度，特别是激励方面的机制，使我们的科研上一个新的水平，这是大家都要思考的。科研处做了一些工作，这些工作能不能经得起质疑、审思、批判？如果经得起的话，我再加两字，就是让大家共同去“建设”。审思它、质疑它、批判它不是目的，把这个机制建立起来，建设这个机制才是最终目的。这个方面我想也是大家共同的收获。

第四个方面的收获，就是学术研究。大家最深恶痛绝的肯定是学术腐败，所以我们这次制定相应的规范，初衷应该是好的，但具体细则大家还要多深究。学术研究本身是一种自律性行为，但是现在光靠自律不能保证的时候，就需要他律。但对于这个规则本身，我自己也有一些看法，比如对“学术腐败”的界定，在这个规范里面还没有穷尽。有些大学，像研究生入学考试，如果出现作弊的话，也是学术腐败。教师和学生之间的哪种交易是学术腐败？又如做课题，自己不做而署名，就是导师剥削学生，也是学术腐败；日常考试当中的作弊也是学术腐败。这四方面是不是大家在这次研讨会当中的收获，我不敢断言。这些至少是我自己在和一些老师交流的时候，我们能够共同感受到的一些收获。需要特别指出的是，我们在科研战略发展研讨会上收获的这些成果，包括文件式的成果、规范式的成果，要管用 20 年。

现在教育部要求我们做三个规划：第一个是发展战略规划，就是我们要把这个大学办成什么样的大学，这就是发展战略问题。第二个是学科与师资建设规划，就是一个实现战略目标的措施性规划、手段式的规划，我们要实现一个大学的发展战略目标，就必须建设学科，抓学科团队建设。第三个规划，则是校园规划。政法大学现在的两个校区合起来总共是 630 亩。长期的两地办学，我想肯定是不符合高等教育规律的，比如在其他许多大学可以利用的资源，在政法大学就无法有效地利用。这其中一个很重要的资源，就是博士生可以给本科生作辅导员，由博士生、硕士生带本科生。由于我们两个校区长期分离，使得本科生无法接触我们的硕士生、博士生，形成教育上的衔接断裂和教育成本的急剧提升。我们每年花在两校区间往返的交通费就达300多万元，更不用说老师们因为住得分散而各自付出成本。在这样两地奔波的过程当中带来的问题就会很多。像刚才何兵老师说的，很多问题都是由“坐车”所引起的。如果我们是在一个校园里，这样那样的问题可能就不是问题了。如何改善两校区分离这一局面？这些问题我想请老师们也帮我们思考。这三个规划，一定要交给大家讨论。“教授治校”就是要在学校重大的事情上，听取老师们的意见，听取教授们的意见。这三个规划当中，师资团队建设和学科建设这个内容里，科研是最重要的。因为科研既连接着教学，又连接着学科建设；而科研的主体就是我们的师资。所以政法大学一个总的发展战略就是：科研在整体发展战略当中应该占有最重要的地位。再有就是吸收各位老师提出来的意见，我们将分阶段地实现我们的战略。刚才各位老师还谈到法学学科和其他学科的问题。

过去我强调在学科问题上，有两句话必须讲。第一句话是我们有核心学科，有特色学科，有主体学科。同时还有另一句话：所有的学科之间都是一律平等的。这样，在总体的发展思路，在科研上和学科建设上，我把它概括成这样四句话：第一句话叫做“继传统”。政法大学发展了50年，我们有50年的传统，这个传统在我们这一代要继承，要发挥，要光大。第二句话，要“保特色”。这个保特色就是我们现有的有特色的学科，无论是主流学科，还是非主流学科，只要有特色，我们就发展。我们特别注意发展那些交叉和边缘学科。因为交叉和边缘学科最有可能找到一个新的增长点。有人预计21世纪最有希望的三个学科，就是交叉和边缘的，第一是心理学，它需要多学科共同努力；第二是统计学；第三是语言学。这三个学科因循过去的传统也不行，它一定是把多学科整合到一起而形成的新的学科。政法大学现在已经是一个多学科型的大学，我们已经有条件进行多学科之间的协作，所以“保特色”就是只要在学科上有特色，我们就给予特别的保护、特别的扶持。第三句话,我把它叫做“兴新学”。这回答了我们刚才有些老师提出来的问题。法学以外的其他学科怎么办?要兴新学。光靠传统是不够的,传统要延续;我们要发展,就应该全面发展。这个新学,就是我们新设置的专业。我对于这些新专业提出一个希望,就是要从专业建设变成学科建设。专业建设还仅仅是局限在本科生教学上,当我们谈学科建设的时候,它才提升到另一个层次。所以刚才人文学院刘斌教授讲,今年他要申报三个硕士点,这是令人鼓舞的。第四句话,就是“育新人”。要培育新的学科带头人,那么这里边有个关系要处理。政法大学的科研主体大致可以分为三类:一类是我们已经离退休的教师。他们当中还有人在笔耕不辍,大家知道,薛梅卿老师现在仍然在从事学术研究,我是很感动的。第三届中国高校人文社会科学优秀成果评奖中,她的《宋刑统研究》就获得了三等奖,为政法大学争得了声誉。因此,这一部分已经离退休的学术力量怎样发挥他们的作用,这是我们科研组织部门需要思考的,这是我们的学术资源。第二类是我们的中壮年教师。他们现在正在担纲,在很多方面是我们政法大学的代表。第三类是我们的青年教师。我们在这个发展战略当中,一定要把重点放在对新人的培育上。这个结论是在比较中得出来的。我们老中青这三个层次的科研主体要发挥作用,学校要给他们创造条件。社会科学和自然科学最大的不同,是它的峰值可能是多个。自然科学的峰值在人的一生中可能就出现一次。像陈景润他可能多出现一次;像吴文俊也出现过两次:他在拓扑学上的研究,出现过一次,在计算机大型集成线路又出现了一次。而在社会科学方面,一位学者能取得的学术成就,往往是多次峰值。一个人可能在 40 岁之前就出名了;40 岁之后经过一段积累以后,50 岁之前可能再一次引起震动;50 岁之后,可能再次、三次、四次,都是可能的。所以,中壮年教师这部分资源是我们最宝贵的财富。对于我们的青年教师,需要加大培育的力度。作为学校,义不容辞的责任就是要把相关的资源加大力度配置到青年人身上,包括出国进修机会,提升学历的机会、提高职称的机会。在这儿,我还想提一下,我们的科研部门在提供服务的时候,除了坚持科学化的标准外,我也赞成人性化的标准。但这里面可能会发生一些冲突,统一的规范和我们的个性之间的冲突,这个冲突是管理者要研究的。所以对青年教师的培养,我想是我们发展战略当中的一个重要内容,它能使我们的青年教师迅速地成长起来,像我们的前辈一样来撑起一片学术天空。

接下来,我想谈一下我们政法大学需要什么样的研究。我综合大家的一些观点,先做一个概括,然后再谈我个人的一些体会。我们需要什么样的学术研究呢?我想首先应当是原创性的研究,要出学术精品、学术力作。做工商管理的,对品牌会有划分,一类是永远处在领先水平的品牌。像可口可乐,在饮料里它一直是领先的。第二类是挑战式的品牌,要接近领先的品牌,要让它始终有一种压力感,百事可乐好像总是追在可口可乐后面,只要可口可乐不努力,就会被超过。第三类大概就是潮流式,跟着大众走的。我们这儿讲学术研究的原创性,就是言他人所未言,见他人所未见,那就也可能创造出一个品牌来。现在我们的科研成果,平原式的东西比较多,高原式的少一些,异峰突起的就更少。我们现在就是要鼓励异峰突起,出奇制胜。异就异在它能创新上,奇就奇在它有特色上。我们需要的是一种具有显示度的研究。这个显示度就是社会显示度。那么怎样才能发现它的显示度呢?一个学术观点被引用次数就是显示度。如果一个学术观点被反复引用,成为一个绕不开的高峰,凡是研究这个问题,这个观点是必被引用的,这就说明具有较高的显示度。我认为这是一个实体性的显示度,还有形式性的显示度。像我们的规范里面提到,被《新华文摘》全文转载,被《新华文摘》论点摘登,被《中国社会科学文摘》全文转载。《中国社会科学》有英文版,《中国法学》有英文版,可以被介绍到国外去。《文摘报》有论点摘登,还有《中国人民大学报刊资料索引》和《人文社会科学学报》,像这些可以说是形式上的一种显示度。实体性的显示度就是一个观点、想法被反复地引用。

我们的科研部门为什么提倡大家在权威性杂志上发表文章呢?除了我刚才所讲的国际上《自然》和《科学》这两大杂志,这是所有的自然科学家必读的。我现在不敢讲其他科学,以哲学为例吧,凡是搞哲学研究的,一定读《哲学研究》这个杂志,这是哲学界公认的最高学术刊物。当然哲学的其他刊物也多得不可胜数,可能有几百种,现在全国哲学社会科学的刊物种类是8000种左右,那么哲学类肯定很多,不过,大家选一种杂志来读,肯定是选《哲学研究》。所以,哲学界的人,如果是一个哲学家,而不在《哲学研究》上发篇文章,我想大家不会承认他在哲学界有影响。这是什么意思呢?这就是影响率的问题。我们作为学校应该鼓励我们的学者在最有影响的刊物上发表文章,用他们的评价术语,叫做影响因子。在最有权威的刊物上发表文章,发表一篇所产生的影响因子,这个因子是以阅读率来计算的。所以,大家都要阅读它,哪怕看一下题目,看一下作者的名字,这篇文章也已经产生影响。有些地方对科研能力的评价就是根据影响因子来计算的,发表在权威刊物上,可以按4个影响因子计算,如果发表在一般的学术刊物上,可能算0.5个,那么需要发表8篇一般刊物上的文章,才能等于一篇权威刊物上的,这是一种方式。另一种方式是文章无论发表在哪儿,只要被人引用了,那么引用几次就算一个影响因子,那这样的话,文章发表在任何刊物上,如果影响因子增加上来的话,也说明它产生了影响,这就叫显示度。所以我们需要的是有显示度的学术研究。这是第二个我希望的。第三个就是我刚才已经提到的,希望我们的学术研究是能够对教学有推动作用,能够转化成为教学内容。第四个方面,我们一个很重要的特色,就是我们的现实性的研究。我们的应用学科种类比较多,我们特别鼓励对社会经济、法制建设发展有推动作用的这样重大现实问题的研究。这一点,和我们学校的定位有关系。我们要成为为国家政治、法律决策提供咨询意见的中心,所以必须抓现实的重大问题。同时我们也鼓励对民族文化有积累、有弘扬的研究,这就是我们的人文学科。我们学校有很多有特色的学科,比如像法律古籍整理,非常有特色。另外,我们鼓励交叉学科的研究,把多个学科集中到一起,以问题为中心进行边缘性、交叉性的研究。像我们的法律语言学,现在就是这种状态。

另外,我跟大家征求一下意见,我们的学术方面是不是应该持续、稳定和统一?这就要解决杂家和专家之间的关系问题。博和渊,博当然是基础,但我们更鼓励"渊"的研究。这个在学术评价当中被称做凝练方向,表达出来就是他的研究方向,他的所有作品展示出来以后,给人一种持续的、稳定的、统一的感觉,能够寻找到他的研究方向、他的学科所属。这样的话,有可能形成学派。还有一个,就是我们应该鼓励带有人文精神的研究,包括我们现实性的成果,就是应用性的成果里面,也应该具有人文关怀。所以,研究者到底是本着学术精神来研究,还是带着功利目的来研究,他们研究出来的效果以及专家的评价也是完全不一样的。陕西碑林有一副对联我很喜欢,上联是"精神到处文章老",如果你的研究融入了你的精神,是用人格在做,那出来的文章自然老辣、老练、老到,一句多余的都没有,每一个字都是经过锤炼、经得起推敲的;反之,精神不到,辞藻华丽,也是空架子,人家评价说你的文章还是嫩。"精神到处文章老,学问深时意气平。"我想,如果上联是教我们做文章的功夫,这个下联就讲学者的修养和境界了。有的人是为功利而做学术,为功利而做就带有某种意义的杂念在里边;那带着这样那样的杂念去做学问,就难免患得患失、意气不平了。而研究者的学问若是为良心而做的,是为自己而做的,那我觉得这就是做学问、做学者的一番境界了。就像马斯洛的理论那样,当学术研究内化为他日常生活、人格气质的一部分了,我想那大概是学术的最高境界;而这个时候,他本人也由学术而人生,世事洞明,波澜不惊,他的眼界高远,他的气量自然宽广。所以,我们的研究者做学问,应该有一种"精神",同时这也是对自己的一种修炼。我们的学术,我觉得应该提倡带有人文关怀的学术;在我们的文章当中,如果还有那种霸权式的语言、还有词语的暴政,我想我们,特别是搞法律的,应该注意。

最后,我想有这样一个希望,就是我们的研究应当是能够对我们的学科起到支撑作用的研究。谈起学科,我特别提倡我们的团队精神。但这里边也有冲突。几乎所有的人文社会学科,它的研究都是个性化的。我曾经去寻找有没有集体性的大的作品、带有创新的集体作品,很难找到。马克思的作品,他顶多和恩格斯两人合写,再没有第三个人。几乎所有的传世之作、经典之作,人文社会科学的,都是独立完成的。但是我们现在建设一个学科,如果全部都是分散式的单兵作战的话,那我们就难聚合起一股力量有所突破。现在整个的学术评价标准需要形成一个团队,需要团队的合力,所以这里边怎样既保持研究者个人的学术个性,又能组建出我们政法大学共同所需要的那种梯队,就是学科梯队,怎样消除这两者之间的冲突和矛盾,也是我们要研究的一个问题。我们的学术成果,像我们申报硕士点、申报博士点、申报博士后流动站时,我们拿出来成果的时候,应该让人们感觉它是一个梯队式的,是多元化的、有分量的。我们的学术研究应该成为我们学科建设的支撑。以上几个方面就是我们应该鼓励的学术研究,也就是我们提倡的一个方向。今天下午,我和大家就交流这几个想法。我总的感觉,我们这次会议是非常成功的。我们思想上的碰撞,包括感情上的交流,我们取得的这些成果,老师的所有意见,我想在我们科研部门都会给予尊重。这次会议还有一个重大的成果就是理顺我们的科研管理,包括管理部门和教授之间的关系,我们整个的管理理念就是建立在保障和服务的基础上的。科研处、教务处不是管理教师的,它们是为教师服务的。如果通过这次科研活动,大家在这方面的观念强化了的话,也是我们这次会议的收获。

厚德　明法　格物　致公*

大学是常新的，新在每年都有新生的力量加入。大学是什么？就是一批值得尊重而又有经验的人和一批充满激情而又渴望知识的人激荡思想的地方。我们的大学是常新的，大家到政法大学来，给政法大学注入了新的血液，使学校有了新的活力，在这里，我代表学校再次欢迎大家的到来！一个大学的传统，总是和她的办学理念结合在一起的。为了实现我们的办学目标，我们确定了三个层次的理念。第一个层次，就是我们一定要融入中国高等教育的主流，要用主流意识来办学。我把它概括为八句话。第一句是：培养人是我们学校的根本任务。这听起来很简单，但问题是培养什么样的人呢？就是要培养能够适应法律职业、公共管理以及其他社会需求的、带有鲜明的中国政法大学特色的、具有国内和国际竞争力的高级专门人才。大家要按照这个目标来塑造自己。第二句话：提高教育质量是我们永恒的主题。在质量问题上没有止境。凡是堪称进入博雅境界的，一定离不开特定的素养，而这种素养是内在的、根本的。第三句话：教学、科研和为社会服务是我们学校的中心工作。这三大中心在任何时候都不动摇。第四句话：改革和创新是学校发展的动力，请大家注意，一个学校培养的人才的素质高低，关键看学生有没有创新能力。创新是一个大学的灵魂，它可以是新的思想，新的规律，新的知识。大学的发展进步，也是靠这种创新力。第五句话：学科建设是学校的龙头工作。学科建设要带动学校的全面发展。第六句话：师资团队建设是学校的主体工程。第七句话：学术追求是一所大学的灵魂。大学的品格在学术。研究学问，追求学术，建设学府

---

* 节选自在中国政法大学 2003 级本科生开学典礼上的讲话。

是大学教师的人格所在。最后一句话:保障和服务是大学管理的价值所在。这八句话就是目前中国高等教育的主流意识,我们要用这种主流意识来办学,这是第一个层次。

第二个层次,是我们50年形成的传统,把这个传统凝练一下,就是我们八个字的校训:“厚德,明法,格物,致公”。“厚德”有两层含义:第一层,做人是无止境的,从幼儿园开始,将来到博士后,甚至到将来你走向工作岗位,甚至成为领导者,都要学着做人。但是中学教育和大学教育在做人上有很大差别,在中小学的教育里面,做人首先要让人学会怎样成为一个公民;在大学以后的教育里面,做人是教会怎样成为一个谦谦君子,怎样成为绅士和淑女。所以在我们的“厚德”当中,要把公民道德养成君子之德。“德”的第二层含义在于将来我们都是要从事一定职业的,特别是我们学法的同学,将来要从事公共管理和法律职业,这两类职业所要求的职业道德比其他一般的职业更高。一个社会的道德可以分成由低到高三个层面:公民道德、职业道德、政治道德。大家要做政治家,要做法律家,那么你一定要培养司法伦理的修养和政治道德的修养,这就是“厚德”。“明法”,我们学校是依法而立命、安身的。《管子》中有“明法”篇,“明法”在我们的校训也有两层含义。第一层,作为教育理念,我们要使所有进入中国政法大学的同学,都有机会来学习法律,所以这句话并不是仅仅指向法科同学的,也是指向法科以外的同学的。从你们这一届开始,非法学专业的同学在学完两年课程之后,都有机会来选择法学专业。第二层就是,我们政法大学的学生将来都要成为昌明法治的主力军,建设法治国家是我们义不容辞的责任。我们在今年的招生用语中用了两句话:“走进中国法学教育的最高学府,享受全国最好的法学教育。”所以,“明法”既是一种理念,也是一种使命。“格物”我想也是有两层含义:一方面我们学校的传统作风,提醒大家特别务实,注重理论和实践的结合,“格物”的目的在于求实、求真;另一层含义即“格物要致知”,通过对物的“格”来达到对另一类知识的获得,这里面有思维的训练。“致公”,最早是出现在《礼记·大同》篇里,孙中山先生把它作为一生的追求,我们现在有一个民主党派,就叫致公党。我想“致公”也应该有两个层次。第一个层次是,无论我们将来从事法律职业还是公共管理职业,对公正的追求都应该成为一种内化的素质,应该有公正之心、公正之养。第二层就是我刚才讲的,既是一种司法的伦理,也应该是一种政治的伦理,要有天下为公的责任感。我们要为公众来服务。“厚德、明法、格物、致公”既然成为我们的校训,是我们学校传统和作风的总结,就应该成为我们每一位新同学将来学习和做人的准则。

第三个层次就是我们目前要做的,我把它简括为两句话:在办学上以教师为本位,在教育教学关系上以学生为主体。以教师为本位,就是要在办学上充分尊重教师、信赖教师和依靠教师,让教师能够愉快地从事各项有关的教学与科研活动,并在学科建设、课堂教学、学术研究等诸方面发挥教师的积极性和创造性。作为学校办学的评价标准,首先就是要看教师的基本素质和从业能力,这包括教师的教学能力和科研水平。为此,我们不仅要为教师的教学与科研提供最大的帮助和支持,还要在教师团队的建设方面做出不懈努力。同时,在教育教学关系上,我们强调以学生为主体,也就是在教与学的关系上,突出学生的中心地位。一方面,学生是学校赖以生存的基础,学校的一切工作都是为培养学生服务的,包括教师的各种指导活动;另一方面,以学生为主体也是当前国际教育理论的一个明显特征,这一特征强调学生的个性发展、人格培养和学生在学习过程中的中心地位。只有在办学上和教育教学关系上摆正了教师和学生的位置,才能够把握教育理念的核心内容。最后,我用我们的校训连接成这样四句话赠给大家:厚德以惟义,明法以治国,格物以求真,致公以为民。

学科是学校的生命所在*

去年的这个时候,也就是第十八个教师节来临之时,我也是在这个场合发表了一个演讲,主题是如何建设一支高素质的师资队伍。今天是第十九个教师节,我想和老师们共同交流一个想法,就是如何进行政法大学的学科建设。我想这两个问题始终是联系在一起的。

我认为,一个大学的支撑,靠的不是别的,靠的是学科,靠的是老师。为此,我们现在正在推进中国政法大学办学理念。这个理念我们把它分解为三个层次:第一个层次是目前高等教育的主流意识。大家都已经非常清楚了,培养人才是高等教育的根本任务。我们就是要培养具有中国政法大学特色的、能够适应国际国内激烈竞争的优秀人才;教学、科研和为社会服务是我们学校的中心工作;提高教育教学质量是我们学校永恒的主题,在任何情况下都不变;教育教学改革和观念更新应该是我们学校发展的动力;学科建设是我们学校的龙头工作;师资队伍建设是我们的主体工程;学术追求是我们大学的灵魂;高等教育的管理价值在于保障和服务。这八个方面我们把它称为中国高等教育的主流意识,这个意识我们已经确立下来,这是我们办学的第一个观念层次。第二个层次,就是我们政法大学通过 50 年的学术积淀所形成的自己优良的校风和学风。这个优良的校风和学风,用八个字来概括,就是"厚德、明法、格物、致公"。第三个层次是我们现在正在进行的一些事情,将其概括为两句话,第一句就是"办学要以教师为本位",第二句话是"在教育与教学的关系上,在法律关系上,要以学生为主体"。这三个层次就是我们要确立的先进的办学理念。

---

* 2003 年 9 月 9 日在中国政法大学教师节表彰大会上的讲话。

在这个办学理念的指导之下,我们要把学科建设作为学校的龙头工作来抓。在这儿,我想和大家交流三个意思。第一是我想和大家交流一下我所理解的学科,或者说学科是什么,让我们来做一个共同的探讨。

在我看来,学科是一个大学的质量所在,是一个大学的声誉所在,也是我们老师取得尊严、获得学生尊重的根据所在。任何一个世界知名的大学都是以学科为代表的,没有学科就没有大学。大学是什么?大学是一个学术的共同体。我们大家是为了学术而聚集到一起的。从事学术研究的是教师;为教师服务的所有的行政工作人员认为为学术研究服务是光荣的,所以我们的服务也是光荣的;同学们到这个学校里来,也是为了追求学术,所以大学是一个学术的共同体。在这个共同体里边,承担最重要使命的就是我们的教师,而我们教师做的所有工作都是学科建设工作。所以学科应该是由一些要素构成的:主体要素就是我们的教师,这是首要的要素,没有教师,就没有学科。所以建设一支高素质的师资队伍是学科建设的关键和基础。学科建设的第二个要素,也是客体要素,就是我们的教师应该创造高新的学术成果。大学是一个知识群体,追逐知识、追求真理是我们一生不变的价值观。而最高的境界,我想应当是有新的发现,有新的思想,这是所有学者一生当中终生不变的一种学术追求。高新的学术成果应该体现为新的发现和新的思想,这是学科建设里面客体要素能不能成为标志的关键。第三个要素,为什么把我们的学科叫做学科而不叫做学术?我想学科之所以称为学科的主要根据还在于它要培养高层次的人才,学科和专业的区分就在这里。每一所大学都有自己的专业,凡是进行专科、本科教育的,都被称作专业。但是跨越专业进行研究生培养的时候,才被称为学科。所以,学科建设实际上是在培育两类成果:一类成果是学术成果,另一类成果就是人才成果,这种人才成果就是我们所说的高素质、高水平的人才,也就是一大批硕士和博士。

由于学科建设对学科发展起着至关重要的作用而被称作生命的所在,所以在我们理解了什么叫学科之后,就应该进一步探讨怎样建设学科。通常理解学科建设有三个重要的工作要做:

第一个工作,我想应该是我们所有的学者都要凝练自己的学科方向。一个人在三级学科里产生影响,是做学者的开始;在二级学科里广为认同,是一个学科带头人;在一级学科里达到无人不知的程度,才被称作名师或者名家。我们每一个从事学术研究的人,都应该从自己的三级学科开始。所以我认为,一个好的学者,应该在一级学科里立足,而在二级学科里争取较大的影响,在三级学科里做出相当的成就。好的学者,总是要把握一个持续、稳定、统一的研究方向。因此,我们进行学科建设,就是要鼓励我们的老师成为专家,而不是杂家。建设学科最重要的,就是要使我们的老师在自己所属的学科里找到自己的方向。所以我们下半年要进行学科规划,我希望我们的每一位老师都找准自己的位置,找准自己的学科方向。

学科建设要进行的第二项工作,应当是汇聚学科队伍,这是世界知名高水平大学建设学科时共同积累下来的经验。学科力量的分散,不利于大兵团作战,特别是不利于解决现代社会中重大问题的攻关。你可以是一个非常好的战士,但一个战士是很难攻下一座坚强的堡垒的。只有形成一个集体,形成一个拳头,我们才能重拳出击,才可能取得更大的突破。所以凝练学科方向,凝聚学术队伍,是我们学科建设最为重要的两件大事。

第三件事,是学校应该重点做的工作。前两个是我们学者要选择的,最后这个是学校应该做的,那就是要构筑我们学科建设的平台。这个平台也就是推进学科建设必须具备的一系列条件。在这个方面,我们政法大学有比较大的欠缺。根据这个平台的要求,我们的老师应该有自己的课题、自己的科研经费、充足的信息资料、有最先进的研究手段,四个方面缺一不可。另外作为空间基础,还应该有独立的研究场所。像这些,都被称作学科建设的平台,这个平台,应该由学校提供给大家。所以政法大学今年行政办学最重要的着力点就要放在改善我们学科建设的条件上。凝练学科方向、汇聚学科队伍、构筑学科建设平台,就是我们要推进学科建设所需要做的三个基础性的工作。这是我跟大家交流的第二个想法。

此外,我也想请大家思考一个问题:中国政法大学的学科建设,要不要进行一些战略的选择?学科和学科的第一层关系是平等关系。法学的学科和我们的其他任何一个学科都是平等的。既然是平等的,那它们之间的关系一定是竞争的,竞争就会有优胜和劣汰。学科和学科之间除了竞争,还有相互支持的关系。法学已经成为一个优势学科,它有责任带动其他学科的发展,其他学科也有责任来支持和推动法学的发展。这是我们对学科关系的一般性理解。但是在学科建设上,我认为我们应该有所选择,这就是在我们的战略选择中确立我们的基本策略和思路。我在这里和大家交流四句话,也就是四个想法。政法大学的学科,第一类应该是我们的优势学科,所以我的第一句话就是:优先发展优势学科。我们的学校定性为特色性大学,在任何时候这个特色我们都不能丢,所以要优先发展我们的优势学科。但是政法大学还可能形成第二类学科,那就是大家一般都愿意加入其中的特色学科。特色学科应当作为学校重点发展的对象。所以我的第二句话就是:重点发展特色学科。希望我们的老师都寻找到自己的特色。第三句话,应当是大力发展交叉学科。任何一个大学它的新的生长点可能都在学科的交叉上。第四句话,就是努力发展新生学科。我们后办的学科和新生的学科,我们要尽自己的能力来发展。所以这四句话,就是我们学科发展的战略选择。

学科发展一定要采取一些措施。我们现在正在推进的工作,第一项是从观念上来一个全校性的更新,或者在全校上下都树立学科建设是学校龙头工作的观念。如果这个观念建立不起来,那么我们其他工作在推进的时候可能都会成为一种包袱和累赘。既然学科是统摄全校的,它所包含的就不仅仅是师资队伍建设,还有人才的培养和后勤保证。所以学科建设可以带动全校性的工作,这个观念一定要建立起来。第二项措施就是要推进学校在战略规划中将要确立的“十百千”工程。“十”就是要培育或引进十位左右——当然我们是希望越多越好——能够影响全国的大师级的学科带头人;“百”就是在二级学科里面,要有在全国产生重大或较大影响的学科带头人;“千”就是把我们师资队伍由目前的600人左右发展到1000人以上。这就是我们的“十百千”计划。这是我们学科建设在队伍上、在学科主体上要采取的措施。第三项,就是我们已经启动的“人才引进”工程。中国政法大学的师资建设还是要两条腿走路:一条是立足于校内,自己培养;另一条是在我们自己急需的学科、自己不能培养的学科加大人才的引进力度。但在引进人才方面要坚持一个原则,就是要有计划、有选择地引进高层次人才,这也是我们每年要拿出一定数量的资金用于这方面建设的主要原因。采取的第四个方面的措施就是我们的研究生培养要进行大面积的、全方位的改革。我们的研究生教育在管理体制上已经完成了一次改革,但是在人才培养模式上,从招生到导师的遴选,到课程的计划,到教材的使用,到教学方式,这个改革还没有进行。研究生的价值在于创新,怎样培养具有创新能力的研究生,是研究生教育改革的重点。既然学科建设中有高素质人才培养这项内容,那么研究生教育改革就是势在必行的。我们这方面还有一系列的措施,比如今年年底我们将进行人事分配的改革。在改革中,一个比较重大的价值取向,就是在大家收入普遍提高的同时,应该重点向学科带头人倾斜。这些措施都是我们促进学科建设应该采取的。

先守成后创新*

就参加的范围来说，本次会议是比较全和比较广泛的，特别是我们吸收了研究生的同学出席这个研讨会，可以听到各方面的声音。

今天，我想讲以下三个方面的问题：

一、我校研究生教育改革的背景

这可以从三个层面来探讨背景问题。首先是我们学校自身的背景：第一个背景，就我们学校本身来说，今年是我们研究生教育21周年，本来我们的研究生教育研讨会应该是去年举行，但SARS打乱了我们一切工作的步骤，不得已而推到今年。21年的研究生教育我们已经形成了自己的特色、自己的传统，有非常了不起的成就。21年的经验、21年的传统和特色是我们举行这次会议的第一个背景。我们现在所做的一切只能在历史的基础上向前发展，所以我们的基础不能忘记。第二个背景，近两三年以来，我们学校确立了新的办学目标和采用了新的办学理念，新的目标就是大家所熟悉的研究型、多科性、开放性和特色性，我们要用20年左右的时间办成这样一所大学。目前我们还不能说自己是一所研究型大学，就像我们在发展步骤中描绘的那样，目前我们正在从一个教学科研型大学向研究型大学转变。昨天学位办的郭新立主任已经告诉大家一个新的标准，这个标准就是国际上通行的卡内基标准：由美国卡内基教学促进基金会确立的关于研究型大学划分的标准。如果大家注意教育报，上个月的《中国教育报》全版是关于研究型大学划分标准的讨论，其中主要标准就用的是卡内基标

---

* 2004年6月6日在中国政法大学研究生教育改革研讨会上的总结讲话。

准。这个标准有三个基本要素:第一个要素是博士点的数量。研究型大学又分 A 型和 B 型,A 型是超实力型的,B 型是进入研究型阶段的大学。A 型一般来说需要 30 个以上的博士点,B 型以 15 个左右作为标准。当然按照美国的标准,像我们政法大学目前所获得的 11 个博士点,只可以合并成两个,因为法学只有一个博士点。第二个要素是拥有的博士生数量。它不是把博士生和硕士生合并在一起来计算,而是单纯以博士生的数量作为全校计算的一个基数,看其中的比例。这个比例如果达到 20%左右,就可以认为这个大学已经进入研究型大学的行列。第三个要素是科研经费当中从政府获得的比例,这个比例越高离 A 型就越近。美国大学每年的办学经费数量是非常充盈的,但是计算的不是经费的总数量,而是计算从政府获得科研经费的比例。卡内基标准是用这三个标准来判断一个大学是不是研究型的。第三个背景,是我们这两三年来所进行的各种改革,其中我们的学科布局进行了重新调整,我们的教育教学观念在一层一层地进行讨论,当然还没有来得及最后进行一次概括性的梳理。但是我们成功举行了教学改革的研讨会,成功举行了科研改革的研讨会,这两次研讨会对形成全校统一的办学理念,为我们开好这次会议奠定了一定的基础,特别是我们一些具体的改革的步骤,如院系调整、专业学科布局的重新调整,等等。所以在我们校内有我们 21 年的经验,有我们新的办学目标和办学理念,有我们进行的各种改革,以这三大背景作为我们校内开好本次会议的背景。这是我们面对的最基础的一个现实。

其次,是中国整个高等教育改革的背景。大家可能注意到了,"改革"这个词在使用中频率是越来越低了,而"创新"这个词是越来越高了。那么,高等教育目前出现一个什么样的情况呢?从 2001 年开始,中国高等教育体制式的改革已经结束,开始进入教育部概括出来的新"八字方针"阶段:第一是巩固——巩固已有的改革成果;第二是深化——深化高校内部管理体制;第三是提高——提高教育教学质量、提高办学效益;最后是发展——高等教育事业的持续发展。总理报告提出了科学的发展观,那么高等学校的发展也必须用全面、协调、可持续发展作为指导思想。高等教育的体制改革已经结束，而进入到内部深化改革中以后，我们各位老师可能最关注的就是北京大学的人事改革。北京大学的人事改革被认为是高校管理体制改革中最重要的改革，它酝酿了两年多，酝酿是低调的，不想让外界知道，但是北京大学的事情不是北大自身的事情，北大的事情往往是整个中国高等教育界的事情，它的任何一个改革都会牵动整个高等教育界，最后还是被媒体炒作出来了。今年春天他们开始悄悄实施，实施的过程再也没有什么炒作。高等教育的改革已经进入这样一个程度，要深化内部管理体制改革，这是一个背景。另一个背景就是我们正在构筑中国教育的两个体系：一个是国民教育体系，另一个是终身教育体系，这两个体系是不可替代的。在国民教育体系中能分出层次来，第一类是基础教育，第二类是高等教育，现在的指导思想就是用高等教育来引领基础教育。而高等教育又分出两类：一类是传播型高等教育，另一类是研究型高等教育，需要用研究型高等教育来引导、提升传播型高等教育。昨天郭主任也谈到我们现在全国是1500多所高校，其中只有600多所能够进行本科教育，能够授予博士学位的全国也就是250所左右，这个数量和美国大致相当，但是美国高等学校的数量是4000多所。同时，研究型高等教育又分成两类：一类是硕士研究生的教育，另一类是博士研究生的教育。硕士研究生的教育被概括为关于研究方法的教育，而博士研究生的教育被誉为创新式的教育，所以在研究型高等教育里应当以创新教育来引导研究方法的教育，这就是国民教育的体系。国民教育体系和终身教育体系共同构筑了我们中国面向21世纪全面建设小康社会的教育体系。这样，在人才上分成了三类：第一类是数以亿计的高素质的劳动者，这种教育不是我们政法大学承担的责任；第二类是数以千万计的专门人才；第三类是创新型的拔尖人才，所以在人才体系上构成了这么一个新的体系。就是说，在中国高等教育从精英走向大众的时候，实际大众教育中的精英教育显得更加必要，这是不是一种新的教育观？中国高等教育已经成为大众化教育。过去分不清楚哪个是精英教育，哪个是大众教育，所有的大学都承担着相同的使命，而现在大学的使命是不一样的，所以我们政法大学就需要寻找自己的定位，我们不是培养数以亿计的高素质的劳动者的大学,我们的目标使命在于培养数以千万计的专门人才和高素质的拔尖人才。这就是中国高等教育的背景。

第三,国家实施“三国”战略的背景。超越高等教育的背景来看整个国家的大背景,有人概括为目前国家正在实施“三国”战略。第一“国”,科教兴国战略,与我们政法大学有关系;第二“国”,依法治国战略,与政法大学有关系,我们肩负着特有的使命;第三“国”,人才强国战略,也与政法大学有关系。北大和清华在科技兴国这一战略中地位是最重要的,但是说到“三国”战略中的“依法治国”,我觉得北大、清华的使命可能就没有政法大学重要。每一所大学在这“三国”战略中都具有基础性地位,但是分工和使命是有所不同的,因为我们这所学校是以法科作为自己的特色,以法科作为自己的主体。我们探讨过好多次,法科和其他学科是什么关系?在学科问题上是平等关系,法科并不比任何一个其他学科具有优越性,只是我们大学在办学时法学这个学科的实力比其他学科强,形成了自己的特色。在学科和学科的关系问题上首先是平等关系,平等关系之后,接着就是一个竞争关系,然后才是我们讲的主体学科、关联学科、支持或支撑学科,这是学科之间关联性上的一种关系。所以在全国这个大背景之下,我们政法大学在“科教兴国”中有自己的使命,在“依法治国”中更有自己独特的使命,在“人才强国”中要为国家的政治进步、法治昌明提供主体条件——因为我们是培养主体的、培养人的。这就是一个全国性的背景。在这个全国的背景之下,在高等教育改革深化到内部的背景下,再考虑到我们近两三年所进行的改革,我们召开这次会议就具有特殊的意义。我们要思考,我们这次会议究竟要达到一个什么样的目的呢?我今天重点想讲的还是研究生的质量问题。我们要进行教育教学改革,研究生培养方式的改革,体制的改革、观念的改革,这是我讲的第一个问题——背景问题。最终的目的是要保证我们研究生的教育质量,培养出有政法大学特色的高级的专门人才。

二、关于学校的传统

一个大学的两种能力应该是同等重要的。第一种能力即在科研上要有非常强的创新能力。昨天石书记在致辞中也谈到了一个大学的三点，其中也谈到了关于科技创新。创新能力是一个大学不同于其他的标志所在，大学的文化始终应该是先进文化，因为你创新的每一个成果都应该是最新的，所以大学里不允许出现“二流”成果。如果你认为你的成果确确实实是成果的话，它就应该是最新的，所以大学应该追求卓越，应该是常新的，这是一种能力。第二种能力是守护学校传统的能力。因为大学还肩负着一个民族文化传承的使命，肩负着民族精神凝聚的使命，所以一个大学还应有守护的能力，而守护的对象就应该是自己的传统，守护自己已经形成的优良传统。这对那些地位特别、特色鲜明的大学尤其重要，北京大学之所以成其为北京大学就在于它有一种非常强的守护自己传统的能力。所以我希望大家利用这次会议一起总结一下政法大学建校五十多年形成了什么样的传统，研究生教育 21 年我们形成了什么样的传统。“穷”可能是我们的特点，但不能成为我们的传统。我们在“穷”之中办大学表明的是一种精神，那就是艰苦创业的精神，艰苦创业可能成为我们的传统，成为我们的一种精神力量，但是“穷”不能成为我们的传统。即使在最穷的条件之下，我们也能创立这个研究生院，也要给研究生创造最好的学习条件。如果这个“穷”是只让学生穷而老师富，这种“穷”是不正常的穷；如果老师和学生穷而工作人员富，这种“穷”也不是正常的穷；如果大家都“穷”，大家都是在一种艰苦当中，这就是创业，这个“业”是共同的业。即使在最艰苦的条件之下，还是要给研究生买砖头式的收录机听英语，老师们拥挤在最狭小的房间里给研究生提供最好的学习空间，这里面是蕴涵着一种精神的。特别是 1983 年我们招收第一届研究生，那是在其他大学录取之后，当时我们的政法学院是没有这种机遇的，国家的计划中没有我们的名额，怎么办？听到这，我就感到这种抢抓机遇的意识实际上在我们研究生院一成立的时候已经形成，因为我们最初招的 120 人就是在这种情况下争取过来的。这是一种什么精神？这就是一种抢抓机遇的精神。一个大学的发展往往需要有这种意识，能抢到机遇、能抓到机遇这个大学就会获得发展，这能不能形成为我们的传统？所以我觉得张老师的一些回忆，对我们概括、总结这二十几年来甚至我们办学这五十多年整个学校的办学传统是非常有帮助的,这一点我们还要继续挖掘。

我也特别赞同朱校长经过深思熟虑概括的这两点:第一点,我们研究生教育这20年是发挥团队的智慧和力量的20年。我们形成的是研究生的导师组,这是一种组织结构,这个结构凝聚了同学科中所有导师的力量。其他大学是单兵教练,是师徒式的,导师的责任制可能形成为其他大学的特色,而我们的学校坚持了导师组的制度。这个形式已然成为我们学校的特色,这点应该得到充分的肯定。第二点,朱校长的报告中也专门提到,我们从招收研究生开始就把社会上最好的资源拿来配置给我们的研究生,像王铁崖先生,端木正先生,实际上当时最负盛名的法学家张友渔先生,也是我们政法大学导师组的成员。我们最初的刑法学研究生教育也凝聚了人民大学高铭暄先生的心血。当时我们政法大学的导师队伍是中国最好的导师队伍,如果这是一个传统的话,那我们为什么不去继承、去弘扬呢?现在我们的导师队伍是不是做到了全国最好?我们现在正在采取各种各样的措施,像大家知道的特聘教授、特聘博导制度,像巫昌祯老师、罗大华老师等,他们在法学界是具有非常高的地位的,但是我们一段时间内没有发挥他们的作用,现在把他们请回来做我们的特聘博导,这一做法只不过是恢复我们1983年的传统。另外,我们在聘请社会上的兼职博导。昨天有两位级别比较高的实务界专家被聘过来做我们的兼职博导,这样做的目的是什么?这不是说我们在向某种公共权力看齐,不是说为了让最高人民法院的领导、最高人民检察院的领导将来对我们的学校有什么资源上的倾斜,而是想把他们丰富的司法经验吸收过来,在它们上升为理论后再转化为我们指导学生的一种资源。这就是组建最好的导师队伍,这就是我们学校的传统。这些已经概括出来了,那我们一定要继承和发扬下去,这不仅仅是研究生院的责任,也是我们全校、我们所有的教师、我们所有的同学,特别是我们职能部门管理人员的责任,我们都有责任来守护自己的传统。

三、近几年研究生教育取得的成就

第一,我觉得近几年来变化最大的是全校增强的学科意识,这个观念的变化是非常可喜的。我们许多老师知道了什么叫专业建设,什么叫学科建设,终于能够把专业建设和学科建设区分开了。从专业建设到学科建设已经形成了全校的共识,这个观念的变化我觉得非常令人鼓舞。另外,每一位老师,包括我们最尊重的几位终身教授以及受到学校鼓励的中青年教师,都在寻找自己的学科定位,所以学科梯队意识也已经形成。学科的定位意识,即我在这个学科中到底是一个什么样的位置?我将来要发展成为一个什么样的位置?我是要做一个将来的学科的带头人,还是要做学科的骨干,还是做这个梯队的一般成员?这个问题恐怕全校的教师都在思考,这就是我们学科建设带来的观念上的变化,所以说学科建设意识的普遍增强这个变化是很明显的。

第二,是在几个方面实现的历史性跨越,如一级学科的取得。但有的老师对这个的评价也不一样,认为到了该轮到我们的时候了。恐怕情况也不是这样的,如果没有其他二级学科的论证,这个一级学科最终会是一种什么样的状态谁都很难预料。法学以外,我们也实现了突破,政治学终于有了博士点。政治学是政法大学的核心学科之一,在这一学科上的发展为提高政法大学的整体发展水平奠定了基础,这是令人欣喜的事情。同时,政治学的高要求也是我们学校的性质所确定的,只有政治学和法学都取得了快速的发展,我们的学校才大有希望。当然,特别令人高兴的还是政法以外的其他学科的突破,其他学科的突破才预示着多科性的形成。所以硕士点已经形成一个不小的体系,这是学科建设带来的。当然我一直强调学科建设的最终表现绝不是博士点和硕士点,博士点和硕士点只是学科建设的一项内容,它更重要的还是那三个要素:第一个要素还是队伍的要素、师资的要素,一定要有一支一流的教师队伍;第二个要素是培养出合格的、有特色的、有竞争力的学生来;第三个要素表现在科研成果方面,这个科研成果要有全国性的影响,要有传世的影响。所以这个"点"(指博士点和硕士点)只是它的一种表现,学科建设不仅仅在点上,而重在其他的三个要素上,这也是我们这几年取得的一个比较大的成就。

第三,我想谈一下研究生数量扩大所带来的变化是什么?应该说是政法大学结构比例关系的变化。大家可能熟悉,过去我校的成人教育数量是第一位的,自学考试队伍最多的时候达到 2 万~3 万人。第二个,两校合并以后,有一个非常大的正规的成教基数,其数量也是相当可观的。第三支队伍才是我们的本科生,第四支队伍是研究生,第五支队伍是留学生。我们在学生体系上就是这样一个结构,层次最低的是数量最大的。学校为什么下决心要增加研究生的数量?就是为了要改变这个结构。我现在坚信我们这个结构的改变肯定是正确的。按照卡内基的标准,研究型大学评价指标中包括了研究生的数量,所以将来我们的计划是本科生的数量控制在目前的招生规模上,尽可能地增加研究生的数量,改变学校的研究生比例。此外,研究型大学中学生介入到研究中的比例也是一个很重要的参照系数,所以我们的研究队伍中除了导师之外,我们的博士生、硕士生都应该成为我们研究的主体。这个结构的改善为我校向研究型大学迈进奠定了非常坚实的基础,这个成就是非常大的。有些学校不相信我们学校在几年之中研究生发展到现在这个数量。如果政法大学有跨越式发展的话,学科和研究生结构比例的改善就是跨越式的,这个成就应该是得到充分肯定的。

第四,是我们导师队伍的建设。我们应该把全校最优秀的教师都吸收到我们的导师队伍里边来。导师是一个工作岗位,它不是一个新的职称。刚才谈到了我们通过特聘博导、兼职博导这两个措施,尤其是在跨学科的交流上将一批非法学学科出身,但在本学科领域中有很深造诣成为学科带头人的人吸纳进法学这个学科中担任导师,这实际上在改善着我们法学这支导师队伍的素质,这是导师队伍建设应该肯定的成就。要保证研究生教育质量的话,如果没有一支充足数量的导师队伍,这个质量是得不到保证的。

第五,就是本次研讨会要解决的问题,或者说我们研究生教育还存在哪些问题。是不是可以理出这么几个方面来:第一个方面还是布局失调。中国政法大学的研究生教育不仅仅是法学的研究生教育,我们要实现多科性办学这样一个目标。我们法科许多教师观念中固有的东西,动辄全部都是法学的标准,这一点我想投入更多的精力,也希望学校投入更多的财力来支持非法学学科的发展,改变我们现在一科独大的局面。法学是一个主体学科,是一个特色学科,这个主体地位、特色地位我们不会放弃,要继续保持和弘扬,但是如果没有其他学科与法学学科的竞争,我想法学自身的发展也会面临一个动力枯竭的问题,所以学科布局的这种失调局面要改善,所以这是一个问题。第二个方面是质量堪忧。这个忧,老师们已经分析到了。我们现在导师队伍不足400人,380人左右,就是说我们所有的教授、副教授都担任研究生的导师,400人也是我们的上限,但是从朱校长报告中看到我们的研究生数量将达到3500人。大致算一下,几乎是人均10人左右,1个人带10个研究生这样一个状态。研究生数量的增加是不是一定与研究生质量的下降形成一个内在关系?这是需要每一个导师思考的。所以怎样既增加数量又保证质量?这是目前最困难的事情。导师投入的不足同时也带来了学生在学习、研究上的投入不足。我到一个组,有一位老师分析过,其中有四分之一左右的学生是不学习的,如果这个数量是真实的话,那你想我们四分之一左右的学生培养出来可能就是不合格,这个比例太可怕了。企业厂商发现了不合格的产品还有一个召回的制度,不合格的研究生离校后我们就没有权利将其召回了,带来的后果就是这些学生将会极度败坏我们学校的声誉。所以质量问题是个大问题,我们进行研究生教育的各种改革,建立健全各种制度最终还是要为保证质量来服务。所以本次会议非常重要的一个主题应该是质量意识。第三个方面是机制不健全。在学校管理体制改革之后,从过去的高度集中管理向校院两级过渡,过去的课程统一管理、招生统一管理等各个环节都在发生变化,而有一些机制没有健全起来,所以有一部分处在真空状态,给各个学院的感觉,下放的好像都是责任和义务,他们的忙乱可能比研究生院更多,抱怨更多。那么怎样在这个过程中尽可能快地缩短这个时间,实现政法大学一个新的管理机制?这是目前我们存在的一个问题。最后一个方面是条件太差。一个人的尊严是附着在空间中的,他的尊严就在他独占的那个空间中,他占的空间越大,他的尊严感就越强。我们老师连自己一间独立的办公场所也没有,当你进入到校部机关,实际上你是把自己的尊严附在人家的空间里去了,人家尊重你的时候你会有尊严感,不尊重你的时候你的尊严就受到侵犯。我们现在导师没有指导学生的场所,这就是我们的现实状况。目前条件太差,我们老师、同学、所有的工作人员都感受到这一点,快速改善我们的办学条件,这一直是新的领导班子重点考虑的问题。总之,这四个方面问题的存在——后面这个可能不是我们本次研讨会所能解决的,但是前面这三个方面的问题却是我们本次会议最应该给予关注的。

第六个问题,就是提高研究生教育质量的五个基本环节。这五个基本环节在全校应形成共识,任何人抓研究生教育都要抓这五个环节。

第一个环节就是招生。招生的任务就是把最优秀的生源挖掘到政法大学来,这是它的使命所在。招生工作中很重要的工作是命题。每一位导师要发扬我们传统,要发挥集体的智慧和作用。每一位导师都有参与命题的权力,在权力问题上每个导师是平等的。但命题的实质不在这里,命题的实质在于大学选择什么样的标准寻找研究生,命题决定了挖掘的生源的质量,所以命题是有学问的。另外,招生中有程序、有公正,在招生中的公正性是保证生源质量非常关键的一环,是一个大学研究生教育质量的基础。如果招进来的学生不合格,就是一个瑕疵,要培养成高素质、高质量的学生是不可能的,这是一个基础环节。

第二个环节是培养。培养这个环节也是关键,一个大学培养出来的研究生有何特色关键看培养。培养有两个部分:一是基础的部分,包括昨天我们讨论的,政治理论课在中国政法大学不允许有丝毫的动摇。我们是政法大学,我们要执行《高等教育法》。《高等教育法》第一条就给我们定了办学方向,我们要办什么样的学呢?我们要培养社会主义事业的建设者和接班人,所以,政治理论课是不能动摇的。我也反复跟同学讲,我们的同学应该有这样一种意识,就是将来你要做社会领袖的话,你就必须自觉培养这些政治意识——政法大学的学生将来是要做领袖的,尤其是研究生。当然这些课程的教授方法可以发生变化、可以进行改革,但是内容和体制不容改变。基础部分也包括外语。外语是将来社会人所应掌握的一种交际工具,是培养具有国际视野人才的一个重要组成部分。对于研究生来说,对于国外资料的研究和批判离不开外语这一工具。大家可以看一看 30 年代吴经熊写的一篇文章,关于法学教育的文章。从对法学教育的认识上,我们也可以理解其他教育。法学教育重在培养人的法律的头脑,哲学教育重在培养人的哲学的头脑,史学教育重在培养人的历史的头脑——当然他概括了几性,其中共同的是都应该有批判性。当然,我们法学教授自己承认我们每个人都是固执己见的,这是法学教授的特点,不轻易赞同他人的观点。法学教授更多的是愿意批判,那么最好的批判能力表现在哪儿?应该表现在他对制度的批判上。当然这个批判是一个理性的批判,批判不是一定要把它打倒,不是"文革"中的"批判",是一个学术的活动。所以要培养人的诸如法律的头脑、哲学的头脑,肯定要把批判能力培养起来。但要有很强的批判能力,吴经熊认为就必须要有很强的外语能力。他那篇文章把外语分成两类:一类叫做"刀"外语,将知识当作剪刀,把人家说过的东西、人家的思想剪来作为你的。吴经熊先生建议大家把外语当作另一类——"桥"的外语。外语重在能与人形成一种沟通和交流,所以要有好的批判能力,就必须能和人家沟通和交流,可见外语的重要性。当然,现在还有一种新的外语观,认为外语是人的一种境界,不仅仅是人的一种工具。一句话,外语教学这个环节是不容忽视的。我想,一个博士毕业的时候,他应当能够用英语进行基本交流。如果这个能力都没有,那我们政法大学授予的这个学位可能会受到怀疑。这是培养里面的基础类。另一个部分是个性类,个性包括学科个性和人的个性。特别要强调博士生、硕士生的培养最好按照个性化模式进行培养——尤其是博士生的培养,要为每一个学生制定一个培养方案。如果在这个环节当中忽略这个基本规律,把研究生教育按照本科生教育那样来进行是不行的。昨天我听到有的同学说,有的课程在本科阶段是专业课,到了硕士阶段还要讲,这对学生来讲,一点新的知识都没有。昨天一个同学举北大苏力的例子,苏力的一个特点我是非常赞赏的,他的每堂课就是讲他自己的一篇学术文章,讲自己的一个学术观点。学习过程应该转变过来,课程要变成研究型的课程,不是导师在上面讲,学生在下面听,那不是研究生教育,那是本科教育,研究生教育最起码应该是互动式的，这就是培养。所以我们的培养办任务是非常重的，我们政法大学培养出来的学生有没有特色，特别是有没有鲜明的特色，关键看如何培养。

第三个环节就是导师的遴选。研究生教育质量要提高，其主体条件重在导师。我们希望学生能够超越导师，我们目前看硕士论文、博士论文时，要看其在这方面的研究是否已经较其导师有所超越。导师的整体水平在指导学生时应当是高于博士生的，但在学生选题的领域内，博士生研究的结果一定要超越导师。没有超越导师的博士论文，就是不合格的。对导师提出的一个要求是，导师必须具有研究能力，能够创新。所以在遴选硕导、博导时，很多大学都有很成功的机制，理工科的方法不一定适用于人文社科类大学，但它所采用的原理是可以借鉴的。比如说没有课题的导师不能当导师；指导出的学生论文答辩没有获得通过，而导师在签署意见时认为其已经达到合格以上水平，就说明导师连基本的判断能力都不具备，这样的人也不能担任导师；当然，没有学生选的导师也应当不能担任导师。这就需要我们改革一些导师遴选的制度，对导师应该起码有一些创新能力的要求，这就是一个主体的环节。

第四个环节是论文答辩环节。研究生的教育质量如何，在论文答辩环节全部都表现出来了。导师水平、培养水平、选择学生的水平，都表现于最后的一篇论文上。论文的答辩是采用唯善还是唯学的方式？这就需要我们探讨答辩的指导思想。我们的老师都很善良。有句话已经成为经典了，即“大学非大楼也”。现在有人要改一下，大学既有“大师”也有“大楼”。但有人对这“两大”还不满足，大学还有一个更重要的“大”——还应该有“大爱”，我们每一个老师都应该对学生充满爱心、爱意。没有“大师”也可能把学生吸引来，或许是因为有“大楼”，有好的环境。既没有“大师”也没有“大楼”，但如果有老师的“大爱”，那学生同样会对学校充满感情，学校同样可以培养好学生。但是，在我们面对学生论文答辩问题上，这种“大爱”应当予以让步。如果你真爱学生的话，不是在这个时候爱，应在这之前给他更多的爱。

第五个环节就是对研究生的管理。我们的学生如果不愿学习,要寻找出问题原因的话,其中可能有校风的原因,但最重要的可能是管理方面的原因。所以管理也是一个保障性的环节。

上述五个环节是密不可分的,抓研究生教育质量重点就要抓这五个环节。

第七个问题,我想说一下研究生教育应当在哪些方面有所突破,创新创什么？研究生的教育就是创新。一个人是不是一流人才,就看他能不能创新。能创新就是一流人才,不能创新就是二流、三流人才。一流人才的特征在于创新,二流人才的特征在于模仿,三流人才的特征在于服从。所以研究生教育的办法就是创新,包括知识的创新、制度的创新。对自然科学来说,最有价值的创新,是创新一种知识;对工科技术类学科来讲,最有价值的创新就是创新一种方法;而对我们人文社会科学来讲,最重要的创新就是创新一种思想。思想的下一个层次是理论,理论的下一个层次是观念。一种系统的观念可能要变成理论,而系统的理论可能就要变成思想。所以对我们政法大学来讲,最可宝贵的创新表现在我们的成果上,应该是观念的创新,应该是理论的创新。表现在我们学生的论文上,是不是也应该用这三个方面来检验？一篇好的博士论文,我想首先看选题是不是有价值？有价值的选题才可以进行研究。第二个要素,他的研究方法是不是有效？是不是能够实现他的课题所要达到的目标？第三个要素,他所占有的资料是不是最充分的、最新的？第四个要素,最关键的要素,就是在这个问题上他是不是有所创新？所以,创新式的研究生教育,就是研究型大学研究生教育的本质,这就是我们的一个创新。第二个创新就是管理体制的创新。本次研讨会我们涉及许多体制,但是这些体制无论怎么创新,都应该是以提高和保证我们研究生培养质量为目标,背离了这个目标的体制创新,可能是南辕北辙。而所有创新里面,我认为最难的是思维上的创新。经过自然科学训练的人,他可能会不太相信你的逻辑论证,他就相信他的实验和数据。你用了什么样的原料？经过了什么样的过程？最后得出什么样的结果？他看重的是这个。我们人文社会科学可能比较注重逻辑推理的方法。现在思维上的种种方法,能不能都为我们所用?我们的创新是要经过训练才能得出来的,所以对我们研究生教育来讲,老师的教育中应当有这种思维创新的训练。在我们的管理体制上,应该有制度创新的准备;而在我们所有的成果里,都应该有我们创新的内容作为我们的教学内容。创新,就应该向这三个方面做出努力。

学术规范辩证观*

一、对教育部《学术规范》**的认识与评价

2004年,在中国的学术规范讨论与建设历程中将是一个有象征性意义的年份。因为正是在这一年,学术规范从众声喧哗的讨论走上了脚踏实地的建设阶段:不仅有《学术规范读本》(河南大学出版社出版)和《中国学术规范化讨论文选》(法律出版社出版)这样的综合性文选问世,而且还有《学术规范导论》(高等教育出版社出版)这样的融理论探索与学科实践于一体的专著面世。更重要的是,由教育部社会科学委员会讨论通过的《高等学校哲学社会科学研究学术规范(试行)》终于由教育部正式转发各教育行政部门和高校(8月)。而"首都中青年学者学术规范论坛"(10月)和"高等学校哲学社会科学学术规范与学风建设论坛"(11月)的成功举办,更是把学术规范的地位与意义提升到前所未有的高度。无论是在学术界还是教育界,学术规范建设无疑会因为上述突出的进展而成为刚刚逝去的2004年的重大学术事件。

对于《学术规范》,尽管目前尚存在某些质疑性的批评意见,但就总体而言,应该给予充分理解和高度评价。我认为,这部《学术规范》的出台体现了学术研究中的自律与他律、学术研究管理中的民主性与法制性的有机结合。

---

* 本文系据作者2004年11月4日在教育部社政司主办的"全国高校哲学社会科学学术规范与学风建设论坛"上的演讲整理、修订而成,已收入该论坛文集《学术规范与学风建设论坛》(高等教育出版社2005年版)。

** 全称为:《高等学校哲学社会科学研究学术规范(试行)》

与古人不同,今人的学术研究已成为越来越复杂、越来越分化的社会分工体系中的现代职业,无论是人才教育与培养、学术成果发表与出版还是学术业绩的评估与学术职务的晋升,都已经成为社会行为。学者以学术为志业,作为个体,难免遭遇形形色色的各种诱惑,而科学中华而不实的学风也历来是一种顽症。这就需要自律。作为学者,又是学术共同体的一员,因此就需要承担起学者的使命及其特定的知识人的社会角色,这是他律的缘由之所在。这是从学者的个体性与群体性关系而言的。

从学术研究管理的角度说,要形成规范,应以学术民主为基础,只有依赖学术的民主性才可能形成学术的规范性。教育部《学术规范》的起草、修改及其讨论通过、实施,应该说是体现了相当充分的民意基础和民主性质的。据教育部社政司司长、教育部社会科学委员会秘书长靳诺同志介绍,从 2001 年 5 月起,在教育部社政司和高校社科管理研究会的具体组织下,武汉大学、南京大学、中国政法大学、北京大学、清华大学、中国人民大学、复旦大学等高校的学者参加了对文本初稿的起草和修订工作;教育部社政司先后在西宁(2003 年 7 月)、北京(2003 年 9 月)两次召开专题研讨会,对规范文本(初稿)进行讨论和修改。之后,将征求意见稿分发给全国部分重点大学,征求专家学者意见。在此基础上加以修改后,于 2004 年 2 月 16 日将本规范(草案)报送教育部领导同志,袁贵仁副部长作了重要批示,并提出了进一步修改的指导性意见。根据袁贵仁同志的批示,教育部社政司在吸收科技部等有关部门相关文件精神的基础上,进一步征询了国家语委、北京师范大学有关语言学家和中国人民大学有关法学家的意见,对规范(草案)作了进一步修改。3 月 11 日,将此稿分发给有关高等学校和教育部人文社会科学研究咨询委员会 44 位委员进一步征求意见。一直到 6 月 21~22 日的教育部社科委大会上,委员们还从不同角度提出了重要的修改意见与建议,现行的《学术规范》就是在充分尊重相关专家意见的基础上认真修订而成的。从这个数易其稿、反复修改的复杂过程可以看出,该规范的制定和修改是一个群策群力、集思广益、不断完善的过程,体现了教育行政主管部门和学术界的集体智慧与合作精神。

如果说自律和他律体现了学术研究中的学者的职业伦理(学术伦理)的话,那么以多年学术讨论为前提、以学者意见为主体、以教育行政主管部门为导向而制定的上述《学术规范》,显然是贯穿了规范的民主性(以民意为基础)和规范的法制性(教育部社科委讨论通过、教育部发布)的特色的。

二、学术规范与学术自由

在教育部《学术规范》总则中,已明确提到:制定该规范,是为了“加强学风建设和职业道德修养,保障学术自由,促进学术交流、学术积累与学术创新”。我个人认为,这寥寥数语,至关重要。

在以往的讨论中,我们注意到对学术规范的疑虑以及目前对教育部《学术规范》的质疑,往往是把学术规范与学术自由对立起来,甚至认为学术规范的确立与强调会危害学术自由,或者担心由教育部发布《学术规范》会“为其他权力干预学术活动确立一项‘先例’并为之打开方便之门”。这种担心,当然是出于对学术自由的爱护与珍惜,用心良苦,不过平实而论,却未必如此。

关于学术规范与学术自由的问题,已经有不少学者从不同的角度作过精彩的论述。我认为,从一般意义上来讲,学术规范应该是促进学术自由的一个桥梁。学术规范应当是保障学术自由运行的基本条件之一,同时还应该是设定学术自由最终得到保护机制的一个制度。在这个意义上,学术规范就成为学术自由最好的朋友,而不是敌人。学术规范与学术自由之间的辩证关系,应该是相互促进的,学术自由越发展,学术规范就越完善,学术规范的制度越完善,学术自由也越应该能够得到保障。

众所周知,学术自由的理念与实践,是伴随着高等教育的兴起而发展起来的。这已经成为现代大学的基本价值追求。从法律意义上来观察,就学术自由的构成而言,我认为应包含自由和权利两方面内容。学术自由有一系列要素:第一,应该是学术研究选域上的自由,就是说要研究什么,应该由研究者自由选定,即研究课题、研究领域选择的自由。第二,研究方法的选择也应该是自由的,即不应该用强制的手段来限定学术研究的具体方法与路径。第三,学术资料使用的自由。在使用学术资源的时候,应该是机会均等、相对自由的。对于人文学科与社会科学来讲,学术自由最重要的体现之一就是资料选取与使用上的自由。第四,研究成果发表的自由。发表的自由,在法律上,也同样包含着不发表的自由。我们不排除一些学人形成自己的研究成果以后放在箱子底稳住几十年,然后再发表。所以,发表的自由当中,应尊重和包含不发表的自由。第五,表达的自由,即允许用各种各样的方式来表达。表达的材料是自由的,表达方式也是自由的,也可以称为表述的自由。第六,批评与反批评的自由。一旦学术观点公开以后,就应该允许、欢迎别人进行批评。批评与反批评的自由,相辅相成,相得益彰,也应是学术自由的题中之意。

在自由之外,至少还有两项权利:第一,任何一个社会科学研究者应该在一个宽容的环境中进行研究。这个宽容指向两个主体:一个是公共权力主体,不能对学者学术成果作非学术的评价;另一个是对其他学者来讲,应该有宽容的精神与气度。所以,在学术上应该奉行的是价值相对主义与学术理性主义。第二,作为学者来讲,应把学术自足、学术自觉、学术自尊和学术自律这四者结合起来。这四者的内在关联与有机结合,可能是一个学者表明其主体性理念与独立性立场的关键。

上述六个自由与两个权利,若鸟之两翼,缺一不可,构成为一种学术机制,也就是国家宪法中所肯定的学术自由。

正如有的学者所论证的,提倡学术规范与维护学术自由,这两者之间可能会形成某种紧张关系,但在正常情况下,更多的是契合与化解的一面。就对学术进步和学术发展的保障机制来说,学术规范与学术自由都是不可或缺的;学术规范为学术自主创造了条件,也就为学术自由提供了可能的秩序与空间。更重要的是,在目前学术浮躁、学术无序、学术失范的转型期,“对于学术研究而言,学术规范固然是一种约束机制,但同时也是一种预警与引导机制。因此,它与自由探索的学术实践与精神追求的正常关系应是互动的、能动的”。

三、学术规范的"能"与"不能"

学术规范致力于学术制度建设,应该以防范学术失范现象和学术不端行为作为自己的使命。在加速现代化进程的社会转型期,学术失范的出现乃至泛滥,就像社会转型期的断裂与失范一样,几乎是无可避免的。即便是在现代高等教育非常发达、现代学术体制相当完备的美国,学术不端行为也是防不胜防的。所以,我们制定《学术规范》的最终目的,消极地讲,是亡羊补牢,积极地说,是防微杜渐,但归根结底,还是为了促进学术发展,推进学术建设。

我个人认为,学术规范的作用可以概括为五个方面:

第一,它应该具备指引即引导的功能,就像一个路标,提示学人在从事学术行为的时候,哪些是可为的,哪些是不能为的,哪些是禁为的。在这一层面上,学术规范类似于交通路口上的红灯、绿灯和黄灯对行人的功用。

第二,对于学术行为主体来说,它有一种最强烈的预测作用。根据这个规范,作为学术从业者,我们可以预期自己的行为将带来一个什么样的后果。如果违背了学术规范的话,那么相关行为主体可能会处在一种恐惧当中,因此规范应是要求越明确越好,因为越明确就越能消除人的恐惧心态,并且能增加对预测前景的把握性。

第三,要明确学术之所以是学术、学术论文之所以是学术论文,就必须建立和健全客观公正、行之有效的学术评价标准。学术规范是学术共同体内部对行为主体的评价的学术标准。

第四,学术规范对几乎所有的学术人都具有不同程度的教育意义。如上所述,规范本身就有引导的正面功用。对规范的违反者来讲,受到惩处则是对当事人的直接教育,而学术惩处事件本身也对其他人具有警示意义。

第五,学术规范对人的学术失范行为具有强制性和矫正作用。所以,规范一定要明确违规者应负有的道义责任和法律责任。"每个人都必须能够期待所有人会遵守有效的规范。有效的规范要能够代表可期待的东西,它们必须能够在事实上针对违反规范的行为而强制实施。”没有强制性的规范,在现实社会中,就会使其效应大打折扣。

在中国当前的学术语境下,学术规范设的迫切性、必要性和重要性,恐怕是无论怎样强调也不过分的,因为目前“学术失范已成为制约我国人文社会科学发展的一个瓶颈”。正如袁贵仁副部长在杭州“全国高校哲学社会科学学术规范与学风建设论坛”的主旨报告中所指出的,“在学术失范、学风不正的情况下,要取得高质量高水平的学术成果是难以想象的。学风建设的力度、学术规范得到尊重和遵守的程度,是与哲学社会科学繁荣发展的速度、深度和高度成正比的”。

与此同时,也应认识到,学术规范尽管是非常必要、极端重要的,但对其定位也应准确和明确,学术规范也应有其边界。或者说,学术规范不是也不可能是万能的。因此,我们既要明确学术规范能做什么,也要清楚学术规范不能做什么。与学术规范的有效功用即“能”相对应,我认为它至少也存在以下五个“不能”:

第一,学者从事学术的动机可能是学术规范不能调整的。比如,有的人是为学术而学术的,有的人是为利益而学术的,有的人是为功名而学术的,有的人是为完善自己的人格而做学术的。在我看来,最值得推崇的学者就是把学术和自己的人格统一起来,所以为自己的人格而学术的学术是非常高尚的学术,但学术规范不能调整学术的动机。这是它不能做的。

第二,学者的人生观与价值观。我在几年前第一次提出学者要保持“适度清贫”的时候,曾遇到了朋友们的强烈批评,但我一直坚持自己的看法。记得北大袁行霈教授曾提出:在学术建设的同时,要注意树立学术的气象和学者的风范。他说:“作诗讲究气象,诗之气象如山峦之有云烟,江海之有波涛,夺魂摄魄每在于此。做学问也要研究气象,学问的气象如释迦之说法,霁月之在天,庄严恢宏,清远雅正,不强服人而人自服,无庸标榜而下自成蹊。”袁先生说:北大许多前辈学者之所以具有魅力,就在于他们气象非凡、风范无边。形成这种气象和风范至少有三个条件:第一是敬业的态度,对学问十分虔诚,一丝不苟;第二是博大的胸襟,不矜已长,不攻人短,不存门户之见;第三是清高的品德,潜心学问,坚持真理,堂堂正正。我非常赞同袁先生的观点。中国古代的文人学士非常高尚的一点就表现在其清高上。“清”和“高”是联系在一起的,不“清”者不能称之为“高”,所以保持学者“适度的清贫”——“适度”就是在保持学者尊严的前提下,有了这个条件,那么其学问就有可能保持对社会的责任,这就是学者价值观的体现。但是,学术规范调整不了学者的价值观。

第三,学术规范难以做到对学术本质的调整。学术的本质,其实就在于一种学术的批判,也可以叫学术上的批评。如果说文学上的批判主要是批判一种丑陋(特别是灵魂上的丑陋),经济学上的批判就在于批判一种成本(始终要把降低成本作为自己的追求,用最少的原材料做最大的蛋糕,可能是经济学永恒的定律),史学上的批判在于批判一种虚假(尤其是人为的虚假),法学上的批判主要是批判一种制度(先找出其不足,然后想办法加以完善),那么,最高层次的批判应该是哲学上的批判。哲学上的批判一定是思想性的,它是在批判一种思想。这是学术上的一种本质诉求。没有批判,就没有重构,批判是重构的前提。这种本质上的批判和学术规范没有有机关系。

第四,学术的意义或学术的功能与学术规范缺乏关联。学术意义或学术功能就是不断创新。对自然科学科学来讲,最高水平的创新是发现一种新的知识。对工科和技术学科来讲,最高水平的创新应该是发现一种新的实践。对人文社会科学来讲,最有价值的创新应该是一种新的思想。这个新的思想应该是从一种新的见解开始,无数个新的见解可能就构成一个新的观点,即体系化了的新的见解才能够成一个新的观点。所以,人文社会科学的意义就在于从创新观点、创新见解开始,最终创造一种新的思想。相对于自然科学和工科来说,人文社会科学还承担着一种使命,那就是应该有方法上的创新。方法上的创新,也可以称之为思维上的创新,是人文社会科学工作者特有的一项学术使命。这就是学术的意义,而学术规范不能直接产生这样的意义。

第五,顺便提到学术创新与学术守成的关系问题。学术的本质、学术的意义，固然在于创新。但对于一个现代大学来讲，仅有创新是不够的。尤其是那些肩负着民族使命的大学，还应有另一种能力，即学术守成。只有把学术创新能力和学术守成能力结合在一块，才可能构成一个大学的综合竞争力。因为创新是在一个学术领域来进行的话，永远是要受鼓励的。而在其他领域进行创新的前提可能就是要改革，改革总是要把旧的打破来建新的，改革同时也预示着一种不稳定的存在。如果改革不能最终转化为一种制度的话，那么这种改革注定是要失败的。对一个大学来讲，创新可能是它的生命，但守护才能形成它的传统，特别是对北大这样的百年老校而言，应当有一种守成的能力。没有守成的能力，在不断的改革和创新当中，它的传统就可能丢失了。这个问题与学术规范有关，但关系不是很密切，因此，这里也就不展开讨论了。

矿物与生物*

我也曾做过学生辅导员,因此对学生工作并不陌生。在山东大学任副校长时,我也关注过学生工作。那段时间我做了两件比较有意义的事。第一件事,是我和各学院分管学生工作的老师一起探讨应该如何改进学生工作。我们走到学生中去听取意见,学生反映比较强烈的是一个山东大学延续了近百年的传统——每天早晨上课前统一跑操半小时。有的学生认为应该保留早操,既能增强体质,又能培养集体主义精神;有的同学则坚决反对。带着疑问,我向山东大学医学部营养学教授请教早晨空腹跑操的利弊。教授建议取消跑操,因为早晨起来进行剧烈运动,然后吃饭、上课,胃部会大量充血,造成脑部缺血,上课时容易犯困。我到教室进行调查,果然发现有不少学生打瞌睡。我就把这些情况摆出来,跟大家讨论是不是应该取消早操,最后多数人赞同,这样我们就在学校办公会上做出了取消早操的决定。直到现在,山东大学仍保持着这项结果。

第二件事,就是基于新的办学理念——素质教育理念——进行的一次改革。山东大学是一所综合性大学,开设了很多学科。我们在学生宿舍安排工作上进行了改革:学生按入学报到的顺序安排宿舍,这样的话,同宿舍人可能来自四个不同的专业,也可能属于不同的学院。这种改革是想尝试一种新的观念。如果把大学当做一个生态园,那么一个单科性大学可以说是一个牡丹园,特色品种都是单一的。但如果把它当做一个生态系统,在这系统里既有大树又有花朵,对生物来讲,吸取各方面的营养就更充分。综合性大学就是这样一个生态系统。同学科学生住在一个宿舍里的话,他

---

* 节选自 2004 年 11 月 1 日在中国政法大学学生工作干部业务培训会议上的讲话。

们的话题是单一的,因为几年来学校的课程是单一的,面对的教师是相同的,校内的经历是相似的;如果不同学科的学生在一个宿舍里,话题就是多方面的,这就是综合性大学应发挥的一个优势。这种方式与传统的办法比较,哪种更利于学生的成长呢?因为大家的出发点是相同的——一切为了学生的成才,一切为了学生的成长,既然目的是相同的,剩下的就是手段不同了。因此经过总结,大家都认可了这种宿舍分配办法。这种办法的缺点是学生管理的难度增加了,但是新的管理体制也产生了。今年我回访时,我就问了分管学生工作的书记,他告诉我,学院如果有统一性的活动,网络系统就发挥作用了,无论住在哪栋楼都能接到这个信息。而且他们还在每一层楼里面都找一个学院的召集人,遇上紧急情况,如果学生来不及在指定的时间上网,就找这些召集人,他们会在最短的时间里,把这一层楼里所有这个院的同学都召集起来。这就是一种管理上的创新,大家已经适应了这种办法。

自新班子入校以来,我一直在讲两句话,就是"以教师为本位,以学生为主体"。"以学生为主体"到底应如何理解?曾经发生过这样一件事情,学生上了学校班车,学生坐着,让老师站着,有的老师批评一下他:"你应该给老师让座。"学生理直气壮地说:"校长说了,我们是主体!"看来,误解不只是在我们干部里存在,在学生当中也存在。那么这个"主体"是什么含义呢?首先从教育学上来理解,在教育关系上,学生要改变过去的客体地位,恢复主体地位。我们的高等教育有一个通病,那就是学生主体地位的客体化,也就是说学生只是塑造的一个对象。我曾经打过一个比方,以前我们是把学生当做矿物来对待的,现在要改一下,把学生当做生物。把学生当做生物来看待时,大学四年就是一个生长过程。把冶炼过程变为生长过程,把学生从矿物的位置上变为生物的位置上,这样的比喻可能最说明问题。过去我们受苏联的影响,进行第一次高教改革的时候,有1000多个专业。解放军要造一门炮,单是炮管就要涉及16个专业,这怎么行呢?所以后来就从1000个专业缩减成800多个;第二次改革又改专业,现在全国大概是200多个专业,这是素质教育出台的一个基础。专业划分过细,学生就没有选择余地了。当把学生当做生物来看待的时候,大学就成了一个生态系统,一个生机勃勃的百花园,在这样一个生态系统当中,有人愿意长成动物,动物里面有人愿意长成老虎,有人愿意做猴子,有人愿意做兔子,就可以去选择,老虎有老虎的勇猛,猴子有猴子的智慧,兔子有兔子的可爱;而又有人愿意长成植物,有人愿意长成大树,大树有参天之高,有人说我不愿招那么多风,我愿意做静静的一棵小草,那你就选择做一棵小草。在这样一个生态系统当中,成长是自主选择的,学生的主体地位也就恢复了。

这一点我是受到了哈佛的启发。1998 年我随中国政府教育代表团访问哈佛,他们那时大约能开 7000 门课。我们政法大学现在开多少门课呢?我们的目标是 1000 门,但是现有的合起来才 600 多门,还不到哈佛的十分之一。哈佛开这么多课程对学生意味着什么?它有一项原则:以学生的需要作为开课的依据。只要有五名以上的学生提出来要开课,学校都要满足。这就是学生的主体地位,而不是我教什么你就学什么,我不教什么你就不能学什么。这是第一个含义。第二个含义是法律关系上的主体地位。学生进了大学,就进入了好几层法律关系。第一层,他们是宪法上的主体,他们来大学就是行使受教育权的,是受教育权的主体,而大学就是履行满足他们受教育权的义务主体,我们做的全部工作都是为了他们权利的实现。在这个意义上,他们就是主体。如果不能保证学生受教育权的实现,这个大学就没尽到责任。第二层,学生是老师管理的对象。学生进入大学以后,就要接受大学的管理。在行政法上,我们把他叫做"行政相对人",而作为相对人,他就有一系列权利,在这个意义上,他还是法律关系的主体。还有第三层,当进入民事层面的时候,学生的主体地位就和校长是同等的。上大学要交费,交了费就具有消费的性质,在法律关系上他们还是主体。这就是我讲的主体地位的第二个含义。第三个含义是指道德关系中的主体。而在道德关系中每一个人都是主体,在道德中,每一个人都在一定名分之下,享有权利,履行义务。做学生就必须尽做学生的道德义务,做老师就有做老师的道德义务。那再回过头来说在汽车上,那个学生说他是主体,在道德上,他应该履行什么义务呢?尊师是他应履行的道德义务,所以不能学生坐着而让老师站着。所以当讲这个主体的时候,应该讲这三个含义,而不是单一的。在这个主体的含义上,在教育教学关系中,我们学生和老师都是主体,我们要改变的是过去学生只是客体的地位;在法律关系上,我们所做的一切工作都是满足他们受教育权的需要;而在民事关系里面,大家是平等的;在道德关系上,各有各的名分,各有各的义务。

创新是一个思想体系*

建设创新型国家,大学的参与是全方位的。大学创新并非局限于科技领域,而应该是一个思想体系。在这一体系中,我们尤其要重新理解人文社会科学创新的价值及其任务所在。同样,创新体系的构建需要体系的创新,我们必须改革现有大学教育、大学文化以及教育体制不适应创新体系的部分,弘扬创新文化,倡导创新教育,进一步深化高等教育管理体制改革,全面推进大学创新。

一、大学的创新是一个思想体系

从组织体系上来说,创新有一个内部构成:政府、市场、企业、专门研究机构和大学。政府扮演主导者的角色;市场对创新资源的配置起基础性作用;科技创新中的科学部分,不是企业所要承担的,但是技术部分应该使企业成为创新主体;专门的科研机构起着骨干的支撑作用;而大学更要在创新中发挥生力军、主力军作用。其他主体的创新都可能是在某一个领域进行,但大学的创新是全方位的,是一个思想体系。

那么,大学全方位的创新到底创什么呢?大学的各个学科门类又肩负着怎样的创新使命呢?对自然科学而言,最高水平的创新就是创新新的知识,综合性大学的理、工、医、农等学科都在承担着这方面的使命;新工艺的出现、新手段的出现、新工具的出现,这些都应该是工程技术类学科所承担的任务;对社会科学最高水平的创新是创新一种思想;人文学科创新的最

---

* 原载《中国高等教育》2006 年第 23 期,原题目为《从构建创新体系重新审视人文社科的价值》。

高水平是创新一种文化;哲学的创新就表现为思维上的创新,就是寻找判断的新逻辑起点,逻辑起点的重新确立就是思维的创新。

除此之外,大学的制度创新对其他创新起着保障性的作用。制度的意义在哪里?管理国家的本质是什么?有人认为,管理国家就是做工程。我国现在有五大社会问题:社会的结构性问题、社会不公正的问题、腐败问题、生存环境问题和社会规范的有效性。只靠做工程是不能解决这些问题的。在一个社会里,各种价值经常处在冲突当中。其中主要有四组价值:第一组是利益与正义。我们在管理大学的时候,遇到的第一个冲突也是这一对。大学是什么?大学首先是收藏社会良心的。第二组是公平和效率。所有大学校长在配置资源的时候都会坚持这样一条原则。在学科建设上,实行的是扶强不扶弱,要把强势学科做得更强,使它形成特色。在学科建设上不能实行平均主义。这就带来了效率和公平之间的冲突。弱势学科就会不满,传统学科就会被认为没有受到重视。如果把为大学做出贡献的教授们和教辅人员、管理人员、后勤人员的利益平均分配,那一定会流失最优秀的师资。第三组是自由和秩序。大学是自由之地,但大学又带有意识形态性。过分的管制,会使大学丧失学术的独立性和自由性。而大学里一旦丧失了独立性和自由性,创新就是空谈。所以过度的统一,过度的秩序,会扼杀大学的生命。而过度的自由,连一个统一的意志都没有,那么这个大学就很难达到统一的目标。在自由和秩序之间,怎样选择一个合理的度,就是管理者要思考的。第四组是生存和发展。社会管理当中,如何使生存者和发展者都得到满足就是一组矛盾。前者表现为发达的社会保障制度,后者表现为市场的自由化程度。这一组组的社会价值总是处在冲突当中。管理者的责任就是想办法消除价值与价值之间的冲突。如果不能消除的话,就想办法把这种冲突降到最低点。谁能把价值冲突降到最低点,谁就是最优秀的管理者。管理创新的意义在哪里?就在于重新排列冲突着的价值。当把已有的价值秩序打破了的时候,重新确立新的价值秩序就是制度创新。

二、人文社会科学创新在体系中的作用不可替代

在创新的这个问题上,我们尚未形成一个统一的、全面的认识。特别是在今年的中外大学校长论坛上,中方大学校长几乎清一色地都在谈科技创新,其他领域的创新在这次大会上的声音非常弱。我们必须从创新体系的角度重新认识人文社会科学(或叫哲学社会科学)的价值。与自然科学相比较,人文社会科学有三个方面的意义。第一,它回答人类社会的终极问题,即关于世界观、价值观,特别是人生观的问题。这是自然科学所不能回答的。对于个人而言,自然科学有手段的意义;而人文社会科学具有目的的意义。一个好的自然科学家,总能够表现出人文社会科学的素养。第二,它把握的是整个人类发展的方向。就像驾驶一辆汽车,人文社会科学是方向盘,而自然科学是发动机。所以,对驾车的人来说,更应该关心的是方向盘的问题,方向盘一旦出问题就要发生车祸。当然没有动力它就是一辆不能动的车。回顾中国上百年的发展史,在自然科学上我们出现错误的时候不多,更多的失误出现在人文社会科学上。第三,它可以防止自然科学中负面因素的过度发生。自然科学是一把"双刃剑",解决自然科学负面因素要靠人文社会科学。因此,我们在重视和强调自然科学创新的同时,也必须重视人文社会科学创新。

那么,大学人文社会科学的创新,其主要任务是什么呢?一是理论创新。进行理论创新,首先要出现新的观点。新的观点基于一个新的判断。所以,新的判断形成新的观点,新的观点被系统化了以后就形成新的理论。新的理论是人文社会科学创新的一般形态,但不是最高形态。最高形态应该是创新一种思想。思想是以什么为表现形式的呢?思想应当是系统化了的理论。所以这个逻辑关系就出来了。一个新的判断预示着一种新的观点,新的观点的系统化可能形成新的理论,而理论的系统化最终才能形成思想。所以,人文社会科学创新应该以追求理论作为一般形态,以追求判断和观点作为最低形态,以追求思想作为最高形态。二是方法创新。在现代科学技术的背景下,科技创新中的一个很大态势就是集成式创新,其

表现形态就是科学和技术紧密地结合在一起。对人文社会科学来讲,其实也出现了一个人文和社会科学紧密结合的问题,这两者的结合就预示着在方法上要打通。要是用另一个学科的方法来研究这个学科的问题,得出来的结论可能就同原来那个学科不一样。例如GDP,经济学家最看重的是GDP,但法学家眼里,GDP存在很多问题。一是GDP的增长同这个地区经济发展的良好状态没有必然联系;二是GDP的增长同这个地区环境资源之间的关系可能成反比;三是虽然GDP在增长但这个社会的不公正程度可能在增加。同样是GDP,但换一个角度就会得出同经济学家不同的结论,所以就产生了新的判断。这就是创新。三是新概念的提出。一个新的概念被提炼出来的时候就是一种创新。概念是最浓缩的一种语言,是最简化的一种判断。按照新的概念可以做出新的判断。四是重新解释。对一个旧的概念和一个旧的状态重新描绘,使它更趋于科学和准确,也是一种创新。例如,"实事求是",出自《汉书》,讲汉景帝的儿子读书很刻苦,实事求是。但是,毛泽东同志对它做了重新解释,和历史上的"实事求是"的内涵完全不一样。邓小平对社会主义的重新解读也是一种创新,"贫穷不是社会主义","社会主义就是解放和发展生产力"。这种重新解释就破除了"一大二公"的社会主义。五是零散问题的系统化。搞自然科学的人都知道,被系统化了的常识就是科学。一旦常识被系统化了,一系列的常识就组合成为科学。在人文社会科学里同样如此,把常识化的东西系统起来也可以成为一个创新。六是翻译的再创造。人文社会科学有很多内容需要借鉴人类的文明,翻译过程当中的再创造也是一种创新。日本人福泽谕吉借助于荀子的篇名《劝学》和中国"天"的观念,把西方"人人生而平等"的观点介绍到了东方,并且变成了东方的思想、具有了东方的特点。翻译过程中的创新在现代也是比较多见的。七是新材料的挖掘。在人文社会科学研究中,一种新材料的出现也往往预示着一种创新。这是人文社会科学非常重要的一个特点。以中国古典的规则型典籍为例。迄今为止,中国保存最古老、最好的法典是《唐律》。唐之前的法律都是零星地记载在其他典籍当中。《秦律》第一次被描绘,还是在司马迁的《史记》当中。但《秦律》

到底是怎样的,其他文献很少提到。1975 年,湖北“云梦睡虎地”挖掘突然把《秦律》给挖出来了,使中华法系成文典的研究一下推到《秦律》上去了。以上这些方面的创新是自然科学所不能替代的。

但我们还必须认识到人文社会科学创新是有层次的,它在研究上可以分成三个层次。第一个层次是基础研究。人文社会科学的基础研究就像做时装一样。时装做出来是没有人能够穿出去的。但是,时装里的一个款式、一个纽扣、一个颜色有可能在五年或者十年之后成为整个社会流行的一个主调。这就是时装的价值。所以,人文社会科学的基础性研究带有预见性、先见性。这种研究是可以传给后世的。第二个层次是对策性研究。对策性研究就像做服装一样,根据人的需要,量体裁衣。大学为社会服务更多体现在对策性研究上。第三个层次是“缝补式的研究”。这样的研究就是解释式的研究,把出现的漏洞补上,把出现的失误去掉。就像衣服破了的时候需要浆洗、需要缝补一样。在这三个层次的研究中,基础研究应该是大学最重要的研究。在国家的整个创新体系里,对基础研究特别是人文社会科学的基础研究而言,大学是主力军;对于对策性研究,大学是生力军;而对于“缝补式”、解释式的研究,大学是方面军。所以,不仅人文社会科学创新不可替代,而且大学在人文社会科学创新方面的作用也不可替代。

三、大学创新体系的构建也需要体系上的创新

在我们强调创新是一个体系,强调人文社会科学创新与自然科学创新同等重要的同时,我们还必须强调发挥这个体系的整体创新功能,需要一种体系创新,这需要我们回答以下三个问题,这也是大学的创新必须面对的三大困难。

大学的文化主流是不是一种创新文化?传统上,我们讲大学的功能有教学、科研、服务三大功能,其实它还有一项功能就是引领文化。在世界范围内有三大文化主流。第一大文化主流就是科技文化。科技文化是创新的文化前提。对科技的崇尚程度,决定了一个国家的科技能不能被弘扬。

第二大主流文化是人道主义文化。人道主义文化的本质就是人在最大程度上受到尊重。所以,最大程度的承认人的主体地位,把人当作主体而不是客体,这种文化才能使人产生创造性。当人被当作客体来使用的时候,他是没有创造动力的。第三种主流文化是权利文化。法国有两份文件是影响世界的:《人权宣言》和《拿破仑法典》。前者解决的是人和国家之间的关系,后者解决的是人和人之间的关系。由此而构成了对国家的权力、对人的权利的千种文化,被称作权利文化。权利文化中包含人的良心的自由、学术的自由、科学研究的自由、人身的自由、信仰的自由。这些自由的全面实现,就可以最大限度地调动人的创新的积极性。这三大文化都和人的创新有关系。我们要建设创新型国家和创新型大学就要弘扬创新型文化。

大学教育是否是一种创新教育?在创新型的大学中,学生应该有四个方面的素质:首先是强烈的问题意识。一个人的创新能力和他思考问题的多少有关系。满脑子都是问题的人就是创新能力最强的人。马克思讲过,当你提出问题的时候,实际上你已经找到了解决问题的一半答案。爱因斯坦也讲过,对一个思者来说最重要的不是答案而是问题。所以,当每一个大学毕业生离开学校的时候,你要看他带多少问题离校。只有强烈的问题意识,才有可能激发你去创新。其次是求异的思维。创新不要求求同,一定要求异。在科学研究上一定要提倡张扬个性、标新立异。求异而不是求同,这是一个思维的训练。第三是明确的批判的能力。学术的本质就是批判。文学是批判一种丑陋,史学是批判一种虚假,法学是批判一种价值,政治学是批判一种制度,教育学是批判一种罪恶,没有道德的教育就是罪恶。这就是批判。哲学是什么?哲学是批判一种思想。所以,对人文社会科学来讲,最高水平的批判是思想上的批判。培养学生的批判能力是创新的一个环节。最后是必须有强烈的求是愿望,即探求规律的愿望。社会科学在很大程度上取决于个人的兴趣爱好。由于社会发展的需求,而使各种创新成为必要。但是,我们在任何时候都不要否定个人的学术兴趣。要是以上这几种意识被培养出来的话,这种教育就是创新型的教育。但是,我们目前的教育可能还不适应这种要求。学前教育可能是管制式的教育,要求做好孩子,尤其要做听话的孩子。基础教育是“应试式”的,高等教育是“灌输式”的,研究生教育可能是“雇佣式”的。这几种教育都不利于我们创新型人才的培养。所以,要培养创新型人才,要使我们国家成为创新型的国家,首先就要使我们的教育是创新教育。

大学的管理体制是否是一种有利于创新的体制?也就是说我们的管理体制有没有束缚创新?剑桥大学校长在今年中外大学校长论坛上演讲时说,大学要变成创新型的大学,国家要变成创新型的国家,必须首先有一套适应创新要求的体制和机制。对高等教育和社会管理的有两种方式,即“底限管理”和“上限管理”。“底限管理”意味着禁止你做什么,而“底线”之外的所有领域都可以选择。要是这样的话,大学里培养出来的人就会具有独立的人格、自由的精神和平等的地位;大学的个性也容易形成,也会办出特色、办出水平。到那个时候,才有可能接近世界一流大学的水平。“上限管理”就是我要求你做什么、你必须做什么,除此之外你几乎没有选择的余地。要是这样的话,对大学校长是最容易不过的了,只要你完成了所要求的那些内容,那就是一个好的大学校长。但在这种体制之下,所有的大学大概都是一个模式,所有的大学都会失掉自己的特性。所以,中国的高等教育改革被称作“模式化”的改革,而不是个性化的改革。这就是一种体制。所以,要建设创新型的国家,创新型大学,我们必须改革那种不利于大学创新的管理体制。

使才成其器*

今天这个会议,主题很清楚,是导师工作会议。这个会议要实现这样几个职能:第一是要和各位导师沟通一下情况。第二是介绍一下经验。我们的研究生教育整二十周年了,积累了大量的经验,各位导师刚才做了很好的介绍,有整体性的,也有非常有特色的个体性介绍,这些经验对我们都有启发作用。第三个职能,我们这一次新遴选的博士生导师,大多数出席了今天的会议,在进入自己的岗位之前,今天的会议也带有培训的意义。

刚才各位老师的讲话、发言提供了大量非常有意义的信息。我想讲这样几个问题。第一,我们的导师和整个研究生教育到底发生多少关联?有几个非常重要的环节,这几个环节,就像用线穿起来的一串珠子,都和我们导师的工作有关系。研究生教育的开始环节是招生。生源质量决定了研究生教育的质量,如何把最优秀的学生吸引过来,是招生的关键性工作。首先就是命题工作。有院长刚才介绍了他们今年的一个尝试。招生的命题工作允许失败,失败就知道哪一条路走不通了,就预示着我们会选择一条更好的路走,这和导师的工作有关系。第二个环节,导师的遴选。用一个"遴"字就说明问题了,叫优中选优,好中选好,一定要把最优秀的老师选到这个岗位上来。导师既是一个称号,也是一种荣誉。更重要的,它是一个工作岗位,一个岗位就预示着特殊的责任。第三个环节,是日常的培养。从讲授第一堂课开始,直到把学生送出校门,整个过程都是培养过程,这个过程就是以导师为主来完成的。第四个环节是检验,就是论文答辩。学位论文是对他三年学习成绩、研究能力的检验。第五个环节是日常管理。研

---

* 2006 年 6 月 9 日在中国政法大学研究生导师工作会议上的讲话。

究生教育的这五大环节，都和我们导师的工作有关。第二，研究生教育的本质到底是什么？研究生教育和本科生教育的差别在哪里？一个大学“以本为本”，一定以本科教学、本科教育作为立校之本，那是基础。但是，高水平大学一定是以学科建设为纲，那就是说以研究生教育、以学科建设作为龙头工作。学科是由三个要素构成的，处在主体地位的要素就是师资。第二个要素是客体要素，这里面就要求必须有高水平的研究成果。高水平的研究成果就表明这个大学的学术水准，是一个学科水平高低的标志。但是学科之所以叫“学”科，不叫研究所不叫研究院，就是要完成对人才的培养，所以，实际上学科建设当中有两类成果：学术成果和人才成果。抓住了学科的这三大要素，就抓住了一个学校的龙头工作。我们这二十多年的经验证明，成熟的学科的第一个特点叫做“凝练学科方向”，不再是漫无边际的一切都进行研究了，而是突出它的方向性的东西。所以凝练方向是学科建设应该关注的问题，看这个学科成熟不成熟就看有没有稳定的方向。第二个特点就是汇聚学术团队。这个学科不是一个人两个人代表的，而是一个群体。第三个特点是构建学科平台。人文社会科学的平台和自然科学是不一样的，自然科学是以仪器设备作为平台的代表，而人文社会科学的平台则不同。有没有一个成熟的信息系统，有没有独立的学术资料，有没有和这个学科研究相适应的有特色的实验室——文科也要建实验室，这些都被称做学科平台。所以凝练方向、汇聚团队、建设平台已经是一个成熟学科的三大要素。

我们中国政法大学最成熟的学科，现在是法学学科。今天的发言，研究生院做了精心的安排。尽管还是以法学出身的教授为主，不知道大家注意了没有，从朱勇校长的报告到我们每一位的发言，都不仅仅是在谈法学，例如郑永流教授谈的经验就适合于一切学科。所以研究生教育的本质落到最后，是以学科建设为平台，展示教育创新。我非常赞成研究生教育应该是以学术为主导，以学术为特征；创新教育是研究生教育的本质。创新的标准，李永军教授做了一个很系统的概括：一个新领域的开拓是创新，一个新观点的提出是创新，一种新方法的运用也是创新，用新方法研究旧问题也是一种创新,交叉和融合也是创新。另外,用一种新方法对一个问题进行新的概括、新的描述也是创新。除了这六个方面,还有没有?像文史哲、人文学科和其他学科的创新可能有其不同的特点。对自然科学来说,最高水平的创新是创新一种知识。对工程技术类来说,最高水平的创新就是创新一种方法。对社会科学来说,最高水平的创新是创新一种思想。而对人文科学来讲,最高水平的创新,可能是创新一种文化,可能是提供一种境界,可能是给我们提供一种新的生活方式。人文学科中,新的事实和证据的发现、新的史料的出现也被认为是创新;一篇从未见过的作品,被完整地准确地翻译过来也被认为是创新;一个知识的系统化——过去是零散的,现在有人把它系统起来了——也被认为是创新,等等。我们知道有这样一个例子,剑桥大学最受争议的一篇博士论文是关于糖的研究。这个人做了大量的研究,从淀粉的性能开始,最后洋洋洒洒几十万字的博士论文得出一个结论:糖是甜的。这就他的博士论文,对于大家都认为是常识的东西,他完成了一个证明。把常识变为科学,这也被认为是创新。所以创新是多方面的。第三,大学里面怎么创新?特别是当我们完成了从单科性大学向多科性大学的转变以后。我们政法大学全都是人文社会科学,人文社会科学的创新有没有一些共性?在指导研究生的过程当中,每个人都有自己不同的体会。但是研究整个人文社会科学,我想有六个环节可能是共通的。首先,人文社会科学非常大的一个特点,就是它的基础环节是积累,没有积累,创新肯定是零,没有起点嘛。第二个环节我想应该是知识系统化问题。创新什么?你对前人已经做的贡献还不知道呢,你去创什么新。提出那个"新观点"可能在一百年前已经有人说过。所以知识的系统化可能是人文的第二个环节。第三个环节我想大概应该是"怀疑"。当我们说培养一个人的人文精神的时候,怀疑精神也是必须培养起来的。问题意识、怀疑意识可能都需要。第四个环节是传承,怀疑过了之后剩下的才能传承。所以人文社会科学的流派和传承一定存在着内在的联系。第五个环节可能是批判的能力。我经常思考,我们到底批判什么?史学批判的是虚伪,经济学批判的是不效率,法学批判的是不正义。批判能力表明一个学者的成熟程度。最后一个环节是构建。这种构建可能就是一种创新。

这些共同点能不能在我们带学生的过程当中指导给学生？现在很多学生是不读书的，不读书怎么创新？我们要寻找到我们学校研究生教育过程中增强学生创新能力的途径，这就是我想讲的第三个问题。最后一个问题是师德建设的问题，就是我们导师本身能力提升的问题。学术能力的提升，每个人可能都会寻找到自己不同的门径，但是作为师德，学校应该有一个整体性的要求。个别导师不负责任，一年也不见学生一次，不给学生提供指导。严重不负责任的导师将来怎么处理？他已经不胜任导师这种岗位，就不应该担任导师。另一类情况就是，我们个别导师将研究生的招生以至于培养作为自己的一种势力来对待。像朱校长刚才讲的招生过程当中的漏题现象，这是绝不允许的。答辩过程当中相互之间持不同的意见，不是基于学术而是基于势力，等等，这不要说做研究生的导师，就是做一般老师都不配。我们还有个别的导师两年、三年没有任何学术成果。如果你是在学术积累过程当中，或者学术高峰期过了，这种情况除外。如果不是这种情况，而是把主要精力用于教学科研之外，这是不允许的。对丧失学术能力的、丧失师德的、丧失责任心的这三类导师，在今后的整个研究生教学管理过程当中要加大管理力度。

创新型国家与创新型大学*

秋天是收获的季节,老师们获得了各种各样的荣誉,有社会的、有学校的,这是一种收获;老师们还获得了相当多的科研成果和教学成果,这也是一种收获。但是,在老师心目中,更大的收获是今天到场的各位同学脸上的笑容,你们的成长是老师所有努力最终想达到的目的,所以老师们永远也不会忘记这份收获。

今天想交流的主题是创新问题,主要是关于我们学校创新的几个问题。第一个问题,我们为什么要建设创新型国家。今年1月9日到11日,21世纪中国第一次科技大会在北京隆重召开,胡锦涛总书记发表了重要讲话,温家宝总理在会议闭幕式上也发表了重要讲话,他们的讲话确定了一个共同的目标,就是中国必须建设成为一个创新型的国家。要解释什么是创新型的国家,我们首先要理解什么是创新。据我翻阅的有关资料,"创新"这个概念最早是1929年由奥地利的一位经济学家创造出来的,是说在经济发展的过程当中,如果开发一种新的产品,采用一种新的工艺,开拓一个新的市场,就可以创造新的利润,这一过程组合起来就叫做创新。现在理论界都在使用这个概念,但在20世纪末,经济合作与发展组织改造了这个概念,知识的获取、传播、使用过程也是创新。很有意思的是,今年的科技大会召开之前,在中国科技界非常有影响的一位领袖式的人物周光召院士——他曾经是中国科学院的院长,也曾经是全国人大的副委员长——重新给创新下了个定义。他的定义里面,创新有三重含义:在探究各种规律的过程中获取知识,这是创新;在获取知识的同时要传播知识和使用知识,

---

* 2006年9月7日在2006年教师节表彰大会上的讲话。

这也是创新;传播知识和使用知识最终是为了获得经济发展和社会进步,整个的过程,他都赋予创新的含义。所以什么是创新?在我看来,创新就是在获取知识、使用知识、传播知识的过程中所获得的社会和知识的各种进步,包括对规律的认识。在这个意义上来谈创新,创新的目的非常清楚,就是要促进经济发展和社会进步。从这点出发,创新型国家无非就是指依靠科技进步和创新来支撑社会发展的国家类型。中国为什么要创建创新型国家?我们都知道从1978年到今年,中国的GDP每年是以9%的速度在增长。经济学家认为这是跨世纪的中国奇迹,世界上没有一个国家GDP年均增长量能达到9%。当我们从贫穷状态走向温饱状态的时候,有人说中国是一次飞跃,从温饱到小康的时候又是一次飞跃;现在中国正在从小康迈向全面小康,GDP总量去年超过18万亿人民币,世界排序已经从前年的第六跃居到去年的第四。按照这个速度发展,我可以预测,到今年年底中国的经济总量就有可能达到日本的水平,可能跃居世界第三。

中国的经济已经在快速发展,我们为什么还要建创新型国家呢?照这样的速度,不是"风景这边独好"吗?但是回过头来分析,我们才发现中国经济发展的支撑力不是科学技术,我们依靠的是"三高":第一高叫做高投入,就是原料和材料的高投入;第二高是高耗能,我们靠的是能源的消耗,中国的能源已经开始出现危机,中国能源使用的有效率只相当于美国的四分之一、日本的八分之一;还有一高就是高污染。世界这么多国家来中国投资,到底相中的是中国哪一方面的东西?经济学家得出结论说,不是我们有最广袤的市场,也不是我们有世界上最廉价的劳动力,根本原因是我们有世界上最宽松的环境管制。污染问题已经是危及我们民族生存的大问题了。中国资源的人均占有比例明显低于世界平均水平,中国人均占有的可耕地面积不到世界人均水平的三分之一,人均所拥有水的可利用量不足世界人均水平的四分之一,人均所拥有的森林面积不到世界人均水平的七分之一。继续靠这"三高"投入来支撑中国的经济发展,中国肯定不会再这样持续快速发展,迟早有一天我们的资源会枯竭。在30年前,东北的黑土地还有一米的黑土,现在只有六十几公分,30年的时间减少了三十几公分，按照这样的速度发展下去，再有 100 年左右，黑土地将变成黄土地。但是黄土地再变成黑土地需要多长时间呢，需要 1 亿年左右。中国现在的能源问题、资源问题、环境问题，这三大问题已经成为制约我们经济发展的“瓶颈”。要持续快速发展，就不能再实行这种“三高”的模式，所以一个新的命题就提出来了，我们要转变经济增长方式，经济发展的主要动力要依靠科技的进步和创新。这就是我们提出创新型国家概念的一个基本背景。从世界历史来看，17 世纪中叶以后，英国迅速崛起，维持了 100 年左右的辉煌。德国最有名的洪堡大学为德国的发展提供了动力，所以德国取代英国成为世界制造业的中心。但是 19 世纪末期美国迅速崛起，美国的大学获得的国家资助从 80 亿美元一下跃为 300 亿美元，科技成为大学的主要发展动力，大学和社会的结合构成了美国进步的主轮，因此美国现在处于世界领先地位，无论是教育还是科技都成为世界的标杆。创新型国家就是靠科技进步支撑社会发展的国家。中国现在是不是创新型国家呢？中国 18 万亿人民币 GDP 中，科技含量不足 20%，而创新型国家 GDP 的科技成分都要超过 60%，这就是巨大的差距。所以我们确定了这样一个目标，大概要用 15 年左右的时间争取使中国成为创新型的国家。

在这个背景之下，我们就要思考创新到底创什么，对于一个大学来讲，这么多社会领域，创新应该进行哪些选择？我个人的看法是，社会上有无数的机构，大学是最具综合创新能力的场所。老师们永远也不会忘记这份收获。

知识的获取、传播、使用过程也是创新。很有意思的是，今年的科技创新实际包含六大内容。第一类对于自然科学来讲，创新就是指获取新的知识。同学们知道，剑桥大学里至今存放着牛顿发现万有引力的那棵苹果树，这个发现就是一个新的知识，这个知识的发现改变了整个世界。我们还知道，胰岛素的发现带来了一场医学革命。在 1978 年中国自然科学大会上，有一项一等奖的成果就是人工胰岛素的发现，这是中国人的骄傲。数学界的庞加莱猜想、哥德巴赫猜想，这些都是新知识，都带来了人类与自然关系的革命。第二类是工程技术类，工程技术类最高水平的创新是一种新方法,所以工具、工艺、方法、手段方面的创新应该是技术类学科追求的目标。第三类是社会科学,社会科学创新体现为一种思想。思想不是一下子产生出来的,大师的出现需要土壤和环境;思想也不是凭空掉下来的,思想产生的前提可能是一个成熟的理论;而一个成熟理论的诞生,前提可能得有一个成熟的观点。观点的系统化有可能成为理论,而理论的系统化最终才可能成为思想,这就是社会科学的任务。创新的第四个领域应该是人文学科的创新,人文学科不同于社会科学的最大区别在哪里?最大的区别就在于人文是不可重复、不可复制的。人文的创新是创新一种文化,而文化的本质———我个人理解———应该是一种稳定的生活方式。第五类创新,对所有的学科来说,是思维的创新。什么是思维的创新?哲学家们有回答,我也从自己的角度做了一些思考:我们的每一项创新可能都要寻找到一个逻辑起点,逻辑起点的改变,就是思维创新的开始。就我的理解,最后一个创新应该是体制上的创新,或者叫做制度上的创新,一些管理学家也把它叫做管理创新。管理创新的意义在哪里?我个人的理解,管理创新的最高水平可能要重新进行价值判断和价值组合,把价值冲突降到最低点可能就是最好的管理,也可能就是最好的制度。所以,重新排列价值就是制度创新的开始。

要创建创新型大学,对下面几个问题我们应该作出回答。第一个问题,什么是创新型人才?这是大学使命里应该思考的第一项内容。创新型人才在思维和能力上有这样一些特征:首先须有批判的能力。学术的本质就是批判,批判是创新的开始。要积累批判能力,还要有一个传承的问题,没有传承,没有继受,可能也就没有批判。创新型人才的另一个标志,是看他身上有没有求异能力。标新立异在生活中不被提倡,但是在学术当中应当大力提倡。经济学上特别看重 GDP,但是在法学家眼里,GDP 未必是一个十全十美的东西。法学家独特的眼光是,GDP 与一个社会的公正状态可能是背道而驰的。GDP 在增长,社会的不公正程度在增加,甚至可能走向恶化,这就是从法学的角度进行的观察。所以,在看好 GDP 的同时,我们应该有求异的眼光,有求异的思维,这种思维就是一种创新型的思维,这样一种能力就是创新能力。这样一些能力就是我们创新型人才所要具备的。

第二个问题,怎样使我们的同学具有创新力?要不要改变现行的教育模式甚至教学方法和教学内容?今天我们许多的老师获得了教学成果奖,我注意到,教学成果里有一部分开始注重能力的培养了。一个好的老师应该告诉学生,在这个问题上,整个人类的知识当中已经有了几个判断;一个更好的老师在告诉学生已有的几个判断之外,还要告诉学生他自己的判断;最好的老师不仅告诉学生他自己的判断,而且还要能够启发学生产生一个与老师不同的判断。我们的教学方法要不要改变?我们的考试方式要不要改变?创新不是考记忆力,但是我们现在几乎所有的课程,特别是概念性的课程,考的都是同学们的记忆力。激发同学们的创新力,应该是我们考试制度追求的目标。

第三个问题,要培养创新型人才,我们老师自身的创新能力亟须提高。产生一名两名大师是一所大学的荣幸,一所大学不可能产生一大批大师,大师也很难用培养的方式培养出来。大师是大学创新力的体现。政法大学在四个领域里都可以创新。思想可以创新,在人文社会科学的研究方法上也可以进行创新。如果你用另一个学科的方法研究本学科的问题,很可能就得出与本学科不同的结论,这个不同的结论就有可能是创新。所以只要你选择了新方法,就一定是一种创新。前人已经得出来的结论,我们重新解释一下也可以是创新。最有名的例子,就是邓小平对社会主义的重新解读。过去我们所理解的社会主义和邓小平后来给社会主义所下的定义是不同的。贫穷不是社会主义,没有民主就没有社会主义,那么是不是把富有和民主这两者合起来就是社会主义呢?还不是。邓小平接着还有判断:社会主义的本质就是解放和发展生产力,解放和发展生产力才是社会主义的本质。后面还有:消灭剥削,消除两极分化,最终达到共同富裕。这种对社会主义的重新解读也是一种创新。我们人文社会科学里许多已有的概念,需要我们去重新理解,重新理解的过程就是一个创新的过程。社会科学的研究还需要一些资料,每当有新资料出现也一定有创新出现。研究法律史的老师知道,1975 年湖北的云梦睡虎地秦简出土之前,我们对《秦律》的理解是非常模糊的，只能是根据《史记》、根据后人的一些研究来推测。中国古籍里保存最完好的法律典籍，最早在唐代，唐代以前完整的法律典籍几乎找不到，但是云梦睡虎地秦简出土使我们获得了一个完整的《秦律》，这就是新资料，一项新资料的出现也可以获得新的成果。所以社会科学的创新领域是非常广阔的，这就要求我们每一位老师在有了这个意识之后努力去把握它。大学要办成一个创新型的大学，第一个任务，我们要培养创新型的人才；第二个任务，我们要改革现有的束缚创新的管理体制；第三个任务，要提升教师自身的科研能力。我相信我们的大学一定会办成一个创新型的大学。

创新型国家与人文社会科学的创新*

关于建设创新型国家和人文社会科学创新这个题目,我想谈四个方面的问题。第一个问题,我们为什么要建设创新型国家,它的现实背景和时代紧迫性何在。第二个问题,创新是一个思想体系,体系化的创新包括哪些内容。第三个问题,人文社会科学(或者叫哲学社会科学)在哪些方面能够创新。最后,探讨一下当前建设创新型国家和哲学社会科学创新面临的困惑与问题。

一、为什么要建设创新型国家

今年1月9日至11日,全国科技大会在北京举行。胡锦涛总书记出席了开幕式并且发表了重要讲话。温家宝总理出席闭幕式,也发表了重要讲话。两个讲话讲的同一个问题是,要在2020年前后把中国建设成为创新型国家。

创新型国家以什么为标志?要理解这一点,需要先研究什么是创新(innovation)。创新作为生活中的概念,绝不是近代才有的事情。但作为学术史上的概念,它最早是在1929年由奥地利经济学家熊彼特提出来的。他赋予创新的含义和我们今天所讲的科学创新几乎没有任何关系。经济学家理解的创新是指,企业通过引入新的产品,采用新的生产方法,开拓新的市场,选用新的管理机制,获取新的利润。这个过程被理解为创新。在

---

* 本文根据2006年9月7日在国家教育行政学院第29期高校领导干部进修班、第25期高校中青年干部培训班上所作的报告而作。原载《国家行政学院学报》2006年第11期。

这个意义上的创新中,机制和方法问题是最重要的。这是学术史上第一次提出的创新的概念。这个概念后来在经济领域被广泛使用。

经合组织(OECD)在1996年所发表的报告当中稍微拓展了一下这个创新的含义。该报告把运用知识获得社会收益的过程也理解为创新。对这个概念作系统阐述的,在中国没有人比周光召同志的概念更权威了。在《中国科学院科学发展报告(2006)》的前言里,周光召同志对创新的概念作了新的解释,这可能是在外延上最广阔的一个创新。他下的定义是,“探究事物运动客观规律以获取知识,传播和运用知识以提取新的经济、社会收益和提高人类认识世界水平的过程”,都是创新。这个定义有三层意思:第一层是创造新的知识,这是探究各种规律所必需的。第二层就是在运用和传播知识的过程中获得新收益,这个收益既有经济的又有社会进步的。第三层就是人类提高对整个自然界、社会的认识水平。这三个层次合起来就是周光召同志的创新的概念。而创新型国家建设所使用的概念,在很大程度上是在这个意义上被运用的。

创新型国家指的是什么呢?如果国家的经济进步和社会发展主要是靠创新来驱动并以此为特征的,那它就是创新型国家。其显著特征是,社会的进步和经济的发展都依赖于包括科技在内的各种创新。正如温家宝同志所总结的那样,中国今后经济的发展、社会的进步要靠两大动力:一是继续推进改革开放;二是科技进步和创新的推动。所以在我看来,周光召同志的概念与党和国家领导人对于创新所进行的概括与理解是一致的。

在这个时期谈创新型国家,既有国际经验背景,又有国内需求背景。

从国际上来看,可以这样概括,近代三百年来,西方国家整个社会的发展过程就是一部创新历史展示的过程。我们不可能对整个西方做全部的描绘,但我们有必要把几个具有代表性的国家提出来做分析。

第一个国家是工业化最早的英国。17世纪中叶以后直至18世纪中叶,这一百年间,世界上最强盛的国家就是英国。以瓦特发明蒸汽机作为开端,英国后来在三大领域成为世界的中心:第一个领域是在机械制造上;第二个领域是在纺织上;第三个领域是创造了一种新的社会进步模式,即以工厂作为劳动的场所。英国依靠这三点击败了老牌的、靠掠夺其他国家资源作为自己发展进步动力的帝国主义国家,如西班牙、葡萄牙。一百年间,“日不落”就是其主要特征,英国统治了整个世界。所以,英国的革命被称为第一次工业革命。

取代英国的是德国。我们也需要借鉴德国在科技进步方面的经验和教训。我们知道,洪堡大学对德国所做的贡献是举足轻重的。以洪堡大学科学研究的精神作为发端,德国很快在化工、电力、汽车三大领域成为世界的中心。它的这个过程和大学功能拓展的过程是一致的。洪堡精神的产生预示着大学新的使命的产生,而大学研究的使命就是社会进步的发动机。所以,德国很快成为世界工业的中心,进而成为强大的帝国。因此,德国有资本发动两次世界大战。德国的工业革命可以称为世界范围内的第二次工业革命。

在工业革命的第三个阶段,我们不能不讲美国。美国在 19 世纪末开始成为世界的中心,它的特征表现在政府和大学的紧密结合上。政府是推动整个社会科技发展的撬动器、是杠杆。当然,它的特征也在于靠大学来发展自己的科学技术,所以美国的发展史也是美国高等教育的腾飞史。在美国,它是先有大学后有美国,美国政府首先把大学发展为世界最好的大学,然后大学又把美国发展成为世界最强大的国家。美国的大学开创了高等教育史上的第三个历程,即科学研究要为社会服务。社会服务成为大学新的职能。社会服务在美国的表现形态是既有科学技术的服务,也有人文社会科学的服务。所以,美国迅速在能源、制造、航天、核能、知识产权、管理体制等领域成为世界的中心。这个中心一直坚持到现在。美国已经成为一个超过一百年的具有代表性的国家了。

考察西方近代的发展历史,我们得出的结论只有一个,那就是:整个西方进步的历史就是一部创新的历史。这是第一个背景,这个背景为人类社会发展提供了规律性的认识。

西方的近代化是三百多年的历史,中国的近代化没有那么长。如果按照胡绳的观点,以鸦片战争作为开端的话,中国的近代化到今年也只不过才 166 年,一个半世纪左右。中国这一个半世纪左右的历史,从社会史的角度来认识它,我个人理解,实际上就是一部学习和模仿西方各种进步的历史。

当然,中国人的学习是分阶段进行的。第一个阶段是学习西方的器物和技术。鸦片战争结束后,中国人开始反思,我们这么大的一个帝国为什么不到两年的时间就土崩瓦解了,原因到底在哪儿?当时朝野得出的共同结论是,我们的科学技术落后了,所以要学西方的器物和技术。学了器物和技术之后怎么办?“师夷长技以制夷”。把西方的科学技术拿来,最终用它的技术来打败它。因此,轰轰烈烈的洋务运动开始了。洋务运动的一个最重要的成果,是催生了中国近代高等教育。洋务运动办的第一所大学是 1895 年创办的北洋大学,即现在的天津大学;第二所大学应该是南洋公学,即现在的交通大学。官办的第一所大学是 1898 年的京师大学堂;官办京外的第一所大学是 1901 年的山东大学堂,第二所大学是山西大学堂。此时,科学技术开始进入中国。如何检验这一阶段的成果呢?检验的方式就是看看中国当时北洋舰队的舰炮。讲吨位数,中国已经是东方之最,超过了日本;再比较大炮,其射程已经是世界上最远的了。本以为有了坚舰利炮就可以守住我们的国土,但是没想到,1894 年至 1895 年的甲午海战,中国再一次失败。

我们的科学技术已经上来了,洋务运动所产生的那些近代化的成果,如机械制造、纺织、电灯、电报、铁路、洋枪、洋炮等已经可以使我们的科学技术与西方进行比较了,为什么我们又失败了呢?这时,日本人帮我们得出了结论。各位领导如果有时间的话可以到日本的下关去看一下。下关在临海峡的地方有一个楼叫春帆楼,这个楼就是当时李鸿章和日本的伊藤博文签订《马关条约》的地方。春帆楼的旁边有一条 200 米长的路——“李鸿章道”。这条路是中国人耻辱的象征。春帆楼现在是日本最大的爱国主义教育基地。每年春夏之交的时候,日本的中学生都要到春帆楼来接受爱国主义教育。就是从《马关条约》签订的这一天起,整个日本开始蔑视中国。所以,在日本学者的眼里,中国为什么失败?他们的结论就是,新制度打败了旧制度。

日本人的分析后来被中国的学者所接受。我们只学人家的器物、技术还不行,还必须学习能够把这些器物、技术运用好的制度。所以,一批中国的知识分子开始觉醒,要求变法,要求改变中国的制度。随之而发生的1896年的戊戌变法,就是要求改变制度。当然,最剧烈的一场运动还是辛亥革命。在辛亥革命和戊戌变法中间,曾经有一场清政府的自我改革,就是从1903年到1909年的清末改律运动。当时有个著名的律学家叫沈家本,他影响后世的一个非常重要的法律思想就是:"其应改而不改者,谓之悖;其应学而不学者,谓之愚。"他就用这两句话说服了清政府。要么你背离世界潮流而动,但这样必然会失败;要么你是愚蠢的,不去学人家已经有的现成制度。这两句话被推崇为官方改良的箴言。但是非常可惜,无论是变法的方式还是自我改造的方式,都不足以动摇中国根深蒂固的封建统治,最终不得已而发生了辛亥革命。

辛亥革命之后,共和有了,中国又发生了什么?西方的器物、技术学来了,西方的制度也学来了,但是学来西方的制度之后是一个什么状态呢?该复辟的复辟,该做皇帝的做皇帝。当时鲁迅有一个描绘。他说,我们的人身是自由的吗?我们的人身在可以出卖这一点上是自由的;我们的言论是自由的吗?我们每说一句话,都可能被当作犯罪;我们的行动是自由的吗?我们要做一点自主的事情都会入狱。这就是当时民主与自由的写照。随之而来的就是军阀割据,每个人都想做皇帝。

为什么西方的制度学来了,在中国存活不下去呢?终于又有一些觉醒的知识分子发现,光学西方的制度还不行,因为每一种制度的背后都有一种土壤,只有这种土壤才能养活这种制度。这个土壤就被称为文化。所以,中国人学习西方的第三个阶段是新文化运动。要把西方的文化也学来,然后用这种文化再来滋养这种制度。就是在这种认识和背景之下,陈独秀于1915年在《新青年》的创刊号上提出了两个口号,即科学和人权。这个口号源于对法兰西的分析。法兰西代表着当时社会进步的符号。而法兰西的进步是靠两个轮子推动的,这两个轮子就构成了法兰西的文化。

第一个轮子叫科学，第二个轮子叫人权。但到1920年的时候，陈先生自己改口了，把人权改成了民主，这就是大家所知道的“德先生”和“赛先生”。所以，西方文化的两大表征，第一是科学，第二是民主。当时的知识分子主张要用这种文化来滋养共和的制度、民主的制度。但是，这个新文化运动是不彻底的。后来发生的民族救亡把新文化运动中断了。中断的结果大家都清楚，就是我们采用的所谓的西方民主制度在中国是无法走向彻底的，之后就是国民党的独裁政权。

所以，中国学习西方的整个过程，实际上就是学习西方创新历史的一个过程。我们的先人不仅仅要学习西方科学上的创新，还学习了他们制度上的创新、文化上的创新。这就是一百多年中国的背景。

改革开放以后，邓小平讲，我们与西方相比，有两个方面明显落后了，一是科学技术，二是管理方式。近三十年来，我们再一次掀起了学习西方的热潮，包括派出数十万计的留学生，学西方的什么？还是技术、制度、文化这三个方面，所不同的是，我们的社会主义制度已超越了资本主义的制度，但实现制度的机制和体制带有技术性，仍是我们学习的内容。可以说，中国近代以来一个半世纪左右的历史就是模仿和学习西方创新的一段历史。这就构成了我们自己的近代史的背景。

当下的时代背景有两大要素，使得我们必须走建设创新型国家这条路。

第一，全球化的要求。在法学家的眼里，全球化不仅仅指的是经济的全球化。当然，全球化的第一个含义指的是经济的全球化。经济全球化包括市场的全球化和资源配置的全球化。第二个全球化应当是信息的全球化。信息的全球化可能比经济的全球化更彻底。现在，世界任何角落所发生的事情都可以在瞬间传遍全球。所以，信息的全球化推动着全球的生活方式、生存方式甚至政治方式的改变。还有一个全球化我们是不能忽视的，就是规则的全球化。有经济活动就必然有经济规则，有政治活动就必然有政治规则。对政治规则我们了解比较多的是国际法，经济规则里被全球认同的就是WTO规则。WTO绝不仅仅是关于经济的问题，说到底，它是一个规则问题、是个法律问题。所以，规则的全球化也在推动着我们必须走发达国家已经走过的道路。

除了这三个全球化之外，我们还需要思考的是哪一个内容呢？我想应该是科技资源的全球化问题。这对中国来说是一个新的课题。科技资源当中最宝贵的，还是科学家资源。目前科学家资源正出现一个全球化的趋势。过去讲，科学无国界，科学家是有国界的。这句话正在被全球化所改造。科学家现在正在变得没有国界。最优秀的科学家有可能被创新能力最强的国家所吸引。这种趋势对中国来说既是挑战也有机遇。挑战就是，改革开放以后，我们有一批优秀的人才被吸引到国外去了；而机遇则在于，就在这个全球化的背景之下，我们也正在具备把优秀科学家吸引到中国来的能力。大家现在非常关注邱成桐和北大的这场争论。这场争论的背后，恰恰是科学家全球化的一个信号。我们有能力也有条件吸引最优秀的科学家，使他们成为中国科技创新的主体，不仅仅吸引中国留学于国外的，也可能是外国籍的。这就是我们现在所面临的机遇。如果中国不往创新型国家这条道路上走的话，那么中国面临的挑战将大于机遇。因为，中国优秀的科学家可能成为那些科技创新型国家的主体。这是我们现在在全球化背景之下需要应对的一个问题。

第二，解决当前中国经济发展所面临问题提出的要求。从 1978 到去年，中国的 GDP 以每年 9% 的速度增长，这被称作东方的世界奇迹。前些天我和经济学诺贝尔奖获得者蒙代尔一起从上海回北京，他到中国的频率如此之高，在经济学诺贝尔奖获得者中是绝无仅有的。我问他："你为什么这么频繁地往来于中国？"蒙代尔告诉我，他要用毕生的精力来研究中国的经济现象。就是说，他要研究中国所创造的经济奇迹是否具有全世界的普适性、是否有规律可以总结。

我们创造的奇迹划分为三个阶段。1978 年的中国可以说是一个贫穷的中国。从贫穷到温饱是第一个阶段，我们完成了。从温饱到小康是第二个阶段，到上世纪末我们又完成了。现在，我们正在走向第三个阶段，即从小康到全面小康。从 GDP 的增量上来看，中国在 2004 年第一次突破 1 万亿美元。美国的 GDP 总量是 10 万亿美元。处在第二位的是日本,4 万亿美元。处在第三位的是德国,2.6 万亿美元。当中国达到 1 万亿美元时排在世界的第六位。可在去年全世界谁也没想到,中国的 GDP 一下子涨到 18 万亿人民币,折合成美元是 2.2 万亿,一下子从第六位上升到第四位。全世界为之震惊。按照这样的速度,有人预测,中国要达到 10 万亿美元,大概需要 20 年左右的时间。但我们自己还是比较保守的。胡锦涛同志在"财富论坛"上讲,我们到 2020 年前后争取 GDP 总量达到 4 万亿美元。实际上,国外的分析认为,中国到那个时候可能不是 4 万亿美元,至少可断定是处于世界的第二位。

中国经济在强势发展。支撑中国经济发展的因素是什么?这就是经济学家和政治学家所关心的。总结 1978 年到今年这 28 年的历史可以得出这样的结论:支撑中国经济快速发展的主要因素是高投入、高耗费、高污染,以这三高作为基本代价。高投入是指资本的投入、劳动力的投入及原材料的投入,尤其是一些资源性的投入。中国一些不可再生的资源正在锐减,如煤炭。我国沙漠化程度之高在世界极其罕见,大概有 360 万平方公里,已超过国土总面积的三分之一。以东北为例,东北的黑土地原来的厚度是一米左右。这一米的厚度是用了一亿年左右的时间形成的。而我们用了 30 年的时间,就使这一米的厚度下降了三十余公分。东北现在的黑土地只有六十多公分的厚度。按照这样的速度,几十年之后,那儿的黑土地将变成黄土地。但是,要把黄土地再变成黑土地,则需要三亿年左右的时间。我们再看看中国的资源。我国可耕地的土地资源不到世界平均水平的二分之一,水资源不及世界平均水平的四分之一,森林覆盖面积不到世界平均水平的七分之一。但是,我们这三大资源都在进行投入。而中国的环境污染,已经是中华民族有史以来最为严重的一个时刻。它不仅仅呈立体形态,脚下有水污染,身边有噪音污染,上空有大气污染,现在更严重的问题是重复污染。经济学家现在正在对污染所导致的危害算账。昨天,环保总局和国家统计总局发表的、被称作"绿色 GDP"的报告表明,因为污染而使中国 GDP 损耗的数量在 3.05%左右,具体数字在 2005 年是 5518 亿元。经济学家预测,实际数字应该大于这个数,大概是 GDP 总量的 3%~8%之间。这是指污染所导致的 GDP 的直接损失。如果再加上治理和恢复环境所带来的损失,法学家的判断和经济学家比起来可能是不太一样的。法学家认为,21 世纪我们在治理和恢复环境方面所进行的投入一定大于我们在破坏和使用环境方面所获得的产出。

中国已经成为世界的一个制造中心。中国制造已经成为世界制造。到底是什么因素把世界那么多的工业都吸引到中国来了?经济学家讲,是因为中国有最廉价的劳动力、有最广袤的市场、有巨大的需求和拉动。但是在法学家的眼里,这两个因素都不是决定性的因素。决定性的因素应该是,中国有世界上最宽松的环境管制,所以全世界带污染的企业都急剧向中国集中。我们支撑经济快速发展还靠的是能耗的投入。1 美元的产出,中国的能耗是美国的 4 倍、大概是日本的 8 倍。这就叫做高耗费。

那么,这三高之后带来的后果是什么?中国现在出现了严重的能源问题、严重的环境问题、严重的资源问题和严重的生态问题,有些已带有危机性。2000 年时我们估计,经济再快速发展,对煤的需求每年也不会超过 10 亿吨。但是去年我们煤的生产量是 26 亿吨,中国自己市场的需求是 20 亿吨。如果依靠现在的能源支撑 GDP 高速增长的话,到 2020 年,中国对煤的需求每年可能将达到 40 亿吨。可中国现在还有多少煤可挖呢?仅仅通过简单的劳动来把资源转化成商品,虽然 GDP 增长上来了,但当资源枯竭的时候,GDP 再靠什么支撑呢?所以,非常严峻的问题已经摆在中国政府面前。第一,中国必须以较快的速度发展,中国经济的发展绝不可以出现大起大落,必须平稳地、健康地并且较快速地发展。第二,中国现在的能源、环境和资源不足以支撑中国的经济再以这样的方式发展。所以结论很清楚,也就是中国必须转变经济增长方式。目前,我国 GDP 中科技的贡献率仅有 20%余。而发达国家 GDP 中的科技贡献率都在 60%以上。所以,中国不能再靠资源转化成 GDP、不能再靠环境污染转化为 GDP,必须走科技创新的道路、建设创新型国家,尤其是要增强自主创新的能力。这就是现实给我们提出的最紧迫的一个任务。中国如果不建成一个自主创新型的国家,中国和西方的距离可能会越拉越大。以上几个方面就是确立创新型国家目标中历史的、时代的背景。所以,建设创新型国家是我们民族历史性的选择。

二、创新并非只局限在科技领域,创新应该是一个思想体系

这个思想体系大致可以分成两个部分。第一个部分是组织体系。创新是所有社会主体都能够进行的事情。但在一个国家,从组织体系上来说,它有一个内部构成。这个内部构成大致由五部分组成。

第一,政府应该扮演主导者的角色。政府要制定科技政策,要负责建立使创新能够在全社会被奉行的体制,还要保证创新有足够的经费投入。所以,政府管方向、管保障、管制度,是这个体系当中的主导型主体。第二,市场对创新资源的配置起基础性作用。我们的经济是市场经济,创新需要大量的资源,包括人力资源、物力资源,资源配置的基础就是市场。在国际上,有创新资源的争夺;在国内,同样会出现创新资源的竞争,人力资源的竞争将是尖锐和残酷的,但会从无序到有序。第三,企业是技术创新的主体。科技创新当中的科学部分不是企业所要承担的,但是技术部分应该使企业成为主体。中国有这么多企业,但有创新意识的并不多。特别可怜的是,我们中国人自己拥有的发明专利在全世界所有专利当中的比例不足2%。美国认可的授给外国人的专利中,中国人的只占0.12%,远远低于世界平均水平。所以要使企业成为技术创新的主体。第四,要发挥专门研究机构的骨干和带头作用。在组织体系中,国家专门的科学研究机构起骨干的支撑作用。这是中国的一个特色,这个特色是从前苏联那儿沿袭过来的。这个特色在美国是不存在的。这个特色目前存在的弊端是把研究的过程与基础人才的培养过程相分离,这可以出成果,但难以出创新人才。第五,大学要在创新中发挥生力军、主力军作用。大学的创新是全方位的,而其他主体的创新都可能是在某一个领域进行。政府、市场、企业、专门的科研院所和大学,这五个主体就构成了国家创新体系的主体部分。

第二个部分是创新内容。创新到底创什么?创新是一个体系,尤其是

要把它当作一个思想体系。领导者如果把创新仅仅理解为科技创新而不包括其他,那就是一种片面的认识,甚至可以说尚不清楚什么是创新。我所理解的创新应该包含如下六个方面。

第一类是自然科学。对于科学来讲,创新意味着什么?科学是关于自然、社会和意识的理性而又系统化的知识体系。科学创新预示着要探究新的现象、探究新的规律、发现新的问题、得出新的结论,最终归结为新的知识的出现。所以对自然科学而言,最高水平的创新就是创新知识。新知识的出现是自然科学的使命。综合性大学里理、工、医、农等学科都在承担着这方面的使命。1978 年全国第一次科技大会上,获得一等奖的哥德巴赫猜想、配位场理论、人工胰岛素都预示着新知识的出现。所以,创新知识是自然科学的最高水平。

第二类是工程技术类学科。工程技术类学科最高水平的创新是创新一种方法。它是对自然科学原理的一种运用。所以新工艺的出现、新手段的出现、新工具的出现,都应该是工程技术类学科所承担的任务。把人送到天上去也是一种方法。创造出最好的、最新的方法就是工程技术类学科创新所要追求的。

第三类是社会科学的学科。法学被称为社会科学之王。为什么获得了这样高的荣誉呢?因为人类的第一所大学——博洛尼亚大学的建校时间是 1088 年,距今已经有 900 多年了。这所大学建的第一个学科就是法学;当然,它几乎在同时也建立了第二个学科——医学。这两个学科都是以人为研究对象的学科。当时的医学代表着欧洲中世纪自然科学的最高水平,法学则代表着欧洲中世纪社会科学的最高水平。目前,世界上几乎最著名的综合性大学都以拥有医学院和法学院而感到自豪。法学是社会科学,经济学、社会学、管理学、新闻学、教育学等都是社会科学。这些学科的研究目的是什么呢?法学是为了改善人类对正义的管理。法官和政府官员的区别在哪儿呢?法官应该管理正义但不管理事务;政治学应该以改善对公众利益的管理作为自己的任务;经济学应该以改善对成本的管理作为自己的任务;管理学应该以目标的实现作为自己的研究任务;教育学应该把人的德性和智性的形成作为自己的任务。所以,对社会科学的所有学科来讲,其最高水平的创新应该是创新一种思想。思想的创新是社会科学的使命。

第四类是人文性的学科,比如文学、史学、艺术。这些学科之所以不同于社会科学,其中的一个原因就是这些学科是以主体的自我欣赏、自我境界作为追求。这些学科还有一个特点,那就是这些学科里每一个学者所达到的境界几乎都是不可重复的。而科学是可以重复的,当某种条件出现的时候,一定会得出相同的结论;人文恰恰不具有这样的特征。这个领域的创新应该是什么内容的创新?我理解,人文学科创新的最高水平应该是创新一种文化。文化创新应该是人文学科的主要使命。什么是文化?文化实际上就是我们所选择的一种稳定的生活方式。在本质上,文化应该属于生活方式的范畴。每一个人都应该保持自己鲜明的个性、保持自己不可侵犯的自尊而有他人不可企及的境界。这就是人文学科创新应该得到的一种境界。

第五类创新是思维上的创新。思维创新应该是哲学的使命。西方的"大辞典"把全部知识分为自然科学知识、社会科学知识以及自然科学与社会科学共用的思维科学知识。思维科学就是哲学。所以,哲学的创新就表现为思维上的创新。这是自然科学和社会科学都必须使用的一种创新。什么是思维上的创新?思维创新的特征是怎样表现出来的?我举一个简单的例子。现在,中国经济的快速增长使全世界都认识到,中国即将成为一个经济强国。如果对中国的认识只是局限在经济领域里的话,那是非常危险的。所以,西方的媒体纷纷开始猜测,中国强大了以后会做什么?这就是近几年几乎所有西方主要媒体都转向中国的一个主要原因。所以我们不能不回答后边这个问题。过去,我们只是追求一个"硬"的成果。这个"硬"的成果主要表现在经济上,外在表现为 GDP。现在,中国的思维正在发生变化,我们不仅要建设一个"硬"的中国,而且还要建设一个强大的"软"的中国,就是要建设中华的文化。我们不能总使西方一方面认可中国经济的强大,而另一方面又认为中国人品德低下。所以,我们要使中华的文明、中华的思想、中华的品德、中华的传统得到世界认可。中国的建设和发展正在从注重“硬”的建设转向“硬”的建设与“软”的建设同时进行。我认为,这就是思维的一种变化。思维的变化具有什么样的特征?概括起来,它的特征就是寻找判断的新的逻辑起点。逻辑起点的重新确立就是思维的创新。历史上有好几个培根。法学界认可的是弗兰西斯·培根,而在科学界大家都知道的是罗吉尔·培根。罗吉尔·培根的一个判断,使自然科学从低迷当中走了出来。在19世纪末的时候,物理学曾经出现过一场危机,这在自然科学史上曾经有过描述。物理学家发现,物质最后没有了。当物质消失的时候,人们认为物理学的危机可能出来了。这时就需要哲学作回答。所以,物质不灭的定律是由哲学家最终帮助完成的。这就是思维。科学史上有人认为,罗吉尔·培根的一个判断挽救了物理学。他说:“对真理最后的检验手段应该是实验。”这个判断,既使得哲学发生了革命,也使得自然科学在思维上发生了革命。凡是不能经过实验证明的所谓“真理”,在科学上就不认为是真理,这个思维至今在统治着科学界。有无科学意识,应观其有无这种坚持不变的思维。这一思维对社会科学也有着极大的启发。所以,社会科学开始学自然科学的方法,改变自己的思维。

社会科学经常用的办法不是实验,而是做试点。试点实际上就是实验的社会科学方式。这就是思维的调整。所以我理解,思维的创新就是重新寻找逻辑的起点。新的起点确立了,思维的创新就形成了。

最后一类创新我把它叫作体制创新或者叫作制度创新。它对创新起着保障性的作用。制度的意义在哪里?管理国家的本质是什么?这里可能有很多答案。其中有人认为,管理国家就是做工程。国家现在许多方面都变成了工程,甚至意识形态的建设现在也以工程的方式出现了。管理国家是在做工程吗?如果是做工程的话,那它的结果一定是社会问题成堆。我在一些场合讲,中国现在有五大社会问题,这五大社会问题都不是通过工程能够解决的。第一大社会问题是社会的二元结构问题。中国经济上的二元性首先导致中国城乡的二元性,其次导致人的身份的二元性,再次在法律关系上导致主体的二元性。由二元性所导致的社会问题,我们几乎在任何一个地方都可以发现。所以,这被称作社会的结构正义性问题。第二大社会问题是社会不公正的问题。中国社会的不公正问题已经是中国社会不和谐的最大问题。这除了主体地位不公正之外,还包括机会的不公正、起点的不公正、结果的不公正、规则面前的不公正。这一系列的不公正正在影响着我们的生活。大家感受比较深的是分配的不公正。比如,"劳而不获",它在所有的不公正里面居于首位。处在第二个层面的是"不劳而获"。在现代社会里,生产要素里包含了资本的要素,虽然它的不公正程度在人们的感觉中正在降低,但它仍然是一种不公正现象。第三个层次是"多劳而少获"和"少劳而多获"。有人站在台子上唱五分钟,就可以得40万元;而一个矿工即使把生命都搭上,最多只可以获得20万元。一条人命只有某人两分半钟的价值。最后,大家感受比较多的是"同劳不同获"。我是全国人大法律委员会的委员。在制定《公务员法》的时候,各种意见都摆在"法律委"的面前。第一种意见要求,全国公务员的工资标准应该统一,同类公务员应该实行同类工资。这个意见一看就知是中部或者西部的人提出来的。第二种意见认为,公务员的工资标准应该因地区差别而有所差别。这肯定是东部的意见。第三种是少数人,认为公务员的工资标准应该以国有企业同类职务的工资为标准。提这个要求的,一定是在国有企业担任过领导、现在回到公务员队伍里来但还留恋原来待遇的人。第四种声音很强烈,一看就知道是中央国家机关的。他们说,公务员的工资标准应该实行"属地原则"。因为北京公务员工资已经实行"3581"了,北京市一个局长的月收入有8000元左右,而中央国家机关一个司局长的月收入还不到北京市一个局长的一半。从职能上来说,中央国家机关承担的是全国性的职能,但全国性职能的待遇不及地方性待遇的一半,这就出现了一个同劳而不同获的问题。所以,社会公正问题、特别是分配不公的问题,已经成为影响影响中国社会和谐的主要因素。第三大社会问题是腐败问题。腐败是一种国家现象,肯定是要与国家共始终的。哪里有公共权力,哪里就有可能产生腐败。在国家走向消亡的时候,腐败才会被根除。我们能做的就是建立一种制度,把腐败降到最低点。能把腐败降到最低点的制度,就是最好的制度。第四大社会问题是生存环境的空前恶化。人和自然之间的这种紧张已经成为人和人之间紧张的一个根源。第五大社会问题是社会规范的失效。社会的第一类规范是道德规范,道德规范的基础是诚信。但是,中国有一个普遍性现象是全社会都在造假。造假是中国最严重的社会问题之一。社会规范的第二类是法律。中国有法不依、执法不严、违法不究的现象几乎是随处可见。怎样重塑社会规范的有效性,也是中国的社会问题。

靠做工程能不能解决这五大问题?不能。党的十四大报告曾提出,中国的社会价值选择要"效率优先、兼顾公平"。但十六大报告里确立的是"公平正义"。如果把管理国家和管理社会当作做工程的话,必然选择效率作为第一要素。但要使社会保持和谐,激发大家的公平心、正义感,就一定要把公平正义作为首选。经济学不变的定律,就是要以最小的投入获得最大的产出。一方面是"做蛋糕"的问题,另一方面是"切蛋糕"的问题。怎样把"蛋糕"做大,这是企业家要考虑的问题。而管理社会的人要思考的,是把已经做好的"蛋糕"怎样公平地切割给每一个人,即分配上的正义。对这个"蛋糕"做贡献最大的人应该获得最多的切块儿;相对少的人应该获得小的切块儿;一点贡献也没做的,如果自身不具备劳动能力,比如老人、儿童、残疾人等社会弱者,也要使他们有尊严地生存,也要合理地切割"蛋糕"给他们。所以,国家在分"蛋糕"的时候有一次分配,还有二次分配。切割"蛋糕"的责任就是管理者的责任,尤其是国家的管理者和社会的管理者。公平问题应该是管理者首先思考的。

在一个社会里,价值经常处在冲突当中。社会当中大致有这样几组价值:第一组是利益与正义。我们各位校领导在管理大学的时候,遇到的第一个冲突也是这一对。大学是什么?大学首先是收藏社会良心的地方。在大学里,如果失掉正义的话,人们获得利益就会不择手段。就像孔子所讲的:"物者,吾之所欲也。"就是说我也喜欢好东西。"不以其道得之不为也。"就是我们经常讲的,君子爱财,取之有道。利益和正义经常发生冲突。第二组是公平和效率。我想,所有大学校长在配置资源的时候都会坚持这样一条原则。在学科建设上,实行的是“扶强不扶弱”,要把强势学科做得更强,使它形成特色。在学科建设上不能实行平均主义。这就带来了效率和公平之间的冲突。弱势学科就会不满,传统学科就会被认为没有受到重视。怎样做到公平和效率兼顾?如果把为大学做出不可替代贡献的教授们和教辅人员、管理人员、后勤人员的利益平均分配,那你一定会流失最优秀的师资。所以公平和效率会发生冲突。第三组是自由和秩序。大学是自由之地,但大学又带有意识形态性。过分地管制,会使大学丧失学术的独立性和自由性。而大学一旦丧失了独立性和自由性,创新就是空谈。所以过度的统一、过度的秩序,会扼杀大学的生命。而过度的自由,连一个统一的意志都没有,那么这个大学就很难达到共同的目标。对一个国家管理来说,同样如此,政府给每一个成员、每一个社会主体的自由越多,就预示着政府的职能越小。如果社会有了过度的自由,那么这个状态有可能变成无政府主义。但是如果政府是一个强势政府,把一切资源都控制在自己手里,公民只有服从的义务,这样的社会就被称为专制社会。所以在自由和秩序之间,怎样选择一个合理的度,就是管理者要回答的。第四组是生存和发展。对一些已经超越了生存界限的人来说,关心的就是怎样发展的问题。社会学上,马斯洛的需求层次论认为,人的最低需求是生存需求,包括生理需求和安全需要。比安全需要更高一层的,是人与人之间的友谊关系,友谊是一种高级需求。而比友谊更高一个层次的需求是人的被尊重感。为什么那么多人愿意去做领导?因为做了领导之后这种需求可以得到满足。这是一种高级需求。而人的最高层次的需求,是人格的自我完善,达到圣人般的那种状态。在人的所有需求里,生存是最低的,后面的都可以称作发展。所以,在一个社会的不同群体中,生存和发展会发生冲突。弱势群体是生存的问题,强势群体是发展的问题。而社会管理当中,如何使生存者和发展者都得到满足就是一组矛盾。前者表现为发达的社会保障制度,后者表现为市场的自由化程度。

这一组组的社会价值总是处在冲突当中。管理者的责任是什么呢?就是想办法消除价值与价值之间的冲突。如果不能消除的话,就想办法把这种冲突降到最低点。谁能把价值冲突降到最低点，谁就是最优秀的管理者。管理创新的意义在哪里？就在于重新排列冲突着的价值。当你把已有的价值秩序打破了的时候，重新确立的价值秩序就是制度创新。制度创新是其他创新的保障。

在我看来，如果把创新当作一个思想体系的话，就应该包含这六个方面：知识的创新这个使命归于自然科学，方法上的创新或者叫手段上的创新归于工程技术，思想上的创新归于社会科学，文化上的创新归于人文学科，思维上的创新是哲学的使命，而制度的创新是所有管理者都应该思考的。这六个方面构成了一个创新的思想体系。

我们需要重新认识人文社会科学或叫哲学社会科学的价值。与自然科学相比较，哲学社会科学的第一个意义在于，它是回答终极问题的。终极问题是什么？是关于世界观、价值观，特别是人生观的问题。自然科学不回答终极问题。所以对于每个人而言，自然科学有手段的意义；而社会科学、人文学科具有目的的意义。这就是两者的差别。一个好的自然科学家，他的身上总能够表现出人文和社会科学的素养。有人说，科学的尽头是哲学；而哲学的尽头是宗教。所以，西方一些大科学家在他研究的问题很久都没有答案的时候，就不再继续研究，转而研究哲学。如果研究哲学之后还不能获得答案，最后他才研究宗教。所以，许多大的科学家一方面向真理负责，另一方面又信奉着宗教。第二个意义，对社会而言，哲学社会科学把握的是整个人类发展的方向。这个使命不是自然科学要做的。就像驾驶一辆汽车，人文社会科学是方向盘，而自然科学是发动机。所以，对驾车的人来说，更应该关心的是方向盘的问题，方向盘一旦出问题就要发生车祸。当然没有动力它是一辆不能动的车。回顾中国上百年的发展史，在自然科学上我们出现错误的时候不多，更多的失误出现在人文社会科学上。第三个意义，社会科学对自然科学而言，可以防止自然科学当中负面因素的过度发生。自然科学是一把“双刃剑”。核物理的出现、核能的运用，一方面使人获得了巨大的能源，但另一方面也给人类带来了新的威胁。前北约国家所拥有的核弹头是700枚左右，前华约国家所拥有的核弹头是

460 枚左右,合起来可以毁灭地球 300 次。科技当中的伦理问题是社会科学要解决的,自然科学本身解决不了伦理问题。核科学所带来的核技术的利用、半导体物理与“三论”(信息论、控制论、系统论)所带来的信息技术利用、以量子理论为基础而发展起来的光电技术与激光技术利用、以 DNA 螺旋状结构发现所引发的分子生物技术革命等实际上都有两个方面的结果。例如,分子生物技术既可以使我们获得绿色食品,但也会带来转基因危害。如果让人类那些不伦理的现象繁衍下去的话,那将使人类本身的尊严受到挑战。解决这些负面因素靠什么?要靠社会科学。社会科学应该给自然科学一个方向。因此,我的结论应该是,既不应重理轻文也不应重文轻理,两者各有各的重要性。当然,也很难说同等重要。创新是一个思想体系,不是哪一方面的创新。非常遗憾的是在今年的大学校长论坛上,几乎都在清一色地谈科技创新。其他领域的创新在这次大会上的声音非常弱,只有一两位校长大概表达了这样的意思。而形成鲜明对照的是,外国大学校长谈创新的时候,都讲的是全局,而不仅仅局限在科学技术领域。现在,把创新当作一个思想体系来理解并未在全社会形成统一的认识,尤其是在领导者头脑中。

三、人文社会科学创新在哪些方面展开

人文和社会科学在创新的许多领域是可以打通的。能够创新的形式大概表现在如下内容上。

第一,理论的创新。进行理论创新,首先要提出新的观点。新的观点基于一个新的判断。新的判断形成新的观点,新的观点被系统化了以后就形成新的理论。新的理论是人文社会科学创新的一般形态,但不是最高形态。最高形态应该是创新一种思想。思想是以什么为表现形式的呢?思想应当是系统化了的理论。所以这个逻辑关系就出来了。一个新的判断预示着一种新的观点,新的观点的系统化可能形成新的理论,而理论的系统化最终才能形成思想。所以,人文社会科学创新应该以追求理论作为一般形态,以追求判断和观点作为最低形态,以追求思想作为最高形态。

第二,方法上的创新。在现代科学技术的背景下,科技创新中的一个很大态势就是集成式创新。集成式创新的表现形态就是科学和技术紧密地结合在一起。对人文社会科学来讲,其实也出现了一个人文和社会科学紧密结合的问题,这两者的结合就预示着在方法上要打通。要用另一个学科的方法来研究不同学科的问题,得出来的结论可能就同原来那个学科不一样。拿 GDP 来讲,经济学家最看重的是 GDP,但在学法的人眼里,GDP 不是一个好东西。所以我就在很多场合批评 GDP 的缺陷:一是 GDP 的增长同这个地区经济发展的良好状态没有必然联系。GDP 可能是增长的,但这个地方的发展可能是恶劣的,甚至预示着一场灾难。湖北省 1998 年的 GDP 增长创了历史的最高,此后再也没有达到那个程度。什么原因呢?是长江的洪水带动了湖北 GDP 的大幅度提升。美国的新奥尔良可以说是人类有史以来 GDP 增长最高的一个城市。但它的代价是什么?是这个城市的毁灭。如果发生一场车祸,GDP 一定是增长的:劳动力就业岗位因为人的死亡而需要增加,GDP 增了;床位需要增加,GDP 增了;担架、药品的生产需要增加,GDP 也增了。所以,GDP 的增长与经济发展的良好状态没有必然联系。这是法学家的看法。二是 GDP 的增长同这个地区环境资源之间的关系可能成反比。虽然经济在增长,但环境在恶化、资源在减少和灭失,人们的生活质量不会提高反而下降。那我们到底追求什么?发展的目的是什么?三是虽然 GDP 在增长,但这个社会的不公正程度可能也在增加。所以,GDP 不反映这个社会的公正状态、不反映这个社会的正义状态。同样是 GDP,换一个角度就会得出同经济学家不同的结论,所以就产生了新的判断。这就是创新。在方法上只要换一个手段、换一个学科的角度就可能产生创新。

第三,提出新的概念。一个新的概念被提炼出来的时候就是一种创新。概念是最浓缩的思想,是最简化的一种判断。历史学出身的吴思老师提炼了一个现在大家都在使用的概念——“潜规则”。这个概念流行起来也就是七八年的时间。当提出者把社会的各种现象、历史的现象、中国现今正规规则以外的这些内容综合起来的时候,就做了这样一个命名,叫做

"潜规则"。几乎在所有的领域里都有"潜规则"。"潜规则"这个概念一提炼出来,大家立刻就明白在这个领域里预示着什么。因此,一个新概念被提炼出来,就是一种创新。然后,你按照这个新概念可以做出新的判断。

第四,重新描绘,重新解释。对一个旧的概念和一个旧的状态重新描绘,使它更趋于科学和准确,也是一种创新。我们就拿"实事求是"这四个字来讲。它最早是在《汉书》里出现的,讲汉景帝的儿子读书很刻苦,实事求是。但是,毛主席对它做了重新解释。"实"是什么?"实"就是我们现实所面临的各种情况。"是"是什么?"是"就是事物和事物之间的联系,也就是规律。"求"是什么?就是要求我们去探究它、去研究它。这个解释是全新的,和历史上的"实事求是"完全不一样。毛主席为什么做这样的解释?中国的第一所大学——北洋大学的校训就是实事求是。1903 年,湖南大学的前身——湖南工业学校的校训也是实事求是,他在岳麓山下天天都能够看到。所以,当延安时期有人请毛主席为中央党校题词的时候,他就毫不犹豫地题了"实事求是",但却赋予了它新的含义。邓小平对社会主义的重新解读也是一种创新。过去,我们理解社会主义就是"一大二公"。1978 年,邓小平做出判断认为,"贫穷不是社会主义"。这就预示着社会主义要富裕。然后他还有另一句话,"没有民主就没有社会主义"。民主也构成了社会主义本质特征。他还有一个判断,说社会主义就是解放和发展生产力。所以,解放和发展生产力也是社会主义的本质。当然,后面还有消灭剥削、消除两极分化、最终达到共同富裕。这种重新解读就破除了"一大二公"的社会主义。这也是创新。

第五,把零散的问题系统化。搞自然科学的人都知道,被系统化了的常识就是科学。一旦常识被系统化了,一系列的识就组合成为科学。在人文社会科学里同样如此,把常识化的东西系统起来也可以成为一个创新。

第六,翻译过程中进行再创造。人文社会科学有很多内容需要借鉴人类的文明,翻译过程当中的再创造也是一种创新。日本有一位比较受尊重的学者,日本学界称其为"东方的卢梭"。而在我的眼里,他就是日本军国主义的始作俑者。这个人叫福泽谕吉。他一辈子写了 60 多本书,其中有一本叫做《文明论概略》。这本书后来成为日本军国主义的思想来源。当他发现中国被打败的时候,第一个得出结论:汉学已经没落,必须学习兰学。兰学就是荷兰的文化。因为当时荷兰对日本的影响比较大。所以,当时一大批日本的知识分子都跑到了荷兰去,跑到了莱顿大学去。他们在荷兰才知道,有的国家比荷兰的科学和思想更高、更系统,比如英国、法国。借助荷兰,一批日本知识分子又开始往外延伸。最后许多人都回到了日本。当福泽谕吉把西方卢梭"人人生而平等"的思想介绍到日本去的时候。他的第一感觉就是一定会遭到强烈的反对。因为日本的社会和中国的一样,是一个等级森严、家族主义的社会,人们怎么会接受"生而平等"呢?他突然想到了中国"天"的观念。"天"的观念是中国道家甚至儒家都在使用的一个观念。日本人还专门写了一本书来解释"天"的含义。最后,他借助于"天"的观念,把卢梭的思想改造成为"天不生人上之人,也不生人下之人"。他的书名叫《劝学》,因为许多日本人知道荀子曾著文《劝学》,荀子对日本的影响是非常大的。他借助于荀子的篇名和中国"天"的观念,才把西方"人人生而平等"的观点介绍到了东方,并且变成了东方的思想、具有了东方的特点。这就是翻译过程中的一种再创造。所以,我说它也是一种创新。翻译过程中的创新在现代也是比较多见的,如中国的严复,他是翻译中创新的大师。在自然科学中,这种创新被称为吸收消化后的再创新。

第七,新史料的出现,往往预示着创新。在人文社会科学研究中,一种新史料的出现也往往预示着一种创新。以中国古典的规则为例。迄今为止,中国保存最古老、最完备的法典是《唐律》。唐之前的法律都是零星地记载在其他典籍当中。秦律第一次被描绘,还是在司马迁的《史记》当中。但秦律到底是怎样的,其他文献很少提到。1975 年,湖北"云梦睡虎地"突然把秦律给挖出来了,使中华法系成文法典的研究一下推到秦律上去了。所以,一种新材料的出现就预示着一批新成果的出现。这是人文社会科学非常重要的一个特点。

在以上这诸多的领域里都可以进行创新。

人文社会科学在研究上可以分成三个层次。第一个层次是基础研究。

我过去打过这样一个比方，人文社会科学的基础研究就像做时装一样。时装做出来是没有人能够穿出去的。但是，时装里的一个款式、一个纽扣、一个颜色有可能在五年或者十年之后成为整个社会流行的一个主调，这就是时装的价值。所以，人文社会科学的基础性研究带有预见性、先见性。这种研究具有传世意义。第二个层次叫对策性研究。对策性研究就像做服装一样，根据人的需要，量体裁衣。我们许多国家机关里的研究室所进行的研究，大概就属于对策性研究。高校社会科学现在承担对策性研究的使命越来越重，为社会服务更多地体现在对策性研究上。第三个层次我把它叫作“缝补式的研究”。这样的研究就是解释式的研究，把出现的漏洞补上，把出现的失误去掉，就像衣服破了的时候需要缝补一样。在这三个层次的研究中，基础研究应该是高校最重要的研究。在国家的整个创新体系里，可以这样描绘：对基础研究特别是社会科学的基础研究而言，高校是主力军；对于对策性研究，高校大概是生力军；而那些“缝补式”、解释式的研究，高校应该是方面军。所以，高校在人文社会科学研究方面具有不可替代的作用。

四、创新型国家建设和哲学社会科学创新面临的三大困难

第一大困难是文化层面的困难。

中国的主流文化是不是一种创新文化？目前在世界范围内有三大文化主流，这三种文化都与创新有关联。

第一大主流文化就是科技文化。科技文化是创新文化。科技文化应该是从瓦特发明蒸汽机那一刻开始的。科技文化在改变着人们的生存方式、生活方式，也在改变着社会结构甚至也在改变着人们的财富观。第一次工业革命的时候，最富有的人是钢铁大王。第一次工业革命结束以后，钢铁大王的地位很快就被金融大王所替代。有钱就可以获得钢铁，有钱就可以获得其他。现在，金融大王的地位已经不及石油大王。因为，人类要是再进一步发展，能源所带来的危机给我们提出的挑战是最严峻的。各位领导可能已经注意到，中国的外交正在发生变化。现在有这样几个特点：

第一个特点是大国外交;第二个特点是已经变成了元首外交,总是国家元首直接参与外交;第三个特点被称作能源外交。这几年来,对中国构成威胁的事情,第一次是金融危机,但我们很快就化解了。第二次是加入WTO之后可能出现的粮食危机。加入WTO之后,城乡出现了一个断裂,城市餐桌上的所有东西都可以从国际市场上获得。过去,农民可以把自己的产品销往城市,但现在中国的城市不再需要中国的农村。如果这个状况持续下去,农民很有可能不再种粮食。中国一旦发生粮食风险,那对中国来说就是致命的。所以我们应认识到粮食的危机。第三个是能源。中国现有的能源不足以支撑中国未来的发展。大家看到,我们的元首、总理出访的国家总是那些能源大国、能源丰富的地方。第四个是信息安全的威胁。在信息领域里,我们有独立知识产权的内容很少。而我们手机和电脑里的所有内容,几乎都可以被复制出来。人文社会科学和自然科学应该结合起来回答这些问题。全球化以后,人们的财富观迅速发生了变化。现在人们一谈财富,首先想到的是比尔·盖茨。所以,比尔·盖茨已经不是个简单的人名,而是现代科技的代表和财富的象征。这个社会对科技的崇尚程度,决定了这个地方的科技能不能被弘扬。这就是我所说的科技文化。科技文化是创新文化的前提。科技文化对应的是这个社会的物质文明,这是一大文化主流。

第二大主流文化是人道主义文化。人道主义文化起源于博洛尼亚大学。我访问该大学的时候,去看了它900年前的一张解剖床。这张解剖床和我在山东大学看到的医学院的解剖床没有任何区别。校长很自豪地告诉我,这就是近代医学起源的证据。但是我看完之后给他做了一个补充,这不仅仅是医学起源的证据,也是近代使人成其为人的第一份证据。校长说我这句话非常好。当人能够被解剖的时候,就预示着人从上帝那儿被解放出来了。在人能够被解剖之前,人是上帝的客体,上帝是主体。所以,西方哲学中最有名的一句话,叫做“上帝死了,人活了”,是对这个现象的总结。当人成为社会主体的时候,人才能够被尊重。所以,医学、法学产生了。人能够被解剖以后,人的骨骼开始被发现、人的肌肉开始被描绘,这就产生了后来的雕塑艺术和绘画艺术。所以,博洛尼亚大学催生了文艺复兴,而文艺复兴带动了整个世界的人文主义。人文主义的本质就是人在最大限度上受到尊重。后现代还是要解决这个问题,解决人的个性的张扬问题。所以,最大限度地承认人的主体地位,把人当作主体而不是客体,亦即以人为本,这种文化才能使人产生创造性。当人被当作客体来使用的时候,他是没有创造动力的。所以我理解,人道主义文化应该对应这个社会的精神文明。

第三种文化叫做权利文化。法国有两份文件是影响世界的。一份被称作《人权宣言》,是1789年完成的。这份文件产生之前,人和国家之间的关系,总是人服从国家。这份文件产生之后,这个关系被颠倒过来了。国家开始服从公民。人们组织国家的目的是为了什么?是为了实现人的全面的权利需要。所以,国家从此开始服从公民,解决了历史上的公民与国家的民主问题。第二份文件是《拿破仑法典》。2004年,全世界都在庆祝它诞生200周年。这个法典对全世界都产生了影响。凡是有人的地方,就有《拿破仑法典》的影响。中国1986年制定《民法通则》时参照了《拿破仑法典》;现在制定《物权法》还要参照《拿破仑法典》。《拿破仑法典》是一部什么样的法典?就是人和人之间的关系的权利法典。所以,前一个宣言解决的是人和国家之间的关系,后一个法典解决的是人和人之间的关系。由此而构成了人对国家的权利、对人的权利的一种文化,这种文化被称作权利文化。权利文化中包含人的行为的自由、学术的自由、科学研究的自由、思想的自由、信仰的自由。这些自由的全面实现,就可以最大限度地调动人的创新的积极性。所以,权利文化应该对应这个社会的制度文明。制度文明也就是法制文明,就是政治文明。这三大文化都和人的创新有关系。中国要建设创新型国家,就要弘扬创新文化。

第二大困难是如何改革和完善中国的教育体制?

中国的高等教育是不是创新式的教育?在创新型的大学中,学生应该有四个方面的素质被培养或训练出来。首先是强烈的问题意识。一个人的创新能力和他思考问题的多少有关系。满脑子都是问题的人就是创新能力最强的人。马克思讲过,当你提出问题的时候,实际上你已经找到了解决问题的一半答案。和他这个思想相类似,爱因斯坦也讲过“问题”。他说,“对一个思考者来说最重要的不是答案而是问题”。所以,当每一个大学毕业生离开学校的时候,你要看他带多少问题离校。只有强烈的问题意识,才有可能激发创新欲望和主动性。科学的兴趣就来自于对问题的关注,而兴趣的持续不减是创新的原始动力。其次是求异的思维。创新不是求同,一定要求异。在科学研究上,一定要提倡张扬个性、标新立异。这是一个思维的训练。第三是批判的能力。学术的本质就是批判。文学是批判一种丑陋;史学是批判一种虚假;法学是批判一种价值;政治学是批判一种制度;教育学是批判一种罪恶,没有道德的教育就是罪恶。这就是批判。哲学是什么?哲学是批判一种思想。所以,对人文社会科学来讲,最高水平的批判是思想上的批判。培养学生的批判能力是创新的一个环节。最后是有求是的态度,即探求规律的科学态度。人文以个人兴趣及修炼为其创新的基础,它不求其是而求其应,以价值判断为主;社会科学则以事实判断为主,且把价值判断与技术判断连接起来,以求得规律,“是”是社会科学成其为科学的真谛所在。

要是以上这几种意识被培养出来的话,这种教育就是创新型的教育。但是,中国目前的教育可能还不适应这种要求。有人批评说,学前教育可能是管制式的教育,要求做好孩子,尤其要做听话的孩子。基础教育是“应试式”的;高等教育是“灌输式”的,能力的训练极其欠缺;研究生教育可能是“雇佣式”的。这几种教育都不利于我们创新型人才的培养。所以,要培养创新型人才,要使我们国家成为创新型的国家,就应该从教育抓起,从改革教育模式、教育方式、教育体制和机制开始。

第三大困难是创新的保障体制。

中国有没有束缚我们创新的体制和机制?我想,只要你做过校领导,这方面的体会你都会有。先看高等教育。今年大学校长论坛期间剑桥大学校长在演讲的时候说,大学要成为创新型的大学,国家要成为创新型的国家,必须首先有一套适应创新要求的体制和机制。

对社会管理有两种方式,即“底限管理”和“上限管理”。“底限管理”意味着禁止你做什么,而“底限”之外的所有领域都可以选择。要是这样的话,大学里培养出来的人就会具有独立的人格、自由的精神和平等的观念;大学的个性也容易形成,也会办出特色、办出水平。到那个时候,才有可能接近世界一流大学的水平。“上限管理”就是我要求你做什么、你必须做什么,除此之外你几乎没有选择的余地。要是这样的话,对大学校长来说,只要你完成了所要求的那些内容,那就是一个好的大学校长。但在这种体制下,所有的大学大概都是一个模式,都会失掉自己的特性。所以,中国的高等教育改革被称作“模式化”的改革,而不是“个性化”的改革。这就是体制对创新的滞阻。机制当中,对创新影响最大的还在于有无完善的知识产权制度。知识产权保护越完备,对创新者的利益刺激力就越明显,也就越有利于创新型国家的建设。

所以,要建设创新型的国家,从国家的层面来说要思考管理体制。国务院现在正在进行行政管理体制的大幅度改革。那么,中国教育体制中有没有不适应大学创新的这些因素?同样存在,所以也需要进行改革。

规范与创新

——法学教育大家谈*

我们到底要办一个什么样的大学？

从1997年到现在，各个大学都在思考这个问题。一些高水平的大学都在瞄准世界一流，但什么是世界一流大学，我相信100个世界一流大学的校长的头脑中就有一百个以上的标准。而且每一个校长的标准也会发生变化。一流标准的不确定性导致大家会选用另一个概念，即世界知名大学。世界知名大学更多的是在一种学科意义上进行判断。我认为世界知名大学的含义，其科学性比世界一流大学更准确。在我们国内，还有许多其他表述，比如说高水平大学、研究型大学。教育主管部门要求把一部分大学办成高水平研究型大学。这个概念越来越丰富，但我们觉得内涵越来越不清楚。因此，我建议在我们的大学办成世界一流之前先换一种表述，即先办成一所受人尊敬的大学。什么是受人尊敬的大学？回到一百年前哈佛大学校长的评价，一所大学之所以受人尊重，不在于大学的规模，也不在于大学有多少大楼和设施，而在于拥有一代代受人尊敬的教师。这就是受人尊重的大学。所以，我们在描绘受人尊敬的大学的时候，应该有一些要素：受人尊重的大学首先是有德性的大学。德性问题是我国目前高等教育应该认真思考的首位问题。有德性的大学应该是去功利化、去世俗化、去行政化的。没有德性的大学是不受人尊重的大学。另外，受人尊敬的大

---

* 原载《中国大学教学》2008年第2期。教育部高等学校法学学科教学指导委员会、中国法学会法学教育研究会于2007年11月30日至12月2日在南京举办法学本科教育改革论坛，本文系作者所作的一个主题发言。座谈会在座的还有李龙、公丕祥、丁露、李静等嘉宾。

学是有思想的大学。目前我们对大学的评价,标准正在走向单一化和数字化。我称为美国化,就是用唯一的一个知识数量来评价大学,把大学的思想性抛弃了。没有思想的大学最后只能成为社会的工具,成为一个丧失了主体性的大学。受人尊敬的大学应该是有个性的,如果全国大学办得都一样,办多所大学就没有意义了。所以要成为世界一流大学,需要个性化,保持特殊性。最后,大学要有创新力,不能创新的大学不会得到尊重。四者合一,才有受人尊重的大学。

大学到底以什么为本?

第一,在定位上以特色为本。目前,我国的法学院校有600多所。我个人判断,法学教育已经进入到多元化时代。所以每个法学院都应有自己的特色,没有特色就没有存在的必要。所以在办学定位上应以特色为本。

第二,在使命上以育人为本。我们的法学可以贡献思想,可以贡献理论,可以贡献社会咨询。但不要忘了,高校与法学研究机构的区别在于前者承担了为国家培养法学人才的任务。培养什么样的人才?可能会有不同的回答。我想法学教育应该倾向于领袖型人才的培养,而不仅仅承担教育赋予的一般性义务。法学的特质——治国理政,法学要进行价值判断。所以这样的人才应该是社会最杰出的人才。因之,培养领袖型人才应该是大学法学教育的基本使命。

第三,在教育层次上以本科为本。即使是有国家一级、二级重点博士点学科的学校,也都应该以本科教育为基础,也就是坚持以本科为本。

第四,在教育内容上以德育为本。这对法学教育来说尤其重要。这几年发生的司法界的腐败,某种意义上根源在于法学教育中的德性不足。所以需要进行司法伦理的训练。这里需要强调,一个德性的养成不是教给多少德育知识,司法伦理的养成需要训练。

第五,在价值追求上以公正为本。公平和正义的结合我们暂且称其为公正,一个对应实体,一个对应程序。在法学教育当中的价值是一组一组的,自由与秩序、正义与利益、公平与效率、生存与发展、安全与和谐等都包含在内。对法学教育来说,在一切价值之中我们选择什么?最后还是应当回到公正当中,以公正为本。

第六,在素养上以创新为本。知识、能力、素质这三者中素质最重要。在素质当中,哪一个是我们更应坚持的?这就给我们法学教育提出了问题。高等教育都在强调创新,对法学教育而言,创新重要还是守成重要?对法学而言,要训练我们学生具有守成的能力,守护这个制度,守护这个社会价值观,守护这个社会的道德,尤其不要突破它的底线。如果这种能力能养成的话,我相信法学教育中的守成可能比创新更重要。对知识类的学科来说,创新是第一位的。对法学来说,守成的重要性不亚于创新。

第七,在办学上以教师为本。法学院之间的差别不在于大楼,而在于师资团队,所以师资团队建设应该是法学教育中的主体工程。

第八,在教育教学关系上以学生为本。学生是法学人才培养的目标。没有学生就没有法学院。所以在高等教育里面,学生是根本,同时也是法学教育的根本。

第九,在发展内涵上以质量为本。提高质量就是最好的发展。

第十,在教育管理上以服务为本。管理的本质对高等教育而言就是服务。管理可以表现多方面的功能,有引导方面的,有规范方面的,有制度保障方面的,但无论哪种方式,都表现为服务。所以做院长校长的,其工作就是为师生提供服务。大学管理是以知识为纽带的,有别于政府管理的模式,也不同于企业。大学是以知识把大家联系在一起,所以创新知识、传播知识、收藏知识、运用知识、交换知识就成为工作的主要内容。在此意义上,大学的权威决不是校长、书记,而是拥有最多知识的教师、专家、学者,是能够创新知识的大师。不同学科有不同的大师,有不同的权威,这点就区别于政府和企业。

最后,涉及院长或校长应具有的基本功:其一,有能力吸引一批比自己水平更高的人和自己一起愉快工作。吸引的人要比自己水平更高,而且能愉快地工作,能做到这点,这就是院校长的基本功。其二,任何一个院校长都要记住:立法者不能制定先让自己获利的法律。所以,在院里的资源配置、进行的改革,第一个受益的人不应该是院长,绝不是领导班子的成员,而应该是教师,是学生。其三,有能力从院外或校外获取大量资源。把资源配给最需要发展的人,而不是配给自己。做到以上这三点,就有可能成为一个合格的法学院院长或校长,这就是大学管理者应该具备的基本功。

高等教育发展中的十大主流意识*

基础教育是使人成其为人的教育，高等教育是使人成其为才的教育。

高等教育的质量包括生源质量、师资队伍质量、教学理念质量、管理质量等多个方面，但人才培养质量始终是最根本的。

教授就是大学。在任何一所大学里，教授都有资格代表大学，有好的教授就有好的大学，没有好的教授就建不成好的大学。

自 1088 年世界上第一所大学——波罗尼亚大学诞生以来，大学已经走过了 900 多年的发展历程，高等教育评价标准的国际化成为世界潮流。把握好当今世界高等教育发展的主流意识，探索大学的创新发展和特色发展之路，不仅是高校开展深入学习实践科学发展观活动，明确发展思路、解决突出问题、创新体质机制、促进科学发展的重要内容，更是实现人才强国战略、建设创新型国家的内在要求。

总结世界高等教育发展规律性的东西，可概括为十个方面具有普遍性的主流意识。

第一个主流意识是，高等教育的根本使命是培养人。

这是大学区别于任何其他社会组织的最本质特征。但是培养什么样的人、怎样培养人，却把大学和大学区别开了，不同的大学在于培养不同特色的人。我们今天需要培养的人就是个性和人格得到全面发展，能够创新、创业，具有创造力的人。一个好的大学总是给它的学生们提供最高的成才率，一流的大学有一流的成才率。基础教育是使人成其为人的教育，

---

* 原载《中国教育报》2009 年 4 月 13 日。

高等教育是使人成其为才的教育。因此,高等教育的根本使命是培养人,这是一个坚定不移的主流意识。

第二个主流意识是,教学和科研是大学永远的中心。

教学和科研对大学而言,犹如车之两轮、鸟之双翼。在大学发展最初的700多年间,大学的主要使命是培养人,是以教学为主。当大学进入第二个发展阶段,洪堡精神在大学确立后,人们把科研作为大学的第二使命,教学与科研成了大学的两个基础。20世纪30年代,美国高等教育进一步拓展了大学的使命,在教学和科研之外又增加了社会服务,使大学和社会紧密地结合在一起,大学成为社会的发动机和推动社会进步的主动力。进入21世纪之后,整个世界不稳定的主要因素和发生战争的主要根源是不同文化之间的冲突,“9·11”事件的发生具有标志性的意义。在这样的背景下,高等教育又增加了一个新的使命——把不同的文化放在大学这一平台上进行融合。这是高等教育的第四大使命。只有实现了这个使命,大学的国际化程度才会大幅度提高,大学的世界性才能得到认可。但无论高等教育的使命怎样变化,有两点是不变的——教学与科研。

第三个主流意识是,提高教育教学质量是大学永恒的主题。

数量的扩张一定有被客观条件限制住的那一天,但质量的提升是永无止境的,是高等教育永恒的主题。这个质量指的是全面的质量,包括生源质量、师资队伍质量、教学理念质量、管理质量等多个方面,但人才培养质量始终是最根本的。

第四个主流意识是,学科建设是大学的龙头工作。

学科是人类在认识世界、形成知识的过程中,把同类知识系统化的集合,学科是学术的土壤,是创新的源泉,是人才培养的基地。学科由三个要素构成:一是主体要素,就是从事学科建设的师资队伍;二是客体要素,就是一定要有原创性、创新性的科研成果;三是主体和客体结合过程中的教育要素,就是培养高层次的人才。三者结合起来就是学科建设。

第五个主流意识是,师资队伍建设是大学的主体工程,也是固本强基工程。

大学可能有若干个工程，但始终要把师资建设作为第一个工程，这个工程做好了，大学的水平就上来了。我的一个观念是，教授就是大学，在任何一所大学里，教授都有资格代表大学，有好的教授就有好的大学，没有好的教授就建不成好的大学。

第六个主流意识是，学术追求是大学的灵魂。

看大学的水准和品位，要看人们对学术的态度。“追求”意味着要对学术形成信仰和崇拜。对学者本人来说，自主之人格、自由之精神就是他的品位；对管理者来说，则要尊重学者的人格，崇尚学者的精神。追求学术的灵魂只在学者身上建立起来是不够的，还应当在管理层身上建立起来。追求学术不仅仅是学者的事情，也涉及管理层能不能营造这样的氛围，提供这样的条件。学术追求主要指的是学术创新，只有以追求的精神对待学术，学术的目的才是高尚的，而不是功利的，学术活动才具有灵魂意义。

第七个主流意识是，改革是高等教育发展的动力。

一个大学需要多种动力，教师的学术兴趣是学术活动的原始动力，其他动力则需要从学术评价制度和学术激励中寻找。我们从外部获取资源的可能性是有限的，但我们内部产生动力的可能性是无限的。新中国高等教育 30 年来走过的路，就是一条改革的路，把改革尤其是制度创新作为大学发展的动力，已经成为一种主流意识。

第八个主流意识是，服务是大学管理的目的所在。

管理有四种价值：第一，管理的责任是给大学确立方向；第二，管理的职责是规范大学和为大学提供秩序；第三，管理要给科学研究、人才培养等中心工作提供条件和保障；这三种价值最后都表现为第四种意义——为中心工作提供服务。服务主要表现在“三个循环”：校领导带领校部机关为教学科研单位服务；校领导、校部机关、院长、系主任、所长共同为教师服务；校领导、校部机关、院长、系主任、所长、教师共同为学生服务。当这“三个循环”都完成时，学生就会有充分的自豪感，教师就会有充分的尊严感，工作人员就会有充分的成就感。

第九个主流意识是，创新是大学生命力的源泉。

大学的创新,在自然科学领域的最高表现是对新知识的发现;在工程技术领域的最高表现是创新一种方法;在社会科学领域的最高表现是对思想的创新;在人文学科领域的最高表现是对文化的创新;对所有的学科来讲,共用的方法论和思维上的创新就是哲学上的创新,也就是思维的创新;对管理者来讲,要有能力创新制度。以上六种创新是大学生命力的源泉所在,其中处于核心地位和基础地位的是学术创新,这是大学的灵魂。建设创新型国家、实现可持续发展,要靠科技的支撑,科技需要创新,创新需要人才,人才需要高等教育,从这个意义上讲,大学的创新发展状况决定着创新型国家建设的成败。

第十个主流意识是,特色是大学的魅力所在。

特色发展之路是大学的根本发展道路,一所好的大学一定是具有鲜明特色的大学。用提高质量、形成特色促进大学的发展,是一种创新的发展观。大学要放弃模式化发展的方式,从模式化发展转换成特色发展,避免"同质化"趋势,走内涵发展和特色发展之路。每一所大学只有彰显特色,才有存在的意义。大学的特色就是不可替代性、独有性和不可模仿性。特色就是优势所在、竞争力所在,也就是个性所在、魅力所在,有特色的大学才会为人们所向往。

凝练、提升世界高等教育的主流意识,是进一步深化高等教育办学理念的基础。我国高等教育正处在新的历史起点上,提高质量迫在眉睫,形成特色刻不容缓,改革体制是大势所趋,国际水准则是高等教育发展的时代要求。当前正在开展的深入学习实践科学发展观活动,为进一步明晰高等教育办学理念、促进高等教育科学发展提供了良好契机。我们一定要珍惜这宝贵的学习实践机会,把握主流意识,创新发展,突出特色,促进高等教育事业的科学发展。

Part 4 第四编
致　公

一所大学是一个有着既定的、共同的目标，而有无数的、分工不同的人，在各自不同的岗位上为着相同的价值而结成的共同体。

大学是思想共同体、文化共同体、知识共同体、学术共同体、道德共同体，而不是政治共同体、经济共同体、利益共同体和官僚共同体。

大学校长的责任*

我是以一种忐忑不安的心情来政法大学的。因为这儿有许多我仰慕的先生,我是在学习政法大学各位先生的著作和教材的过程中成长起来的。

另外我还有一种忐忑不安的心情,就是教育部把这么重的担子压在我们这几个人身上,我们感觉到责任非常重大。越是这样,我就越应该勤奋工作。

我始终铭记着古人的训导:“生于忧患而死于安乐。”“天下兴亡,匹夫有责”,而“大学兴亡,校长有责”! 对于一个大学的发展兴旺,其校长担负着不可推卸的责任。名校之为名校,因为它们背后都站立着一位富有理想、富有理念、富有建树的出类拔萃的校长。作为大学的最高行政负责人,大学校长是大学的法定代表人,对大学的生存发展具有决定性的作用。一所大学能够保持竞争优势必然有其内在原因,而大学校长就是一个极其重要的因素。正如阿什比所说,大学的兴旺与否取决于其内部由谁控制。纵观高等教育史,国内外著名大学的崛起及持续发展无不取决于某位或一批优秀校长的作为。伟大的国家需要伟大的大学,伟大的大学需要伟大的校长。伟大的大学是不断改造、不断进取、主动适应社会并引领社会进步的学术组织;而改造大学,则是大学校长不能推卸的责任。因为,大学的改造是靠大学校长去推动的。这一点我们可以从国内外知名大学的发展史个案中看出,比如哈佛大学近一百多年来的强盛就是其历任校长昆西、查尔斯·埃利奥特、劳伦斯·洛韦尔、科南特、德里克·博克及陆登庭等校长大

---

* 2001年9月29日在中国政法大学新一任领导班子宣布大会上的就职讲话。

刀阔斧改革而奠就的。加州理工学院的成功亦完全得益于历任校长哈尔、米利肯、杜布里奇、布朗、戈尔德伯格、埃弗哈特等积极推动改革做出的卓绝贡献。北京大学的振兴、清华大学的崛起并成为中国新文化的发祥地，就分别取决于蔡元培先生和梅贻琦先生赴任后对旧北大、清华的革故鼎新。

一个大学校长的职责所在，就是能够使自己的学校在一个良性的轨道上不断进步、不断前进。我想用三句话来概括校长在实现这个目标的过程中应做的工作。第一句就是学科建设是一个大学的龙头工作；第二句话就是教学和科研是这个学校发展的两翼；第三句话就是队伍建设是一个大学的主体。这就告诉大家我要做的第一件事情就是抓学科建设，这是学校的龙头工作或者关键。那么什么是学科建设？学科建设即研究生教育、高层次教育，它有别于我们过去所提的专业建设。过去我们的国内大学往往过分重视专业的数量，大量开设新的专业门类，使得很多根本没有办学条件的学校开设了许多不合格的专业进行招生，这是对学生的不负责。而我们政法大学作为中国法学教育的最高学府，应该重视法学学科的建设，建设一批世界知名、国内一流的响当当的高水平学科，培养一批以学术带头人领军的具有精湛学术素养的学术队伍。一个大学不要看有多少个专业要看有多少个学科，学科的质和量才是大学的生命。第二，要抓教学和科研。教学和科研始终是当代大学的根本任务，大学承担着为社会培养人才的社会责任和推动人类文化进步的历史使命。因此，我们要致力于推动教学和科研的体制改革，构建具有创新性的教育科研模式，改变过去严重的应试教育倾向。在创新教育中，“老师创造性地教，学生创造性地学”固不可少，但营造有利于创新性人才成长的教育环境更为重要。在因循守旧的教育环境里，培养大批创新人才的愿望只能是空想。沿袭传统教育模式，固然也会造就一些创新性人才，但其教育效益与教育公平是不尽如人意的，也无法适应急剧变化着的创新时代。要实施创新教育，就得摒弃落后的教育思想观念，改革僵化的人才培养模式，更新课程体系、教学内容与教学手段，也就是要进行教育创新。第三，要抓两支队伍的建设。第一支队伍是主体性队伍,即师资队伍,师资队伍是一个大学的本位、主体。关于教师对大学发展的重要性,许多大学校长都深有体会,著名者如清华大学校长梅贻琦先生,他说:“大学者,非谓有大楼之谓也,有大师之谓也。”哈佛前校长陆登庭说:“在大学里,没有比发现和聘用高级教师更重大的问题。”只有教师的绝对质量达到了国际水平,一所大学才能称为一所优秀的大学。另一支队伍是管理队伍,管理队伍是服务性主体。从某种意义上说,这支队伍建设的重要性不亚于第一支队伍。因此,哈佛校长主要有三个任务:其一,聘教授——聘世界前五名的教授;其二,聘一流院长;其三,筹措经费。可见其工作任务中最重要的头两件事就是建设这样两支队伍。抓好这上面我说的这三件事,就等于说是通过学科建设带动学校的整个事业。

所谓学科建设有三个要素,一是主体要素,即必须有一支高水平的师资队伍;二是客体要素,即要有一系列的科研成果;三是培养高层次的人才。所以任何工作都应该以学科建设为中心,这就是校长应该抓的工作。

除此之外,我认为在校长的众多职责当中还有极重要的一条就是要确定自己大学的使命。一个人活在世上,如果没有具体的理想和奋斗目标,也就是对自己的使命感没有具体的认识,那么这个人算是白活了,便和行尸走肉没有两样。同样,一个组织如果没有自己的使命,也不能得到长久的发展和繁荣。一个大学只有在其使命确定的基础上,才能进一步确定其办学发展的方向和具体的目标与任务。对大学校长而言,尤其是使命尚不清楚的大学校长,其首要任务就是在大学的历史和发展基础上,从哲学的高度选择、确定大学的使命。未明确大学使命的改造是盲目无方向的,是随波逐流的。当前,大学出现的高度趋同化和个性缺乏以及办学因人事变迁的随意性,均源出于这些大学并不清楚或没有确定自己的使命和目标,从而无法坚持既定的办学和发展方向。试想,大学是什么?我们的大学应该干什么?对此都不明白,大学将何去何从?置身欧美大学,无不为其都有明确而富有自己特色的大学使命而备受启示和鼓舞。哈佛大学之所以卓尔不群,是因为它始终坚持一点——探求真理和学问是大学的核心价值。剑桥大学经久不衰的原因是它从未放弃自己“通过追求国际最高水准的教育、学习与研究，从而对社会做出贡献”的使命以及“思想和表达的自由，避免歧视”这一核心价值。伦敦大学的使命是这样确定的：“作为欧洲一流大学，伦敦大学通过各个学院及其中心机构为世界提供质量优良和范围广阔的高等教育机会并从事世界水平的科学研究。伦敦大学极其重视它在为那些由于宗教或性别背景而受限进入大学的人开放大学教育，并为许多无法获得大学学位及进入英国及其联邦的大学机构学习的人提供教育机会的传统并发挥先锋作用。”伦敦大学之所以这样确定使命，与它重视为多民族及不同宗教成员以及妇女提供教育的历史和它作为联邦大学的性质高度相关。那么，作为中国法学领域最高学府的中国政法大学，应该具有怎样的使命呢？我想这不仅是我作为校长应该考虑的问题，同样是我们所有法大人应该考虑的一个问题。

在履行校长职责的过程中，我认为校长应恪守几个伦理标准。首先他应该有能力吸引、团结一批水平更高但又愿意与他一起愉快工作的人，这应该是大学校长的第一个基本功。自担任大学校长起至今我一直没有间断过对这方面能力的修炼。第二个就是所有的执政工作应该实现公正的理念，用我们法学的语言来讲就是立法者不得制定对自己有利的法，或者说立法者不得从自己制定的法律中首先获利，这应该作为我们班子成员的一个自律要求。所以政法大学未来的所有改革，所有资源的配置，所有出台的政策的最终收益者绝不是制定政策的人，而是广大教师和学生，这也是校长的一个基本功。第三个就是要使每个人的发展获得充足的空间和自由。学生的发展需要空间，工作人员的发展也需要空间，同样教师的发展也需要空间，这就是大学校园应该提供给大家的，这就是校长应尽的职责，也是校长的职业体现，或者是一个伦理要求。

我的工作方式现在可以告诉大家：我将注重制度建设。学校作为一个独立的学术组织本身，需要制度的支撑。早在17世纪，夸美纽斯就强调了制度对于学校工作的意义。他认为，制度是学校一切工作的“灵魂”，“哪里制度稳定，哪里便一切稳定；哪里制度动摇，哪里便一切动摇；哪里制度松垮，哪里便一切松垮和陷入混乱”。历史证明了大学制度对于大学的存在与发展的重要意义。从中世纪欧洲大学建立大学自治与学术自由等一系列大学制度框架,到柏林大学建立教学科研结合以及讲座制等制度体系,再到美国大学建立自由选课和校院系体制,实现教学科研服务的完美结合。这些无不表明,制度在保证组织的正常运转与启承组织的观念层和物质层中发挥着重要的作用。同时也表明,制度是最重要的教育资源。北大闵维方教授说,一流大学除了要有一流的学科、一流的学术队伍、一流的科研教学成果、一流的生源和一流的基础设施,还应该有一流的管理。如果认真去考察大学,我们不难发现大学内部的管理疲劳已经十分凸显。毫不夸张地说,现代国内很多大学已经成为管理问题成堆的组织,严重者可谓是不讲管理的组织。管理起始于制度,大学缺乏有效管理的一个必究的原因就是制度严重老化。除了在计划经济体制下形成的大学人事制度已经严重制约了大学学术自治和人才竞争外,可以指出的大学严重的制度问题还有:资源配置管理包括人力资源配置管理的随意性;重大决策的非科学性、非民主性;教学制度的陈旧落后性;大学财务制度的弱成本意识和混乱性;等等,不一而足。李卫红司长对我校提出一个要求,中国政法大学应该成为依法治校的典范,其管理过程中的经验应该成为值得全国高校管理工作借鉴的经验。这个制度应该体现出它的效率性,所谓的效率一定对应着责任。应该体现出它的文明性,文明就是以人为本、以关爱人为特征。应该体现出它的民主性,民主就意味着多数,可使更多的教师参与管理。另外就是实行改革,大家知道改革是高校发展不竭的动力,我想大家也期待着改革,因为全国高等教育的发展全部得益于改革,所以政法大学也不能游离于这个规律之外。这三项大的工作就是作为校长应该向大家交代的事情。

我心目中理想的政法大学,它应当使校园里充满了法律文化,应当使每一个教师可以得到足够的尊严,应当使每一个学生都感到自豪,应当使每一个从事管理和服务的工作人员获得足够的成就感。我相信我们政法大学的明天会更好。

德·智·体·美*

早就想到体育教学部跟大家见个面了。我要到体育教学部来听大家的意见,特别是这一年多的改革。今天总算找到一个机会。听了大家的发言,我有这样一个感想,如果给体育教学部做一个定性的话,它应该是一个以教学为主的实体。我到外国语学院去,他们是人均 300 多个课时,当时我就觉得比较大;但听说我们体育教学部人均 800 多个课时,就使我感到吃惊了。而且师资团队还不到三十个人。这么少的人,承担这么大的课时量,让我很是钦佩。

以前我读书时,学校的教育方针就是毛主席讲的话:"教育为无产阶级服务。"后来提出培养"德、智、体"全面发展的人才,再后来又增加了"美"和"劳"。现在又恢复到四个字的提法——德、智、体、美。在这四个方面,"体"是很重要的一个方面,是国家的教育方针确定下来的。教育必须与生产劳动相结合;必须与社会实践相结合。还有两个培养,即培养我们的接班人,培养国家的建设者。所以,两个"培养"两个"结合",加上四个"发展"。这三个方面就构成了我们新的教育方针。实现国家的教育方针和目标,体育教育占了很重要的地位。

第二就是要从素质教育上来理解体育教学,特别是全面素质教育推行以后。过去只是在中小学里讲素质教育。现在高校也推行素质教育,谈的是四个方面的素质。第一个是思想政治素质。思想政治素质培养人的责任心、道德感,特别是坚定的社会主义方向。这是做人的素质,是素质教育中的根本。第二个素质被称做文化素质。文化素质是从人文开始的。人

---

* 2003 年 1 月 9 日在中国政法大学体育教学部座谈会上的讲话。

文精神、人文素养这两个基础,在人的身上要有所展示。这一类素质被称做素质中的基础。第三个是专业素质。学什么专业,就应该具有本专业所应有的思维方式和知识结构。这方面被称做是标志性的素质。最后一个是身心健康的素质。身心素质,也就是身体上的健康和心理上的健康,它是保证性的,是一个人完善前三个方面素质的本钱、承载。

第三个认识是关于我们人才培养的规格。每个大学都在思考,特别是我们教务部门,应该经常想想大学应培养什么规格的人。过去我总结过四句话,后来在教育界传开了。第一句叫做“宽口径”:“宽口径”的要求就是淡化专业。第二句是“厚基础”:学生可以跨学科进行选课,大学里面开很多的选修课,打牢基础。第三句是“高素质”:我当时解释“高素质”时,讲一个人应该具备身心素质——身体素质和心理素质,特别是事业成功的人,心理素质特别重要。第四句话叫做“重创新”:培养学生创新能力。这四句话是用来考虑一个大学培养学生的规格的。从这三个方向考虑,体育教学就是要塑造一个健康的体魄,也是大学教育当中一个重要的任务。后来我发现一些大学干脆把“强体魄”作为培养规格中的一个组成部分,随时提出来。比如上海师大的校长,我非常佩服。他是一个对高等教育非常有研究的教育家。上海师大是由过去一个职业学校转制来的,它培养的学生规格是“能动手”。他把健体魄的理念提了出来。我讲这个的意思,就说是在考虑培养规格的时候,一定不要忽略了体魄的塑造。

我还在想,我们体育教学部的使命和任务是什么?在塑造健康体魄方面,我们应该承担哪些工作?我觉得第一位是提升健康理念。各位老师所说的“终身锻炼、终身学习,为祖国健康工作50年”,我非常同意。一个人一生最有效的时间是14400天,是40年。一个人在大学里是1440天。1440天我们给予学生什么?能不能说1440天使他们每天都有收获,获得一个将来走向社会那40年的发展的动力和基础?所以说我们的身体是一个“承载”。这个“承载”若是垮掉了,50年是没有的,40年也不会存在,一切都不存在。所以我们第一位任务是提升全校的健康理念。健康第一,为了国家,为了社会,为我们的民族健康工作50年!我想这是我们的第一个任务。我读本科是在吉林大学。我去图书馆自习,每晚 9:20—9:40 图书馆清馆,强迫大家到户外运动一下。有了这种观念,做运动就变成了自主、自觉的行为了。我在吉大四年最大的收获就是学会了滑冰。这是东北的大学特有的运动项目。那时候早晨四点浇冰,半小时就冻好了。我五点之前去滑头冰。前一天晚上把冰鞋借出来,第二天早晨六点半老师上班时我就去还鞋了。滑一个多小时,通身的汗出来,特别舒服。我想,如果教育里的健康理念能使得每一位学生都有一个自主选择的运动项目,我们在观念教育上是成功的。观念教育的成功,就能为他们今后的终身体育兴趣打下坚实的基础。第二个使命,是承担全校的体育课。这是我们的日常工作。体育课应延伸到研究生当中,使研究生把这个课作为选修课,不是学分课和必修课。第三个使命是指导、组织全校的体育活动。教工、学生体育活动的开展、全校有序有组织的体育活动的开展,我们都要积极地进行指导和组织,这是我们应该做好的一项工作。第四项应该拓展一下,除了目前在学生当中组织高水平运动队之外,应当招收一些特长生,组成政法大学高水平运动队参加全国比赛,展示政法大学的雄姿。体育是大学对外展示的窗口。山东大学篮球队历史上最好成绩拿过全国第二名,我在山大时也拿过第四名,我还是 CUBA 的副主席。我们应从今年的招生里把这个层次打开。去年开始招收艺术特长生,今年在制定招生计划时,把体育特长生打开,由体育教学部提供方向,设立的总方向是要组建有特色的运动队。今年全国高校进行改革,20 所院校扩大了招生自主权,我们也在其中。不论有什么困难和障碍,创造条件尽量去克服。需要学校出面的话,由学校出面和教育部交涉。要招生就要面向全国。有重点的先从“点”开始。体育部觉得哪个项目能代表法大特色,我们就在哪个项目上下力气。我谈过一个观点,要对我们教师工作量考核上进行分类管理。全校教师大致分三类:一类是教学型的教师。所有公共课教师都要以教学为主。教学类教授和科研类教授我认为同等重要,因为把形成的知识和积累的文化传授给学生,使受教育者在最短时间内获得最多的知识,这是非常重要的。这一类是传播型的教授。第二类我们把他叫做教学科研类教师,对教学和科研各占50%。这类教师要定一个教学的量。比如一学期里74课时或128课时,一年多少课时就算出来了。剩下50%就必须用科研来展示。第三类是以科研为主的教师。工作考核的量应该是70%科研,30%左右是教学。应该进行分类指导。全校用一个标准衡量大家,特别是提职、提教授,教学的和科研的用一样的标准显然是不合适的。要分类指导,提供个性化服务,这个人适合做什么我们就提供什么,提供个性化考核。

大学是一个发酵池*

高水平大学的第一个要素,是要有一流的生源,这是没有争议的。要在世界范围内挖掘生源。其次还必须有国际化的教师,这也是最重要的主体条件,教师的水平决定了这个学校的水平。第三,要有一流的学科,学科往往成为这个学校声誉的代表,谈起一所学校,大家都知道它是以哪一门学科而著称的。无论是综合性大学还是特色性大学,都是用学科来代表的。第四,有影响世界的科研创新成果,就是某一项科研在世界范围内产生影响。包括它的成果的最后表现形式,或者成果的研究方式,或者在成果研究上所形成的特殊思维方法,这些都有可能影响世界。另外,高水平大学一定要有最丰富的学术研究资料,即信息方面的服务,它应该是国际化的。

除了上述这些评价标准,20 世纪七八十年代以后,人们越来越重视对毕业学生的评价。对于高水平大学或是世界一流大学,人们往往是根据已经离开学校的那些学生在社会上所取得的业绩来评价这个学校。也就是以毕业的学生为主体,反过来评价学校。这个意识我们全校都应该加强。一个大学的声誉,我们自己有两句概括:学生入校的时候以母校为荣;当他离校的时候,母校以他为荣。一所大学是一个发酵池,它是一个生态系统,学生进到学校以后,自然就要染上这个学校的一些气氛。这就是为什么见到一个学生,有时候一打交道就能猜出来他是哪个学校毕业的。其中的道理在于,他带着学校的酵母的味道。他发酵的时候影响周围的其他人,被影响的那些人通过对他的评价,反过来评价我们的学校。所以,我们的校

---

* 节选自 2003 年 4 月 11 日在中国政法大学校友会筹备会上的讲话。

友意识当中很重要的一个意识就是要注意到,校友对学校声名的传播是非常重要的一个方面,已经变成了社会对一个大学评价的重要指标。我想,今后中国在评价一所大学时,这个内容可能要增加进去。如果我们要国际化,采用国际标准的话,这个趋势是避免不了的。这是一方面的考虑,大家都要找到这种感觉,要有这种意识。

另一方面的想法,就是我们学校应该营造一种非常和谐的气氛。和谐气氛里面,我们学校内的三大类主体,都应该有一个恰当的感受。第一类主体是学生。一个好的大学,学生入校以后应该有充分的自豪感,自豪感在他选择这所大学的时候产生,要使他带着这种自豪感一直走完他的一生。入校时,我选择这所学校我是自豪的,毕业后,每当想起来,学校都是我的精神动力,要自豪地讲,我是这个学校的学生。第二类主体是教师。要使我们的老师们有充足的尊严,至少要受到两类人的尊重。学生要尊重他;我们的管理层,从校长到一般职员都要尊重他,使教师有充足的尊严。第三类主体是我们的管理与教辅人员,要使学校所有的职员都有发展的空间和最充分的成就感。例如,我们的管理涉及制度,你产生了一种理念从而变成这个学校的实践,这就是成就。要使每一个人都获得这样的机会空间。我们的管理人员、教辅人员,最重要的是使他们产生成就感。如果这三类主体都非常和谐,学生的自豪感有了,教师的尊严感有了,我们工作人员的成就感和发展空间有了,这个大学一定是和谐的。而这三者当中,我觉得非常重要的,就是我们学生的这种自豪感。这样就涉及我们自己内部的一些工作,我为什么把这个和校友意识联系到一起呢?就是我一开始交代的,从一开始他选择这所学校到离开,一直到他走向生命的终结都以这所学校感到自豪,这样的话,一开始的那种自豪就非常重要。联系我们学校的实际,不能再出现选择这所学校的时候是自豪的,进入这所学校的时候感到是失望的,离开这所学校的时候在某种程度上有时候是不敢承认的,这个状态要引起我们的警惕。所以,要追求一种和谐状态的出现就要从学生开始。要使我们的同学带着对这个学校的自豪走完自己的一生,这就要求我们加强我们自己的工作。校友意识里我说的第二个方面就是,要改进我们自身的工作。

第三个想法就是,我们的同学离开学校以后,还能为学校做些什么,这实际上涉及我们对自己校友的一个评价。这个评价的系统、评价的标准应该和我们这个学校的传统、价值观联系在一起。大家可能看到了,我们注重得比较多的可能是在各个公职岗位上做出比较好业绩的人。

第四个想法就是,我们校友联谊的功能到底有哪些。这些功能可能涉及我们的章程,也涉及我们今后好多观念的更新。我想它的第一个功能还是传承和发扬学校优良传统。政法大学的历史尽管不长,只有五十几年,但是我们形成了自己非常好的传统。校友的工作,很重要的一点是挖掘我们的传统。每一位校友在母校生活学习期间点点滴滴的回忆都会是非常宝贵的资料。所以,传承传统、发扬传统是校友会一项重要的工作。我们和校友所有的联系都是以这个传统作为基础纽带的。第二个功能,母校是我们共同的精神家园,是把大家连接起来的主渠道。所以,联谊的这个功能,在我们校友工作当中应当展示出来。因为大家有共同的情感,谈起母校的时候有共同的话题,可以获得共同的精神上的感受。第三个功能,就是校友会的“两个服务”。服务校友可能是一个前提,有了服务校友以后,才可能有后边这个服务——服务母校。服务校友就要求校友会给校友提供充分的信息,所以校友会的信息功能是非常重要的。母校发展的信息要通过校友会来传递。比如,国外的大学要搞一个建筑物,从规划之初就开始征集校友的意见了。在必要的时候,校长一定要把一些最重要的校友请来,让他们对这个建筑的整个规划发表意见,包括建筑物的命名、建筑物的功能,等等。校友的意见参与进来以后,他们就会给建筑物最大的关注。关注本身除了情感之外,很可能就是物质,这时候精神就可能转化为物质。所以在与校友的沟通和把校友的信息转过来的沟通过程中,要把信息认识为一种机会,认识为一种学校发展的动力。这个功能也是非常重要的。校友会的第四个功能,就是传播我们学校的声望。我们内外声望的传播要通过我们的校友。对我们学校的任何一个变化,校友感兴趣的程度可能比社会上任何一个阶层都深厚。一个人知道了,他会迅速在他所接触的人中传播。学校的每一个变化都是这样的,那么同样,校友取得每一个成绩以后,我们通过相关的信息渠道最广泛地传播到社会上去,学校的声誉也就传播起来了。学校的声誉提升了,直接的后果就是生源好了。今天我讲这些,就是希望我们全校都形成浓厚的校友意识,把我们政法大学的十万名毕业生都变成我们宝贵的财富。

可不做大官，但要做大事*

亲爱的同学们,今天既是我们的毕业庆典,也是一次让大家有所感受的创业教育会。我为有夏华这样杰出的校友感到骄傲！今天在这个主席台上骄傲的是她,明天骄傲的就是你！在这个庆典上,请允许我代表学校向2041名毕业的同学表示祝贺！也请允许我代表学校,向辛勤耕耘在三尺讲台上的各位老师、向与同学们朝夕相处的各位辅导员、向给我们提供越来越好服务的后勤职工,表示由衷的感谢!

同学们1999年入校,光阴荏苒。这四年间国际上发生了什么？中国发生了什么？我们的学校发生了什么？一定有许多的感动、许多的回忆,令同学们终生难忘。大家还记得,1999年发生了科索沃战争,大家是带着对战争的思索来到学校的。同学们还记得,2001年发生了震惊世界的“9·11”事件,恐怖主义使人类面临着新的威胁,也迫使我们思考文明的冲突问题。今年,我们又目睹了伊拉克战争。这场战争以后,人们反思的是单边主义给世界带来的威胁。这是世界给我们的警示。让我们感到振奋的是,这四年中国正在以最坚实的步伐走向世界。在这四年间,我们申奥取得了成功,圆了13亿中国人多年的梦,我想,消息传来的那一刻,在座的同学们一定都曾经激动过。同学们还记得去年,我们加入WTO,中国经济融入世界。这四年是我们步伐迈得最快的四年。这些都会对同学们的成长带来触动。四年间我们的学校发生了什么？这一届同学可能是最幸运的,去年我们迎来了建校50周年,使我们有机会总结50年来形成的传统。我们利用这个机会确定了新的办学目标,这也是大家所熟悉的。我也希望

---

* 根据2003年6月24日在中国政法大学2003届本科生毕业典礼上的讲话整理。

大家把这句话带到社会上去,传播给其他校友,那就是:我们要用20年左右的时间,把我们的学校办成一个多科性、研究型、开放性的特色鲜明的世界知名高水平大学,使我们的法学学科跻身于世界前列,把政法大学办成中国法学教育的中心、法学研究的中心、法学信息资料的中心、法律咨询服务的中心。这是我们新的办学目标。同学们经历了这个目标的确立过程。学校还发生了一个变化,就是我们的办学理念正在更新,同学们的主体地位正在得到尊重,"厚德、明法、格物、致公"是我们全新的办学理念。另外,作为既是见证人也是亲历者,同学们经历了院系调整的过程,这个过程就是政法大学学科布局的重新调整。政法大学正处在一个转型期,从单科性办学向多科性办学转变,从教研型的大学向研究型大学转变,对人的评价从注重教学为主向注重科研为主转变,从高度集中办学向校院两级办学转变。四年时间虽短,但同学们非常幸运,你们经历了一个跨世纪——从20世纪到21世纪,你们经历过了两个50年庆典,新中国成立50周年和我们建校50周年庆典,大家一定会珍惜这段时光。在同学们即将离开学校的时候,请允许我代表学校,再给大家提几项要求,作为分别时的共勉。我想和大家说的第一点,尽管大家离开了学校,但学习做人没有止境,要继续学着做人。在大学里接受教育,可能更多的是怎样做一个公民的教育,走向社会的时候,希望大家加强两种修养:一个是我们的职业道德、职业伦理修养;另一个就是大家要有做政治家的准备,要加强政治伦理修养。第二点,我想大家应该向我们的夏华校友学习,要去创业,要去做事,并且要做实事。在这里我想把孙中山先生的话送给大家:"你可以不去做大官,但你一定要去做大事。"第三点,希望大家不辱法大的使命。天生我材必有用,大家到政法大学来,就是要承袭政法大学的使命,那就是:推动中国的政治进步,推动中国的法治昌明,请大家牢记,我们是中国法制建设的主力军!最后,我想再给大家提的要求是,在我们即将分别的时候,请大家心系母校,母校永远是大家的精神家园,永远是大家进步的动力,当你们有困难的时候,你们可以来学校找我们的老师和校友,当你们有进步有成绩的时候,也请回到母校,让我们一起分享。请大家扬帆起航,祝大家前途远大!

校友是母校的名片*

尊敬的各位来宾、各位校友，尊敬的各位前辈、学长，老师们、同学们：

今天的日子在我们学校的发展史上特别重要，它将谱写我们发展中新的一章，今天是掀开这一章的一天。这一天，中国政法大学校友会成立了。我要表达的心情，和刚才桂琳校长表达的一样，既有一种激动，当然更表示一种感谢。首先我要感谢的是大家用鼓掌的方式通过了我担任这个会的会长。我知道这是一个非常重要的岗位，这个岗位将和校长的职责结合在一起，要求我为政法大学未来的发展要作出努力。刚才我们邀请的嘉宾已经对校友工作的重要性做了阐述，在致辞当中，他们讲得非常透彻。我非常赞同他们的意见和想法，我想表达的是我自己对我们校友的几点粗浅认识。

校友对一个大学来说，它预示着什么？我认为，我们已离校的校友是学校昨天的学生，我们今天在校的同学将成为明天的校友，在这个意义上，大学就是为全体校友而存在的。大学的全部意义，都在于我们今天的和明天的校友。首先，我认为校友是一个学校最大的财富，这个财富既是精神的，也是物质的。如果说是精神的话，那就是校友们给学校创造了传统，创造了校风，创造了学风，这是我们用之不竭的一种财富。如果说是物质的话，我们大学的一砖一瓦，一草一木，都有校友的汗水与心血在里面。今天出席这次会议的，有学校的老前辈，他们都是当初北京政法学院的创业者。在我们的基础积累中，是他们的一砖一瓦才发展到今天的高楼大厦，所以一楼一室都在心，一草一木总关情。是他们给我们奠定了发展的基础。他

---

* 2003 年 10 月 11 日在中国政法大学校友会成立大会上的讲话。

们的贡献和智慧构成了政法大学发展的不竭动力。

校友在我的心目中还有第二层意义，那就是他们才是学校声誉的标尺。我想用两句话来把校友和母校联系起来，一句话就是，对校友来说，母校是校友的商标和标识，不管走到哪里，校友总是要带上中国政法大学这个标识的，所谓"一生一世法大人"。另一句话，对母校来讲，校友是母校的名片，法大人无论走向哪里，在天涯，在海角，都在传播母校的名声，所以每一个校友的业绩都是母校的骄傲。校友在我的心目当中，还有第三个地位，那就是他们是我们办学质量、学校中心工作的一面镜子，我们应当学会用校友来衡量我们的工作，当校友们满意我们这个学校时，我们才可以说学校办得好。当校友们不满意我们这所学校，特别是当他们羞于说出是出于我们这所学校时，我们就要反思工作当中存在的失误。以校友为鉴，才知育人之得失，才知办学质量之高低，才知在校主政者之顺逆。校友在我心目当中还有第四个地位——我们的校友都是这个学校发展的特殊资源和最可靠的支持力量。在现代的高等教育中，评价一所大学水平的重要指标是校友，这个指标所占的比例在逐步地上升。高水平大学如果满分是100分的话，校友的评价应占30%，甚至还多。美国的高教评估机构所设定的评价指标体系中，涉及校友的有两项，其一是软指标，为毕业生对母校声誉和教学质量的评价，只要有校友不满意学校当初对他的培养，评价积分中就要相应扣减得分；其二为硬指标，即要看这所大学在发展过程中它的资金来源，有多少是来自于校友。世界一些知名的大学，校友贡献的资金达到整个大学费用的10%左右。像耶鲁、哈佛、斯坦福这些大学，校友贡献的资金已经占到了它全部发展资金的30%左右。校友们满意这所学校，他才会对这所学校做贡献。我们学校在这方面做工作的余地非常大。我感谢那些已为学校做捐助贡献的校友，也感谢那些以出谋划策方式帮助学校发展的校友，更要感谢那些积极联络校友而以感情回报母校的校友，你们的捐赠、智慧，提供的机会和注入的感情，都是学校最可宝贵的资源。基于这四个方面的认识，这就是我们学校要成立校友会的一个原因，所以我对远道而来出席这次盛会、带来一片盛情的各位校友，对历史上和现在对我们政法大学做贡献的我们的各位校友,表示由衷的感谢!

我们的学校是和共和国的法治同呼吸、共命运的,法治兴则学校兴,法治衰则学校衰。我们是世界上最大的法学家集团所在地,有 600 名教师,大家都关心着我们的民主政治建设。我们法大的老师大多是务实型教师,所以理论联系实际是我们学校公认的校风和特色。另外,我想特别说明的是,在 50 年间,我们是在曲折中进步、在艰苦中创业,这也是我们学校已形成的一个优良传统。创办时期,校园内的"小滇池"是校友们自己动手挖造的;复办时,七九级的学生露天上课;建新校区,八七级校友从栽树苗做起。艰苦奋斗是法大发展中养成的精神。我们全体校友,要回顾我们的传统,无论离校还是在校,传统不能丢。当然,我们还要再创辉煌,即迎来第三个黄金时节。这个蓝图可以用这样几句话概括:用 20 年左右的时间把中国政法大学建设成一个多科性、研究型、开放性、特色鲜明的世界知名高水平大学。在分解这个目标的时候,我们用了"5111"这几个数字。"5"就是经过五届领导班子也就是 20 年左右的努力,我们的综合办学实力要进入前 50 位;第一个"1",我们是以人文社会科学为主的一所大学,人文社会科学的总体力量要进入全国的前 10 位;第二个"1",是要使我们的政治学等一批学科达到全国一流水平;最后一个"1",是我们的法学应该成为毫无争议的中国第一,成为世界一流。

要实现这个目标,就要更新办学理念,用先进的办学理念指导我们的工作,我们还要加大师资队伍建设的投入。学校制定了一个"十百千"师资建设规划,"十"是指在各个学科当中应该有更多的大师级的人物,至少 10 名以上;"百"是指在二级学科里面,要培养 100 名以上的杰出的学科带头人;"千"是指师资队伍的总量达到 1000 人以上。我们还制定了"776"三步走的发展战略,要实现这个目标,第一个战略用 7 年的时间,这期间要完成"转变观念,重部学科,建设队伍,改善条件"四大任务,还要完成从单科性院校向多科性院校,从教学科研型大学向研究型大学,从行业内竞争到面向全国及国际竞争,从高度集中办学向校院两级办学的四大转变。第二个战略步骤中的 7 年,重点放在完成以研究生教育为主的有法大特色的人才培养模式的探索,培养出几个有影响的国际知名的学科及建设一支中国一流的法学师资队伍。第三个战略步骤中的6年,以开放性和国际化为重点,实现学生比例中留学生占15%以上、师资团队中外博士学位获得者比例达到15%以上、科研课题中国际课题达到15%以上等。一个大学的龙头工作是学科建设,在学科建设上,学校规划了一个一百亿左右的投入规划。政法大学的未来蓝图已经描绘好了,要实现这个目标,有赖于全体法大人的努力,有赖于我们全体校友的共同贡献。所以,在我结束讲话的时候,要这样强调:一方面我们的校友要继续发扬我们学校的传统,肩负推进祖国的法治昌明和政治进步的使命;另一方面,我们也有责任和义务把我们的传统变成更美好的现实,为实现我们的蓝图做出更大的贡献!最后,我想告诉大家,我们的所有的路标都是指向前方的!谢谢!

致公与领袖[*]

三年前我们举行第九次学代会的时候,还是在那个破烂不堪的教室里,我和石书记、马校长一起参加了会议,当时心情是很复杂的。三年以后,我们在这样一个宽敞、明亮、焕然一新的讲堂里举行第十次学代会,这是学生活动中心落成以后,第一次在全校范围内使用,就交给第十次学代会来使用,大家的心情一定和我一样非常高兴。我首先代表学校,对本次大会的召开表示祝贺。

借这个机会,我想和大家交流一个思想,那就是在进入21世纪的时候,政法大学的同学应该建立一种怎样的责任感?刚才北京大学的代表已经把我们学校的性质都说清楚了,我们是以推动政治昌明和法治进步为理想的一所大学,在这样的大学里深造,我们的同学应该同时具备两种责任:第一种责任是要让自己有能力成为将来中国的政治家;第二种责任是让自己有能力成为中国的法律家。我们现在所处的时代可以说是一个最伟大的时代,我们正在迈向全面的小康社会。这个社会展示给我们的画面是,在政治上,我们50年来已经发生了三次变化。最早确立的是以阶级斗争为纲,在那个年代里,能够成为政治主角的是工农兵。第二次变化是确立了以经济建设为中心的发展策略,那个战场上能够成为主角、成为战将的是知识分子。现在我们已经进入了第三个阶段,即大家所熟悉的"以人为本"的执政理念,"以人为本、立党为公、执政为民"。那么,"以人为本"以什么人为本?"执政为民"为了民的什么?回答是:以所有的人为本,为民应该为了民的根本利益,即法律界所说的为了人民的权利,这个时代就是

---

* 根据2004年5月23日在中国政法大学第十次学生代表大会上的讲话整理。

一个法制时代。

从1997年党的十五大明确提出建设社会主义法治国家以来,经过7年的发展,我们已经进入了一个以宪治建设为特征的新阶段。我国的宪治有这么几个基本要素。第一个是民主要素,这是我们已经具备了的。第二个要素是议会政治,人民代表大会制度是我们的基本政治制度。今年是人民代表大会制度实施50周年,9月15日胡锦涛同志将以党的总书记的身份发表重要的纪念讲话。第三个要素,是我们有一个日渐成熟的执政党,这个党已有80多年历史了,在执掌政权的50多年当中,已经探索出了成熟的执政经验。宪治的第四个要素即宪治的本质——人权。今年在修改宪法的时候,将人权条款写入宪法当中,人权成为国家机关工作的总原则。宪治的第五个要素是自由和平等。这五个要素我们都具备了,所以进入了宪治建设的一个新时期,在这个新的时期里,我们需要一批治党、治国、治军的专门人才。

中国的高等教育已经进入大众化阶段,但仍然需要精英教育。在大众化的教育里,精英教育尤其显得重要。并不是所有的高校都承担着大众化的使命,每个国家的高校里都有一批是精英教育的典范,他们以精英教育为己任。现在人才分为三大类:第一类是我们要造就的数以亿计的高素质的劳动者;第二类是要造就数以千万计的专门人才;第三类就是最重要的一批拔尖的创新人才即社会精英。政法大学在大众化教育阶段到来的时候,承担的是精英教育的使命。那么,进入政法大学学习的同学们应该做哪类人呢?不应该成为那数以亿计的高素质劳动者,而应该成为后面的两类人:数以千万计的专门人才和一大批的创新人才。

成为这两类人需要具备什么样的素质呢?在将来大家走出校门的时候,应该具备一种什么样的素养才能成为政治家、成为法律人呢?在这里我想把几个月前我在《光明日报》上写的一篇文章的内容重复给大家:你要成为一个政治家、一个社会的领袖,要成为一个大家信赖的法律人,应该具备四个最基本的素质。这四个素质就是当代人特别是被称作新三届的这一代人成功的秘诀。第一个素质,我们必须对中国有充分的了解。我们刚刚举行的学术报告会上，来自北京大学的吴志攀副校长曾经给大家讲过一组数字，美国的文化、西方的价值观正在侵袭着我们，我们用他们的生活方式来生活行不行呢？答案是不行的。中国的出路就在中国人自己的手中，只有中国人可以解决我们自己的问题。谁最能充分了解中国，谁就能把握中国。我想，不了解中国的人要对中国进行设计，那是不可能的。只是了解中国是不够的，中国现在的现实面临很多矛盾，比如城乡的二元结构，包括我们的法律也存在着二元主体的问题。这二元主体来自于哪里？来自于我们的传统。因此第二个要具备的素质就是要了解中国的历史，我们这个民族是怎样过来的？世界四大文明之中，为什么只有我们的文化才被称作一种活文化，而其他三大古国的文明已经消失了？我们的民族性在哪里？这就是我们的历史。所以历史是今天之学，而非昨天之学，不了解历史就把握不了未来的方向，因此了解中国的历史就成为我们现在领导人应该具备的一种基本素质。但了解这两个方面还是不够的，因为中国已经融入世界当中了，我们的经济是一体化的，信息是一体化的，有人说第三个一体化也可能到来，就是法律的全球化问题。我们已经看到了中国所加入的国际条约。我们加入 WTO 以后，越来越多的国家承认我们是市场经济国家，我们必须遵循世界统一的规则。所以，第三个素质是了解世界，了解世界以后才可以做比较，比较之后的结论可能是最正确的结论。所以一个人在回答自己的时候，如果不和别人做比较，所作的回答肯定是个不正确的回答，比较得越多，正确率就越高。第四个素质，也就是最重要的一个素质就是必须了解当代中国的马克思主义。了解了中国的现实，了解了中国的历史，也有了国际眼光。再用中国化的马克思主义作指导，你才有可能成功。

同学们要成为将来中国的政治领袖，在实现我们学校使命的时候，应该有这样一种自觉。但这四个要素是要经过无限的积累才能实现的，要了解中国的现实，在将来走向工作岗位的时候，应该作选择，所以我特别鼓励我们的同学到基层去，到祖国最需要的地方去，从基层一步一步地做起，这样才可能成为领袖。我还希望同学们锻炼自己的毅力，所有的领袖都有一个共同的特点，那就是坚韧不拔，无论遇到什么样的困难，百折不挠，他始终坚信目标就在前面。他可以把目标分解开，在这些分解开的目标里，他始终坚信，第一个目标是可以实现的，然后才有第二个、第三个。另外，还希望同学们能够锻炼自己、增强自己的亲和力。领袖总是给别人信赖的，总是给别人一种目标，让大家愿意为那个目标而奋斗的，所以领袖的亲和力是你能够团结多少人的一个基本的保证，亲和力越强，领袖能力可能就越强。最后我想，作为一个领袖，最重要的就是社会责任感。高等教育不是培养大家挣钱的能力，教育的本质在于引领人的灵魂，而高等教育给予大家更多的是一种责任，所以，你对公众负责的这种精神是否具备了，你的公众之心是否建立起来了，你做公仆的这种意识是否具有了，就是你将来成为政治家的一个基本要求和素质。

袍子的品质*

今天我们在这里举行一个仪式,来祝贺大家即将成为真正的社会人。你们今天是法大的学生,明天就是法大的校友,你们将带着政法大学的热情走向社会。

今天是这个礼堂最满的一天,看到大家身着袍子,我想起了历史上人们对袍子的评价。在欧洲中世纪,可以穿袍子的人只有三种:教士、法官和学者。袍子代表什么呢?首先是信仰,对真理的一种信仰,没有信仰的人不配穿袍子。袍子还预示着一种忠诚,对你所选择的事业的忠诚。没有忠诚的人,也不配穿袍子。政法大学的师生要忠诚于什么?我们要忠诚于国家的法治事业,忠诚于我们的民主建设、政治的进步。袍子还代表着意志——意志,是每个人成功的加油站。同学们明天就要离开学校了,前面可能是一马平川,你春风得意;也可能是激流险滩,你历经曲折坎坷。即使是这样,我们也不要有心在悬崖的感觉,只要你有意志,就会相信再高的山峰也会被你甩在身后。袍子还有另一种品格——情感,人文主义所有的基础都在情感上。当我们面对邪恶的时候,愤怒是一种情感;当我们面对不公平的时候,正义是一种情感;当我们面对贫弱的时候,怜悯是一种情感。培养一种热情,一种情感,是袍子们应该有的。今天大家都穿上了袍子,希望当明天我们走出去的时候、我们脱下袍子的时候,要对得起今天我们穿的袍子。

临别的时候,作为你们的师长,还想和大家交流几个想法。第一个希望是,你们要想到离开学校并不是学习的终结。孟子曰:养吾浩然之气。

---

* 根据在中国政法大学 2004 届本科生毕业典礼上的讲话整理。

气有浩然,但学无止境。同学们要树立终生学习、终身学习的观念,我们现在面临的社会是一个学习型的社会,不学习就会落伍,不学习就对不起老师给你的方法。我的第二个希望是,同学们应该始终不忘我们法大的使命。我们的使命就是要推动国家的政治进步,推动国家法治昌明,推动国家的民主建设。要牢记这三个使命,在任何时候,我们都要成为政治进步、法治昌明、民主建设的生力军。我们的校训有八个字:厚德、明法、格物、致公。这是一个系统的教育理念,每一个法大人都应该牢记这一校训。当我们走出去的时候,"厚德"就要求我们把在学校时候的做人品质转化为一种职业道德,所以同学们在自己的岗位上应该成为职业道德的楷模,要向我们优秀的学友、校友任长霞学习,做优秀的法官、检察官和政法干部。"致公"是我们教育人的目的,所以在四年学习中同学们感受到增加最多的不是别的,是我们的社会责任感。我希望我们法大的同学应该建立一种自觉:那就是将来要做社会领袖。做社会领袖,为公众服务的致公理念就应该是我们的终生信仰。所以法大的校训,我们无论走到哪里,都不要忘记。

大学的本位观*

今天是第二十个教师节,是我们自己的节日。借这个机会,请允许我以个人的名义并且代表学校,向各位老师表达最亲切的问候!我们学校52年中,付出心血最多的是教师。一所大学,立校之基是教师,发展之源是教师;学校的品位在教师,学校的水平体现于教师。在这个特殊的日子里,让我们一起向老师们表示感谢!

在过去不到一百年的历史当中,中国的教育日历里曾经有四个不同的教师节。20世纪30年代,有几位著名的教育家,主张应当设立教师节。他们建议把6月6日作为教师节。由于这个声音来自于民间,没有引起国民政府的重视,但是,在北京和上海却产生了很大的影响。他们的提议推动了政府对这个问题的讨论。1939年,国民政府第一次以官方的名义确定了法定教师节。定在孔子的诞生日,即夏历8月27日。国民政府以孔子的诞生日作为教师节,目的在于弘扬孔圣所倡导的尊师重教传统。这是官方的第一个教师节。但非常可惜,由于处于抗战期间,学校都被迫内迁,谁也没有心思去过教师节。校之难保,师以何尊?所以国民政府的教师节是一个有名无实的教师节。第三个教师节是1951年由中华人民共和国教育部和中华全国总工会共同商讨而确定的,把5月1日国际劳动节作为教师节。这个节日虽然有全国性意义并可使大家得以休息,但由于和劳动节在一起庆祝,教师节的意义实际被冲淡甚至无人能知了。1984年,教育界一些相当著名的专家,鉴于“科教兴国”战略已经初步形成的国情,提议应该有一个新的教师节。请大家记住中科院的院士王梓坤,他是第一个提出要

---

* 摘自2004年9月在中国政法大学教师节庆祝大会上的演讲。

设立一个新的教师节的人。他的创意后来得到了北京师范大学的陶大镛院士以及民俗学家钟敬文、文史学家启功等人的支持，由他们联名于1984年年底形成提议。在1985年1月份也就是六届人大常委会第九次会议上，专家们的提议变为人大常委会的决议。该决定明示，从1985年开始每年9月10日庆祝教师节。就这样，教师节就变成了法定节日。迄今为止，我国以职业作为节日的共有三个，即护士节、记者节、教师节。在迎来教师节20周年的今天，我们共同回顾教师节的历史，有着特别的意义。

大家都说"科教兴国"，那么谁兴科教？"三国战略"中"科教兴国"是基础性战略，其后又有"依法治国"方略与"人才强国"战略。由此，我又有两问。依法治国，谁来治法？人才强国，谁强人才？这三个问题最后的答案我想都是一致的，那就是我们的教师。教师兴，科教才能兴。教师兴，国家才能兴。我想，依法治国这一战略对我们政法大学的教师有特殊的意义。依法治国，谁治法律？我想就是源于我们的法律教师。我们是为法治国家提供主体条件的人，我们教出来的学生，就是未来法治国家的主力军。法治国家的基础工程是法学教育，法学教师兴才有法治国家兴。人才强国，谁强人才？还是我们的教师。最好的人才，首先应该成为教师，最好的人才才能培养出更好的人才。这就是"三国战略"中，我们教师所处的地位。我想表达的一个思想是，在"三国战略"实施过程中，北大、清华在科教兴国和人才强国方面，可能要做出比我们更大的贡献，但在依法治国战略中，政法大学应作出比其他任何大学都大的贡献，这就是法大不同于其他大学的独特使命所在。

我们今天的表彰活动主要是对老师们一年以来教书育人及科研成果的检阅。52年来，除了中间一段时间的中断，我们其他任何时候的成绩，又何尝不是取决于我们教师的努力？近几年来，特别是近三年来，发生在我们教师身上的变化，对外无一不展示着学校的变化。2002年的教师节上，我发表了一个演讲，主旨是谈我们政法大学应该坚持的几个基本的办学理念。2003年的教师节上，我发表了一个演讲，讲什么是学科，我们如何建设学科，目的是让大家形成共识，一起来抓学校的龙头工作。在今天的教师节——这个有着非同寻常意义的教师节上，我想发表一个和教师有关的演讲，其主题就是“我们为什么要坚持以教师为本位”。以下，我想把我的想法和大家作一个交流。

“本位”这个概念许多学科都在运用，不是哪一个学科所独有的。这个概念最早见之于经济学。当经济学讲金本位时，就是说，社会上流通的所有商品的价值以黄金进行换算。当然，黄金不可能自由流通，它不过是货币的换算单位，这个理论就是经济学上的金本位理论。“本位”的含义是指事物的尺度与标准。

我读到鲁迅先生在1919年写的一篇文章，该文是新文化运动开始以后创作的，是批判中国传统家族文化的力作，题目为《我们现在怎样做父亲》。在中国的传统文化中，在父亲与儿子之间的关系上，总是以父亲为本位，生育儿子的意义就在于延续父亲，儿子存在的价值就是为了父亲。所以，鲁迅先生提出我们要倡导一种新文化，把这种本位颠倒过来，要以儿子为本位。老子为了谁而存在？应该是为了儿子而存在。老子所做的一切都应该是为了儿子的个性发展，为儿子的自主、自立准备条件。大家看，这个意义上的本位，是谁为了谁。一个是目的，一个是手段。“谁为了谁”的这种本位，就是关系意义上的本位。在这个意义上，本位应理解为一种目的或目标。

第三种本位，我们在研究西方社会史的时候会发现，尤其宗教史会告诉我们，以人为本位是相对于以神为本位而言的。在文艺复兴之前，在人与神的关系中，人不过是神统治的客体，神才是主体。在人被客体化的时候，是不能以人为本位的。所以，文艺复兴做的最大的一个贡献，就是恢复了人的主体性。在哲学界中称做，“上帝死了，人活了”。人的主体性的恢复就是以人为本。目前，以人为本作为一种哲学观和政治观发展到今天还在被人们倡导着。这个本位的含义是主体性的含义。

我们法学也在研究本位，这大概是第四种意义上的本位。

我在十多年前写的一本书《公民权利义务通论》中论述了权利本位。

权利本位是中国法理学上一直有争议的一个观点，这个争论起之于吉林大学。早在 20 世纪 80 年代初期，吉林大学法理学与宪法学的研究生就在进行“权利本位”还是“义务本位”的论争。师生的多数认为法学应是权利之学，因之多数人是权利本位的主张者。但是他们的观点相同而论据又有不同。多数人是从关系的角度来谈的。他们认为，权利义务如果是一对矛盾的话，他们的对立统一就决定着有一个矛盾的主要方面。他们认为矛盾的主要方面始终是权利。这就是他们的权利本位观点，他们是用哲学的矛盾论的观点来论证它的。我的论证和他们恰恰不一样。我已经注意到，如果矛盾的双方存在的话，那么这个始终存在的矛盾的主要方面是不存在的。如果矛盾着的一方始终是主要方面的话，那么，这个矛盾就是僵化的、不变的，这个矛盾也就不再是辩证的了。而如果承认矛盾的次要方面随时可能转化为矛盾的主要方面的话，那就意味着权利本位是在不确定的状态之中。因为当义务成为主要方面时，本位随之而应变为义务本位。所以，我最后的理解，也是法理学界后来大多数人都接受的共识，就是从国家和公民之间的关系来进行理解。当一个社会设定的制度，要求公民全部服从国家的时候，这时候就是国家权力本位，亦即公权力本位，也就是“Power”本位。这时候对公民来讲，全部是服从。对他来说，就是义务本位。如果把这个关系颠倒过来，国家是为公民而存在的，国家权力最终是以公民的权利为价值追求的，国家的全部活动都是为了保障和实现公民的权利。这个时候，就是真正意义上的权利本位。这种本位是制约国家的一种理论，是制约国家价值的本位。这种本位是两个主体之间“谁为谁”的根据的理论，是用来进行制度建设的本位。这种本位就是第五种含义的本位。

在地理学上，也有本位的概念。大家都知道我们国家的面积是 960 万平方公里。这是如何计算出来的呢？应该找一个大地的原点，这个原点被设定在西安。西安是地理意义上的中国的中心。找出这个原点来，才能用数学方法算出一系列的地理上的数据来。这个原点就是距离上的本位。这是第六种意义上的本位，其价值在于寻找逻辑起点。

我们现在讲以人为本、进行制度设计时的本位，是一个多含义、多价值的概念。这就需要我们分析，当一个政府谈以人为本时，当一个企业谈以人为本时，它和一所大学谈以人为本有什么不同？我想，对这个问题，我们在座的领导者、我们的教师、我们的同学都应该思考。大学既不同于政府也不同于企业，但我们都要以人为本。政府以人为本的特点在于，要以所有的人为本，任何人都不在“本”之外，哪怕这个人是一个身体有残疾的人、是反社会的人或者是一个罪犯。以人为本的体现就在于，要保障所有人的所有权利的最后实现。政府的以人为本是没有例外的，这是我们执政时应该坚持的一个出发点，在宪法上就表现为以公民为本。企业的以人为本和政府的不同。有的企业最重视的“人”就是最能给他带来利益的人、最能创造商业价值的人。谁最能创造价值，谁就是其所本。不能创造价值和利润的人，企业可能要解雇他，要使他失业。大学里面呢？我们要尽可能地做到以人为本。但是毕竟大学的资源有限，救济穷人和失业的人不是大学的责任，然而我们又一定不会以最能创造利润的人为本。相反，一些大学，特别是一些高水平大学、研究型大学，往往以耗费学校资源最多的人为本。这些人是什么人？是能把资源转化为科研成果的人。所以，对这个大学资源耗费最多的人就很有可能是这所大学最有价值的人。这就是大学和政府、大学和企业在以人为本上的区别。

那么大学应该以什么人为本？这要看大学所肩负的使命是什么。我们都知道，大学至少肩负三个使命。最早的大学只是以培养人、培养一些精英职业所需要的人为使命的。大学的第一个使命就是培养人，这个使命从大学开始出现，九百多年一直没有改变。大学的第二个使命，就是洪堡精神所倡导的，大学不仅要育人，还要秉持探索真理、追求学术的使命。过去大学的科研只是贵族的一种精神活动，现在应将其转化为同类人的共同活动。所以科研就变成了大学的中心。20 世纪 30 年代，美国高校对大学的使命有了新的发展，把一个大学和社区的建设结合在了一起，大学必须要为社会服务。所以在从斯坦福到伯克利长达 100 公里的范围内，产生了硅谷，产生了美国最重要的生产力中心。这就是美国大学为社会提供的服务。培养人、科学研究、为社会提供服务，就是现在大学最基本的三大使命。

进入21世纪以后,我们发现我们的世界并不太平,非传统的安全因素在影响着每一个国家、每一个人。那么非传统的因素产生在哪里?上个世纪就有人预测了,亨廷顿认为,未来的战争来自于文化和文化上的冲突,这就是著名的"文明冲突论"。文化和文化的冲突怎样消除,一个新的功能被赋予了大学,就是要通过交流,来使不同文化形成互融。大学是能够把不同的文化融在一起进行交流的最好的平台。所以,培养人、科学研究、为社会服务、进行文化上的交流,就是大学的四大功能。

大学既然是以这四项为基本功能的,那么能够承担这个功能的人是谁?答案是谁,就要以谁为本。这个结论应当是相当清楚的,就应当是教师。所以,大学以教师为本,这是大学功能的必然要求。

我们还知道一所大学的生命力在于它的创新能力,对于自然科学来讲,最高的创新在于发现一种新的知识。对于工科和技术类学科来讲,最好的创新是发明一种新的方法。对我们人文社会科学来讲,最好的创新是一种新思想、新理论的产生。大家看,新知识、新方法、新思想、新理论,来自于谁的创造?只有一个回答:教师。所以大学以教师为本是大学生命力旺盛的标志。我们的教师,是我们进行学术研究的最直接的主力军。

学术研究水平的提高,要靠一代又一代研究者的集体努力,要靠学术研究成果一点一点地积累增长。在这方面来不得半点马虎,不允许有任何取巧的侥幸。现在我们的学术研究,强调科际整合也就是以问题为中心的多学科、多方法研究,强调"协同作战"。我们的老师、我们的学者不要有门户之见、不要还抱着狭隘的私心,今天你发一篇文章、写一部专著,那你就是一个山头;或者明天我再提一个观点、发一通议论,我又是一个山头。我们提倡个人有个人的研究领域、个人有个人关注的问题,这当然是好的;我们提倡有学派,学派林立、百花齐放是学术繁荣的体现嘛。但是我们不希望有门第之见,不希望学者相轻、唯我独尊。我们提倡有观点、有学派,我们更希望观点交锋、学派论战,我们的学术研究就是建立在理解和继承前人研究成果的基础上的,所以我们今天的学术研究也将是后人继续进行研究的基础。大家要有长远的眼光,要有历史的整体感。

我到国外大学和研究机构访问,常能听到国外学者这样的评价,就是中国国内现在的学术研究很活跃,每年出版的学术专著大批量增加,但就整体的研究水平来看,似乎就不如国外的进步快了。这的确是一个问题,应该引起我们的反思。我们的研究者,客观地来说,因为现在高校或研究所提供的学术条件好了、学术环境也比以前宽松多了,而且,现在网络的发达,使得我们能够寻找、搜集到的研究材料也多得多了,所以我们现在的学术界是很活跃的。每年从国家到省部、到高校,各种纵向和横向的课题、项目也很多,研究成果也出来了,这是大家都有目共睹的。但是,在研究成果的量的增长的同时,我们的研究的质是不是也同步上去了呢?从整体上看,我们的研究水平还是有待提高的,不能局限于低水平的循环。

撇开学术界尚且存在的学术腐败等现象不论,我觉得限制我们学术研究水平提高的很重要的一点,就是学者的心态要改变、学者的心胸要放得更开阔。研究者们要解答同一个问题、要进行同一领域内的研究时,要特别注意同一领域中其他学者现有的研究成果,要考察清楚现在的学术状况、在这个问题上国内国外现在都研究到哪一步了,要了解学术动态。同时,要实现这一问题、这一领域内的资料共享,你的研究是在这个问题研究中的哪一个部分。你所进行的研究,要在整个研究背景之下。并且,你解决的问题要能促进别人的研究、别人的思考,这才算是有价值的。否则,你若死盯着你自己的这一块"自留地",对现在整体的研究水平不闻不问,对别人已有的研究成果不善加利用,那你即使写出来这篇文章,苛刻地说,学术价值也是很有限的。

另外,我还想对我们的老师谈一点我个人在学术研究方面的心得,算是和大家交流、共勉。

创新是学术的生命力。没有创新,学术的发展就停滞了,学术就给做"死"了。所以创新是非常重要的。创新,意味着学术研究的不断发展、不断提高。然而,我们的学者如何才能在学术上有所创新呢?如何提高我们学者自身的“学术生产力”呢？我觉得，学者研究能力的提高，跟他的专业训练是息息相关的。学者做研究，就是要把学术研究当成他日常生活的基本习惯，要从各方面的学习和思考中历练自己的学术眼力和对复杂事件的判断力。社会科学是一门经验的学问，所以我们可以从身边的任何人、事中学习、摸索到社会科学研究的方法，这也算是一种学科训练，一种广义的训练。

至于专业的训练，我提倡我们的老师之间应该相互挑战。我们说的这个“挑战”，当然不是指人际关系紧张，这个“挑战”，就是学术研究之间的相互砥砺、切磋。不光同行的老师之间相互挑战，老师和同学在课堂上、课堂下都可以相互挑战。学术贵在创新，而创新正是来自于挑战。我们每天都要去思考问题，甚至没有问题也要想出问题；然后就这些问题和同行们、学生们共同探讨、交流，想着我的想法怎样才会更精确、更有说服力？长此以往坚持下来，我们的问题意识、我们思维的严谨性以及我们的表述能力和判断力就会得到提高。同时，我们整个校园的学风、研究风气也会更浓、更盛。

所以，我现在是作为一个校长，同时，更是作为你们的一名同行，呼吁研究者们要开放心胸，相互交流、相互挑战，创造出浓厚的研究风气。唯此，我们的学术研究才会在整体上有大进步，才能真正有所贡献。这是我对我们现在的研究风气和研究路数谈的一点个人看法。

每所大学都有它自己一系列的价值观。当我们观察一所大学的时候，可以发现，每一所大学的历史其实都是一部专门的文化史。但是文化的终极在哪里？张岱年先生说，文化的本质就在于其所沉淀的那一分价值。所以，每一所大学都有其核心的价值观。

那么处在大学最中心的价值观是什么？我们发现一组组的价值总是依存在一起又相互处于矛盾当中。比如，第一组，每一所大学都有它的正义追求，但每一所大学都是由人构成的，人的第一原则就是物质利益原则。利益和正义就会发生冲突，那么这个大学是以利益为重呢，还是以引导社会追求正义为重？大学是社会的良心所在，大学如果不以正义为重，而以利益为重,那么这所大学的核心价值观就变异了。

第二组,自由和秩序。政府追求的一种比较高的价值,在于维持一种和谐的秩序。但是,大学的核心价值观在自由。当自由和秩序发生冲突,需要调处的时候,哪一个是更重要的价值?是自由。所以,学术自由是每一所大学的立校之本。每一所大学的灵魂都在学术自由上。这组矛盾怎么消除,就要看你这所大学做怎样的选择。在世界高教史上,一般来说,学术水平越低的大学越是侧重于对统一性和秩序的追求,而学术水准越高的大学,越是珍视自由的价值。罗素就曾说过一句很有名的话,“参差多态,幸福源泉”。其实“参差多态”,不光是幸福生活的源泉,同时也是学术自由的保障。学术研究就是要观点多样,就是要百家争鸣。没有自由就没有思想,没有思想就没有学术。一所大学,能包容各种观点,这正说明了这所大学的气量和眼界。

第三组,公平与效率。政府在设计社会产品第一次分配的时候,注重的是效率,但任何政府都不能忘记,它还应该用二次分配的方式弥补公平。所以,效率与公平,应该是政府所坚持的价值目标。大学里面,公平和效率也处于矛盾之中。当大学有限的资源要分配于学科的时候,我们要进行选择,是平均地分给每一个人呢,还是坚持效率优先?大学里,每一个人所做的贡献,是因人而异的。有一个现象,有人表述为“二八”现象,大学里边,80%的贡献是由20%的人做出的。所以,当你将资源平均地分给每一个人的时候,那创造学术的20%的人的积极性,就会受到极大的挫伤。他们的积极性没有了,那80%的贡献也就丧失了。所以,我们的资源,在一定时间内,总是有限的,那么我们要把这些有限的资源首先用在教学科研上,用在优秀的、有学术潜力的教师和学者身上。大学里边经常出现公平与效率的冲突,这尤其表现在各个学科上。学科建设历来实行扶强不扶弱,锦上添花是常理,而雪中送炭只能偶然为之。

大学里不同的价值观,我们一定要找到最核心的部分。请大家思考,能够坚持核心价值观的人是谁?我的回答,首先是我们的教师。所以,无论从哪个理由、哪个根据上,大学都必须以教师为本位。我得出这个结论并不是说，我们大学的其他人没有价值。相反，其他人的价值，就在于保证核心价值的实现。

我在大学校长论坛上说过，大学仅有创新还不够，尤其是那些体现民族精神，被誉为民族灵魂的大学，它更应该坚持一种守成的能力。创新和守成结合起来，才是一所大学的综合能力。守成是什么？就是守护这所大学的传统，就是守护这所大学已经形成的制度。在大学精神的守护过程中，谁发挥着最重要的作用呢？我想是我们的管理人员。在北京大学的历史上，做校长时间最长的是蒋梦麟。他在去世之前，曾经问过自己，我到底为北京大学做了些什么？他有这样一段话：对于北京大学贡献最大的，要数蔡元培先生和胡适之先生。因为蔡元培先生拯救了北京大学。蔡元培先生在 1916 年到北京大学任校长的时候，当时北京大学正是百废待兴。他当时用了两句话，第一句是“思想自由”。我们的老师要思考，思考的本质要求就是自由。蔡元培先生为什么要用思想自由，而不用学术自由？第二句话是“兼容并包”。北京大学从死气沉沉中一跃而起。当时欧洲有评价，中国没有一流的大学，但是已经有了一流的大学校长。然后是胡适先生，胡适先生把中国的北京大学带到了世界上，使北大成为中国大学对外的代表。所以蒋梦麟讲，我和这两位先生比起来，他们才是北京大学的功臣，而我只不过是北京大学的一条“功狗”。我对他的这句话反复咀嚼，觉得它的意味是非常深长的。狗最令人敬佩的品格就是对主人的忠诚，就是它的守护能力。

由此，我又想到，冯友兰先生在清华做教授时有一段议论，他说做清华的教授是很舒服的，像神仙一样。神仙是什么呢？神仙是要云游四方的。后来这句话也被陈寅恪教授所印证了，坚决不在北京做教授，要到南方去。最后他选择了中山大学，当然一开始是在岭南大学。教授是要云游四方的，教授个人的个性、学术在学校可能有积淀，但是他们也有可能随时要把它们带走。做教授就像做神仙一样。冯友兰先生又讲，清华大学的学生像老虎。这句话预示着什么？老虎迟早要下山，学生是要离开学校的，将勇猛带到四面八方。然后，他又讲了一句话，清华的工作人员，从校长开始，都像狗。这句话绝对不是骂人的话，它是说，清华的工作人员从校长到处长、到一般工作人员，都在守护着清华的传统。所以，狗忠诚的、守护的品格是最高尚的。守护我们大学传统的这股力量来自于哪里？我想来自于我们的管理人员。一所大学的优良传统形成后，它很有可能要受到外部很多力量的干扰。守护大学的传统也是一种能力，这种能力就在我们的工作人员身上。他们因为接受了大学的理念而留在学府里，他们的价值观与教师如出一辙，他们的职业是做制度的守护神。那么从这个意义上来说，保障我们核心价值实现的价值就体现在我们工作人员的身上。

所以，一所大学是一个有着既定的、共同的目标，而有无数的、分工不同的人，在各自不同的岗位上为着相同的价值而结成的共同体。这就是大学价值带给我们的思考，这就是大学的以人为本的价值根据。

以人为本除了观念上的思考之外，最后必然要求转化为一个大学的制度。进一步确立教师在办学中的主体地位，就要形成强烈的舆论氛围并营造良好的环境机制。学校办学以教师为主体，不仅涉及教师的主管部门，还会涉及学校的各个方面。要形成强烈的舆论氛围并营造良好的环境机制，首先要从观念上进行梳理，在高校大力倡导尊师重教的舆论氛围，把尊师重教纳入学校的作风建设、文化建设，形成传统固化下来。其次是营造有利于优秀人才脱颖而出的制度环境。加强教师聘任制度改革，鼓励教师按照特长发展，不拘一格降人才，千方百计选人才，形成百舸争流、人才辈出的局面，打造一批优秀的教学和科研骨干。三是要为教学科研人员创业提供更大的发展空间和机会。要努力把学校建设成创业者的乐园，使教师能够身心愉快地工作。四是要关心教师生活，努力给教学科研人员特别是优秀人才构筑良好的工作和生活环境。

一所大学的制度最终要体现在三部分人的和谐上。第一部分人就是我们的教师，我们的教师在这个大学里面一定要有充分的尊严感。我们的工作人员尊敬教师，要把尊师变成自觉的职业道德的一部分。不尊重教师的工作人员，就不是好的工作人员。第二部分是我们的学生。我们的学生要对这所大学有充分的自豪感。这个自豪感就是，我之所以选择这所大学,就是因为大学里有我所仰慕的老师,我在这所大学里受到了良好的教育,然后,我带着这个自豪又可以走向四面八方,终生都为这所大学感到自豪。第三部分是我们的工作人员,一定要使他们有充分的成就感。要使教师和学生知道这所大学好多制度都是经过他们的手而形成的,而他们的价值追求又与大学精神是非悖的,他们对传统的守护,就是对教师学术自由与学术尊严的守护。所以,教师的尊严感、学生的自豪感、工作人员的成就感三者和谐地融合到一起,由此而形成的制度,就是有利于教师创新,有利于工作人员对校统的守护和有利于学生成才成器的制度,而这些制度的逻辑起点、价值标准、利益根据、最终目的都应建立在教师本位的基础之上,由此,大学的精神才能养成,大学的理念才能被弘扬,大学的价值才能被实现,大学的目标才会有支撑。

以上所言,既有本位的价值观,也有本位的制度观,还有本位的关系观。

立法者不能使自己首先获利*

三年前我们政法大学的教学组织机构形成了，教学单位设置起来了，三年后的今天为什么要换届？

这次换届意义有三：首先，这是在遵循一个大学的正常管理规律。大学的所有组织机构都是有届期的，我们的党委、校长、教代会、学术委员会、校友会都有，大学教学单位的领导结构也有届，这次换届属于正常换届。我们遵循这个规律，学术组织就有活力。第二个意义，换届是进行民主管理的重要步骤。大学是学生的大学，教师的大学。教师构成了一个大学的教育主体，是教学单位的核心和基础。大家应该在换届过程中充分表达自己的意志和想法，这次换届是民主管理一所大学最重要的过程。第三个意义，大学的换届是产生新思想、新机制的一个机遇。换届的过程可能产生一些新人，新人带来新的思想、新的思路，可能创新的管理机制。我们知道，一个大学需要两种能力：一种能力是创新的能力，而创新首先表现在科研成果上，当然也表现在我们的管理机制上，机制的创新和技术的创新都是非常重要的；大学还有另一种能力就是守成的能力，大学的管理者有责任、有能力守护我们的成果。创新能力和守成能力的统一才是一个大学的综合竞争力。在这次换届的过程中，可能要产生新的机制，有新的人物、新的思想出现，登上我们的历史舞台，来创造我们中国政法大学的历史。基于这三点考虑，我们有必要进行换届。

要给大家说明的第二个问题是，这次换届要注意实现几个结合。上次换届的时候，这几个结合有的没有付诸实施，有的付诸实施了但效果不理

---

* 节选自 2005 年 5 月 16 日在中国政法大学教学机构处级领导竞聘动员大会上的讲话。

想,还有的需要在这次换届中进行调整。第一个结合,换届要和我们学校学术资源的重新调整结合。上次换届没有解决好教学、科研和学科建设这三者的结合问题,仍然有一部分人游离在学科之外。所以本次调整结束以后,有两大原则要实现:一是人人进学科,所有老师都要寻找自己所依托的一级、二级甚至三级学科,人人都在学科之内。二是学科建在院上,以院为中心发展学科。学校需要形成团队,要将学术资源的重整和院系调整结合起来。第二个结合,换届要和学校的重新布局结合起来。根据规划,我们准备用二十年的时间,将中国政法大学建设成一个多科性的大学。第一次的调整,我们是奠定一个多科性的基础;这次调整,多科性的局面要基本形成。这一次我们新设立了几个学院:一个是社会学院,中国政法大学创校的学科之一是社会学,今年雷老诞辰一百周年,我们的社会学院也成立了,它体现了我们的学科特色。另一个是马列学院,马克思主义理论教学在过去的三年是放在人文学院中,人文和马克思主义的结合还有一些需要调整的地方,这一次要加强马克思主义教育,它有独立的学生、独立的学科、独立的师资团队,可以调整为一个学院。此外还有法律硕士学院,这是中国政法大学在职业型法学人才培养上的一次创新,走在了全国的前面,我们把这个学院当做一次试验——对高层次法律人才培养模式的一次试验。我们在创新上应该走在全国的前面,这一步不迈出去,其他学校也很难迈出去。另外,新建的司法考试学院有这样几大功能:第一个功能,为高层次法律职业群体的充实提供条件。第二个功能,我们在校的学生要参加司法考试,要达到一个比较高的过关率,这个学院要承担这个使命。第三个功能,要回应司法考试。我们必须回应三大考试,即研究生考试、公务员考试、司法考试。我们的学生面对这三大考试的压力是最大的,过关率也应该是最高的。这几个新学院的建立是为了完成我们学科布局的最终调整。过去我们曾设想,是不是有必要设立一个跟人文学院相对应的、技术类的学科,这三年我们一直在寻求这样的机遇和机会,但是现在条件还不成熟,发展技术类学科就必须有自然科学类学科。所以我们还是以人文学科作为基础和重点。学科调整完以后,不同类的学科的定位和使命也就基本明确了。法学无论在学科上还是理论上,一定要成为中国第一。政治学、社会学、管理学要争取成为中国一流。其他学科要争取在中国产生重大的或较大的影响。这样大家的学科方向就都明确了。第三个结合,应该和我们推行的校院两级管理机制结合起来。从去年开始,我们在法学院和商学院试点实施校院两级管理体制。本次换届以后,校院两级管理体制争取下学期在全校展开。所以这一次调整要强调"三结合",这是我跟大家说明的第二个方面的问题。

第三个方面的问题是,这次调整以后上任的院长,应该给自己的工作一个定位。院长有三大使命:第一个使命,院长应该向党委、校长负责。这个负责的最终表现是,党委的办学思想、办学意图、党的路线方针政策以及校长的理念、治校方针,要在这个院里面得到贯彻。向党委负责、向校长负责是做院长的第一责任,失掉了这个责任,这个大学就可能办成一盘散沙了,我们的凝聚力和核心竞争力就可能消失了。第二个使命,院长应该向全院师生、员工负责。向师生、员工负责的表现就是要把师生、员工的利益维护好,实现好,发展好,使大家的收入有所增加,心能够凝聚在一起。第三个使命,就是对这个院的事业发展负责,前两种责任最终体现在这个责任上。

一个学院的发展无非四方面:第一方面是学科。院长的首要责任就是抓学科,不抓学科的院长就不是好院长。学校衡量一个院长合格不合格,就是看你担任院长期间,学科实力是不是增强了,没有的专业是不是有了。我们法学现在已经有十几个二级学科了,十几个学科所在院、系的领导们,你们要想办法把你们所领导的学科建成中国最强的学科。没有类似学科的院,要争取突破。从无到有、从弱到强、从强到最强,就是我们院长在学科上的使命。第二方面是教学质量。院长的职责是对本院的教育、教学质量负责,使到你这个院学习的学生享受最好的教育。昨天在校友会上,我说大学之大应该有四个方面,光有一大是不够的。30年代梅贻琦先生讲大学之大不在大楼而在大师,这个表述在那个年代是非常正确的。有一个大师,尤其是在人文社会科学,就预示一个学科的存在,这一个人就代表这一个学科。但是我们发现,在面向 21 世纪竞争的时候,光有大师还不够,还必须有大楼。一个学校的大楼就是这个学校的办学条件,应该有一流的仪器、一流的设施、一流的科研设备,还有我们教职工的生活条件。如果我们缺乏这些,就留不住大师。所以光有大师不够,还应该有大楼。仅有这两个够了吗? 还不够。大学里面还应该有第三大,这第三大更重要,大学必须有大爱,我们的教授要热爱自己的学术。教师还要爱我们的学生,我们对学生的每一分,都会转化为学生将来对社会、对母校的回报。爱是他们发展的动力,爱是这个学校生命力的表现。这样还不够,一所大学里还应该有大树,这个大树不仅仅指植物,更应该指的是这个学校的传统。有大树才说明这所大学有深深的根,不因为一点风吹草动而使学校的办学方向发生变化。如果一个学校的办学方向不断变化的话,就说明这个学校的大树没有长成,它的学校传统还没形成。所以,我们的院长们要对学生、对我们的受教育者受教育的质量负责,要用自己的这种大爱,来使学生感受到他在这儿享受到了最好的教育。第三方面是科研。院长应该对科研工作负责,对科研实力的提升负责,包括科研项目的获得、科研经费的增加、科研获奖数的增加。一个单位的竞争力最终都表现在科研实力上。第四方面是社会服务。院长要带领我们的教职员工增强为社会服务的能力。与此同时,院长还要负责开展国际交流,提高学校的国际知名度。

我今天要讲的第四个问题是,什么人可以胜任院长工作。我认为,一个院长至少应该有三个基本功:第一个基本功,院长应该对他的教职员工以一颗公心相待,就是说用致公的心来管理这个院。过去,我曾经讲过一句话,就是院长在分配这个院的资源的时候,在决定这个院政策的时候,第一个受益者一定不要是这个院长和院班子成员本身,这就是我坚持的那句话:“立法者在任何时候都不要制定首先使自己获利的法律。”如果你的改革,第一个受益者是你自己,资源配置第一个获益的是你自己,这个院你肯定是领导不好的,大家会怀疑你所持的那颗心是在哪里。以一颗公心来管理学院,这既是一个院长的道德,又是一个院长的政治品格。第二个基本功,院长一定要有能力网罗一批比自己水平高的人,使这些人和他一块愉快地工作。抓人才、抓团队,院长的责任是最大的,院长和校长一样都应该是爱才如命的。我记得曾经跟大家交流过,在学科建设上,我们既可以讲足球现象,也可以讲篮球现象。比如,你要建一支甲A球队的话,作为院长,你就可能是俱乐部的老板,选的第一个球员实际上就决定了球队的水平。如果你选的第一个球员是甲A水平,那么第二个来的就有可能是甲A水平的,但是反过来,你选的第一个球员是甲B水平的,第二个来的肯定不是甲A的,因为他不愿意与低水平的球员为伍。院长要做足球俱乐部的老板,你要选一批比自己水平高的人,俱乐部的老板不一定是会踢足球的,但他要懂得欣赏足球,要看懂足球。这就是建学科的一个秘诀。另外,大家都知道去年的"姚明现象",姚明的水平最高。一个最高水平的人如果到了一个低层次当中,会出现几种情况:一种是大家都向他看齐,低水平的也被他带起来,这支团队也就建起来了。如果低水平的人不和高水平的配合,那就出现了第二种情况:高水平球员的到来无济于事。姚明在世界比赛上代表中国队出征的时候,不就有这么一场吗,他自己也气得没有办法,最后把球都摔了,因为其他人不配合他。教练调整之后,第三种情况也就出现了——共同配合,共同配合才能取得优异的成绩。高水平的人也自甘堕落的话,那就会导致整体水平下降。我要跟各位院长强调的就是,找一些人来可能容易,但要使来的这些人和自己愉快地工作可能不容易。所以院长要有一个基本功,使比自己水平高的一批人和自己愉快地工作。第三个基本功,院长应该有能力从学校获取资源,但更重要的是有能力从大学外获取资源。获取资源以后怎么办呢?把这个资源拿回来分配给院里最需要发展的人。找到资源把资源配给最需要的人,这是院长的第三个基本功。希望这次换届新选的院长练好上述三个基本功。

大学是社会的灯塔[*]

一个大学每年都有两个令人激动的日子：一个是毕业典礼，每当举行毕业典礼的时候，在校的教职工都会有成就感、荣誉感；而另一个日子就是迎新的日子，每当见到一张张新面孔，我们就会感到这个学校注入了新的活力。这个时候，老师们也会觉得有责任、有工作的动力。每年的开学典礼，校长总是要做一个讲话，把我们的这两种感情表达出来。

我想和同学们交流一下，什么是大学？或者说，我们大学应该具有什么样的精神？1998年，我访问美国的时候，在哈佛大学见到了一位令人尊敬的教授，他参与过水门事件的调查。他讲完了哈佛的精神以后，我给他提了一个问题：现在美国最具影响力的两个人，一个是格林斯潘，被称作是美国经济发展的元老；另一个是影响世界的科学巨子，微软的缔造者比尔·盖茨，这两个人都曾在哈佛学习过，但最后都没拿到学位。我问他为什么这么优秀的人，对美国做出这样杰出贡献的人，却被哈佛拒绝了？他沉思了大概一分钟说，大学是什么？大学是要把聪明的人变得更加聪明，格林斯潘和盖茨已经绝顶聪明了，他们不需要哈佛！从他的回答中，我们可以得到一个启发，同学们进中国政法大学，原本就比较聪明，四年后我不敢说你会成为最聪明的，但你们会更加聪明。这是哈佛的经验。我也有幸与比尔·盖茨接触过，曾经问他，为什么你在哈佛拿不到学位？他的回答和那位教授的回答几乎是一样的：大学给我的知识不是我所需要的，我想要的是和社会需要结合起来的知识！我们访问耶鲁大学的时候，看到法学院门口有两幅浮雕，位置醒目。第一幅浮雕是老师在上课，老师看样子滔

---

* 节选自在中国政法大学2005级本科生开学典礼上的讲话。

滔不绝,精疲力竭,可学生都在打瞌睡;另一幅浮雕,学生在下面争论得热火朝天,可老师在讲台上睡着了。这两个浮雕说明了什么?说明了什么是大学。大学就是一群有激情但缺乏经验的年轻人和有经验但正在慢慢丧失激情的教师进行交流的地方。当老师只保持他的激情,把他的经验告诉大家,而不能和学生互动时,学生是要睡觉的。可是当把学生都调动起来,老师自己睡着了,不知道学生进行的争论是不是有意义,也不行。

《大学》有言:"大学之道,在明明德,在亲民,在止于至善。"这里的"大学"虽然与我们现在的大学不一样,但追求的精神是一样的,大学是做"大学问"的地方。这三句话被称为《大学》之纲,这是中国古人对大学的理解,大学的最高境界就在这三者。"明明德",就是把人人本有的光明德性彰显出来;"亲民",在说大学的责任,接受了大学的教育之后,应该经国家,定设置,使人人都能去除污染而自新;"止于至善",是讲精益求精,做到最完善的地步并且保持不变。在《大学》里还讲:"欲明明德于天下者,先治其国;欲治其国者,先齐其家;欲齐其家者,先修其身。"怎么修身呢?要"正其心";正心的下一步,要"诚其意";诚其意的下一步,要"致其知","格物致知",后面的这八项称为《大学》的八目。我们在这八目里看到了学习的方法,也看到了大学最终要对社会发挥的作用,三纲八目是我们中国式大学的理解。

世界近现代意义上的大学,最早的是意大利的博洛尼亚大学,她在1997年度过了900岁生日。博洛尼亚大学是世界第一所大学,法国的索邦大学是第二所,索邦大学现在已分解为12所大学,它的老校址被巴黎第一大学占据。第三所大学是牛津大学,但牛津里面的一群年轻人不满意它的传统,在一次冲突之后独立出去,创立了剑桥大学。剑桥里面又有一群年轻人觉得剑桥已无法容纳他们,跑到更遥远的地方,到美国创立了哈佛大学。美国有一句话叫做:"先有哈佛,后有美国。"哈佛里面又有一批年轻人,觉得自己应该独立发展,他们又创立了耶鲁大学。近现代的大学有近千年的历史,是怎么发展起来的呢?最早的大学使命很单一,就是培养人,这些人与时代保持着距离,有着自己独特的风格、独特的习惯和独特的生活方式，所以那个时代的大学被后人称为“象牙塔”。博洛尼亚大学的第一个学科就是法学，所以近现代的高等教育起源于法学。世界上几乎所有的知名大学都以高水平的法学作为自己的特征。第二个学科是医学，我们在博洛尼亚大学看到了它保留下来的一张解剖床，这张解剖床标志着近代医学的开端。在法学家眼里，这张床也是人称之为人的最重要证据，它说明人从上帝那里解放出来了——人开始认真研究自己了。所以西方近代哲学说“人活了，上帝死了”。第三个学科是宗教，它后来与现代的哲学密切相关。迄今为止，我们人类的全部知识实际上还是按照这三个学科在划分。

大学发展的第二阶段，是洪堡精神的确立。1810 年，洪堡大学开始把科学研究作为自己的使命。大学只育人是不够的，还应该创新知识，这被称为“洪堡精神”：一个大学的运转应靠两个轮子：教学和研究。

近现代大学发展的第三个阶段是美国人开创的，这就是斯坦福大学和伯克利大学（加州大学伯克利分校）留下的传统。大学仅仅搞教学科研够不够呢？还不够！大学应该让社会来检验自己培养的人才，应该把成果当作社会发展的动力，所以大学有了一个新的使命，就是社会服务，这是大学的第三使命。这个使命现在还影响着大学的构建。进入 21 世纪后，人们突然发现人类的和平、国际的和谐最终取决于文化因素。20 世纪 70 年代就有人预测，未来的人类冲突将产生于文化与文化的冲突上，大学就自动地承担起了第四使命：把大学作为一个平台，使不同文化融合和交流。大学的国际化就成为一种趋势。因此我们可以说，现代大学肩负着四大使命，培养人才是它的基础，科学研究是它的水平，社会服务是它的价值，文化融合和交流是它的方向，这就是我们现代的大学。

大学的特质在哪里？应该拥有一种什么样的精神？在我看来，大学的特征是以知识为标准。人类现在拥有的知识可以分成 12 类，理、医、农、工、文、史、哲、经、法、管、教、军，现在的学科也是这样划分的。一所拥有三个左右学科的大学是单科性大学，拥有五到六个学科的时候，就可以称作多科性大学，拥有更多学科的就是综合性大学。“University”这个英文单词,本来讲的就是无所不包的意思。包容量越大,才越可能称作大学。划分的依据是什么?是知识的种类和数量。大家进入大学以后,会被不同的力量吸引到不同的学院,不同的学院就是根据知识类型划分的。刚刚进入大学,对要学的这个学科几乎是无知的,等待开垦的领域很多,所以你们被叫作低年级学生。当有了这个学科的基本知识框架后,就成为高年级学生。大学里的教授,也根据知识的多少分成不同类型,进行知识传播而不能进行创新的,被称为三流教授。二流教授比三流教授的水平高在哪?二流教授不仅传播知识,还教授获得知识的方法。一流教授不仅传播知识,告诉你方法,而且提升境界。作为学生,很幸运的是能受教于超一流的教授,我们把这些超一流的教授称做“大师”。一个人在三级学科上有所作为,是做学者的开始;在二级学科上广为人知,就是学科带头人;在一级学科里无人不知,就是大师级的了;一个大师级的人物如果能产生跨学科的影响,就是名副其实的大师了。只有大师才能给这个学校一种大学问,只有大师才能给学校留下一种发扬光大的传统。

以知识作为标准,是大学的特征。大学的主体是谁?是学生。每年新学生进入学校,都是给这个学校注入新的血液,是学校的生命所在。教师是学校的灵魂,灵魂的深处是教师对学术的追求。一个大学要立校,必须建立在学术的基础上,在学者身上,他一定有独立的人格、有自由的精神、有学术的自觉,这是大学的立校之本,也是大学和其他社会组织不同的地方。大学的本质在于学术追求,而学术追求的本质就在于学术创新。大学和其他的社会组织还有哪些不同?它的组织方式也不同,刚才我说了,我们以知识为标准划分成不同的结构。我们现在有 15 个院,这 15 个院基本上是按照知识的标准划分出来的,有的是按照一级学科进行划分,有的是按照二级学科进行划分,有的是按照知识结构进行划分。大学对知识有三种基本态度:传播知识、创新知识和储藏知识。大学的组织结构就是以知识为纽带、以知识作为体系,这是大学和其他组织不一样的地方。我们知道,大学的价值观是非常独特的,大学应该有能力拒绝世俗。就像竺可桢讲的:大学应当是社会的灯塔,即使社会一片黑暗,大学也要给人带来光明。

道德楷模
国家栋梁　社会领袖*

借此机会,我想和 2006 级的全体新同学交流一个想法,就是你们如何学会做社会领袖?你们来到了一所什么样的大学呢?你们来到了一所领袖型的大学。领袖型大学的四个标志,中国政法大学都具备。第一个标志,这所大学产生的思想能够引领社会,它的教育理念能够引领高等教育。中国政法大学 20 世纪 50 年代初成立,我们的前身,1952 年建校的北京政法学院,是在原北京大学、清华大学、燕京大学、辅仁大学这四所大学的法学、社会学、政治学学科基础上建立起来的,当时的北京政法学院对社会就有引领作用。到今年,我们学校已有 54 年的历史,而我们学科的历史已经超过了百年——我们继承了前面四所学校几个学科的历史。社会学是比较晚进入中国的,正好是 100 年,而在北大的历史上,法学作为一个独立的学科,1904 年就出现了,所以法学的历史超过了 100 年。因此,我们的学科历史基本上都超过了 100 年。自 50 年代建校以来,国家就把我校定位为政法领域的领袖型学校。中国政法大学所产生的思想,不仅仅在政法领域有影响,对整个社会都有影响。中国政法大学率先提出的“人才强校”战略,比国家的“人才强国”战略还早两到三年。当全社会都开始关注高等教育质量的时候,早在四年前,中国政法大学就已经不再扩大招生规模了,而把高等教育的重点转到质量上来。所以近五年我们的招生规模一直稳定在 2000 人,五年来没有增加一名招生计划。其他学校都在扩招,现在他们

---

* 节选自 2006 年 9 月 23 日在 2006 级本科生开学典礼上的讲话。

终于反省，高等教育应当以质量作为重点。目前素质教育已经进入高等学校，但作为全面素质教育的最后一个环节，即素质教育的主体性问题还没有人回答。因此，中国政法大学提出：不要把学生当做矿物，而是把学生当做生物。高等教育的过程不是矿物的冶炼过程，应当是生物的生长过程。每一所高校都是一个独立的生态系统，因此学生应该成为这个系统中的主体。这个理念现在已经成为高等教育的主流意识。所以，中国政法大学的理念在影响着、引领着社会。

第二个标志，领袖型大学，至少在一个到几个学科上具有领袖地位，有领袖学科的大学才是领袖型的大学。现在世界上最著名的大学，都具有一个或是几个在世界范围内产生影响的学科。谈到哈佛大学的时候，人们首先想到的一定是它的医学、法学；当讲到耶鲁大学的时候，人们首先想的是它的法学、它的社会学、它的艺术；当谈到剑桥的时候，人们首先想到的是它的数理化影响了整个世界；可是谈到牛津的时候，人们想到的不是它的数理化，而是它的整个人文学科。在中国，现在的 2000 多所大学中：人们谈北大，一定是它的数理化生和人文学科；谈清华，一定要谈它的工科、它在力学尤其是力和能的结合上对中国所做的贡献；谈哈工大的时候，人们想到的是机器人的制造；当谈复旦大学的时候，首先想到的是它的基础学科，人文社会科学里它是以新闻学而著称的。所以领袖型的大学总是有几个具有领袖地位的学科。

第三个标志，在领袖型大学里，有一批领袖型的人才，也就是说这个大学是大师和名家云集的地方。我们恰恰就具有这样的优势。人们问中国法学研究将向何处去的时候，我回答说，只要你们研究江平老师在思考什么，你就得到答案了；当人们关注法学教育将向何处去的时候，我就告诉他们，看看中国政法大学在做什么，就能得到答案了。领袖型的教师，不仅仅在学术方向上具有引领作用，在学科里边也具有领袖地位。我们学校在全国性的学会里，担任会长、副会长、秘书长等重要领导岗位的有四十多人，所以中国政法大学拥有一支领袖型的师资团队。

领袖型的大学最后一个标志，我认为也是重要的标志，就是它的办学理念应当以培养领袖型的人才为使命。这就是我要跟大家着重交流的。讲政治领袖，在中国政法大学的历史上，可以数出一串令我们备感自豪的名字，像曾担任过委员长的彭真，他是我们的校友；有今年 101 岁、还健在的雷洁琼先生；还有谢觉哉先生，在我们的校园里面还有谢老的塑像，谢老曾被毛主席称做党内“五老”之一，是他的亲密战友，成立新民学会的时候，谢老就是他的助手。讲学术大师，在我们的校友群里，不少名字都光辉灿烂。今天大家目睹了江平先生和李德顺先生的风采；此外，还有陈光中先生、张晋藩先生，他们也是我们学校的终身教授。另外，今天在主席台就座的每一位老师，都是在其学科领域里具有领导和影响力的学者。在其他大学和研究机构里，我也可以讲出一串咱们校友的名字来。中国社科院法学所一共有四位法学委员，其中两位是中国政法大学的校友。一位是王家福先生，一位是郑成思先生。郑成思先生是中国知识产权方面最具有代表性的人物。在北京大学法学院被称做“三杰”的老师，老一代的储槐植先生，是著名的刑法学家；中青代的贺卫方教授；还有一位年轻的学者陈瑞华教授，他以思想的批判性和穿透力著称，这“三杰”都毕业于中国政法大学。对清华法学起支撑作用的被称做“四俊”的人中，有三位毕业于法大：法学院的创始院长王保树；民法学家马骏驹，他曾经做过武汉大学法学院的院长；还有一位是许章润，他的演讲卓然超群，师从我们江平老师。在法律界，我们的校友更是多得不可胜数。这五十多年，和中国政法大学有学缘的人大概有二十万。有人做过统计：从最高法院到基层法院担任院长的，大概有 2000 人是中国政法大学出身的；北京有 12,000 名律师，其中半数和我们政法大学有关。我刚才讲的都是法学上的辉煌，我们的其他学科也值得骄傲。政治学方面，像杜汝楫先生——现在美国，是公认的在那个时期中国有代表性的政治学家；今年八十几岁高龄的王康先生，曾经主持“文革”后中国社会学会的重建工作，担任过中国社会学会的会长。中国政法大学的人文历史，也有值得我们骄傲的地方。大家的中学课本里有“面朝大海，春暖花开”的诗句，作者海子就曾经在这个校园里生活过。在新闻界，能够用外文主持高端访谈节目的水均益，在他之前还有唐师曾，也都是中国政法大学的校友。所以，我现在讲的领袖，不仅仅指政治领袖，还包括学术领袖、社会领袖，包括我们的商界巨子、银行家甚至学问家，他们都是领袖。中国政法大学的培养目标，就是把相当一部分学生培养成为领袖。像刚才所讲的，社会领袖就应该具有一些领袖的特征。当你立志做领袖的时候，首先要做好道德的历炼，应该有强烈的社会责任感。

你到大学来不仅是学知识的，更是来修道的。能够载道而归的，成为领袖的基础就奠定了。强烈的社会责任感和利他精神是结合在一起的。最高层次的道德应该是政治道德，毫无自私自利之心，全心全意为人民服务。具备这种道德的时候，才有成为领袖的资格。你能为多少人服务，就能领导多少人。如果每一个人都是你的敌人，那你肯定是所有人的敌人，你就不能成为领袖；你能为一个人服务，就可以领导一个人；能为一百个人服务，就可以领导一百个人。因此，你的价值就在于你对社会服务的这种量和质。所以，强烈的社会责任感，是成为领袖的基础。除此以外，同学们还应该具有全面的素质，这是领袖的重要标志。每一位领袖都有自己的专业知识，但又不局限于自己的领域，我们往往能够看到，非专业出身的人恰恰可能是这个专业里最好的领导。原因在哪里？就在于他有其他学科的知识，所以知识的全面性是做领袖的第二个要求。素质的全面性表现在哪些方面？同学们要有意识培养四个方面的素质。基础教育阶段，是使人成其为人的过程——做人；高等教育、大学阶段，是使人成其为才的过程；比大学本科更高的阶段，是使才成其为器的过程。要使人成其为才，第一个素质就是思想政治素质。中国政法大学绝不培养反国家、反人民的人才。因此，我们要坚定政治上的这种方向性，热爱国家、热爱人民就是我们在政治上的最低要求，这是政治思想素质。第二个素质是专业素质。我们现在有 17 个专业，每一个专业都有一批素质优良的教师。在专业的领域里，你应该系统地掌握这个专业的所有的知识，知识的系统化才称为科学。第三个素质是加强自己的人文修养。人文的基础在哪里？在于对人的尊敬关爱，它也包括你的艺术修养、欣赏能力等。最后一个是身心素质。我们需要一个健康的体魄,更需要一个健康的心理。素质的全面性是领袖人才的能力表现。

具备了以上的素质,进入社会的时候,还要将两种能力——守成的能力和创新的能力统一起来。我们中国政法大学的每一位同学,都应该对规则有特殊的情感。美国法律家伯尔曼已经九十多岁了,前不久来中国时,演讲的主题只有一个——法律信仰,这种信仰要求你能够形成守成的能力。在传统的美德、文化、伦理、法律这四个领域面前,我们都应该守成,守成的能力就是领袖力的意志力。只有守成还不行,还应该有创新。创新问题上需要锻炼四种能力:首先是提出问题的能力。爱因斯坦曾经讲过,对于我们这个时代来说,最重要的不是给出答案,而是提出问题。提出问题最多的人,就是创新能力最强的人。爱迪生满脑子都是问题,所以他有一百多项发明。爱提问题的学生,说明他在思考。马克思也有一个判断,当你能够提出问题的时候,就已经找到了解决问题的一半答案。第二种能力是求异思维。在创新问题上不是求同,而是求异,学术研究鼓励形成求异思维。在课堂上,你可以赞同老师的观点,也可以不赞同;你可以赞同书本的观点,也可以怀疑它。求异能力是创新的第二种能力。在求异能力之外,还应该有进行批判的能力。学术的本质就是批判。最后,还应该有科学的求实态度。这四者结合起来,就会培养一个人的创新能力。所以,创新能力和守成能力相统一,也是领袖人才的能力表现。

做领袖还有一个要求,就是必须体现出领袖力。什么是领袖力?从管理学上讲,领袖力就是领导力。人文社会科学的每一个学科,都是为了提升某种能力。比如说,新闻学就以改善关注力、观察力为自己的内容;经济学以改善成本作为研究对象;政治学以改善公众力作为研究目的;社会学以改善社会结构、社会运行方式作为研究对象;法学以改善对正义的管理作为研究对象。作为领袖,这种管理力要在身上得到体现,管理力的前提是洞察力。当大家还在徘徊的时候,你可以预测、把握事物的走向。此外,领袖还要有人格魅力,人格魅力是最高的组织能力。领袖力的培养应该成为人的一种自觉,领导力、洞察力、管理力、人格魅力这四者结合起来,就具备了做领袖的条件。

学生是一种以学为生的暂时性职业。作为学生，培养这些能力的最好途径就是读书。要读多少书呢？我曾提出“四个一”要求：阅读1000篇文章，它们可以开阔你的视野；精读100本书，它们会丰富你的知识体系；做10本读书笔记，让知识成为自己的财富；好好写一篇文章，让它来检验你的思考是否成熟。这“四个一”都做到的时候，同学们的领袖力基本上就培养出来了。尽管你在中学时是佼佼者，但在上帝面前，所有天使都变成了凡人。进了大学以后，大家的起点都变得平等起来了。不过，在你们毕业离校的时候，可能会有很大的差距，差距就在于勤奋程度和你的阅读能力。因此，要培养你的领袖力，四年当中一定要以读书作为主业，心无旁骛地去读。

收下这些"大词"*

大学的校门上都应该写上这样两句话:为增进智慧而进来,为服务祖国和同胞而出去。1998 年,我访问哈佛大学,接待我的是在美国法律界鼎鼎大名的人,他也是 1972 年负责调查"水门事件"的检察官,正是因为他的坚定不移才迫使尼克松最后下台。当时我问他,为什么比尔·盖茨在哈佛大学不能毕业?为什么格林斯潘在哈佛大学法学院也不能毕业?而这两个人却恰恰是支撑美国经济 20 年的人,有人比喻这两个人是美国经济两驾马车的驾驶员,总统只不过是一个旁观者。他的回答就是我刚才说的第一句话:像比尔盖茨、格林斯潘这样绝顶聪明的人是不需要大学的。中国也有绝顶聪明的人,数学家、文学家中都有这样杰出的代表,他们没读过大学,但是都成为了时代的巨人。这些绝顶聪明的人还是要走出去,把聪明变得更加聪明,这就是一个智慧的过程,走进来不是最终目的,出去才是目的,因此,大学的校门上应该有第二句话:为服务祖国和同胞而出去。

今天的毕业典礼应该是你们接受学校的最后一次教育,可能你们记不住校长、老师、同学、校友讲的话,但是你们会记住这个仪式,会记住大家对你们所发出的那些寄托性的要求。

作为校长,借这个机会我想和大家说的是,你们走出去的时候,是带着责任的。与我校的校训相一致,你们所具有的责任就是担负社会的道义。我们的道义到底有多少层含义?道义首先指的是一种正当的方式,其次指的才可能是一种正当的利益。当然捍卫正当的方式、正当的利益也是一种

---

* 节选自在中国政法大学 2008 届毕业典礼上的讲话,原载《法制日报》2008 年 7 月 13 日第 9 版。

道义。一种正当的方式和利益被侵害了,最后把它纠正过来,还是一种道义。在社会救助的道德上,大家都知道一条基本的规则:海商法赋予航行于海上的船只一种特别的义务,就是在一接到求救信号时,应该放弃航行而寻找遇难者。这时,救助成为一项义务,不救助是不是人的权利呢?不是。当被赋予一种特定的义务时,那就是道德的底线,把道德的底线上升为法律就变成一种义务。在救助的道德底线当中还有一项,航行中灾难发生时,谁拥有权利最先逃生?是妇女和儿童。为什么要做出这样的规定?因为他们是弱者。如果允许每一个强者去抢用那些救生物品的话,最后逃生的绝不是妇女和儿童。如果没有这样一条底线,即使妇女和儿童在人们的帮助下获得了救生物品,强者也有可能从他们身上夺走,因此,在制止和履行救助义务的时候,船长就有了一项特别的权力:对不服从这项义务的人可以用最极端的方式处置,这就是道义。但这是道义的底线。法大的每一位学子,追求的是高线,这就是法大八字校训中"致公"的含义。

道义对于我们来说,除了是法大的校训之外,还是把你们区别于其他人的最终标准。我们希望人能够德才兼备,但是在德和才的取舍上把人分成不同的等级,才而胜德的人被称为小人;德而胜才的人被称为圣人;只有德才兼备的人才能被称为君子。因此,《周易》里面有坤卦,坤卦就是后来成为清华大学校训的两句话:君子以自强不息,君子以厚德载物。我们要养君子之风,在君子身上既有小德也有中德,还有大德。小德是要求我们要常怀怜悯之心、感恩之心、敬畏之心、恻隐之心,这"四心"是小德;中德就是中国传统的"仁、义、礼、智、信";我希望你们能养大德,大学者,大德之谓也,那就是胸怀天下,为祖国、为同胞服务。这是我们要担负的道义。

我们法大人任何时候都不要忘记,走出去以后,一生一世都是法大人。我们学校有两大使命:一是推动政治进步,二是推动法治昌明。政治进步的希望就寄托在你们身上,十一届三中全会到今天,正好是 30 年,但是中国政治进步的速度远远满足不了人们的希望。1840 年开始的洋务运动经过五十多年后,直到 1898 年才出现了戊戌变法,今年正好是戊戌变法 110 周年。从 20 世纪的经历里,我们发现了一条规律:中华民族在对外开放的过程中,经历了先经济体制改革,后政治体制改革的过程。这 30 年我们仍然在遵循这一规律,根据上一个世纪的经验来判断今天的事务,我相信 20 年后正是你们大有用武之地之时。因此,不要忘记推动政治进步,更不要忘记你们是法治昌明的主力军。中国政法大学是一所什么样的大学?是中国法治建设的黄埔军校。你们每一位同学都是从这个军校走出来的中坚力量,法治未来的希望就寄托在你们的身上!

担负道义,推动民主,建设法治,服务民众,这就是今天你们走出校门所担负的历史责任。我希望 20 年以后你们每个人都能成功!

永远的遗憾

——辞别法大之际感怀*

从刚才卫红部长宣布任命的那一刻起，我和许多离开政法大学的学生一样，已经成为政法大学的一名校友。在今天这个仪式上，请允许我用最后的机会，表一下态度，发表一下感言。

我拥护教育部党组和教育部所作出的决定，政法大学今后的发展，将证明这个决定的正确性。我由衷感谢教育部党组、卫红部长、北京市教育工委对我在政法大学这七年的工作给予的肯定。

要离开大家了，我百感交集，2001 年 9 月 29 日到今天，7 年又 140 天，一共 2275 天。我来法大时的心情是忐忑不安的，今天的心情是依恋不舍的，有很多话要跟大家讲，首先想讲的，是感谢。

在这 7 年里，我们全面更新了办学理念，可以自豪地说，政法大学的办学理念走在了中国高等教育主流意识的前面，有许多观念最早是由我们法大提出来的，现在已经成为中国高等教育都能接受的观念。像刚才卫红部长要求的“以学生为主体”、“以教师为本位”。我们还较早确立了“质量发展，特色发展”的理念。我们的师资队伍从质和量上都发生了根本性的变化，2001 年我们只有 430 人，现在有上千人，2001 年全校有 41 人具有博士学位，现在有 60%的教师有博士学位。我们的学术生态发生了根本性变化，政法大学的许多学术指标已经走在中国高等教育人文社会科学的前列，我们在社会上的受尊重程度得到了大幅度提高，我粗略计算了一下，这

---

* 节选自 2009 年 2 月 19 日在政法大学校长职务交接仪式上的讲话。

几年党和国家领导人有10多人次来我校参加活动。我们的国际化程度得到大幅度提升,中欧法学院是我们法学实力的力量所在,也为国际所认可。这段历史已经镌刻到中国政法大学的历史上。历史永远不会忘记这段历史的创造者,他们值得感谢。

首先要感谢的是我们的领导班子,石亚军书记和我密切配合,班子的其他成员给予我支持、理解、宽容,我们形成了合力。我最要感谢我们的老师,学校的办学理念,最终都化成了教师的力量,教师是政法大学受人尊重的根本所在,我和老师们结下了深厚友谊,我永远不会忘记这个团队。我要感谢我们的学生,他们在最艰苦的条件下对学校给予宽容,在艰苦情况下求学已经成为法大的优良传统。我要感谢我们的管理人员,在我刚来的时候,我们很多理念可能是有冲突的,至少是不协调的,现在你们用最优质的服务保证了中心工作的开展,可以说,法大的管理水平不比我们任何一所著名的大学差,一个大学的传统要由老师们来创造,但是这个传统更要靠我们的工作人员来守护,你们正在守护这个传统,所以你们是最值得尊重的。我还要感谢我们的后勤人员,2001年以来,我们的校园由黄土朝天变为绿草成茵,环境大大改善,这是后勤部门的成绩之一,这些工作同样为中心工作的顺利进行提供了有力保障,在此我要向大家深鞠一躬,表示最衷心的感谢。

我的工作有很多缺点,离开的法大的时候讲,最想表达的心情是“遗憾”。

2001年新领导班子就筹划建设法大新校园,7年过去了,这个愿望没有实现,这将成为我个人终身的遗憾。第二个遗憾是对不住我们的老师和同学,作为校长,要为老师和学生较好的学习生活研究环境,但我们的学生每天早晨要排队占座,我们的老师到现在多数没有自己的研究空间。过去我说一个人的尊严要靠空间来体现。大学不能为老师提供这个空间,就第一次侵犯了老师的尊严,但我们不能对老师的尊严进行第二次侵犯,第二次侵犯往往发生在老师走进工作人员办公室的时候,因为此时教师把自己的尊严放在了别人的空间里。我们可以做到没有第二次侵犯教师,但第一次侵犯是到现在为止我一直感到自己工作最不利的地方。第三个遗憾是师德建设没有形成制度。从 2005 年以来,我们一直把师德建设当作师资队伍建设中头等重要的事情。师德建设涉及教师应该怎样对待自己的职业,怎样对待学术、对待学生、面对社会等,但现在也没有形成制度。

我还想表达的一个意思,是“祝福”。法大的发展分三步走。第一步是进行学科布局的整理和调整,第二步是要建设研究型大学,第三步是迈向国际化,开放办学。关于国际化办学,我是力不从心的,在今天国际化发展的关键时刻,我们法大来了一位国际化程度最高的校长,这是法大的幸运。黄校长的学术经历非常丰富,他是知名法学家,是“十大杰出青年法学家”称号的获得者,不仅在国内国际私法、国际法领域处在领先地位,在国际也有很大影响,是多个国际组织的学术领导人。我相信这所大学在以石亚军书记为代表的党委领导下,在黄进校长的带领下,一定能实现更加辉煌的目标。

最后我请求大家像支持我一样支持黄校长的工作。如果政法大学还需要我来效力,为老师、同学服务的话,请给我机会。

谢谢大家!

附录一
致　辞

在范徐丽泰女士名誉法学博士授予仪式上的致辞*

尊敬的范徐丽泰女士、范尚德先生、老师们、同学们：

我非常高兴能够代表中国政法大学，把我们学校的最高荣誉授予范徐丽泰女士。昨天，全世界的目光都集中于奥斯陆，因为昨天诺贝尔和平奖在那里产生了。诺贝尔和平奖的评定宗旨是把这项世人关注的荣誉授予那些对人类的和平事业做出创造性贡献的人。这个宗旨对我校的荣誉授予具有启发性，我们学校的最高荣誉也应该授给那些对公共事务管理及法治文明做出独特贡献的杰出人士。范徐丽泰正是这样的一位女士。这是我们学校第一次授予名誉法学博士学位，而由于我们学校的特殊性，这个荣誉不仅代表了我们学校，我想它同时也代表着整个中国法学教育界。如果我没有记错的话，今年应当是范徐丽泰女士从政生涯的20周年。她是从1983年开始从事公共事务管理的，她的从政经验异常丰富。大家从刚才谢校长宣读的她的经历中可以看得出来，她有教育管理方面的经验，也有政务管理方面的历练，当然她首先是立法方面的专家。在香港1997年回归祖国之时，她以临时立法会主席的身份，对香港的稳定做出了独特的贡献。在香港回归祖国之后，她以临立会主席及立法会主席的政治地位，积极创造为民所信的议会文化，积极推动香港的繁荣和发展，所以，我们把这最高的荣誉授给这位爱港、爱国的卓越女性。从今天开始，范徐丽泰女士就与我们学校有另一层关系了，我们除了要把她当成贵宾以外，还要把

---

* 2003年10月11日于中国政法大学昌平校区图书馆学术报告厅。

她当作我们自己的校友，要把她当作我们中国政法大学的人。所以我代表学校希望范徐丽泰女士能够在香港的进一步繁荣和稳定中发挥更大的作用。我们知道，邓小平先生的伟大构想“一国两制”在世界政治运动史上是个了不起的创造。我们法学界经常讲的“一国两制三法四域”就来自于邓小平先生的思想贡献。“一国两制”的含义已是家喻户晓，“三法四域”则需要做概念解释。“三法”指的就是有三个法律体系，我国内地实行的是有中国特色的社会主义法律体系；香港现在还是以“英美法”为主；另一个法律体系就是我们在学术研究中经常提到的“大陆法系”，这个是在台湾、澳门实行的。“四域”指的是四个法域，即内地（大陆）、香港、台湾和澳门，这四个法域共同构成了我们大中华的法律总框架。它的进一步融合，则意味着新的中华法系的形成。香港的进一步繁荣和发展，应该在香港特别行政区基本法的架构之内来进行，而在这个框架内范徐丽泰女士是具有发挥自己作用的巨大余地的。我们希望范徐丽泰女士能够继续坚定爱国、爱港的立场，将拥护祖国统一和支持香港特区基本法实施的香港各界人士团结在立法会周围，为香港的法制统一做出努力。伟大的政治家总是在一个社会的变革中，在社会发展的最关键的时期做出自己最坚定的选择。在这个方面，我们期待着范徐丽泰女士对香港、对祖国做出更大的贡献。在香港特别行政区基本法的框架内进一步发展内地和香港两地的法律交流，促进法律的融合，我们坚信，范徐丽泰女士一定会在这方面显示出独特的政治智慧。最后，我代表学校对范徐丽泰女士获得我们学校今天的荣誉表示热烈的祝贺。

在孔宪铎学术报告会上的致辞*

孔先生本人就是一本非常好的书,是一本没有最终页码的书,这本书正在写下去,并不断提供给我们新的思想。从孔先生的经历中,我们看到他遭遇过许多的苦难。当一个人的苦难成为一种财富和动力时,它就成为一种供后来者学习的经验。孔先生在科大的前几年是在做院长,后来7年一直是做学术副校长,有相当丰富的管理经验。他不仅充满哲理,而且是一位始终站在高等教育前沿的享誉海内外的教育家。他今天所做的报告,很值得我们深思。我把孔先生的报告,概括为以下几个“意识”:第一,改革意识。盖新房和改造旧房的难易程度是不同的。改革就好比改造旧房。所有的改革都是在反对声中进行的。当没有反对声时,是已经成功的时候。受此启发,我觉得当前最重要的,就是要进行观念的更新,要进行全校教职工的理念大讨论,在大家的头脑中树立改革的意识。第二,机遇意识。科大的辉煌成就,告诉我们要有机遇意识。机遇一旦失去,就不会再次降临。科大的成功抓住了三个机遇。一是恰逢一批海外学者都有到香港创业的强烈要求。二是科大组建之时,香港即将回归,香港政府有许多优惠的政策支持办学,比如将教授待遇提高到世界最高水平。三是高等教育促进了香港的国民整体素质。机遇对于一个学校的发展是相当重要的,我校一定要抢抓各种发展机遇。第三,一流意识。无论是创办学科,还是引进人才,都要有一流意识。要引进人才就要引进一流的人才。第四,法治意识。什么是法治?亚里士多德说过,法治就是两条,一是制定一套良好的法律,二是良好的法律得到普遍的遵守。管理者最需具备的意识就是法治

---

* 2004年3月9日于中国政法大学昌平校区图书馆学术报告厅。

意识。孔先生所讲的游戏规则,指的就是良好的法律。但徒法不能自行,还要执法必严。第五,人文关怀意识。要想引进一流的人才,就必须对人才进行人文关怀。要以人为本,以人的价值为本,以人的价值观为本。孔先生对个别人的特殊照顾,在科大也曾招来非议。孔先生就宣称,谁能为科大做出那些人所做出的贡献,就能享受到同等的待遇。今天我们在座的管理者应当反思自己是否做到对人才进行人文关怀。谁对政法大学做出最大的贡献,谁就应当享受到最好的待遇。此外,对于那些没有做贡献,甚至在砸学校牌子的人,应该如何对待的问题,孔先生今天在这儿没有讲。他在他写的书中有详细的论述,我还要好好研究。我个人认为,对这些人应当用规则进行约束。孔先生对人才的人文关怀,令我感触很深。孔先生引进人才时,不是站在校长的角度对人才提出要求,而是站在被邀请人的角度,替人把一切问题都想到了。管理者要进行换位思考,要站在教授的立场考虑;要以人为本,要以教授的利益为本。这样才能拥有一流的人才。

在雷洁琼绣像揭幕式上的致辞*

各位校友、各位领导、各位来宾,老师们、同学们:

今天,在新学年刚开始的日子里,我们在此隆重集会,为我校杰出校友、百年间中国最伟大的女性之一、我国著名的政治家、社会活动家、社会学家、教育家雷洁琼先生绣像举行揭幕仪式,共同庆贺先生的99岁寿诞。这是我校的一大盛事,在此,我谨代表中国政法大学全体师生对诸位的光临表示衷心的感谢,并对雷洁琼先生表示诚挚的问候和崇高的敬意。先生的传奇人生跨越了两个世纪,经历了清朝末年、北洋军阀、民国时期及社会主义中国四个时代,她一生所做的贡献犹如一座丰碑,而且与这一时期中华民族的历史命运紧密相连。作为中国近百年历史和中国近代史重大事件的亲历者,作为中国民主促进会主要创始人之一,先生自1919年五四运动起,即积极投身于争取国家独立、民族解放、反对独裁、争取民主的革命浪潮中。最令人赞叹的是,1946年,先生作为上海各界人民赴京和平请愿代表团的成员之一,前往南京为实现国家和平、政治民主而请愿,在面对国民党的疯狂暴行时临危不惧、立场坚定。新中国成立后,先生作为一名女性和一个民主党派领袖,始终为发展我国教育事业和建立、健全国家法制奔走呼号,竭尽全力。先生还情系妇女儿童,为国家民政事业做了大量工作。作为一位令人景仰的教育家,先生深明“国家苟不自强,奚以图存,而自强之道,端在教育”的大义,于1924年远渡重洋赴美留学并获取美国南加州大学社会学硕士学位;1931年回国后历任北京燕京大学、江西中正大学、上海东吴大学等多所学校的教授。在中国社会学界,先生作为公认的

---

* 2004年9月12日于中国政法大学昌平校区礼堂前。

"元老级"社会学家,在她长达七十余年的学术生涯中,尤其是20世纪80年代社会学在中国内地重新恢复之后,与费孝通先生等诸多社会学前辈一道,为这门学科在中国的成长和发展做出了多方面的重大贡献。先生与法大结缘是在1952年,她担任中国政法大学的前身北京政法学院副教务长,与我校钱端升院长、戴峥书记等先辈呕心沥血,艰苦奋斗,为北京政法学院的创建和发展做出不可磨灭的贡献。在学校任职期间,先生参与了我国第一部宪法的讨论制定工作;在承担大量行政管理事务的同时,尽心尽力培养政法人才;"文革"中,与其他师生一起下放安徽"五·七"干校劳动;学校复校后,虽然已不在我校工作,但先生对学校的发展一直鼎力相助,2002年学校50周年校庆之际,曾专门为学校撰文指明学校的发展要不断创新。可以说,先生一直与法大同呼吸、共命运。"天地生人,与草木无异。若遗留一二有用事业,与草木同生,即不与草木同腐。"先生传奇的一生、谦虚的品德和甘于奉献、百折不挠的奋斗精神,完美诠释了法大"厚德、明法、格物、致公"的八字校训。正是因为拥有这些人类最优秀的品德,先生才无愧于科学泰斗、学子楷模,成为法大人的骄傲。今日之政法大学,一定会像先生期望的那样,"抱百折不回之精神,怀勇往直前之气概",成为世界知名学府。让我们共同祝愿先生健康长寿!请允许我再次感谢今天光临的所有领导和所有嘉宾,感谢远道而来的各位校友,感谢先生绣像的捐赠者湖南校友会唐自熙先生。谢谢大家!

在梁爱诗女士名誉法学博士授予仪式上的致辞*

尊敬的梁爱诗司长，尊敬的各位领导、各位来宾，老师们、同学们：

请允许我先介绍一下梁爱诗女士。梁爱诗女士在香港接受教育并于1967年通过英国律师公会的资格考试，1968年取得律师资格后开始了私人职业。1988年被授予香港大学法律硕士学位。她一向致力于公职服务，成绩斐然，在任律政司司长之前，曾经参加多个政府委员会的工作，包括投诉警方监察委员会、平等机会委员会、社会福利咨询委员会以及税务上诉委员会。另外，她也是多个非政府组织的荣誉法律顾问。梁女士还曾任国际法律妇女协会主席一职。1989年梁女士当选为广东省人民代表大会代表，1993年当选为第八届全国人民代表大会代表及港事顾问。在回归之前的一段时间里，梁女士参与香港特别行政区的成立，就法律相关事宜向候任行政长官提出意见。1997年7月1日梁女士出任香港首任律政司司长，她除了身兼行政长官的首席法律顾问以及行政会议当然成员两职位外，也是律政司的首长，属下职员1000多人，包括有290多名律师。此外她是法律改革委员会、法律制度委员会以及职业律师联络委员会的主席，也是多个委员会包括扑灭罪行委员会、廉政公署审查贪污举报咨询委员会的成员。身为香港特别行政区的法律官员，梁女士为政府、政策以及其他部门提出法律意见，代表政府提出诉讼和答辩，并且负责刑事检控以及政府提出的法律草拟工作。梁女士致力于公共服务，表现卓越，在确保香港特别

---

* 2004年12月27日于中国政法大学昌平学生活动中心学术报告厅。

行政区的现有体制在一国两制的理念下成功落实方面贡献殊多,于 2002 年 7 月获颁授“大紫荆勋章”。通过我刚才的介绍,大家可以看到,梁女士是一位杰出的妇女活动家,是港区的妇女活动领袖,她还是杰出的法律家,她精通香港、英美、内地的法律事务。在前不久我到香港的一次演讲会上,第一次和梁司长相识,那个论坛她是主理嘉宾,我作为论坛主讲人。在她的致辞里边,我特别注意到,她对我们内地法律的每一个变化都非常在意。令我吃惊的是,我们 1997 年“依法治国,建设社会主义法治国家”这个理念提出来的时候,我们国人很少注意到这两个“治”(制)字之间的变化,而她注意到了。在 1997 年 3 月份,我们的总理在做政府工作报告的时候,当谈到社会主义法治国家的“治”字的时候,用的是制度的“制”,而在 1997 年 9 月 12 日,我们党的总书记在做十五大报告的时候,将制度的“制”改为治理的“治”,在法学界我们习惯称它为从“刀治”到“水治”的过渡。这种只有内地的法学家才注意到的微小变化,在那一天梁司长的致辞中,她就提到了这一点,并且把它作为我们内地法治变革理念和价值转换的一个重要标志。所以我说她是精通香港法律事务又精通内地法律理念和事务的一个专家。同时大家也注意到,她也是香港著名的政治家。在她的身上,实质上与内地的一些职务做比较的话,她肩负着三份最重要的职责。政府法律的起草,在我们内地,像国务院有一个法制办公室,那就是负责政府法律事务起草的部门;在香港,要对法律进行宣传、对律师进行管理,要对香港的整个法律事务进行管理,在我们内地,大概就相当于司法部;另外,香港的刑事检控的职能是律政司司长很重要的一项职责,那么这份工作在我们内地大概就相当于最高人民检察院。所以在她身上系着香港法律、政治稳定的多项职责,所以她是一位杰出的政治家、杰出的法律家、杰出的妇女运动的领袖。对于一个大学来讲,我们最为宝贵的是我们的传统,是我们的价值观,是我们的理念,是我们办学的品牌和质量,但是把这一切凝结成一个东西的话,那就是一个大学最为宝贵的学位,我们就把政法大学最为宝贵的东西授给最杰出的梁女士。从今天起,梁女士就是政法大学最新的校友,也是最杰出的校友。她在获得我们学校法学荣誉博士学位之后,我想她会以她杰出的工作和优良的品质来推动内地和香港法律事务的交流,尤其是推动政法大学和香港法律界、法学界的交流。所以我们期待着政法大学未来的办学定位、未来的发展都在梁女士的帮助下有一个新的更好的提升,我想这是我们授予她这个学位非常重要的一个理由。梁女士在香港法律事务上以及对内地的法治推进方面已经做出了非常大的成就。同学们都知道,香港的法律事务和内地的法律事务有比较大的区别,她本人学习的法律体系、法律知识都是英美法系的,那么弥合这个巨大的差异,要使两者走向融合,特别是融合以后要保持香港的稳定,这是非常重要的,对保持香港未来的繁荣都将起到非常重要的作用。特别是我们政法大学有这么一个想法,在两地的交流中应当做出独特的贡献。我们现在正在实施“三国”战略,在依法治国这个战略的实施上,政法大学要做的贡献要超出中国的任何一所大学,包括北京大学和清华大学,因为我们学校的使命就是要推动国家的政治进步和国家的法治昌明,所以我们希望有更多的人加盟到我们的政法大学来。我们授予梁爱诗女士政法大学名誉博士学位之后,我们在这个方面的贡献将有一个新的期待!谢谢大家!

附录二
访　谈

使人成为有尊严的人*

主持人：这几天联合国人权委员会第58次会议正在日内瓦举行，会议审议了民族自决权、经济社会文化权、妇女儿童权利、被占领土等和人权有关的议题。我国人权状况的改善已经被世界所公认，与此同时，我国人权理论的研究也取得了新的突破。中国政法大学校长，我国著名的法学理论专家徐显明就亲历了中国人权向制度化、体系化方向发展的过程。

旁白：这是徐显明在为学生做人权理论学术讲座。徐显明从1988年开始从事人权理论研究，主编了《公民权利义务通论》、《人权研究》等多部著作，发表了《生存权论》、《人权的体系与分类》等重大学术成果，系统地阐述了人权的基本理论。

主持人：你们研究这方面，认识得越深刻，也许我们就活得更像人，更是人。

徐显明（以下简称"徐"）：人权理论研究，我是想以我这样的研究，使更多的人受益。打一个最浅显的比方，或者说一个我们每一个人都可能遇到的事件，就是当你在候车室坐在长椅上等车的时候，一个扫地的工人过来，他敢于喝斥你，说把脚抬起来，因为这是他的领域，他在进行管理，进入他的管理领域以后，所有的人都是他管理的对象。这个事件，从人权这个角度来理解，在使用权力的时候，应该多一点平民意识，多一点人权意识，善待我们的公众。一般的公众，如果人权意识普遍比较高的话，应该学会用人权这种制度维护自己的利益。受到侵害的时候，首先寻求法律的援

---

* 中央电视台《东方之子》2002年4月28日节目。

助。假如全社会的人权意识水平提高,我们全社会的道德水平也会提高。

主持人:这种法律理论研究,恐怕是永远永远不能走到尽头。

徐:只要有人在,人权这个事业就永远是辉煌的。使人成为有尊严的人,这是我们最应该追求的一个目标,一个基本目标。全部的人权事业是为了人的尊严,就是我说的人的主体性问题。这个追求应该是无止境的,因为人的尊严的提高应该是无止境的。

旁白:这本《人权研究》是国内首套人权理论丛书,同时他的《生存权论》也被评为青年社会科学一等奖,被国外政治家和学者视为对《中国人权现状》白皮书的理论说明,引起国际人权领域的关注。去年 11 月,联合国人权高级专员专程到中国政法大学与徐显明签署了合作意向。徐显明说,他走上法学研究道路是与他童年时的经历分不开的。

主持人:那时候你的梦想或者对未来理想生活的设定是什么?

徐:我对法律的追求可能和我的人生经历是分不开的。我从小就遭受一系列不公正的待遇,改变这种不公正的念头在我十几岁的时候就已经非常强烈。

主持人:是因为家境还是因为什么被欺负?

徐:家境,因为我这个家境就注定了可能要被人欺负。因为我从小生活在一个双亲不全的家庭,父亲去世得早,后来母亲改嫁,所以我从小随我母亲改嫁到了这个村子以后,这个村子留给我许多的苦难,所以改变那种不公正大概是我比较早就产生的一种愿望。

主持人:那时候想改变那种不公正,要采取的方法、要选择的途径又是什么?

徐:就是一旦有机会的话,自己应该去做一个警察。当然现在想起来是非常可笑的。那时候认为警察可能在人们心目当中就代表着法律,也代表着公正。但到了大学以后,视野一打开,这种想法立刻就消失了。一个人要改变所有的不公正,这是力所不能及的事情,但是理论上要对它进行探讨。这可能就是引发我后来走上学术道路的一个原因。

主持人：童年这种最单纯的想法使你偶然就和法律建立联系了。

徐：我后来从事人权研究，对我震撼比较大的是，有一天早晨，外面有人敲门，把门一开，呼啦啦进来一群人，到了我们家以后呼啦都跪下了。就这时候对人的震撼是最强烈的。我把他们都扶起来，问是什么原因，他们说是在报纸上看到我的名字，然后就给我讲了一个故事。因为他借了别人的钱，他的女儿就被人领去做童养媳，当时我听了以后，眼里面都含着泪的。最后这个案子我帮他解决了，用了三年左右的时间。

主持人：也许按照您的这种经历，您更应该选择做法官或者律师，去解决一些具体问题。

徐：做法官也好，做律师也好，可能只是从单一的一个案件上去追求一种公平。当然追求到这一个案件的公平可能在社会上就恢复了一种正义，但是它是一个一个案件的，如果我从事理论研究的话，我想会使更多的人明白这其中的道理。

主持人：您所做的这些选择，和这个经历都是密切相关的。

徐：有一些记忆我想一生都会保留下来，是永远无法消失的，这些记忆就使得我可能要倾我一生为平民来呼吁。所以我立志做一个"平民法学家"，做一个普通公民的人权的维护者。就有这么一种比较强烈的意识。

主持人：我听您讲课，还有一个比较形象的比喻，您说法律理论研究应该是和时装设计师有共同之处的。

徐：这是偶发的一个奇想，看法国时装表演的时候，我想我们的法理学是不是正在做时装呢？时装有一个特点，它不可能立刻穿在一个人的身上走在大街上；可是时装有一个作用，就是它要引领潮流，这就是观念上的先进性。如果用一种落后的观念去研究一个已经发生了的问题的话，得出来的对策，得出来的结论，肯定是已经落后于现实的。

主持人:我看了您主编的这本《人权研究》,才仔细地想到,或者说是更清楚地知道我们老挂在嘴边的人权人权是什么,才知道我们应该拥有或者说我们拥有了什么样的权利。

徐:像这样的研究、这样的著作,也应该是一本一本接着出下去的,只要我还活着,我相信会一本一本地出下去。人权是无尽的,这种学术追求也是无尽的,我们的整个人权事业也是无尽的。

旁白:平日里,徐显明既要忙于理论研究,同时,他还时常和学生们一起讨论人权方面的问题。不久前,徐显明刚刚在中国政法大学成立了人权与人道主义法研究所,他相信,他们的研究所将成为全国人权研究的一个中心。

主持人:徐显明从80年代起就开始进行人权研究,他的《生存权论》被誉为当然人权理论的代表著作。他本人也被海外学者誉为中国当代人权理论研究的开拓性人物和代表性人物。关注生存、关注人的基本权利,是徐显明研究的出发点。他说当他投身到他的无尽的人权研究事业的时候,他就想用一生的努力来达到这样一个目标,那就是人们都在关注自己权利的同时,也关注他人拥有的权利,人类就会多一份关爱和平等。

法学教育与研究之路*

2002年4月23日,一个难得的好天气,我们受《法学家茶座》的委托,就我国法学教育和研究的相关问题对著名法学家、教育家、中国政法大学新任校长徐显明教授进行了专访。整个访谈过程,我们如沐春风,受益匪浅。访谈结束后,于激动、兴奋之余,我们对谈话录音进行了整理,现将其刊载如下。

廖明、宋飞(以下简称"问"):您是我国著名的法理学家,也是国际知名的人权研究专家。您是怎样走上法学教育与研究之路的?您能否简单地介绍一下自己的学术经历?

徐显明(以下简称"徐"):我的情况可能你们都比较了解。我1978年进入吉林大学,本科毕业以后,在吉林大学继续读研究生。和其他人不一样的地方就是,我读硕士的时候,读了两个方向。一个是法律史,开始读史,这是在上大学的时候,从马克思的经历当中获得了一些启发,那就是一定要学历史,马克思自己讲过他本身是学法律的,后来是把法律当成业余的研究来对待,更偏好的是哲学和史学,而我对历史比较感兴趣,所以就选择了法律史。在此之后,又学习了法理学,在法理学领域,主要研究的是法哲学。这样,就把史学与哲学结合起来,然后再结合法学的背景,这是我治学的一个重要特点。现在来看,就是把史学和理论分析结合起来,我写的文章中这一特点都是非常突出的,往往是既有"史"的东西也有"论"的东西。

---

* 《法学家茶座》(第1辑),山东人民出版社2002年版。

问：您刚从山东大学副校长调任中国政法大学校长不久，您也曾在吉林大学和武汉大学求学。您认为北京的教育、学术气氛和别的地方比起来，有什么明显的不同吗？

徐：我过去一直有一种担心，就是学者一到了北京之后，就会变得浮躁起来。现在整个北京的学术界是一片浮躁，这个感受非常明显，我想很重要的一个原因就是现在的学术研究方式。在知识时代到来的背景下，信息已经成为控制人们思想和学术的最重要的手段。现在社会控制的实现，很少是通过行政控制或者强制控制，多数是通过信息来控制。在学术研究上，北京、济南、长春、武汉这几个城市都是我先后学习和工作的地方，要做一个比较的话，我感觉到，扎实的学术研究可能京外的人做得更好一些。因为京外的学者，不像北京的学者会面临那么多的诱惑。在北京的学者，只要垄断了信息的发布权，就可以始终处在一种优势地位上，所以京外学者想取得成功往往要付出十倍的努力。这是因为北京有得天独厚的信息条件，有大量的信息资源，像参加国家立法、国家需要的一些现实的对策性研究，类似这样的机会基本上是被在京的学者所独占的，京外的学者很少有机会参与。这两个过程其实就是信息整合、垄断和发布的过程。这是在京学者的优势地位，而京外学者的优势就体现在扎实的学术研究上。

问：我曾听过这样的说法，即北京的学者是“一级批发商”，京外的学者是“二级批发商”。您对此有什么看法呢？

徐：现在有一种现象，就是做出了一些成绩的学者，都急于往北京走，除了渴望这种优势地位以外，我的担心就是，他们到了北京之后会变“坏”，我说的“坏”不是指思想品德上，而是学术研究上的一种选择。如果他们都变得浮躁起来的话，这是非常可怕的。

问：2002年5月5日，中国政法大学将迎来50周年庆典。我想，您现在肯定非常繁忙，也肯定是心潮彭湃。能简要谈谈您现在的感想吗？

徐：我是去年九月份从山东大学调到中国政法大学的。我来的时候，是山东大学一百周年的时候，我参与了山东大学百年校庆的前期筹备工作,在百年庆典时又以嘉宾的身份参加了他们百年校庆的庆典。一所大学有百年的纪念,这是一个很好的做法,有纪念,才有传统,有传统,才能形成一个大学的特色。这一点无论对什么样的大学都是适用的。我感到,一所大学的历史积淀是非常重要的,没有积淀就没有创新。对于政法大学的50周年庆典,从我个人来讲,从来到这所学校的第一天开始,我就感到这是政法大学的一个非常重要的日子,是她的发展史上的一个新的里程碑。我们现在遇到了空前的时代背景:一是法治国家的背景;二是中国加入WTO后的三化背景,即信息的国际化、经济的全球化、法律的全球化;三是今年开始的司法统一考试,司法一元化的背景。在政法大学建校50周年之际,如果大家都能够认识到这一点,那么一个崭新的政法大学就会建设起来。

问:您来到政法大学以后,与其他校领导一起,进行了一系列改革。您担任了多年的法学院校长,您认为,担任一名法学院长或者校长,学术研究能力、学术赏识能力和行政管理能力,哪一个更为重要?从您自身而言,您认为自己更适合做一名法学院校长,还是更适合做法学家?

徐:这是个带有悖论性质的问题。一个大学的校长也好,法学院的院长也好,如果他本身不是一个具有学术研究能力的专家的话,这所大学或者法学院的办学方向就会让人怀疑。法学教育家,是要有自己的法学教育理念的,那就必须有法学家的学养和积累。但一旦做了法学院校长,时间就无法进行全面的配置,比如我现在,每天忙于行政事务,只有晚上10点以后的时间是属于自己的,这时候我还要关心学术研究上的前沿问题。我曾经做过7年的山东大学法学院院长,我觉得,一个好的被大家所接受的法学院院长,应该有三个基本功:一是有能力延揽一些水平比自己更高又愿意与自己一起工作的人,所以法学院院长不一定是学术水平最高的人,但他应该有能力请到一些学术水平比他更高的人,而且这些人愿意和他一起工作;二是在制定政策、进行改革、配置资源的过程中,要坚持一个原则,即“立法者首先不得制定使自己受益的法律”;三是要善于在学院之外寻找到一些公共资源配置到学院中来,使法学院的所有教师都获得充分发展的空间,使每一个人获得发展的资源。另外,我觉得大学是学府而不是政府,所以大学一定要由学术带头人来领导,而学术带头人还需要有亲和力、团队精神和牺牲精神。我一直在倡导我个人“保持适度贫困”,这是一个学者应有的修养;但是作为院长,必须有责任、有能力使大家“保持适度的富有”。管子有句话叫“有恒财者有恒心”,只有使教师有适当的财富,才能使大家安心地投身于教学科研工作。这里的“适度”有自己的含义,即是要保持自己的尊严,没有尊严,那叫做贫困,是应当抛弃的。

问:您在贵校举办的“法学名家谈法学教育及法大发展”论坛上指出,没有理念的大学不能称为大学。这里的理念应在何种意义上理解?您认为,中国政法大学的理念是什么?中国所有其他法律院校的理念是否有共通之处?

徐:作为大学,理念当然有共通之处,这是学府不同于政府的一个体现,所有的大学都应当是以学术为本,以学生为本。在大学里,大家是要服从于真理的;在政府里,人们是要服从权力的。但是真理是掌握在谁的手里呢?谁也没有权力垄断真理。在政府里,为了追求效率,需要服从权力。但在大学里面,不能用这种绝对性来评价人们的行为选择。所以去发现真理,服从真理是大学不同于社会的一个地方。我的理解,给理念下一个定义,从不同的层面和角度,有不同的定义方式,有时候我把它当作是一个大学的灵魂,有时候我把它当作在大学里大家都能认同的一种价值观,有时候我把它描绘成一种应当是什么的选择。从不同的角度有不同的理解。关于政法大学的理念,我曾经提过两句话:“以教师为本位,以学生为主体。”教师本位的出发点,就是大学的一切都应当以教师的学术为出发点,大学的管理就是为教师提供创造的条件。我曾说,校长是什么?是教师使用的工具,你作为教师,你在校长面前永远是对的,永远没有错,如果有的话,那是校长的错。但学生在教师面前永远是对的。以学生为主体,就是指要改变传统模式中学生的客体地位,恢复其应有的主体地位。现在的教育体制中,学生就好比是矿物,学生受教育的过程就好比是一个冶炼的过程，以固定的规格、目的被塑造，在整个过程中，学生是一个被塑造的过程，没有自主选择的自由。倡导学生主体的理念，就是要把矿物变成生物，把冶炼过程变成生长过程，使学生依照其个体的不同特点和兴趣，实现个性化的成长。在我的设想里，在大学当中，校长以及行政系统是为院系服务的，院长、系主任是为教师服务的，校长、院系领导及教师是共同为学生服务。如果这样的理念建立起来的话，那么我想，教师的尊严感就恢复了，学生的自豪感就产生了。

问：我国目前的法学教育模式与大陆法系国家相近，实行的是讲座式教学法，也即是教师在台上“一言堂”，学生在下面记笔记，经常有学生很是反感，觉得空谈理论，枯燥无味。对此，您持什么看法？

徐：目前中国的这种教学方式，可能和中国的历史传统有关吧。早在两千多年之前，孔子设坛收徒，采用的就是这种方式。在耶鲁大学的门上，有两个浮雕，右侧的那一幅，是老师在上面讲，学生在下面都睡着了，趴在桌子上；左侧的那一幅，是学生在下面争论，老师在上面睡着了。这两个浮雕说明了什么，不同的人有不同的理解。我的理解就是，教和学是一个互动关系，应当充分地调动双方的积极性，强调一方而忽略另一方的做法是不正确的。中国目前的法学教育方式与其他的学科几乎没有差别。美国的法学教育，据我所知，经历了这么几个阶段，最早也是讲授式的，后来有一个著名的法学家叫兰德尔，创立了案例教学法，不讲原理，而是讲案例，让大家从中提炼理论。自此案例教学法成为法学教育最独特的形式。70年代以来，又进入了第三个阶段，即诊所式的教学法。我觉得，法学和医学有许多相通的地方，一来都是经验学科；二是在思维上相似，法学上要培养无罪推定的思维，医学上实行的是有病推定，其思维模式非常相近；三是都被称为寻证科学，无论是医学上的诊断，还是法学上的裁判，都是要寻找证据，以一定的证据为基础。所以，我觉得，借助医学的方式开展法学教育是可以尝试的。目前在我国，实际上是三种教育方式并存。

问:那么,您认为,我国最应当实行什么样的教学模式?

徐:我不赞同在法学教育中固定一种教学模式。对于不同的学科,应当采用不同的模式。譬如,对于法制史、法理学,怎样采取案例教学、诊所教学呢?诊所式的教学,只能是对于部门法,适用性很强的法。理性的提升,在案例教学法和诊所式的教学法中,都是实现不了的。

问:在外国,尤其是美国,法律人才参政执政的比例相当大。而在我国,法律人才往往离国家事务和社会事务距离较远,据说,在WTO谈判过程中,我国的代表团中竟然没有一名律师。造成这种现象的原因是什么?我国已经在宪法中明确提出要建设社会主义法治国家,您认为,这种状况能否改观,如何改观?

徐:对于一个国家的管理,我非常认同小平同志的观点,“发展就是硬道理”,怎样使国家持续稳定地向前发展,这是国家领导人应该思考的。我国以公有制为主体的经济体制决定着我们的思维,将国家整个向前发展和实现社会进步作为领导人的责任;而西方的情况和我国有很大的不同,西方的政治家,关注更多的不是发展生产力的问题,而是怎样消除社会矛盾。为什么在西方社会中,法学家做政治家的比例很高呢?就是因为法学家首先学会了怎样判断、处理和消除各种利益的冲突,这是法学家特有的职业素养。司法的本质就是判断,判断各种利益的正当性,判断怎样消除利益之间的冲突。法官如果不能正确对待利益,区分不了哪些是正当的利益,哪些利益不正当,他就不是一个好法官。把这个原理用在国家管理上,也是这样。一个国家,很重要的一项就是要判断社会各个不同阶层利益的正当性。正当的利益和不正当的利益发生冲突后,怎样消除这个冲突是政治家的一个很重要的责任。所以在西方,法律家作为政治领袖的比例就比较高。当然,我们也要看到中国的进步,在一本书的序言中,我曾经提到过这个问题。军人出身的官员所使用的术语,大多和战争有关系,如教育战线、政法战线等,这些术语都是在战争当中训练出来的;技术官僚出身的人,也就是学理工出身的人,他所使用的语言表现出另外一个特点,就是把所有的社会工作都转化为工程。但是,要看到一个进步,就是法律家、经济管理专家,这类人的思维和所使用的术语,正慢慢为大家所接受。当一个社会的主流意识和主流话语的创造者,都变成法学家和经济管理专家的时候,社会的法治时代就到来了。现在大家经常使用的"个案处理"、"个案解决"的概念就是法学家创造出来的。既要了解法的精神,也要兼顾个案的公平性,这就叫做"个案处理"。这类话语正在变得越来越多,今后,法律工作者管理国家,参与社会事务的机会将会大大增加。

问:现在的法学研究,闭门造车、拼凑资料的多,实证考察的少,很难发现新问题,往往也解决不了老问题,如何才能改变这种现象呢?

徐:我觉得,这主要是由法学家自身的不足造成的。现在比较活跃的中青年法学家,一般都有三个相同的特点或者说是背景,一来都是在恢复高考的时候带着问题上大学的,对中国现实比较熟悉,带着一系列的疑问、疑虑要在书本中找到答案;二是对中国的历史传统比较了解;三是都有海外的背景,到国外留过学,对国外比较熟悉。有了这三点,这类法学家的成功率就增加了。闭门造车的这类法学家,肯定有两方面的东西是欠缺的,就是对历史和现实缺乏了解。对历史了解多的话,才能把我们的本土资源用足,分清糟粕和精华;对国外了解,可以进行比较,然后再结合我国的现实,这时得出的结论才能既符合我国的社会现实又符合未来的发展方向。我是反对法学家关起门来写文章的。了解现实是对问题分析、研究是得出结论的前提,不了解社会现实的法学家不是好法学家。

问:在目前的法学界,似乎缺少质疑批评的声音、交流探讨的氛围、谦虚宽容的态度,而真理通常是越辩越明的。对此,您怎么看?《法学家茶座》大胆推出"挑战名家"栏目,如果有学者在此或在别的地方"挑战"您,您会有什么想法吗?

徐:"争鸣"一直是我们中华民族的优秀传统,战国时期的"诸子百家"是在争论中才把自己的观点树立起来的,但后来罢黜百家,独尊儒术,学术上的争鸣有所减少。晚清以来,我们有过几次比较大的争鸣,如"中体西用”的争论就是非常成功的，我们总是在争论中获得对知识的认识。新中国成立以来，一次比较大的争鸣就是真理标准大讨论，最后大家一致认同实践是检验真理的标准这一结论。我想，法学研究也应该这样，所有的问题都可以展开讨论。我曾经借用这样的一个比方来说明法学学术交换的增量。两个人各有一个苹果，进行交换之后，两个人仍然还是各有一个苹果；但是，如果把法学思想放在一起进行争论的话，你贡献一个思想，我贡献一个思想，争论完了之后，就变成每个人都有两个思想，在这里，思想就增加了。所以法学界必须开展争鸣。在80年代中前期，关于人权问题曾经展开过争鸣，在90年代初期，又进行了一场争鸣，大家才接受人权的概念，开始正视人权问题，这就是争论的结果。另外，就是关于法治国家的争论，在1979年第一次讨论这个问题时，得出的结论是非常可怕的，认为治理国家必须是人治与法治相结合，经过18年的努力，这一争论才有了结果。1997年9月12日党的十五大报告肯定了法治国家的观点，这也是争论的结果。如果有人要挑战我的话，我非常的高兴，特别是广大青年学生的挑战。后学如果不能超过前学的话，学术本身就无法实现薪火相传了。

问：您现在是法大的校长，也曾担任过山东大学法学院院长，您认为，国内的一流法学院校，例如人大法学院、北大法学院、政法大学，与国外的一流法学院相比，例如耶鲁和剑桥，还有什么不足？您认为，要建设世界一流的法学院校，中国目前的法学院校最应该在哪些方面努力？

徐：大家现在都在追逐世界一流，其实世界一流现在离我们很遥远。在多年之前的一次世界名校排名中，北大排在536位。而只有在进入了世界排名前100名的时候，才能称为世界一流。有人说，北大按照现在的发展速度，在2025年前后，才有希望进入前100名，还有二十多年的时间。所以，一个大学整体上进入世界一流，是一个比较遥远的目标。我们与国际上一流法学院的差距，主要有：一是生源上的差距，世界名校的法学院都是在世界范围内选择生源的；二是在师资上，世界名校法学院的师资都是国际化的，如昂格尔，是世界上最有名的法理学家，现在在哈佛，但他并不是美国人;三是信息上的差距,他们的图书馆藏书数量大、涉及的范围广、更新的速度快;四是课题研究方面的差异,一流法学院的课题研究都是引领世界潮流的,现在我国法学院的研究项目,很少有是处于世界领先地位的。

问:一直以来就有一种现象,即法学师生瞧不起司法实务部门的工作人员,认为他们根本就不懂理论、不懂法。而司法实务部门的工作人员也瞧不起法学师生,认为他们就会空谈理论,根本就不了解实务,解决不了实际问题。您认为造成这种状况的原因是什么?是司法实务的问题,还是法学教育的问题?或者仅仅是两个群体的人们之间缺乏沟通?

答:我觉得,这两个方面都存在问题。法律职业共同体的培养今后会好起来,在这之前,法官、检察官、律师未必是法学院培养出来的。法学院的教师学生瞧不起法律家,主要是瞧不起他们的素质,认为法律家们并不具备法律的知识结构,或者说有一定的知识结构,但不是法律的;而法律家瞧不起法学家,主要的原因就是法学家对中国的现实不了解,不了解中国的法律实践,法律家们确实也垄断了一些法学家所不知道的信息,在处理案件时,往往运用另外的一些规则。随着法律职业共同体的培养,这种情况会有所缓解。我们现在有统一的司法考试,就是要使法官、检察官和律师有相同的知识结构,具有了相同的知识结构,才会使用相同的概念,有相同的思维,而这些最终都来源于法学院的教育。所以今后,法学家与法律家之间的沟通会变得容易起来。

问:您在"中国政法大学深化改革动员大会"指出,未来的法学教育应当是精英式教育,这也是目前很多学者所持的观点。与此相关的一点是对于法律职业共同体的提法。您认为,所谓"精英"和"共同体",是否有造成法学和法律远离普通民众、远离生活的可能,并进而形成法律"贵族"阶层和法律语词垄断呢?

徐:每一类职业里面,都会有职业的术语,只有从事这种职业的人才使用,才彼此理解,职业之外的人往往不太了解。语词是一种文化现象,使用频率高的人也并不能够就造成垄断,其他人仍然可以使用。但是,法律职业这一阶层,应当是社会的精英阶层。他必须能够对利益做出最准确的判断,应该具有哲学家的头脑、有高尚的道德伦理,这一阶层应当在社会上特别受尊重。法律到底应当世俗一些好,还是神圣一些好,我主张后者。法律职业的精英化不会影响大众对于法律的了解。一方面因为法律是公开的,需要了解的人只需要有一点阅读能力都可以去阅读法律;另一方面,普及法律是政府的责任,在这个过程中,更应该普及的是人权的知识。所以法律阶层的精英化并不会影响法律的公开性和普及性。

问:现在的专业刊物,包括法学期刊,存在四大怪现象,一是关系稿多,二是领导讲话稿多,三是导师署名现象普遍,四是要求审稿费、版面费的也出来了。您觉得这些是否是法学教育和学术研究健康发展的阻碍因素?如何防止和制止这些现象呢?

徐:刊登领导人的讲话,并不是所有的刊物都会这样做。我觉得,领导人的讲话应当刊登在报纸上或者官方文件上。对于导师和学生共同署名的问题,应该具体问题具体分析,如果导师在这个问题的研究上没有任何独到的见解,那么他要署名、署在前面,这是一种学术腐败;如果导师讲了自己的思路,在这个问题上形成了自己的学术见解和观点,可能由学生来执笔,导师是否署名,那就是一个民事法律关系了。至于版面费的问题,国际上,很多的自然科学刊物都是要收取版面费的,至于法学界,是否需要收取版面费,是值得研究的。要看学术研究自身有没有价值,如果做出来的并不是学术,而是带有某种功利,我是反对的。在这种情况下,交钱的不应该交,收钱的也不应该收。

问:您认为,要成为新世纪的法律人才,青年学生需要在哪些方面多多努力?请您谈谈对广大青年学生的希望。

徐:要做一个国际型的法学学者的话,我刚才提到过的几个背景大家要注意:一是法的理念的国际化问题,加入 WTO 以后,我们许多法的理念都要进行调整,同学们要努力地训练出国际化的技能来,具体地说,就是要学好外语和计算机,英语的水平和计算机的水平是国际化的两个基本技能。我希望新一代的同学这两个基本技能都要具备。二是培养和创造更好的学术气氛。我感到在北京读书的同学们,求知的欲望是很强烈的,书读得很多,但努力并不一定充分,往往只注重了读书的本数,而没有注重读书的页数,知识面比较广,但是深度不够,我希望大家既要读够本数,更重要的是要读足页数。法学和其他学科一样,都要积累。三是通过法律学习培养出法学家精神,无论将来从事法律工作还是从事法学教学和研究工作,都要有一种法学家精神。法学家精神具备几个要素:一是独立的人格,只有具有独立的人格,才能形成独立的判断,法学家是需要独立判断的。二是批判意识,应当培养出对社会不公正的批判力来,每个社会都有一些不公正,对不公正的批判是法学家的责任。三是要有更高尚的职业伦理追求,应该有司法伦理,追求正义。我经常对自己说,要有"三讲三不讲",第一要讲是非而不讲利害,第二要讲顺逆而不讲成败,第三要讲万世而不讲一生。我希望我们新一代的学子们,无论将来从事什么工作,都能够成为具有法学家精神的人。

法学教育要从基础矛盾中走出来*

萌生采访中国政法大学徐显明校长的念头,是在政法大学建校 50 周年校庆典礼之后,我突然非常想走近这个京城名校中年纪最轻的校长。从联系采访到见面,前后不过二十天,他的办事效率之高、亲和力之强,在记者见到他本人后再一次得到了印证。初见徐显明,他一如既往地以其偏爱的寓意博爱的蓝色调修饰:深蓝色西裤,淡蓝色衬衫配以深蓝色领带,坚毅中流露着刚正。他讲话慢条斯理,思路清晰,逻辑性强,论证雄辩,时刻提醒着我,他是一位在法理研究方面颇有建树的法学家。

重视人文精神

徐显明去年被教育部一纸调令调到即将迎来 50 华诞的中国政法大学任校长,此前他任山东大学副校长兼法学院院长和研究生院院长。一位 44 岁的中青年学者,何以如此受器重担此重任? 原来,徐显明校长不仅有卓著的学术成就,他的治校方略更是让人耳目一新,具有现代教育家的思想理念。在徐显明的整个教育理念体系中,非常重要的一点就是他十分强调人文精神在法学教育过程中所起的作用。他说:"法学出身的人要学会如何去关爱人,人文精神的终极就是关爱人和尊重人。"徐显明常对综合性大学的法学学生说:"在综合性大学里学习法学是你们的幸运。"他说:"法学学科需要两类基础知识:一是人文知识,懂得人文才懂得关爱其他人,从事法律工作的时候才懂得怎样对待当事人,法学学生一定要有人文关怀、人文精神、人文素养。另外就是科学素养。人文素养需要在文史哲当中来培

---

* 学术批评网 2002 年 9 月 23 日。

养,科学素养需要在数理化中来培养,单一型院校或者没有文史哲,或者没有数理化,所以学生知识结构比较单一,这是单一型大学培养学生的缺陷。”徐校长认为法学与医学有共通之处,都是“寻证科学”。他说:“检察官和律师都在寻找证据,当双方提供证据达到穷尽的时候,法官得出的判断就是最准确的。”他希望把人文和科学两者完美地结合起来,他理想状态中的法律职业工作者是既有人文精神又有科学素养的。

探索中国法学教育道路

徐显明是一位学者型校长,作为法大的校长,他不仅仅为法大的开拓与发展殚精竭虑,同时,他也从来没有停止对中国法学教育的思考与探索。他认为中国目前的法学教育是在几组基础矛盾的交织中发展:(1)法学教育低起点和法律职业高素质的矛盾。法学教育和其他教育一样都是高中起点,而社会对从事法律职业的人员素质要求却是圣人般的。(2)法学教育应该是通识教育也是专业教育。通识教育的目标是要把学生培养成通才,全方位提高学生素质;但是现在法学是作为一项专业而设置的。(3)法学教育是全民教育也是职业教育。全民教育是大众化教育,人人都可以参与;而法律职业教育应是精英教育。(4)法学教育到底是人文的还是科学的。中国把法学划在人文社科领域,而外国更多地把法学教育看作是科学教育。徐显明还指出,中国的法学教育从外观上存在着两个根本缺陷:一是缺乏司法伦理的训练;二是缺乏法律技巧的训练。他对现在司法部门的腐败现象有他的理论依据:“一个人的伦理水平总是和他所受的教育密切联系的。我们看到某些法官、检察官、律师以追逐利益为价值取向,在他们身上有不伦理的地方,这些都与司法伦理的不修有关。”徐校长遗憾地说:“西方司法伦理在整个受教育过程中是不间断的,而中国还没有开始。”他表示,解决这四组矛盾,克服这两个根本性缺陷,才是中国法学教育的出路之所在。法学教育从基础矛盾中走出来的时候就是中国法学教育从幼稚走向成熟的时候。

倡导“司法一元化”

徐显明校长是著名的人权理论专家，他的许多观点已经成为中国政府的观点。一位研究中国法的日本学者在其《人权与相对主义》一书中称徐显明为“中国法理学三剑客”之一。香港《镜报》杂志评价他是“中国最知名的人权专家”。他的研究更倾向于从制度上审视人权，他对法律制度常提出建设性意见。徐显明早在1997年就开始呼吁法官、检察官、律师要有相同的知识结构，他称为“司法一元化”。他说：“不能只有高水平的律师，而允许低水平的法官存在。”从2002年3月份开始，法官、检察官也开始参加司法考试了。他如此定义“司法一元化”：(1)司法职业群体的知识结构是一元的。知识结构的不一致会导致在法庭上法官、检察官和律师用不同的概念，而概念是判断的基础，不用相同的概念就不会有相同的推理，就不会有相同的判断。(2)共同的伦理追求。法官、检察官和律师在法庭上扮演的角色不同，但要共同追求公正和正义。(3)对法律共同的信仰。三种职业的人要形成对法律的崇拜，要形成忠实于法律的职业操守，并对法律形成崇拜和信仰。(4)共同的价值观。三者应该是维护社会正义的基石，通过司法过程，使受到侵害的那部分社会正义得到恢复。徐显明大胆预测，将来的法官、检察官和律师会慢慢走向一元化，他表示中国政法大学要承担起这个任务。

建设“四型”大学

50年来，中国政法大学为我国的法治建设培养出了十余万法律人才，其中有上百人担任党和国家高级领导职务，全国高学历的法官中，逾十分之一来自中国政法大学。被称为“共和国政法干部的摇篮”的中国政法大学在中国法制建设过程中可谓“功不可没”。徐显明坦言：“新中国司法教育的基础是由中国政法大学奠定的；新中国政法干部培养的主体条件是由中国政法大学提供的。这是法大在历史上起到的别的学校无可替代的作用。对此，法大人感到特别自豪。”面对辉煌的历史，徐校长探索出一套全新的办学理念,他说:“我们现在正在进行变革,尤其是理念的变革。中国政法大学要办成什么样的学校?四句话。”第一,多科型大学。改变我们单一的学科结构和单一的知识结构。第二,研究型大学。硕士生、博士生在学生人数中所占的比重要大幅提升。希望有一天能超过本科生人数。第三,开放型大学。三化(信息全球化、经济全球化、法律全球化)背景下,大学孤零零地办只有死路一条。法律全球化导致越来越多的国际规则成为国内规则。所以,中国政法大学要办成一个开放性的大学,法大留学生的数量要大幅度增加。第四,特色型大学。大学的特色就是大学的生命,无论今后学科发生多大的变化,变成多科型大学也要保证法学的绝对地位。百分之六十的师资和学生要配在法学上。徐校长理想中的法大要成为两个基地:外国人了解中国法律的基地和中国对外传播中国法律文化的基地。他希望今后大量的国际性法学会议能够在中国政法大学的组织下进行。港澳台及外国留学生中,第一个法学硕士、第一个法学博士都出自于中国政法大学。教师更多的要有海外背景,特别注重拿到国外学位的海外背景。作为教育部法学教学指导委员会的副主任,徐校长考察过许多大学,他对中国办这么多法学院,尤其是一些不具备基本条件的学校办法学院持不赞同的意见。他认为“这是对学生的不负责任”。徐校长有一个提法,就是尽快把专业建设变成学科建设。他说:“一个大学不要看有多少个专业,要看有多少个学科,学科的质和量才是大学的生命。”高水平大学的标志是一定要有“拳头型”学科。他笑谈法大的“拳头”至少有三个:“法律史天下无双,诉讼法独一无二,民法学无与匹敌。”

追求卓越的校园文化

徐显明校长来到法大后提出几项改革,其中就有更改校训和倡导追求卓越的校园文化。在50周年校庆前期,中国政法大学颁布了凝练而含义丰富的新校训。简简单单的4个词,每个词都蕴涵着两层含义。“厚德”:所有法大学生都应该有崇高的道德修养,无论是通识教育还是专业教育,大家都要学会做人;法科学生要有崇高的职业道德,要加强司法伦理的训练。"明法":法科学生和非法科学生都要通晓法律,非法科的学生也要有法学的知识结构;法大学生要成为昌明法治的主力军,要带着对法治的崇高信念,奔向祖国的四面八方,成为宣传法律、弘扬法治精神、建设法治国家的主力军。"格物":格物首先是指一种推究,一种思维,法大学生要养成无罪推定的思维习惯;格物还寓意学以致用,要培养法大学生理论联系实际的能力。"致公":法大人要树立公正正义的价值观;在从事公务职业活动中要形成为公众服务的意识,天下为公,亲善百姓。徐校长不但治学严谨,而且为人谦和。和他交谈时,他的脸上总是时不时地浮现出温和的笑容。他主张"大学要以教师为本位,以学生为主体",主张教师和学生的平等、后勤人员和管理人员的平等、校长和学生的平等。他说:"校长是教授使用的一种工具,是满足学生成长的一种条件。"和记者一起采访徐校长的还有一名法大的学生记者,他竟清楚地记得这位学生的名字。他还鼓励教授多出原创性成果,树立"独立之人格,自由之精神"。他说:"大学不仅仅要培养学生,还要培养教师,成为大师成长的土壤。"

与时并进再创未来

中国政法大学的繁荣与发展和历代领导人的关心密不可分。毛主席1952年曾为刚成立的北京政法学院亲笔题写了校名;1986年,邓小平又为新校区题写了校名;李岚清两次视察,评价"中国政法大学是中国法学教育的最高学府";在迎来中国政法大学50年华诞之际,江泽民主席又题词勉励,中国政法大学迎来了前所未有的发展机遇。从中国政法大学的历史中,我们看到的不仅仅是国家法治兴学校兴、法治衰学校衰的兴衰荣辱,它还折射出我国社会主义法治建设的历史进程。纵观上一个50年,中国政法大学科研成果累累硕积,文化底蕴不断沉淀,学科建设不断完善。"年轻而充满活力的中国政法大学正在朝着建设成为世界知名国内一流大学的目标迈进,为实现全国政法教育中心、法学研究中心、法学图书资料信息中心和国家立法与决策咨询服务中心的目标而努力。"徐显明校长谈起自己对学校的远大设想信心十足。

培育法学精神*

他是中国高校中最年轻的校长之一(徐显明:这个大学有世界上最大的法学家集团)。

他是中国颇有建树的人权专家(徐显明:不要把学生当做矿物,而应该把学生当做生物)。

方静(以下简称“方”):今年政法大学的招生当中,有一个非常吸引考生的点,就是本科生进校之后用5年的时间,可以修两门专业,毕业后有两个学位。对于学法律的学生来讲,这是必要的吗?

徐显明(以下简称“徐”):这是我们学校的一项改革措施。对于过去的法学教育,特别是像我们这种特色性的学校,学科是相对单一的。我们就是为了避免学生所学知识结构的单一性,而采取这样一个改革措施。

方:现在有很多高校开始强调本科生教育、基础教育,他们开始淡化专业。而政法大学的这种做法听上去像是在强化专业。

徐:恰恰相反。我认为也是淡化专业的一个方式。我们的学生如果学两个专业的话,他的知识结构、他的专业口径会更宽。

方:这5年的时间他们是怎么分配的呢?

徐:5年当中,我们的知识结构应该是分成四块:第一块还是共同地作为大学应该具有的基础知识结构,这一块应该是在第一年、第二年当中奠

---

* 中央电视台《东方之子》2003年6月26日。

定的;第二个部分大概应该是人文的素质课;我们文科类的院校更强调学生应该有科学的素养,所以我们第三个素质的培养应该是科学素质的培养;第四块才是专业课。

方:刚才您强调要具备科学的素质,为什么呢?

徐:我觉得司法的本质在于做判断,而判断的根据是什么呢?应该是证据,还有一个怎样对待证据的态度问题。怎样获取证据、怎样对待证据、怎样判断证据、怎样使用证据?这些都需要一个科学的态度,一个求真的过程。所以人文是对人的,那么科学是对物的。司法的本质如果就是判断的话,法官、检察官和律师所有的判断都是建立在证据的基础上。所以他身上更应该有科学的素养。

方:我们现在在社会上所见到的执法犯法、司法腐败和法律教育有什么关系?

徐:我想这可能就是一种职业伦理的缺失。我个人认为职业伦理是训练出来的。

方:怎么训练?

徐:它要在无数的案件冲突当中训练出来。当然可以进行模拟训练,就是他成为正式的法官、检察官、律师之前,要对他进行模拟训练,让他在一个案件里边不断地选择有哪些义务的冲突?然后强化他选择对自己不利的义务和履行义务的能力。这种能力不断地强化,最后训练出来职业的伦理。比如说,我现在面对着600个法学家,所以我就应该不断地提醒我自己:在制定学校的规章制度、在采取相关的改革措施、在配制学校相关资源的时候,在这三大领域里边,我要做到首先不是自己获利。我把它概括为法律的语言,就是立法者不得制定首先使自己获利的法律。

方:您作为一个校园法规的制定者,您剥夺了自己的哪些权利呢?

徐:自己对自己的权利不应该叫剥夺,应该叫让渡。

方：比如哪条呢？您让渡您自己的权利。

徐：十几年来我一直是这样做的，从我做法学院的院长开始。你比如说为了引导大家在最权威的刊物上发表文章，鼓励大家在《中国社会科学》上发一篇文章可能获得很高的奖金。如果这个措施出台了，制定者首先从里边拿到奖金的话，人们就会怀疑这个政策的公正性，资源到底配置给了谁？所以制定者最好不去拿。

方：面对着一群知法、懂法的教师和学生，您这个校长是更好当呢，还是更难当呢？

徐：政法大学的校长是很难做的。西方高等教育有这样的说法：一个大学里边如果没有医学，没有法学，那这个校长是很幸福的。因为医学需要的资源是十分庞大的，这是校长非常犯难的。那么法学，法学的思维，它是一种批判式的思维。校长发布的任何命令，做出的任何决定，总要受到法学家的质疑。所以在西方，大学校长感觉到没有医学院、法学院的校长是最好做的。

方：您说法律最后培养的是一种批判的精神，您也是学法律的，一个有批判精神的校长遇上一群有批判精神的教师和学生，会怎么样呢？

徐：我要锻炼我很高的耐性。有句话叫做：学问深处心气平。我能够平和地对待大家。当然我所接受的法学教育，使我身上还有人文的关爱，创造一种和谐。特别是我从事的研究是人权研究，人权是具有和谐性的，追求人权、保障人权最终就是为了使人和人之间和谐。所以在这个大学里边，我想三部分人应该是和谐的，概括起来就是两句话：以教师为本位，以学生为主体。

方：以学生为主体，体现在什么地方？

徐：我曾经打过这样的比方：过去我们的专业设置和培养总是把学生当作矿物，那么大学这四年是一个冶炼的过程，所以冶炼结束的时候，大家是一个标准、一个模式离校的，它的主体地位消失了，完全被客体化了。我现在想把这个关系颠倒过来，恢复学生的主体地位，所以我的比方也随之发生了变化：不要把学生当作矿物，而应该把学生当作生物。既然是生物，你还他主体地位的时候，他可能是动物，也可能是植物。是动物的时候，他可能长成一只老虎，也可能是一只猴子。老虎有老虎的勇猛，猴子有猴子的智慧。你不应该是按照学校的要求，你必须成为老虎，或者你必须成为猴子。他要是植物的话，他可能是一棵参天大树，他可能是一朵鲜艳的梨花，所以要恢复学生的这种千姿百态。

学术的薪火相传*

按：山东大学法学院院庆前夕，法学院教师姜峰、《山东大学报》记者张庆元在北京采访了前山东大学副校长、法学院院长、现任中国政法大学校长徐显明教授。2003 年 11 月 6 日晚，我们有幸拜访了徐显明教授。北京的天空正飘落着入冬以来的第一场雪，我们的心里却洋溢着暖意。采访结束后，于喜悦之余将采访录音整理成文，刊载如下。

姜峰、张庆元（以下简称“问”）：您曾任山东大学副校长，在法学院当过 7 年院长，现在又担任政法大学的校长，所以您不但是很有成就的人权专家，也是一位教育专家，这些经历给予您的主要经验是什么？

徐显明（以下简称“徐”）：首先一项基本功就是，作为一个学科带头人，要有一种责任感去吸引一批高水平的人，并在法学院营造一个轻松愉快的发展环境，院长应该有能力创造这样的条件。其次，作为一个院长，他应该有能力去公平地对待每一个人，使每一个人都能感到在领导者那里得到尊重和承认。在制定政策、配置资源时，要坚持一个原则，即“立法者不得制定使自己首先获益的法律”，不然的话，别人就会怀疑政策的公正性。政策的制定应当使学生成为最终的受益者。第三，作为一个领导者，他应该善于在学院之外找到更多的资源配置到学院中来，使学院的所有成员都获得充分的发展空间。这就需要院长有开放意识。比如，院长的一次出访带回来一些交流项目，将这些项目交给那些合适的老师，就能发挥大的作用。为他人提供发展机会是院长的主要责任。

---

* 《山东大学报》2003 年 11 月 15 日第 2 版。

问：您认为一个大学校长应当是什么样的人？

徐：大学校长，尤其是法科大学的校长，我想他首先应当是一个做学问的人；其次，他应当是一个善于管理的人；再次，他应当是一个有先进教育理念的人。所以最理想的法科大学校长，应该是一个法学家、管理专家和教育家。这些经验和感受与我在山大法学院的工作经历是分不开的，我在这里做了7年法学院院长。

问：关于大学教育，您曾经打过一个比喻：大学教育不能把学生作为"矿物质"来对待，而应当把学生作为"生物"来培养，意思是要把学生作为教育活动的主体来对待，而不是消极的教育对象，这些理念的形成与您在山大工作的经历是不是有关系？

徐：是的，这些想法都是在山大期间形成的，也是在山大曾经实践过的。你们可能还不知道，我曾经在山大"管"过学生，做过分管学生工作的副校长。我分管学生工作期间有两个明显的改革：第一个改革就是取消了早操。原先许多学生上午上课打瞌睡，这与学习态度没有关系，主要是上早操造成的。我听取了很多医学专家的意见。空腹跑操会使人的血液堆积到胃里，跑完以后去吃饭，血液会再次积在胃里。血液两次在胃里堆积，就会使大脑供血不足，而头脑的清醒需要血液带来的氧气。所以我力主取消了延续多年的早操。第二个改革就是树立一个新的理念，要以学生为主体实施教育活动。要实现这一点，需要把大学当作一个生态系统，在这个生态系统中，阳光、肥料和水分都要根据主体的需要来分配。所以，在学生管理上我的一个最大的改革，就是取消了过去按班级和专业来分配宿舍的做法，改为入学时按照报到顺序随机分配。如果要总结的话，可以归结为两句话，一是要"以学生为主体"，不能把学生客体化，学生不是被塑造、被管理的对象，而是参与教学过程的主体。例如，学生对教师有选择权，对教学方式方法也有评价的权利。对于学校教学改革过程，学生有参与权。交费上学的制度在某种程度上意味着学生也是消费者，那么消费者与提供教育产品的学校，地位上是完全平等的，从法律上来讲，学生和校长都处在平等的民事主体地位。第二句话是,要“以教师为本位”。办学方面必须这样,要让学生有充分的自由,让老师有充分的尊严,这是人权理论在教育领域中的体现。

问:11 月 16 日是法学院 20 周年院庆,回首过去,您最先想到的是什么?

徐:院庆之际,我们最先要怀念的,是原法律系主任乔伟先生。乔老师是山大法学教育从无到有的一个奠基人、荒地上的开拓者。他在法史研究领域的学术贡献迄今为止仍是少有人能够超越的。乔老师最初是做宪法学研究的,只是在“文革”那个特殊时期,才使他走进了法律史研究领域。《乔伟文集》代表着我们山大法学的水准。乔老师的师德就像他刚直不阿、宁折不弯的性格,敢于说真话。记得 1979 年有两篇文章影响了整个法律界、政治学界,一篇是李步云先生写的《事实是根据,法律是准绳》,另一篇是《论人民法院独立审判,只服从法律》,其作者就是乔老师。这两篇文章当时就产生了巨大震动,为恢复五四年宪法的一些原则起了巨大的推动作用。

问:您能否简单概括一下法学院在过去 20 年的发展中形成了一种什么样的风格?

徐:我们的风格与乔老师这样一个奠基者的风格有着直接的关系。因为乔老师是一个在学术研究上注重史论结合的学者。山大法学院的第一个学科是法学理论学科。这个风格就是注重史论结合的基础理论研究。法学院的学风也是非常朴实的。

问:这跟法大的风格是否有联系?

徐:法大的风格不是这样的。相比而言,法大是一个更加注重实务的学校。

问：这些年您所担负的行政工作越来越多了，记得您曾经表达过一种担心，怕别人说你已经不做学问了，您觉得做学问和做领导的关系如何处理？

徐：这两者确实是对立的，在多数场合甚至不可调和。首先是时间分配上的对立。上帝给每个人的时间都是一天24小时，当把大量精力用在管理上的时候，阅读和思考的时间就会减少，创作的时间也会减少，这个矛盾几乎是不可调和的。做了校长以后，很多时间就不是自己的了。所以，在旅行中，在夜间，没有紧急事情缠身时，我总是努力挤些时间阅读和思考，用"忙里偷闲"这个词形容是最恰当的。第二个对立，是作为学者与作为校长的角色之间的对立。作为学校的管理者，眼中满是矛盾，对矛盾的处理有时需要快刀斩乱麻，它需要效率。做学问则需要平和沉静，心无旁骛，像刘禹锡说的那样"无丝竹之乱耳，无案牍之劳形"。这种矛盾也是激烈的。

问：那么您是怎样努力克服这些矛盾的？

徐：直到现在还找不到很好的办法，一方面，我只能通过透支自己的身体；另一方面，我又感觉到和学生接触的时间太少。在大学里，一个非常称职的领导者可能是一个不称职的教师。当然，最好是学者、管理专家、教育家三者结合。我不能放弃我的学术，学术是我的立身之本，我把学术看得比大学校长还重要，当做学问与做校长这两者矛盾到完全不能调和时，我会放弃后者。所以我最终可能还是一个学者，而做一个管理者可能是暂时的。我所在的政法大学是世界上最大的法学家集团，作为一个负有责任的管理者，我工作的目的是让大家成为出色的学人，使之能发挥出最大的群体效应。

问：院庆时您也会作为嘉宾参加，作为前院长，您此时最大的感受是什么？

徐：山大百年校庆前，我参与过筹备工作，后来却是以嘉宾身份参加的。现在又要以客人身份参加院庆。我在山大工作了16年，这16年都是在法学院,所以对法学院很有感情。还有一种独特的感情,是基于导师的因素。乔伟先生是我的老师,学生对老师最大的责任,就是继续发扬光大老师未竟的事业,这是义不容辞的。所以在法学院做了一些工作,当然,也是学校给了我这样的机会。

问:法学院从无到有、由弱到强,取得的成绩是公认的,您做出了重要的贡献,就您个人看来,是否有遗憾?

徐:有些遗憾。比如在学科发展方面还有所欠缺,在过去的20年里,山大法学迅速崛起,由弱到强,遗憾的是到现在只有一个博士点;就我个人感情的角度来说,最大的遗憾,是乔老师开拓的法史学科在我离开法学院的时候还没有硕士点;我们的硬件建设方面也存在遗憾,多年前我们曾经规划建造法学大楼,但没有实现。不过会很快,听说已经选好址了。

问:您在法理学和人权研究领域硕果累累,享有国际声誉,所以法学院的学生以您为荣,您觉得在哪些方面您以法学院的学生为荣呢?

徐:在法学院工作了这么多年,感觉山大法学院的同学很有才华、有思想,当然这与他们个人的勤奋是分不开的。1999年,法学院的几个同学,葛明珍、赵雪纲、孙萌同时考上了北京的博士,我感到很自豪。还有很多同学已经成为优秀的律师、法官、检察官,在国家法治建设所取得的成就中,有他们的贡献。他们做得越来越好,我的骄傲也越来越多。

问:法学院20岁了,她是年轻和富有朝气的,正如您所说的,院庆是一个新的起点,那么您对法学院的师生有什么期望?

徐:山东大学有着百年名校特有的厚重和大度,学风扎实稳健。希望法学院的老师和同学们能够发挥山大的优势,进一步保持良好的校风、院风。有的地方的学者,他读的书的本数可能比我们多,但是他们读的书的页数却比我们少。青年学生要获得成就,必须付出努力,山大的学生就很能下工夫。法学院的师生还有一个优势,那就是身处综合大学的优势。山大是一个多学科综合性的大学,拥有许多各学科的知名学者。法学在知识上并不是自足的,需要文学、历史学和哲学等学科知识的滋养,法经济学、法社会学就体现了思想和学术发展的交叉趋势。综合性大学拥有一级学科的优势,政法大学的优势是在二级、三级学科上。所以,同学们得近水楼台之利,一定要充分利用,以开放的心态去治学、求知。

问:有很多学子刚刚步入法学的殿堂,对于他们来说今后的学习应当注意什么?

徐:我们要问:应该怎样理解法学?耶鲁大学的学生与哈佛大学的学生最大的差别就是更强调价值。我们的学生也要强调法的价值,法学是正义之学、权利之学、治国之学、思维之学、经验之学。

问:您早年的人生经历也是比较坎坷的,您怎样看待挫折?

徐:我的体验是,每一份痛苦都是一笔财富,法科学生更要经得起挫折。

问:对于法学院未来的发展您的期望是什么?

徐:我觉得有这么几点是需要注意的。第一,要以培养人作为根本目标和任务,强化主体意识。第二,要始终把教学、科研放在首位。第三,提高教学质量是永恒的主题,教学质量的提高是没有止境的。第四,要用教育创新和教学改革作为手段。第五,要确定学科建设是全院发展的龙头。第六,把做好保障和服务工作,作为提高教学质量的重要条件。

问:请您对即将到来的法学院院庆说几句话。

徐:院庆是一个机会,一个起点,全院要凝聚内力,团结进取,勇创佳绩,这算是我的一个心愿吧。最后希望20周年院庆活动取得圆满成功,希望我所工作和生活过的山东大学在未来的日子里获得更大的发展!

卫士与刀*

徐显明说,追求人权、保障人权最终也是为了达到人与人之间的和谐。徐显明走上人权研究的学术之路,是其长期理性思考的结果。他说,人权追求是无尽的,学术追求也是无尽的。2001年,徐显明离开了他生活了16年的山东大学,赴任中国政法大学校长。那年6月,他在《山东大学报》上写了一篇纪念老师乔伟的文章,结尾处,他写道:先生离我们愈久远,愈觉先生品格与风范弥足珍贵。他提起先生的时候,语调低缓,平和又深沉。

记者:政法大学是中国法学教育的最高学府,在建设法治国家的今天,政法大学能做什么?

徐显明(以下简称"徐"):明天我要做一个演讲,题目就是《依法治国和法学教育》。你对政法大学的定位是有根据的,李岚清同志来校视察时谈到政法大学的职能,说"中国政法大学是中国法学的最高学府",并明确提出了"在21世纪我国加速建设社会主义法治国家的今天,中国政法大学作为中国法学教育的最高学府,要为国家培养更高素质的法律人才和提供更高层次的法律智力支援"的要求。学校建校50周年时,江泽民同志的题词是,"弘扬法治理想、培育法学新人",这是对政法大学很高的期望。

记者:政法大学的不可替代性,体现在哪些方面?

徐:1952年建校时,政法大学主要是为新政权培养司法人员,几乎所有的政法干部当时都在政法大学接受了培训,这是其他学校不能替代的。20

---

* 新浪网2003年11月26日。

世纪50年代,政法学院的校名是毛泽东题写的,1983年,邓小平又为学校题写了新校名,并要求学校建设成为几个中心:第一,要成为中国法学教育和法学人才培养的中心;第二,要成为法学学术研究的中心,原创的研究成果更多应该出自法大;第三,要成为国家法律信息资料的中心。无论是立法信息还是司法信息,法学教育信息还是法律实践信息,都要成为中心。50周年校庆时,我们增加了一项,还应该成为高层次立法和决策咨询服务的中心。

记者:事实上,在每一次立法时,我们都可以看到法大人的活跃身影。

徐:20年间,政法大学共有1000多人次参与了国家的立法。从新中国成立初期的"五四宪法"开始,几乎每次立法都有政法大学参与。

记者:有一个问题,我想是很多人都会有的疑问,就是法学专业的学生在受教育过程中可能接受了完备的知识体系和足够的法治精神,但在实践中,他们中的很多人会遭遇困境,也就是说,他们所处的司法环境可能并不理想。

徐:目前社会普遍对司法环境评价不高,其中有体制上的原因,也有传统的作用,就是"人治"的传统。我们现在处于转型期,大家对司法环境不满意,主要是因为出现了司法腐败和司法不公。我想,在司法腐败问题上,法学教育应当承担一定的责任。中国法学教育缺少一个根本内容,就是对学习法律的学生的训练存在两个根本性不足:一是司法伦理训练不足,在知识板块中缺少伦理部分;另一个是司法技能不足、法学技巧不足,知道了理论,但不会去实际操作。

记者:是否还有另外一个问题,司法队伍的素质整体上还不够高?

徐:对司法职业群体的构成,基本评价是素质不高,最近一个最典型的例子就是统一司法考试后,南方的某个城市中级人民法院的20多位年轻法官竟然全军覆没。目前正在司法岗位上、做着法官工作的人,距离我们对法官要求的最低水平都有这样的差距。这就是我们国家司法职业的基本状况。尽管这可能是极端的例子,但多少还是可以看出我们国家司法队伍的一般水平。

记者:在这样的背景下,您觉得,法学教育应该为可能的转变做些什么?

徐:法学教育具备这样的功能:第一个功能是提高全社会普遍的法治意识和法治理念。国家正在进行的法律常识普及,是公民应该具备的,是最基本的。第二个功能往往是被大家忽略的,即培养社会领袖和政治领袖。法学教育可以为社会培养领袖,这个功能还没有体现出来,但法学教育应该具备。第三个功能是培养法律职业共同体。法官、检察官和律师,我们把他们称做法律职业共同体,一个社会的保障机制靠他们提供。目前西方发达国家很好地解决了两个问题:一个是社会的发展动力问题;另一个是社会保障问题。保障系统中有两个系统,政府系统和司法系统。政府系统提供的是生存能力的保障,司法系统提供的是社会公平的保障。社会不公正产生后,要有一个机制来纠正它,权利受到侵害后,也要有一个机制来制止侵害并给予补偿,这个机制就是司法机制。司法机制的主体就是法官、检察官、律师,所以,法学教育是为社会保障机制提供主体的。第四个功能是法学教育自身要完成的,法学家和法律家的不同之处在于法学家能够批判法,他们的作用就是寻找法律的漏洞。所以说,法学家是一把刀,法律家是一个卫士。法官、检察官应当信仰法律、忠诚地执行法律,而法学家要用刀把法律的外衣打开,看看里面还有些什么肮脏的东西。所以,法学家要对一个国家的立法产生影响,对一个国家的司法实践也要产生影响,这是他的批判力。

记者:从法学家的角色功能看,他们的最大作用是否对立法本身有直接影响?

徐:在这20年里,我们国家最重要法律的立法专家组组长几乎都是政法大学的。

记者:从法学家的视角看,当前这个时期是否是立法及司法实践的非常时期?

徐:中国目前面临立法滞后和立法是否科学公正的问题。现在国外出现了新的立法趋势,叫做“委托立法”和“专家立法”。在国外,国会议员要承担立法,但国会议员的知识结构都是单一的,遇到专业问题每个人都一无所知,十分无奈,只能交给专家来起草。

记者:另一个问题是不是出来了,在学校里,学生所学习的都是某一个相对较窄的法学方向,专业的过细划分是否有好处?

徐:过去的法学划分非常细,1994 年七个专业合并为一个专业。中国的本科教育专业共有 249 个,法学只是其中的一个专业,专业划分不细。但是,法学专业需要人文关怀和科学素养,文、史、哲和数、理、化的培养应当在法学教育上有所体现。没有人文关怀,不知道怎么对待你的当事人,没有科学素养,就不知道怎么对待证据。所以,一个高素质的、符合我们社会需要的法律专业人才应该是社会上最出色的人,将来的法学教育要成为精英教育,现在这种大众教育对于全社会法律普及、法制观念的树立是必要的,但对于职业培养是不够的。

记者:这是否意味着法大的专业设置也会有所变化?

徐:过去的法学教育,特别是像我们这种特色性的学校,学科是相对单一的。我们有一项改革措施,就是由单科型变为多科型大学,增加了哲学、新闻学、管理学和经济学等专业,政法大学现在学科门类已经有 6 个。

记者:目的明确吗?

徐:就是要让学生的知识结构更加合理,实现宽口径、重基础、高素质、能创新的目标。这也意味着这些学科的学生都可以学法律专业,政法大学未来的学生毕业时都要带着两个学位离校,这就是政法大学和其他学校不一样的地方。如果你有了哲学学位或者文学学位,你就可以无条件地、免试就读法学学位,我们在其他专业已经开始穿插法学课。

记者:和综合性大学的法学专业比较,法大的最大优势是什么?

徐:我们之间的最大区别在于政法大学覆盖了法学所有的三级学科,综合性大学最多只能覆盖二级学科。大学是一个生态系统,学生所需要的法学营养都可以在政法大学获得,这是在其他大学很难获得的。

记者:您对政法大学的生源满意吗?

徐:政法大学能保持一流的生源,是政法大学这两年在社会上获得很好声誉的结果。政法大学要做一个精英教育的中心,国家最高层次法学教育、法学研究的基地。

记者:前一阶段,接连出现了几件律师做伪证的事情,法学教育是否也需要不断反思?

徐:这就是我前面说到的法学教育的第四个功能。法学教育对一个社会伦理水平的提高有直接的推动作用。其实不光律师做伪证,法官也做伪证,检察官应该保护当事人合法权益的,但也出现了刑讯逼供的事情。当这些问题出来时,法学专家首先想到的,应该是这是法学教育的悲哀,接受法学教育的人没有系统接受伦理教育。

记者:学生离开学校后,法学教育还能发挥作用吗?

徐:离开学校后就涉及第二个问题,法律共同体中的每一个人必须接受终身教育,你获得一个法学的知识结构成为法律职业共同体的一员以后,在一段时间内,你的法律知识必须更新一次。大学普通法学教育提供的是一般教育,当你成为法官、检察官、律师以后,还要进一步接受职业教育。时代造就了我们这一代人(光明网2004年1月20日),我是在1978年考上大学的,应该算做是“文革”后恢复高考制度以后的“新三届”大学生。我们这代大学生中的大部分人都具有一定的社会阅历,因而比较了解中国的社会现实,这些在日后的人生历程中都成为一笔难得的财富。我第一次走上法庭做辩护人,是在1979年。1979年五届人大通过了《刑法》、《刑事诉讼法》等7项法律,这7项法律于1980年1月实施。当时我正在吉林大学法学院读大二，我们的老师选择我为一个杀人嫌疑人做辩护人。在长春市中级人民法院的观摩法庭上出庭时，法庭上有四五千人旁听，我的辩护赢得了旁听席上的阵阵掌声，最后出色地完成了这次辩护。由此我成为“文革”后第一个作为辩护人走上法庭的大学生，从而也创下了中国司法史上的一项纪录。从此以后，我在长春便有了名气，来找我辩护的人络绎不绝，在读书期间就先后代理了上百起案件。当然在那个年代，作为一个学生，我对当事人都是无偿地进行法律援助。对于公正的追求往往发轫于所遭遇的不公正，当初我之所以选择学习法学，读研究生时又选择了法律史和法理学两个专业，后来又从事人权研究，这和我的人生经历有很大的关系，更和我们所身处的改革开放的社会环境密切相关。本来我是可以成为一名律师或是法官、检察官的，但我还是选择了法学教师作为自己终生的职业。做法官也好，做律师也好，固然可以在具体的工作中维护司法的公正，但从事法理研究则可以追求更为广泛的社会公正，为更多的人争取权益，同时一个优秀的法学教师可以培养出更多对社会有益的人。这种人生选择注定了我一生的学术道路，我立志做一个“平民法学家”，做一个公民权利和人权的维护者。我从 1988 年开始研究人权问题，1988 年作为公派学者去日本访问，就是以“人权理论研究”为课题的。1991 年，我在人权研讨会上所做的“以生存权为本位来构筑我们国家的人权体系”的报告，首次提出了国内的人权体系建设应以生存权为本位，而在国际上应以发展权作为人权本位的观点。这些观点后来都成为中国人权白皮书的内容。多年来我一直关注并呼吁社会保障制度的构建，1992 年发表的《生存权论》，出发点即在于关注社会弱者。学者应该是先进文化的创造者和传播者，社会在给予学者必要的生活条件之外，更重要的是要为其提供自由思考的条件。我认为学者应该保持适度的贫困，所谓适度的贫困是指只要具有保持生活的基本尊严的物质条件即可，过度富足会使学者丧失对社会的批判精神，我一向是这样要求自己的。

“人权使者”徐显明*

新闻回放

人权入宪是现行宪法中闪亮的一页。2004 年 3 月 14 日下午，十届全国人大二次会议高票通过了第四个宪法修正案。“三个代表”重要思想、“国家尊重和保障人权”等写入宪法。身为中国著名的人权专家，他一直为人权入宪鼓与呼；身为一名全国人大代表，他曾提出人权入宪的议案；他执著地进行“人权行动”——到大学做百场人权讲座。仅在人权入宪后，他已开讲十余次……他是中国政法大学校长徐显明、一位思想型学者。他说：“做一名‘人权使者’，尤其是平民的‘人权使者’，是我将学术、理想、做人相统一的一个夙愿。”

思想之花

为修宪绽放思想，是学者对社会最大的贡献。关注人权入宪的人们，不会忘记这样三篇公开发表的文章——《生存权论》、《应以宪法固定化的十种权利》和《人权的体系与分类》。“生存权”一文曾被誉为中国人权研究的代表作。正是该文，最早呼吁建立健全社会保障制度。“十种权利”一文系统地分析了宪法中还应增设的十种基本人权：一是生存权；二是财产权；三是环境权；四是发展权；五是知情权；六是隐私权；七是经济自由权；八是迁徙自由权；九是平等权；十是受公正审判权。此次修宪，已有四种在宪法新确立的人权制度中体现。“体系与分类”一文从理论上解决了宪法

---

* 《人民日报》2005 年 4 月 13 日第 13 版。

在人权体系上存在的封闭式缺陷。文章认为,一个国家的开放式人权体系应由三部分构成:关于人权的一般性原则;为人权推定,设定的概括性条款;具体的列举式人权。如果只有最后一项列举式人权,只是一种封闭的人权体系。文章郑重建议,为弥补宪法在人权体系上的不足,在宪法中应增加一条:"国家尊重和保障人权。"这3篇文章,均出自徐显明。

百场讲座

种下人权"种子"——"宪法中,我们导入了人权精神。这是历经百余年思考、曲折和磨难后,我们做出的郑重选择。这一选择注定将是影响到中华民族生存方式、中华民族复兴伟业和中华民族精神未来走向的选择。"徐显明神情凝重。人权入宪,让这位"人权使者"加速了自己普及人权思想的行动。早在几年前,徐显明就为自己计划了一项"人权行动"——到全国各所大学举办"百场人权讲座"。对于不单研究人权而且信仰人权的徐显明来说,这是一个诱人的梦想!他想通过面对面的思想交流,让更多的人了解人权,让更多的年轻人树立人权理念。百场人权讲座,至今已举办了三十余场。场场讲座,题目在变,人权却是不变的主线。人权入宪后,徐显明仅一年时间,就讲了十余场:中央党校、国家行政学院、武汉大学、北京大学等。在中央党校,他的讲座受到全校各层次学员的赞扬;在国家行政学院,他的讲座引起了省部长班的高级领导的热烈讨论;在北京大学,为他作学术点评的老师含泪说:"你改变了我的人权观……"掌声不断,思索连绵。宪法的人权精神,被用最自然的方式解读;人权的"种子",就这样一粒粒种了下去。"人权入宪,是党领导国家保护公民权利的一个新起点。从应有的人权,到法有的人权,再到实有的人权,我们还有很多工作要做。"徐显明感觉肩头的担子沉甸甸的。

记者点题:一部法律的完善,需要有人推动;一部法律的实施,仍然需要推动。推动人权入宪,传播人权理念,"人权使者"徐显明知行合一。而我们,我们每一个人,也都要想一想:自己该为此做些什么?

追求教育公平的大学校长*

主持人：多少年以来，大家都知道这样一个惯例，就是高校在招生的时候，地处什么地方，它在当地的招生人数也就多一些。我们国家的很多高校都处在大城市，这就造成了一种局面，大学校园里大城市学生要多于偏远地区的学生。作为全国重点的中国政法大学，今年就想把这种情况做一下改变。中国政法大学校长徐显明说：中国政法大学是中国的政法大学，而不是北京的政法大学。那么，中国政法大学又是怎么向这种惯例发起挑战的呢？

徐显明（以下简称"徐"）：我们的教学条件比较简陋，这就是我的办公室。

旁白：来到徐显明校长的办公室，最显眼的就是墙上挂着的一排相片，他们都是学校的历任老校长。

徐：这是我的前几任校长。他是北京政法学院的第一任院长，钱端升先生，他做过1954年宪法起草委员会下边的顾问委员会的主席，第三位是刘复之先生，从他开始北京政法学院改为中国政法大学，变成了一个全国性的大学。1983年中央决定成立中国政法大学。

旁白：徐显明正是在七位老校长的注视下，开始了他震动全国教育界的招生改革。面对社会的广泛关注，徐显明说，中国政法大学的招生改革，根本目的就是为了促进教育公平。

---

* 中央电视台《东方之子》2006年7月20日，原题"中国政法大学校长徐显明"。

徐:既然是统一高考,那么,大家在统一的考试面前,就应该有一个相对统一地被对待,这就是教育机会的公正问题。

旁白:今年,中国政法大学本科在全国招生的总人数是 2000 人,为了把这 2000 个招生名额更加公平地分配到各省、自治区、直辖市,中国政法大学按照各省、自治区、直辖市的人口占全国人口总数的比例,确定了在各省的招生人数。总的来说,人口越多的省份,中国政法大学在那里招生的人数也就越多。这样,中国政法大学在山东、河南、四川等人口大省的招生人数 2006 年将历史性地突破 100 人,而在北京的招生人数却历史性地减少了 25 人。

主持人:在做这种改变的时候,我想您的一个初衷就是要实现公平,怎么论证用这样的方式来招生,就是公平的?

徐:绝对的公平是不存在的,它只是一种理想,那么在相对公平当中,大家可以做比较,哪一种公平更具有相对性,使更多的人受益,我们比较了之后认为,用人口比例的办法,同时再参考每一个省份的生源的数量。以这两个作为基本要素,来确定向每一个省下达的招生计划的指标,是相对公平的。

主持人:这种招生办法出来之后,相信有不少人在疑问,或者在否定它,您听到的各种意见当中,您觉得还值得您思考一下的反面的意见有什么?

徐:在批评的意见里,对我们构成颠覆性的意见还不存在,公正是我们坚定不移的价值追求,其他所有的批评意见都不足以影响到我们对公正的这种追求。

旁白:中国政法大学招生制度改革的核心就是,各个省的人口数量成为确定招生人数的最重要的参照依据。事实上,对于这种做法,社会各界曾经提出了不少质疑。质疑之一:以各省高考考生人数确定招生比例是否更科学?

徐:如果按照考生的数量的话,我们当时也做了认真的分析,其中有一种现象是不可忽视的,就是在某些省份有一些高中为了追求升学率,事先从应届的高中毕业生中选出一批成绩较差的学生,然后通过各种方式让他们不参加报名,不参加考试,所以这个省份集中起来的所谓考生的数量是不真实的,如果按照这个不真实的数字下达招生指标的话,那么也会有失公正。

旁白:质疑之二,按各省人口数确定招生比例会不会造成西部省份招生人数减少?

徐:对西部地区我们严格执行了国家的倾斜计划,比如说宁夏,宁夏的人口是很少的,但是我们在宁夏下达的计划,就是对西部的扶贫计划,大概是 30 人,所以我们没有减少对宁夏的投放计划。

旁白:眼下,2006 年的高校招生工作正在进行,到目前为止,按省区人口确定招生比例的高校,也只有中国政法大学一家。至今,也还没有其他任何一所大学表示,今后要效仿中国政法大学的招生办法。

主持人:对其他大学的不认同和并不做出同样的尝试,您表示理解,那么政法大学一家大学这样做,所实现的公平又有什么样的意义呢?

徐:这叫做招生改革的一小步,可能社会公正就会有一大步。

主持人:怎么样的一大步?

徐:就是在招生问题上,大家都认识到了机会均等的重要性,我想许多大学不会在认识到这种重要性之后再继续扩大它的差别,至少这一点,大家已经开始保持警惕。

旁白:今年 49 岁的徐显明是我国著名的人权研究学者。年轻时,他在山东老家当过生产队长和民办教师,21 岁时考上吉林大学,35 岁时成为年轻的法学教授。这些年来,徐显明一直是一个对社会不公平现象很敏感的人。

主持人:您刚才说,任何人都会在生活当中遭受不平等待遇,但是多数人可能遭受之后,气愤几天就过去了,对于您来讲,这么在乎法律的精神,在乎正义,您碰到不公正之后会怎么样?

徐:我的态度是怎样想办法改变它。当我个人不能改变它的时候,我会教育我的学生去改变它,我的学生会和我一起来设计中国最公正的制度。

旁白:在中国政法大学,徐显明注意到每年新学期开学,总有一些来自贫困家庭的学生因为交不起学费而犯愁。徐显明认为,学费问题背后折射出的是教育公平问题。

徐:按照有关规定,你要是入学不交费的话,你会失掉这个上学的机会,政法大学是比较早地设计了绿色通道的大学。你先入学,入学以后,学校给你设计各种各样的方式,比如,让你获得国家的助学贷款,学校帮你到银行去贷款,这就使经济困难的学生,能够享受教育机会上的平等,所以我们尽可能地消除那些不平等。

旁白:徐显明办公室里挂着的骏马图,是他刚刚上任校长时,由30位青年教师联名赠送的,徐显明一直把青年教师的这个举动看成是对自己改革的激励。今年,中国政法大学不仅完成了全日制本科招生制度的改革,而且,他们还在全国高校中第一个停止了自考生的招收。过去,为自考生开办助考班是学校的一大收入,但是,自考班在招生、收费、教学等管理问题上一时难以规范,一度使学校声誉受到影响,于是徐显明提出了停止招收自考生的想法。作为改革者的徐显明为此坦然地承担了来自方方面面的压力。

徐:每一项改革都会遇到困难和阻力,就像鲁迅讲的,一张桌子摆好了,你要动一动它,都可能要流血的,这就说明了改革的艰难性,因为每一项改革实际上是在重新分配利益,原来的利益格局要被打破,失掉利益的人就会谩骂你,就会攻击你,甚至抵抗你。有很多改革开始的时候,人们不理解,后来人们谩骂它,再后来人们诅咒它,再后来,改革胜利了。

创新是高等教育的灵魂*

编者按：近年来，中国政法大学校长徐显明教授多次发表有关高等教育和法学教育改革与发展的新观点，在教育理论和实务界引起较大反响。新年伊始，我们就高等教育观念变革等有关问题拜访了刚刚参加完十届人大五次会议的徐显明校长。徐校长热情洋溢地接受了我们的采访，征得徐校长的同意，现将采访对话发表，以飨读者。

《中国法学教育研究》编辑部（以下简称编辑部）：尊敬的徐校长，您好！您在多次讲话中说到了中国高等教育观念的新变化，能否请您谈谈我国高等教育在观念上发生了哪些变化？

徐显明（以下简称"徐"）：我们都能感受到，从2004年开始，中国高等教育的形式正在发生变化，近两三年以来在高等教育的主流意识当中又注入了一些新的观念，将这些新的观念理顺一下，可以概括为五个方面，也就是高等教育的质量观、学术观、发展观、管理观、和谐观。这五个方面构成一个具有内在逻辑联系的高等教育观念体系。

编辑部：徐校长，新观念必将对我国高等教育事业的各项工作产生深远的影响，能否请您结合中国政法大学当前的工作，具体阐释一下高等教育的质量观？

徐：好的。我们注意到，在高等教育的全过程中以科学发展观为统领，注重质量观，已经成为高等教育的主流观念。十六届六中全会决定涉及教

---

* 原载《中国法学教育研究》2007年第1期。

育的可以用三句话来表述,对义务教育来说是一个如何普及的问题,对职业教育来说是一个如何大力发展的问题,对高等教育来说是一个如何让高等教育回归到以质量为核心的问题。“普及、发展、提高”是整个教育领域的基本方针。中国政法大学是高等教育,所以对我们来说提高教育质量就成为最新的观念,这被称为质量观。质量总是和规模、结构、效益这些因素联系在一起,中国政法大学已经连续五年在本科教育上用稳定规模来对待,这五年来我们在规模上没有增加一名学生,2007 年新的招生计划我们也继续稳定规模。现在我们的重点就是提高教育教学质量。质量是高等教育的生命,创新是高等教育的灵魂,生命和灵魂,这就是全新的现代高等教育理念。前一个阶段我们发动全校各级领导干部通过视频学习了周济部长最近的一篇讲话,周部长讲话的核心内容就是要提高教育教学质量。人才的培养质量是高等教育质量要素中的第一位,我们知道,一个大学是一流、二流还是三流,一个很重要的划分标准就是大学培养人才的成才率。一流的大学总是保持一流的成才率,目标是追求百分之百的学生成才。二流的大学表现二流的成才率,三流的大学表现三流的成才率。学生成才与否就是质量观的最终表现。我们强调成才是质量的最终表达方式。提高教育教学质量要求把着力点放在人才的培养上。今后我们要把质量提升作为学校工作的重中之重,作为学校发展的生命线。除了人才的质量,我们学术的质量也要提升。学术质量是高等教育质量要素中的又一要素。科学研究的质量重要表现在创新上。我们的学术评价体系和机制都要做出相应变革。从过去的注重数量转移到注重质量上来,如果能够产生一篇传世性的著作,将胜过千百篇一般著作的社会贡献。所以,当前从“粗放式的大学经营数量观”转轨到“集约式的大学经营质量观”的观念变革过程在学术上也应有所表现。当然,高等教育的质量观还包含其他要素,如管理质量、办学效益等,这里不一一赘述了。

编辑部：谢谢徐校长，那么高等教育的新观念在学术领域的表现是什么呢？

徐：高等教育的第二个新观念是必须建立新的高等教育学术观。大学的灵魂就在于学术创新，追求学术是学术人的特质所在。什么是学术？学术实际上是对知识的发现、传播、运用、交流的过程。我们应该用一个比较广阔的学术视野来对待学术事业。创新是学术，创新之外对知识的其他态度同样是学术。这样我们可以把学术活动分为四类：第一类学术活动是处在最高水准的学术，我们始终不变的追求，追求新的知识的出现，对人文社会科学来讲就是追求新的观点、新的思想的出现，即创新型的学术。第二类学术活动对大学来讲是特别重要的，我把它叫做传播型学术。必须强调，我们的知识传授过程也是一种学术过程，这样的话，教学和科研就可能有机地联系在一起成为一个学术活动的整体。美国的一位教育学家认为，授课是最高学术水准或者叫做学术的最高艺术表现形式。从某种意义上看，我很认同这种观点。第三类学术活动是整合型学术，例如教科书的编写不要求创新，但是要求把前人的成果都表达出来；再如学术会议结束后，对学术会议回忆和总结的人不要求创新，但是要求他能够准确全面地描述会议，也就是学术综述；又如对外国的一篇作品进行翻译，不要求创新，但是要求准确性；还包括字典的编写，一个概念的准确解释就是一个综合的过程，此即整合型学术。第四类学术活动是运用型学术，大学有一种新使命，即大学要把自己创造出来的思想、文化运用到社会，这个过程也是学术过程，即学术发挥作用并运用的过程。这四类学术活动为社会所需要，它们构成一个系统的高等院校学术活动整体。高等院校中的某一个学者，某一个部门可能更为侧重这四类学术活动中的某一类活动，但如果在高等教育管理上我们有意识地过于偏重其中的某一类学术活动，过于忽视其中的某一类学术活动，我们就会产生错误的政策导向，从而从根本上颠覆大学的价值体现。从上述四种角度理解学术活动，就是站在一个比较广阔的学术视野理解大学的学术使命，这就是我们所说的高等教育新的学术观。

编辑部:徐校长,您多次谈到过高等教育的新的发展观,请问新的发展观的具体含义是什么?

徐:整个社会现在对发展已经有了新的认识,发展不仅要表现在规模上。据材料介绍,有学者概括中国过去的发展是物质中心主义,这是追求物质的表现和数量的变化,现在的发展是从物质中心主义转向和谐的发展。因此,和谐发展当中的质量问题必须关注,要素之间的合理比例关系问题必须关注,人和自然的关系问题必须关注,发展和支撑发展的要素之间的关系问题也必须关注,这样一来,发展观就可能发生一些变化。从这种意义的发展观看来,提升质量是发展,提升水平也是发展。

编辑部:我们知道,高等教育的观念无论有多么先进,但如果一个大学仍然沿用落后的管理模式进行教育管理,都不会有好的结果。您也多次强调管理对大学创新的重要意义,请问高等教育的观念变革在大学管理上的表现是什么?

徐:大学的管理、政府的管理和企业的管理有哪些不同呢?政府管理的突出特色就是服从,政府最高的权威始终是上级,只要有上级存在,下级就一定要服从上级,所以命令与服从是政府管理的基本形式;企业管理以利益为纽带,以生产的过程把大家组织起来,所以利益是核心,资本始终居在权威的地位,这是企业管理的特点。我们认为,大学管理既不同于政府管理也不同于企业的管理,它必须遵循自身的规律,大学管理的特点在于以知识为纽带把所有的人连接起来,大学里的教学是知识的传播活动,最有效的教学管理就是要把科学的知识用科学的方法传播给获得知识的人,就是教师把知识传播给学生的过程;最有效的科研管理就是鼓励大家将刚才我讲的四类学术活动连接起来,当然最理想的是创造新的知识。为社会服务是知识的运用过程,国际交流是知识的交换过程,只有知识欠缺才有交流的必要,如果知识已经掌握就没有必要交流了。所以大学的管理就是以知识为纽带,把知识的创新、传播、运用、交流四个环节联系起来的活动。大学里边有党的工作、行政的工作、后勤工作,这三大工作都应该围绕知识来展开，所以在大学里拥有权威地位的人，应该是拥有知识最多的人，应该是对知识创新能力最强的人，应该是传播知识最科学最准确的人，应该是运用知识最有影响力的人，应该是交流知识最有效率的人，这就是大学与政府和企业不同的地方，所以大学的一切管理，无论是党的工作还是行政工作都是围绕知识这一个中心来展开的，是为知识的过程来提供服务的，这就是大学的管理，也就是大学不同于社会的独特的管理。

编辑部：徐校长，您不仅仅是大学的管理者，也是国内著名的法理学家，我们知道您从法学角度对和谐有新的理解，您提出了和谐是第四代人权的观点，在学术界引起很大反响。请问和谐观念在高等教育的观念变革中的影响是什么？

徐：构建和谐校园是我们全校所有师生员工共同的责任，大学的和谐到底在哪些方面展开呢？这涉及如何理解高等教育的和谐观念，我们认为，可以从四个方面解释大学的和谐观：首先，大学的价值应该是和谐的。大学和社会其他机构相比应该成为两大权威，一是大学始终是知识的权威，政府是权力的权威，企业是金钱资本的权威，大学拥有最独特的东西——知识，所以大学始终是知识的权威；同时大学还应该成为另一个权威即道德的权威，大学所从事的所有工作都应该带有高尚性，从这两个层面上思考，我们大学所追求的学术价值是不变的，获得一种高尚的价值是大学永恒的追求，这就是大学不同于世俗的地方。我们经常强调大学要收藏良心，就是要体现大学的高尚性，大学之道在于明德，在于自善，善即表现大学的高尚性，所以大学最好是能够离世俗远一些，尤其是那些低俗的东西，这就是大学的价值。在大学里边如果这两项不能成为主流的话，那么大学的价值和大学的使命就会发生冲突。因此，我们强调要有一种高尚的价值来作为主流理念，这就是大学价值的和谐，因此如果在大学里边出现对金钱和权力的追逐，就是从根本上与大学的主流价值相违背的。

其次，是工作上的和谐，包括两个方面。一方面是中心工作的内部和谐，另一方面是中心工作与其他工作的和谐。从中心工作要和谐上来看，一个大学得到公认的中心工作包括三项，即教学、科研和为社会服务。进入21世纪后大学要承担一个新的使命，在大学的舞台上进行不同文化的融合和交流，政府和政府之间似乎完不成这个交流，“9·11”事件就说明了这一点，企业与企业之间进行文化融合，它没有这种使命，这就当之无愧地成了大学新的使命。因此，在我看来上述四项内容构成了大学的四大中心工作。这四个中心工作之间应该是和谐的，教学和科研之间应该是相互促进的，教学和科研同时又能为社会提供服务，而这个过程就是一个文化的过程。反观政法大学这四项中心工作，第一项很理想，当然今年也面临评价；第二项，去年政法大学一下拿走三项教育部的重点课题，表明我们实力在提升；第三项，在为社会服务方面的工作，我们是自豪的，我们参与了国家几乎所有的立法；但是第四项，进行不同文化交流和融合，也就是国际交流方面我们显得有些不足，所以我们今后要加强。要构建和谐校园的话，在工作上找到一个加强点，我们的国际交流工作以及国内对外交流也得加强。工作上的和谐首先应该在中心工作中找，从中心工作必须与其他工作和谐的方面看，中心工作和其他工作的和谐也是非常重要的一个方面。中心工作以外的其他工作中，第一项是党的工作，第二项是行政管理工作，第三项是后勤工作。这三项工作和中心工作是什么关系呢？中心工作的基础地位、中心地位是始终不变的，党政、后勤工作都应该为中心工作提供服务，党的领导要领导中心工作的正确方向，要提供政治上的领导，组织上的保证，要给我们创造一个好的舆论环境、思想氛围；行政工作是推动和组织中心工作的，要直接为中心工作提供力量；后勤工作是通过自己的各项服务来为中心工作提供条件，正确理解了其他工作与中心工作的关系，才有可能形成中心工作和其他工作之间的和谐。

再次，师生、员工间的和谐。师是老师，生是学生，员是工作人员，工是后勤工人同志。工友也是很重要的一员。师、生、员、工这四大群体之间要和谐，任何利益关系都要兼顾这四个群体。政法大学的办学观念中始终要坚持以学生为主体，以教师为本位，所以在构建和谐校园中我们的主体地位，本位意识不能忽略，大学最终为学生服务，学生的主体地位要树立起来。办学要靠教师,周部长在多次讲话中也反复强调这个问题。这四大群体的和谐始终是大学和谐的基础。

最后,是具体的和谐。大学能否和谐,与企业等其他机构的和谐相比,必须特别关注到大学和谐的特殊性。大学和谐的特殊性中,处在第一位的是学术资源分配上的公平性,所以管理过程中怎样使应该获得学术资源的人获得他应该获得的那一份,这是判断管理过程是促进和谐还是制造矛盾的界限。学术资源在大学里面的表现是多方面的,要加以细分,制定不同的政策落实学术资源分配的公平性。大学和谐的特殊性中处在第二位的是发展机会,有些机会放在有些人身上是浪费,而对于另一些群体来讲他们急需发展的机会,比如优秀的青年群体。第三位的就是利益的分配,利益分配上的不和谐必然导致群体间的不和谐,因此在大学管理中以上这些要素都要放在和谐观里作为制定管理政策的出发点加以思考。

编辑部:法学教育是高等教育的重要组成部分,请您谈谈高等教育的质量观、学术观、发展观、管理观、和谐观等五个方面的高等教育发展新观念对法学教育研究的指导意义。

徐:法学教育既具有高等教育的普遍性,也具有法学教育自身的特质,上述五个方面对法学教育的发展而言,都是值得关注的。当前我国的法学教育发展迅猛,与此同时也出现了一些发展中的问题,必须加以重视。法学教育事业是一项重要的教育事业,也是一项重要的法制工程。和其他教育事业相比,法学教育对现代社会构建和谐社会、促进社会文明的重要性及其影响程度远远超过其他学科的教育。目前比较重要的问题是,法学教育研究的规模与法学教育事业的发展规模是极端不相称的,我们的法学教育的研究视野几乎涵盖了社会发展的各个领域,唯独忽略了法学教育自身的发展。所以我们强调法学教育首先必须更新一个观念,也就是说,法学教育自身发展的研究必须成为法学研究的一项重要内容。没有科学的理论就没有正确的实践,没有一定规模的科学的法学教育研究,法学教育事业的健康发展就得不到科学的理论支持。法学教育的自身研究应当成为专门活动,法学教育研究应当成为专业活动,应当使法学教育的研究本身成为政法大学学术活动的重要组成部分,应当促进法学教育研究学术群体的形成,应当鼓励法学教育的参与者广泛参与到法学教育的研究工作当中来,从而从根本上推进我国法学教育事业走上自觉、理性的发展轨道。

编辑部:谢谢您在百忙之中接受我们的采访。

网聚优秀人才的星探*

旁白：一个走马上任时只有44岁的年轻校长，为建立高水平的师资队伍，打造名校品牌，他像星探一样为学校网聚优秀人才。《东方之子》今日走近中国政法大学校长徐显明。

主持人：欢迎您继续收看大学校长访谈系列。徐显明是中国政法大学的校长，去年他积极推行按省区人口来确定招生比例的改革，引起了广泛的关注。人们发现这是位很有锐气的校长。徐显明在35岁时就被破格晋升为教授，44岁时成为中国政法大学的校长。当时他被称为京城名校当中最年轻的校长。今天我们要给大家说的是年轻的徐校长上任6年以来一直在孜孜不倦地做着的一件事情。用他自己的话说，他一直在做着一个梦，一个一时很难醒来的梦。这到底又是怎么样一个梦呢？今天就让我们走进徐显明。

旁白：初次来到徐显明校长办公室的人总会问起墙上挂着的七张照片到底是谁？原来，他们是中国政法大学的七位老校长。其实，更多的人并不知道，在七位老校长的注视下，这位走马上任时只有44岁的年轻校长正在做着自己的一个梦。

徐显明（以下简称“徐”）：建设一支高水平的师资团队是我永远的梦想，现在这个梦呢，很难醒来，所以只要哪个地方有人才，只要哪个地方有有影响的师资，他只要具备了流动的可能性，我就要想办法把他请到政法大学来。

---

* 中央电视台《东方之子》2007年6月22日，原题为“中国政法大学校长徐显明”。

旁白:求贤若渴的徐显明,对于判断人才的优劣,有着自己的独特标准,在他眼中,教授可以分为三类。

徐:第一类就是以传播为主的教授,这样的教授在大学里边,如果他只能进行教学的话,他就是个三流教授。三流教授是教授学生知识的,而比三流教授更高一点的是二流教授,二流教授不仅教授你知识,还要教授你方法。我认为,教授方法比教授知识更重要。那么一流教授比二流教授又高一个境界,当他一站到讲台上,就给了学生一种境界,使学生在很短的时间内,一下站到了这个学科的前沿,甚至对这个学科产生了无限的冲动,他以后有可能成为这个学科的后继者,这就是一流教授。

旁白:为了发现更多的一流教授,徐显明像星探一样,睁大眼睛在全球范围内寻找着,生怕漏掉一个有潜质的人才。

徐:每次我出访,我脑子里边始终放不下的一项就是,在我接触的这些留学生当中,有没有适合于回国到政法大学担任教师的。

旁白:现任中国政法大学中美法学院院长的许传玺教授,拥有美国哈佛和耶鲁两所大学的博士学位。说起徐显明和许传玺的相识,时光还得倒回到9年前。

徐:1998年中国政府第一次组织了一个法学教育代表团访问美国。那时我是山东大学法学院的院长。在我访问哈佛的时候,我发现了一个留美的中国学生的学生会主席,他很热心地参与我们这个代表团的活动,当时我就征询他的意见,有没有愿望学成以后回国服务。他当时表达了很强烈的愿望。

旁白:在那之后,许传玺曾经通过电子邮件的方式向徐显明征询回国的去向问题。

许传玺:他当时是山东大学的常务副校长兼法学院院长,当他明确知道我回国的打算,他是很鼓励的,他更直接的反应是让我到山东大学。

旁白:在随后的时间里,许传玺在美国担任了两年律师,拥有着丰厚的收入，但他仍然没有放弃回国发展的念头。

徐：2001 年，许传玺回到了北京，恰恰在这个时候，我也调到了政法大学，所以我说我已经从山东大学到政法大学了，我希望你能到政法大学来工作。就这样一个过程，2002 年他就完成了辞去别的工作的全部手续，到政法大学来了。

旁白：许传玺回国来到中国政法大学任教，就意味着他要放弃在美国十几万美元的年薪。那时，许多人都认为徐校长给许传玺提供了特别优厚的物质待遇。

徐：我能够给他提供的条件，并不比政法大学的其他教授优越。他享受和其他教授相同的待遇，没有给他提供更优惠的条件。因为大家是为着一个理念而走到一起的，大学是一个学术的共同体，它不是一个物质利益的共同体，所以我目前不能给更多的教授提供更好的物质条件，但我可以给教授们提供一个使他尊严获得维护的环境，事业获得发展的环境。

旁白：徐显明说，许传玺之所以选择了中国政法大学，是因为政法大学给他提供了一个事业发展的平台。

徐：到这个大学来，我为他量身定做了一个学院，就是中美法学院。我们现在已经加入了 WTO，WTO 的所有规则都是法律规则，而对 WTO 影响最大的国家是美国，所以我们需要懂得国际规则的人。这样的话，我们就应该恢复对美国法的研究的传统。另外，为了为国家储备法律人才，我们也有必要建立起这个学院。

旁白：如今，在中国政法大学研究生院，人们经常会听到海外归来的教师们用英语或是德语给学生们上课。

徐：这几年的实践，这几年我们不断地寻求，现在我们已经建立起了这样两个非常特殊的团队。一个就是中美法学院，以许传玺教授为代表，这个院的教师全部毕业于美国的名校，现在一共有 12 个人。就是在美国名校获得法学博士学位，而回内地在大学里教书的，基本上都集中在政法大学,他们组建了一个中美法学院,这个学院现在是中国研究美国法的重要基地。它已经开始产生广泛的国际影响。第二个团队就是我从欧洲请回来的,我们有另一个独特的学院叫中德法学院。这个学院现在正在和德国的5所顶尖级的大学进行合作。

旁白:在徐显明的办公室里还挂着一幅骏马图,这是6年前他刚刚上任时,由中国政法大学30位青年教师联名赠送的。现为中国政法大学经济法专业博士生导师的时建中就是当年向徐显明赠画的青年教师之一。

时建中:当初我们送这个东西想法很简单,就是一个新班子来了,我们希望这个新班子能够带领我们学校走得更好,像骏马图所描绘的状态一样,我们的精神状态是那样的,我们学校的未来在这样一种精神状态的引导下走向更加辉煌,可能更多的就是表达了我们对新班子的一种期望吧。

旁白:如今,6年过去了,这30位青年教师没有一个离开中国政法大学,他们之中的许多人也都成了教学和学术研究的骨干。徐显明说,在他担任中国政法大学校长6年来,每年的本科生招生人数并没有增加,而学校引进海内外教师的人数却将近500人,而且,这几年来,拥有博士学位的教师从40人增加到了500人,这些人才将是中国政法大学未来发展的希望。

徐:我在讲我们国家有"三国"战略,第一国叫科教兴国,第二国叫人才强国,这两国战略的实施,各个大学都在做着自己的贡献。还有第三国战略,叫依法治国。在这个战略的实施上,政法大学做的贡献要超越中国任何一所大学。那么这就是政法大学的独特性,所以我们的贡献是其他大学所不能比的。

后　　记

2001 年 9 月 29 日至 2009 年 2 月 19 日，我任中国政法大学校长，此间的 2008 年 11 月 7 日至 2009 年 2 月 19 日，同时还担任山东大学校长。在任法大校长七年又近五个月的时间里，我发表了近百场演讲。本演讲录收集的，是关于探寻大学之道和追问大学精神的部分，与学术有关的人权、法理、法治等方面的演讲，将另行集册成稿。

除出任及离任的两年外，每年的开学典礼、毕业典礼及教师节、春秋两个新学期的工作会，我都会做一个主题特定的演讲。本书主要是这些演讲内容的集成。之所以称“演讲录”，是因为这些演讲，基本是无稿演讲。书中的文字，多是事后根据录音整理而成的。

在文集即将出版之际，我首先要感谢那些参加演讲会的老师和同学，他们的提问与参与总能激发我的灵感。我还要感谢我在山东大学和中国政法大学的同仁。本文集中的一些思考，是我在曾经工作过的地方与大家一起探索、实践大学管理与大学改革的过程中形成的，其中也包含着诸位同事的智慧，只是在此无法将他们的名字一一具出。在文稿的收集、整理过程中，曹义孙、齐延平、张伟、曲相霏、牛晓飞、三然、胡晓进、徐爽、孙平华、臧震、姜峰诸君提供了大力协助；法律出版社的朱宁分社长与责任编辑易明群女士为本书的尽快出版不遗余力，付出了大量心血，在此谨向他们一并致以衷心感谢。

徐显明

2010 年 4 月 12 日于北京寓所

图书在版编目(CIP)数据

追寻大学之道 : 法大任职期间讲演录 / 徐显明著
. -- 北京 : 法律出版社, 2010.5(2022.4 重印)
ISBN 978-7-5036-7923-0

Ⅰ. ①追… Ⅱ. ①徐… Ⅲ. ①高等教育-教学研究-中国-文集 Ⅳ. ①G642.0-53

中国版本图书馆 CIP 数据核字(2010)第 089309 号

追寻大学之道:法大任职期间讲演录
ZHUIXUN DAXUE ZHIDAO:FADA RENZHI QIJIAN JIANGYANLU

徐显明 著

责任编辑 易明群
装帧设计 汪奇峰

出版发行 法律出版社
编辑统筹 学术·对外出版分社
责任校对 杨锦华
责任印制 陶 松
经 销 新华书店

开本 710 毫米×1000 毫米 1/16
印张 26.75 **字数** 352 千
版本 2010 年 6 月第 1 版
印次 2022 年 4 月第 2 次印刷
印刷 三河市龙大印装有限公司

地址:北京市丰台区莲花池西里 7 号(100073)
网址:www.lawpress.com.cn
投稿邮箱:info@lawpress.com.cn
举报盗版邮箱:jbwq@lawpress.com.cn
销售电话:010-83938349
客服电话:010-83938350
咨询电话:010-63939796

书号:ISBN 978-7-5036-7923-0
定价:88.00
凡购买本社图书,如有印装错误,我社负责退换。电话:010-83938349